Per Christian Jersild

DIE INSEL DER KINDER

ROMAN

Wilhelm Goldmann Verlag

Ungekürzte Ausgabe
Aus dem Schwedischen von Verena Reichel
Titel der Originalausgabe: Barnens Ö

Made in Germany · 6/81 · 1. Auflage · 1.–20. Tsd.
Genehmigte Taschenbuchausgabe

Umschlagentwurf: Atelier Adolf & Angelika Bachmann, München, unter
Verwendung einer farbigen Zeichnung von Jan Biberg
Druck: Mohndruck Graphische Betriebe GmbH, Gütersloh
Verlagsnummer: 6309
Lektorat: Martin Vosseler · Herstellung: Gisela Ernst
ISBN 3-442-06309-4

1

Um Viertel vor sechs begann der Wecker zu klicken. Als er ein paarmal geklickt hatte, folgte eine Reihe von kurzen Klingelsignalen. Reine stellte ihn ab. Er war schon lange wach, hatte gepackt, sich angezogen, war immer mal wieder eingenickt und gegen halb sechs wieder aufgewacht. Er schleuderte die Bettdecke weg und stieg aus dem Bett, fix und fertig, in Jeans, einem gelben T-Shirt und Handballschuhen mit zu langen Schnürsenkeln. Heute sollte er in die Ferienkolonie auf die Insel der Kinder fahren.

Er ging zur Mutter hinein, die schnarchend auf ihrer Bettcouch lag; ein nacktes, sommersprossiges Bein ragte heraus. Im Zimmer standen mehrere Koffer herum, aufgeklappt und halb gepackt. Kleider und Blusen hingen auf Bügeln an allen möglichen Stellen: an der Gardinenstange, an der Deckenlampe, an der Türklinke zum Balkon. Die Mutter wollte auch abreisen, aber in die entgegengesetzte Richtung, nach Westen, nach Uddevalla. Ihr Zug ging aber erst um halb elf. Ob Reine ganz einfach drauf pfeifen sollte, sie zu wecken? Wenn man sie nicht weckte, würde sie wahrscheinlich bis zur Abenddämmerung weiterschlafen.

Er ging in die Küche und betrachtete den Frühstückstisch, den er in der Morgendämmerung zwischen zwei und drei gedeckt hatte. Pfui Teufel, ihm wurde übel, wenn er das Corn-Flakes-Paket nur ansah. Haferbrei, dachte er und spürte, wie sich der Magen wie ein Seehund in seinem Bauch wand. Haferbrei, das war es natürlich, was die Kinder in der Ferienkolonie kriegten. Im Eisschrank fand er eine Dreierpackung Kokoskugeln. Er nahm sie mit auf den Balkon und setzte sich auf einen Klappstuhl. Er versuchte, die Kokoskugeln unzerkaut herunterzuschlucken, aber es gelang ihm nicht. Die Kokosflocken blieben stecken wie Widerhaken. Wenn er die Mutter bis zur letzten Minute schlafen ließ, würde sie sicher nicht darauf bestehen, ihn zum Hauptbahnhof und zum Bus zu bringen, der von dort zur Insel der Kinder in den Stockholmer Schären fahren sollte. Er wollte allein zurechtkommen. Das war das letzte, was er gestern abend gesagt hatte: Wenn man praktisch elf Jahre alt ist, kann man *wirklich* allein mit dem Vorortzug fahren. Und am Hauptbahnhof in den Bus umsteigen. Er ging wieder zum Eisschrank und trank von dem Apfelsaft, den er zusammen mit den Kokoskugeln als Reiseproviant bekommen hatte.

Bis um zehn vor sieben saß er auf dem Balkon und blätterte in einem fabelhaften alten Mickymaus-Heft herum, genauer gesagt war es vom Jahrgang 1962. Er ging wieder zur Mutter hinein:

»Wach auf!« sagte er und zog an ihrem herausgestreckten Fuß.

»Jetzt nicht . . .« murmelte die Mutter und rollte sich zur Wand.

»Es ist zehn vor sieben.«

Sie setzte sich mit einem Ruck auf, drehte sich um und schaute die Sonne draußen an, als würde sie der Uhr nicht trauen. Dann stieg sie entschlossen aus dem Bett und tapste zum Telephon.

»Ich rufe ein Taxi. Wir schaffen es schon noch!«

Damit hatte Reine nicht gerechnet: ein Taxi! Das mußte um jeden Preis verhindert werden. Er ging zu ihr hin und packte sie am Ellbogen.

»Die Bahn geht erst in fünfundzwanzig Minuten. Ich schaffe es. Spielend.«

»Du?«

»Du brauchst nicht mitkommen.«

»Hallo?« rief die Mutter in die Sprechmuschel. »Hallo??«

Sie legte auf, da sie offenbar nicht durchkam. In Windeseile war sie im Badezimmer und ließ das Wasser laufen. Es rauschte immer aus mehreren Hähnen, wenn die Mutter im Bad war. Saß sie denn nie einfach nur da und dachte nach? Reine trug den schweren Koffer in den Flur. Soweit war alles klar. Er machte einen Abstecher in die Küche und stellte Teewasser auf.

Während die Mutter sich anzog, kletterte er auf einen Stuhl und verstaute die Mickymaus-Hefte im Aufsatz des Kleiderschranks. Er schob die Tür zu und klebte einen winzigen Streifen Tesafilm über eins der Scharniere. Hier würde kein Schwein unbemerkt eindringen können.

»Die Blumen«, rief die Mutter aus ihrem Zimmer. »Ich werde es nie schaffen.«

Er ging zu ihr hinein und begann ihr Bett zu machen, damit sie sich ein bißchen beruhigte.

»Ich kann allein fahren«, sagte er.

»Aber es ist doch klar, daß ich meinen Jungen zum Bahnhof bringe. Wo wir uns jetzt zwei Monate nicht mehr sehen!«

»Ich hab' Wasser für dich aufgestellt. Den Tee kannst du in aller Ruhe trinken, wenn ich weg bin.«

Der Mutter stiegen die Tränen in die Augen, dann kam sie und umarmte ihn heftig.

»Ich bringe dich auf jeden Fall zur Bahn.«

»Lieb von dir«, sagte er. »Wirklich nett.«

Die Mutter brachte ihn zum Vorortzug, schleppte verschlafen seinen schweren Koffer. Sie kamen zu früh und mußten warten, aber sie hatten einander nichts mehr zu sagen. Die Mutter gähnte. Dann nahm sie ihren Geldbeutel heraus und gab ihm noch einen Zehner zu dem, den er schon bekommen hatte. Als die Bahn einfuhr, empfand Reine das als ungeheure Erleichterung.

Er saß im Wagen und schaute die Mutter an, die einen halben Meter von ihm entfernt jenseits der Fensterscheibe stand und eifrig winkte. Er nickte ihr aufmunternd zu. Sie sagte etwas, das er nicht verstehen konnte. Er runzelte die Stirn und schüttelte den Kopf. Als die Bahn zu rollen begann, kritzelte die Mutter rasch mit dem Finger auf die staubige Scheibe:

2

Es war kurz vor acht Uhr morgens. Reine saß auf der Treppe der Stockholmer Konzerthalle und schrieb Briefe. Sein einziges Gepäckstück, eine Puma-Schulterriementasche, hatte er zwischen seinen Hintern und die Treppe geklemmt. Das Briefpapier hatte er zwischen seine Füße gelegt, was dazu führte, daß er sich beim Schreiben zusammenkrümmen mußte, das Kinn zwischen den Knien. Mindestens zum zehntenmal las er:

Hiermit wird mitgeteilt, daß Reine Larsson 640909-1152 *am Blinddarm erkrankt ist. Er kann nicht zur Insel der Kinder kommen. Wenn er Post bekommt, schicken Sie die Briefe bitte an Reine Larsson, Bagarbyvägen* 44 C. 191 21 *Sollentuna.*

Hochachtungsvoll
Harriet Larsson
Bagarbyvägen 44 C. 191 21 *Sollentuna*

Das einzige, womit er wirklich zufrieden war, war die gefälschte Unterschrift der Mutter; sie war viel flotter als das Original. Im übrigen hatte er das Gefühl, daß der Brief ein bißchen zu kurz war, aber ihm fiel nichts weiter zu schreiben ein; alles, was drin stehen mußte, stand da.

Er hob den Blick hilfesuchend zum Orpheusbrunnen, aber Orpheus war ausschließlich mit seiner saitenlosen Lyra beschäftigt. Durch die gekrümmte Haltung mußte er plötzlich aufs Klo; er hatte es heute morgen übersprungen. Aber er hatte keine Lúst, nach einer Toilette zu suchen, da die Gefahr bestand, daß er gar nicht mehr mußte, wenn er endlich eine gefunden hatte. Statt dessen schluckte er Spucke und hustete, das half gewöhnlich. Es klappte auch diesmal. Nach etwa einer Minute verschwand der Druck im Bauch wie eine Luftblase.

Reine steckte den Brief in einen Umschlag und versuchte ihn anzulecken, aber die Zunge war zu trocken, da er die ganze Spucke geschluckt hatte. Er versuchte es noch einmal, mit dem Ergebnis, daß ihm die scharfe Kante des Umschlags in die Zunge schnitt. Es schmeckte salzig und ekelhaft. Im selben Moment entdeckte er, daß an einer Ecke des Brunnenbeckens das Wasser überlief. Er klemmte die Tasche zwischen die Beine, rutschte zum Beckenrand hinunter, tauchte den Zeigefinger ins Wasser, befeuchtete den Umschlag und klebte ihn mit einem Druck auf den Schenkel zu. Dann hielt er ihn hoch, um die Adresse und die Briefmarke zu kontrollieren. Der Umschlag sah etwas zerknittert aus. Er öffnete die Pumatasche und legte den Brief zum Pressen in »Sensationelle Weltrekorde«, das einzige Buch, das er mitgenommen hatte.

Reine lief die breite Treppe wieder hinauf und setzte sich ganz oben hin, die Tasche als Rückenstütze an eine der Säulen gelehnt. Sogleich begann er den nächsten Brief: *Hallo Mami . . .* Sie wollte zwar lieber Harriet genannt werden, aber er schrieb Mami. Das markierte einen Abstand. Seine Mutter Harriet zu nennen, klang falsch; schließlich war es immer noch sie, die das Sagen hatte.

Er sah auf den Marktplatz Hötorget hinunter. Die meisten Stände waren schon aufgebaut, aber einige waren

noch nicht fertig. Es roch nach Blumen, Obst und Abfall. Plötzlich sah er eine Ratte auf der Einfassung des Orpheusbrunnens entlangflitzen. Sie sprang elegant vom Sockel herunter, wo das Wasser über den Rand schwappte. Die Ratte sah richtig nett aus. Sie war eher gelbbraun als grau, hatte einen kurzen Schwanz und erinnerte ein wenig an einen mageren Goldhamster. Schwupp, war sie auf der Erde gelandet. Reine stand mit einem Ruck auf und sah die Ratte gerade noch durch ein Gitter in die Kanalisation verschwinden.
Von dieser Unterbrechung beflügelt, setzte er sich wieder hin, holte Papier und Kugelschreiber hervor und schrieb mit dem Buch der Weltrekorde als Unterlage: *Hallo Mami. Hier auf der Insel der Kinder ist es Spitze.* Das konnte man ja auf jeden Fall am ersten Tag schreiben, wo die Schwierigkeiten noch nicht begonnen hatten und die Erzieher noch nicht ihr wahres Gesicht zeigten. *Wir baden und spielen Fußball*, fuhr er fort, verlor dann aber den Faden und begann auf dem Kugelschreiber herumzukauen. Bleistifte waren besser; das Holz gab gewöhnlich gerade genug nach. Die Plastikhülle des Kugelschreibers gab nicht nach; wenn man kräftig darauf biß, zersprang sie. Er zog noch ein paarmal an dem Stift, riß sich los und schrieb: *Das Essen ist Klasse.* Weiter kam er nicht. Seine Aufmerksamkeit wurde von einem Mann in einem orangefarbenen Schutzanzug abgelenkt, der einen dicken schwarzen Schlauch anschleppte und vor der Treppe der Konzerthalle anfing, den Platz abzuspritzen. Das Wasser rauschte in die Kanalisation hinunter. Reine hoffte, daß Ratten gute Schwimmer waren. Er schaute auf die Uhr: zehn nach acht. Anders gesagt, bald Zeit für eine Zwischenmahlzeit.
Das Essen ist Klasse . . . Er mußte sich etwas Persönlicheres ausdenken, etwas, das nur mit ihm selbst zu tun hatte, sonst wäre Mami Harriet enttäuscht. *Heute morgen habe ich mir ein Bein gebrochen*, schrieb er, hielt

aber sofort inne. Die Mutter könnte sich Sorgen machen und anrufen oder höchstpersönlich angefahren kommen. Er strich es mit einem Dutzend fahrigen Strichen aus und schrieb statt dessen: *Heute morgen hat mich eine Wespe in den großen Zeh gestochen* – gut! gut! –, *aber die Krankenschwester hat Insektensalbe drauf getan.* Mit viel Einfallsreichtum fuhr er fort: *Heute abend grillen wir Würstchen im Freien.* Dann war plötzlich Schluß, ihm fiel kein einziger Buchstabe mehr ein. Das deprimierte ihn zutiefst. Wenn dieser Brief ihm schon so schwer fiel – wie würde es dann erst mit den anderen gehen? Wie zum Teufel sollte er es schaffen, einen ganzen Sommer auf der Insel der Kinder zusammenzudichten? Aber vielleicht war es leichter, wenn er zu Ansichtskarten überging? Wenn man mit großen Buchstaben schrieb, ging nicht so viel drauf . . . Ansichtskarten?! Wie sollte er denn zu einer Ansichtskarte von der Insel der Kinder kommen? Es würde die Hölle sein, einen ganzen Sommer in der Kinderkolonie erfinden zu müssen. Aber, tröstete er sich, es wäre noch viel höllischer, ihn selbst dort erleben zu müssen.

Gab es die Hölle? Das war eine von den Fragen, auf die er in diesem Sommer eine Antwort finden wollte. Großmama wußte, daß es die Hölle gab. Großmama wohnte in Gävle und war Mitglied der dortigen Maranatha-Sekte; das war übrigens der hauptsächliche Grund dafür, daß Reine diesen Sommer auf der Insel der Kinder verbringen sollte. Die Mutter und die Großmama hatten verschiedene Ansichten über manche Dinge. Unter anderem über die Hölle. Im letzten Sommer hatten Großmama und Reine viel über die Hölle geredet; sie hatte nämlich keinen Fernseher. Deshalb hatte sie an den Abenden erzählt, von ihren Erinnerungen, von der Zeit in der Heringsfabrik, aber auch ziemlich viel von Gott, Jesus und der Hölle. Vom Himmel hatte sie nicht so viel geredet, die Informationen über den Himmel waren ziemlich vage, aber über die Hölle wußte sie eine ganze Menge. In der Hölle gab es tausend verschiedene Arten der Folter: das Rad, den Wippgalgen, die Wasserprobe, die Eiserne Jungfrau, den Spanischen Stiefel, geschmolzenes Blei im Hals. Reine hatte elektrische Foltern vorgeschlagen, was die Großmutter aber als »ketzerische, moderne Erfindungen« ablehnte. Ihre Höllenbeschreibungen hatten Reine teils erschreckt, teils angezogen. Seine Alpträume waren seitdem viel bunter geworden. Aber zugleich glaubte er der Großmutter nicht ganz, denn wenn es die Hölle wirklich gab, mußte sie viel, viel gräßlicher sein als irgendein Mensch es sich in seinen wildesten Phantasien vorstellen konnte. Sonst gäbe es ja sozusagen keinen Unterschied zwischen dem Leben auf der Erde und dem Leben in der Hölle.

Mittlerweile zeigte die Uhr siebzehn Minuten nach acht, und der Hunger rumorte und nagte jetzt ernstlich in seinem Magen. Wenn ich nicht bald was zu essen kriege, dachte er, frißt der Hunger mich von innen auf. Er nahm sich den Brief wieder vor und las: *grillen wir Würstchen im Freien.* Das strich er schnell aus, um den Hunger zu dämpfen, und schrieb statt dessen: *Heute abend werden wir vom Arzt untersucht.* War das gut? Nein, das könnte ja mit dem angeblichen Wespenstich am großen Zeh in Verbindung gebracht werden, und dann könnte die Mutter angereist kommen. *Heute abend singen wir Lieder*, schrieb er schließlich.

Verflixt, Briefe mußte man ja auch datieren. *Sthlm Ban. 9. 6. 75* schrieb er in die rechte obere Ecke. Sthlm Ban.? Gute Abkürzung für die Stockholmer Ferienkolonien auf der Insel der Kinder.

Der Marktplatz sah verdammt trist aus. Massenhaft Stände, ein paar Häuserfronten, langweilige Leute, eine Reihe Fahnenstangen, eine Eisbude – nein, die durfte er nicht ansehen – und dann diese plätschernde Statue, die ihm die Aussicht nahm. Warum mußte Schweden nur so langweilig sein? Wenn es Frankreich wäre, könnte statt Orpheus dort eine Guillotine stehen. Eine hohe Holzplattform, massenhaft Soldaten um das Schafott herum und eine riesige Volksmenge, mit strickenden Mütterchen, die jedesmal Juhuu! kreischten, wenn das Beil fiel und der Henker einen abgeschnittenen Kopf hochhielt. Er hatte *Scarlet Pimpernel* im Fernsehen gesehen und wußte genau, wie es in Frankreich zuging. *Wir haben eine Hütte gebaut,* schrieb er. *Aber einer wollte eine Guillotine bauen. Er durfte nicht mehr mitmachen.* So, jetzt reichte es aber für diesmal. Er hatte das Gefühl, den ganzen Sommer in fünf Zeilen verspielt zu haben. *Viele Grüße, Reine. P. S. Schick doch mal einen Zehner,* schloß er den Brief. In der Pumatasche hatte er 33,60. Weiß der Teufel, wie lange das reichen würde, wenn man schon um acht Uhr Appetit aufs Mittagessen bekam.

Der Gedanke ans Essen machte ihm den Mund ganz wässrig, und er konnte den zweiten Umschlag ohne die Hilfe des Orpheuswassers anlecken. Damit nicht auch dieser Brief zerknittert würde, schlug er »Sensationelle Weltrekorde« auf, um ihn darin zu pressen. Es war die Seite 345, und er las: »Das seinem Umfang nach größte Buch der Welt heißt THE LITTLE RED ELF (Das rote Elfchen) von William P. Wood. Diese Erzählung in 64 Versen, vom Verfasser selbst herausgegeben, ist 218 Zentimeter hoch und 305 Zentimeter breit.« Ein Photo auf der gegenüberliegenden Seite zeigte den Autor im Schottenrock, wie er zwischen zwei aufgeschlagene Buchseiten schlüpfte; es sah aus, als wolle er durch eine Drehtür gehen.

Reine legte den Brief hinein, formte dann die rechte Faust zu einem Fernrohr und blickte auf Hötorget hinaus. Die Menschen wurden klein wie Fliegen. Es gibt nur noch mich auf der ganzen Welt, dachte er. Alles,

was ich sehe und höre, ist sozusagen ein Film. Wenn ich will, kann ich die Hand ausstrecken und den Filmprojektor abschalten. Dann kann mir niemand mehr was anhaben.
Er nahm die Hand herunter, hielt sie an den Mund und blies hinein. Es gab keinen Klang. Er legte die linke Handfläche über die Öffnung wie einen Dämpfer: ein stoßweises Furzgeräusch. So mußte es geklungen haben, als Gott Adam aus einem Lehmklumpen schuf. Er würde sich bei Großmama erkundigen.

3

Endlos schienen die Qualen, die Reine durchlitt, bis das Hamburgerlokal »Carrols« um zehn Uhr seine Pforten öffnete. Zu dieser Zeit war sein Magen bereits mit Salzsäure durchtränkt, um dann auszutrocknen und wie eine alte Papiertüte hinaufzurutschen und sich auf die Leber zu legen oder auf die Nieren? Reine war ein bißchen schwach in Anatomie, und das Buch der Weltrekorde enthielt leider keine anatomischen Abbildungen. Er hatte versuchsweise unter »Der größte Magen der Welt« und »Der längste Schwanz der Welt« nachgeschlagen. Statt dessen war er auf »Das größte Backwerk der Welt« gestoßen, eine Torte mit einem Gewicht von 11,3 Tonnen.
Reine stürmte im Carrols zur Theke, wo eine verschlafene Alte seine Bestellung entgegennahm: einen Clubburger, Fritten, Pepsi-Cola und eine Apfeltasche. Das reduzierte auf einen Schlag seine gesamte Barschaft um etwa ein Drittel. Innerhalb von sechs Minuten stopfte er alles in sich hinein. Ob man das mal im Buch der Weltrekorde checken sollte . . . Nein, die Eß- und Trinkrekorde wurden ja immer von Erwachsenen aufgestellt. Wie sollte er mit denen konkurrieren können? Es gab

eigentlich nichts, worin Kinder am besten waren, außer vielleicht, wenn es darum ging, durch kleine Fenster zu schlüpfen.

Er fühlte sich nicht besonders satt und hätte eigentlich noch einiges verdrücken können, aber er mußte sparsam mit seinem Geld umgehen. Er mußte mindestens bis zum achtzehnten August davon leben, wenn die Schule wieder anfing, möglicherweise noch länger, falls er im Laufe des Sommers feststellen sollte, daß es für ihn besser wäre, nicht mehr zur Schule zu gehen. Er würde natürlich nicht damit auskommen. Entweder mußte er sich einen Job suchen oder sein Kapital auf clevere Weise anlegen. Das konnte man so hinkriegen, daß sich das Geld in Null Komma nichts vervielfachte.

Einige Reimworte begannen in seinem Kopf herumzuschwirren wie eine hartnäckige Melodie: Melone, Zitrone. Warum? Weil er so lange auf das Obst und Gemüse des Marktes hinuntergestarrt hatte? Kanone, Patrone, Drohne . . . Lud seine Kanone mit einer Patrone. Patronen waren klein und mickrig, Kanonen lud man mit Kugeln oder Granaten. Die Drohne fraß eine Zitrone. Und weiter? Mormone, Hormone, Teutone . . . Er schlug sich mit beiden Handflächen gegen die Ohren, um die lästigen Wörter herauszuschütteln. Er hatte keine Zeit für solchen Quatsch. Dies war sein erster freier Tag, fast der erste Tag in seinem ganzen Leben, an dem er nicht davon abhängig war, was andere wollten.

Es klappte nicht, er wurde die Wörter nicht los. Wer lud die Kanone – der Mormone, die Drohne oder der Teutone? Mormonen waren natürlich friedliebend und durften keine Kanonen haben. Außerdem könnte ja eins von den vielen Weibern der Mormonen ins Schußfeld geraten. Bohne? Eine Drohne aß Bohnen mit einem Teutonen, und dann bespritzten sie einander mit Siphonen? Die Drohne und der Teutone wurden zum

Sterben auf einer Insel ausgesetzt, auf der Insel der Kinder.
Reine nahm den Stift aus der Tasche und begann auf die Tüte zu kritzeln, in der er sein Essen bekommen hatte. Er wußte aus Erfahrung, daß diese lächerlichen Wörter ihn nicht in Ruhe lassen würden, bevor er nicht etwas aus ihnen gemacht hatte. Nach einer halben Stunde hatte er einen Vers ausgetüftelt, der ihm so gut gefiel, daß er ihn aus der Tüte herausriß und in die Tasche steckte. Der Vers lautete:

Die schwarze Drohne
lud ihre Kanone
mit einer Zitrone
und schoß auf eine
feindliche Melone

Jetzt war es höchste Zeit, zum Hauptbahnhof zu gehen, um den Koffer zu holen, den er früh am Morgen in ein Schließfach gestellt hatte. Im Koffer waren fast seine sämtlichen Kleider: Hosen, Unterhosen, Pullover, Strümpfe, Taschentücher und sein einziges Hemd. Alles frisch gewaschen und auf einer vorgedruckten Kleiderliste verzeichnet. Es war ein verdammt schwerer Koffer, aber es hatte ihn gefreut, daß er ihn nur vom Vorortzug zu den Schließfächern schleppen mußte, statt ihn über den Bahnhofsvorplatz zum wartenden Bus zu schleifen.
Bevor er Carrols verließ, ging er auf die Toilette und spülte den dicken, wie eine Pfefferminzstange rotweiß gestreiften Trinkhalm ab, den er zu seiner Pepsi-Cola bekommen hatte; solche Trinkhalme wuchsen nicht auf Bäumen. Er war fast dick genug, um Erbsen hindurchzublasen. Er wickelte den Trinkhalm in eine Serviette und legte ihn zuunterst in die Schultertasche.
Auf dem Weg zum Hauptbahnhof kam Reine bei Wentzels vorbei, einem Laden für Modellbauer auf der

Mäster Samuelsgaten, neben dem Kaufhaus Åhlens. Wentzels hatte lange einen Bausatz für einen Hubschrauber im Schaufenster gehabt. Reine sparte schon seit mehreren Monaten auf diesen Bausatz. Der Hubschrauber war fast zwei Meter lang, wurde von einem Explosionsmotor angetrieben und hatte eine Fernsteuerung. Der Bausatz kostete 1770 Kronen, und dabei stand nicht fest, ob Motor und Fernsteuerung im Preis enthalten waren. Aber das spielte keine größere Rolle, Reine hatte sich für dieses Modell entschieden.

Der Hubschrauber, der Bell 209 Hueycobra hieß, war ein zweisitziger amerikanischer Kampfhubschrauber. Während des Frühsommers hatte er in Reines Phantasie eine wichtige Rolle gespielt. Wenn er Langeweile hatte, nicht einschlafen konnte oder aus irgendeinem anderen Grund eine Aufmunterung brauchte, phantasierte er von der Hueycobra. Zunächst malte er sich nur aus, daß er den Bausatz gekauft und die Maschine gebaut hatte, später auch, daß er damit flog. Mit der Zeit war er immer fester davon überzeugt, daß ein Hubschrauber mit einem Rotordurchmesser von fast zwei Metern etwa dreißig Kilo tragen können müßte. Und da er selbst nicht mehr als gut achtundzwanzig Kilo wog, war ja sogar noch ein bißchen Spielraum vorhanden. Dazu kam, daß die Fernsteuerung entbehrlich war, wenn er höchstpersönlich flog. Wenn es ihm besonders langweilig war, pflegte er den Hubschrauber startbereit, mit schwirrenden Rotorflügeln, auf dem Dach der Schule stehen zu sehen. Deshalb flog er fast jeden Tag mit dem Hubschrauber von der Schule nach Hause. Aber fast noch lustiger war es, wenn er mal auf jemand wütend war, beispielsweise auf einen Lehrer oder auf einen Klassenkameraden, der lieber mit jemand anders spielen wollte. Der Typ konnte einem wirklich leid tun, der gemein zu ihm gewesen war. Dann ging es nicht mehr um friedliche Lufttransporte, sondern darum, das ge-

samte Arsenal des Kampfhubschraubers einzusetzen: die Schnellfeuerkanonen, die Raketen und die Napalmbomben.
Er stand eine ganze Weile vor dem Schaufenster des Ladens und betrachtete das Modell. Im Inneren des Hubschraubers war kein Platz für ihn, es war viel zu eng. Er mußte ausgestreckt darunter liegen. Es dürfte nicht allzu schwierig sein, die Tragriemen von einem alten Rucksack abzutrennen und sie an den Landekufen festzukleben. Dann brauchte er sich den Hubschrauber nur noch anzuschnallen, den Motor zu starten und zu springen.
Der Gedanke ans Fliegen machte ihn immer fröhlich und aufgeregt. Er konnte nicht mehr normal laufen, sondern hüpfte und galoppierte über den Bürgersteig zur Vasagatan hinunter. Sein Herz klopfte, als wolle es sich die Speiseröhre hinaufschieben. Er drehte sich ein paarmal um sich selbst, die Schultertasche als Gegengewicht um den Hals gehängt. Manchmal war es verdammt schön zu leben, und es würde noch besser werden. Stimmte das wirklich? Er blieb bedrückt vor dem Rotlicht der Ampel an der Vasagatan stehen. Es war zu weit, um mit einem Satz hinüberzuspringen, mindestens fünfzehn Meter.
Bevor Reine seinen Koffer aus dem Schließfach holte, hatte er etwas Wichtiges zu erledigen: Er mußte sich fotografieren lassen. Das Foto brauchte er für einen Sammelfahrschein mit fünfundzwanzig Abschnitten, der auch für die Stockholmer Vororte galt. Als er diesen freien Sommer plante, war ihm bald klargeworden, daß er nicht die ganze Zeit draußen in Sollentuna bleiben konnte, wenn er nach dem Sinn des Lebens suchen wollte. Da würde man schon ganz schön viel herumfahren müssen. Und leider war der Hubschrauber ja noch nicht fertig.
Am Fotoautomaten hatte sich eine Schlange gebildet.

Vor Reine stand ein Offizier in Uniform und vor dem Offizier eine Tante mit schulterlangen weißen Haaren. Auch vor dem Schlitz, aus dem die fertigen Fotos kamen, war eine Schlange. Da standen zwei rundliche Frauen in Strickjacken und mit Kopftüchern, die so gebunden waren, daß man nur das halbe Gesicht sah. Reine vermutete, daß es Türkinnen waren oder etwas Ähnliches. Der Apparat spuckte einen Bildstreifen aus dem Schlitz. Eine der beiden Frauen schnappte sich die Bilder mit runzligen, roten Fingern, die aussahen, als hätten sie sechzig Jahre lang ununterbrochen Kartoffeln geschält. Aber vielleicht aßen Türken gar keine Kartoffeln. Die eine zeigte der anderen die Fotos. Dann lachten beide los, zuerst verlegen kichernd und mit Seitenblicken, dann aus vollem Hals, daß der Speichel spritzte und ihnen die schwarzen Zähne im Mund klapperten. Reine kicherte ein bißchen mit. Es war nett, Leute zu sehen, die sich freuten; das heißt, wenn man den ersten Schrecken überwunden hatte.
Jetzt saß die weißhaarige Hexe in der Zelle. Man konnte ihre Schuhe mit den Plateausohlen hin- und hertrampeln sehen, als müsse sie dringend aufs Klo. Der Offizier hatte sein Käppi abgenommen und kämmte sich vor dem Spiegel am Automaten. In der Zelle summte es, dann blitzte ein blaues Licht auf wie eine kaputte Neonröhre. Die Blondine kam heraus, sicherheitshalber weiter lächelnd, der Offizier ging hinein und begann sich auf dem Hocker zu drehen. Jetzt wird er erschossen, dachte Reine, als es in der Zelle blitzte. Erschossen wegen eines mißlungenen Putschversuchs.
Reine saß in der Zelle und starrte sein Bild in dem bläulichen Spiegel an. Es war unheimlich schwierig, geradeaus zu schauen, er wollte sich immer ein bißchen drehen, so daß er mehr von links zu sehen war. Er zwang sich jedoch dazu, geradeaus zu schauen – und er zwang sich zu einem Grinsen. Der Apparat blitzte. Es war ein

ekliges Gefühl, als sei sein Schädel eine leere Kugel, mit schwarzer Luft gefüllt, und er selbst die Kamera, die das Bild auf der Innenseite des Nackens ablichtete.
Reine kam heraus und stoppte die Zeit. Es stimmte nicht, das Entwickeln dauerte viel länger als drei Minuten. Als die Fotos herauskamen, waren sie obendrein so naß, daß man sie kaum anfassen konnte. Er packte sie mit spitzen Fingern und setzte sich auf eine Bank. Er sah völlig bescheuert aus; ein rundes, sommersprossiges Gesicht mit blonden Haaren und zusammengekniffenen Augen, die kaum zu sehen waren. Um die Augen hatte er schwarze Ränder, und im Mund stand ein schiefer Vorderzahn vor wie ein Stück Zucker. Ihm wurde fast übel, als er sich selbst betrachtete: pfui Teufel. Aber es war ein wichtiges Foto. So sah Reine Larsson *davor* aus. Er schwor sich, in zwei Monaten, Mitte August, ein neues Foto zu machen – der Unterschied würde ungeheuer sein.

4

Reine stand von seinem Platz im Vorortzug auf; in der Hitze war es ein Gefühl, als würde ihm ein großes Heftpflaster vom Hintern gerissen. Er schubste den schweren Koffer mit den Knien auf den Ausgang zu. Fünf bis zehn Leute wollten aussteigen, darunter eine Mutter mit Kinderwagen. Als die Türen aufzischten, stiegen alle rasch aus, nur Reine und die Mutter blieben zurück, sie mit dem Kinderwagen, er mit dem Koffer. Sie halfen einander, unter den ungeduldigen Blicken der restlichen Passagiere.
Reine wohnte in Sollentuna etwa fünf Minuten vom Bahnhof entfernt, in einem Viertel mit ziemlich neuen, dreistöckigen Ziegelhäusern. Die Häuser bildeten jeweils in regelmäßigen Abständen Quadrate um einen

großen Hof herum, auf dem es Spielplätze und eine kümmerliche Bepflanzung gab. Für einen Uneingeweihten sahen alle Häuser gleich aus, aber nicht für Reine. Er konnte seine Haustür im Bagarbyvägen 44 C mit verbundenen Augen finden. Für jeden, der in diesem Viertel aufgewachsen war, hatte jeder Hauseingang seinen eigenen Geruch, seine besondere Stimmung, eine eigene Art, sich anzufühlen. Im Bagarbyvägen 44 C roch es nach »zu Hause«.
Bevor er hineinging, duckte er sich ein Weilchen hinter eine halbhohe Birke. Er wollte nicht gern von einem der Nachbarn gesehen werden. Es wäre zwar keine Katastrophe, aber es war unnötig, falls die Mutter etwas davon erzählt haben sollte, daß er eigentlich auf der Insel der Kinder sei. Er nahm all seinen Mut zusammen und ging ins Haus. Falls ihn jemand fragen sollte, würde er sagen, sein Aufenthalt in der Ferienkolonie sei wegen eines Stromausfalls für einige Tage »storniert« worden. »Storniert« bedeutete abgeblasen. Dieses Fremdwort hatte Reine im letzten Jahr gelernt, als er mit der Mutter nach Zypern fliegen sollte; die Reise war damals storniert worden. Ein gutes Wort mit einem großen Anwendungsbereich: Meine Hausaufgaben sind gestern leider storniert worden, das Zähneputzen ist heute morgen durch forss maschör storniert worden.
Bevor Reine die Wohnung betrat, holte er tief Luft. Wenn die Mutter nun doch nicht abgereist war? Es gab für eine Krankenschwester in Stockholm jede Menge Arbeit, aber die Mutter sehnte sich nach dem Meer. Nicht nach der faden Ostsee, sondern nach der richtigen, salzigen Nordsee. Dafür hatte Reine großes Verständnis; schon im März war ihm klargeworden, daß er dadurch eine einzigartige Möglichkeit bekam, die Insel der Kinder zu stornieren.
Die Wohnung war leer. Die Jalousien waren heruntergelassen, und um die Blumentöpfe schlängelte sich ein

System aus dünnen grünen Plastikschläuchen, durch die Wasser aus gefüllten Flaschen floß. Reine hatte gewisse Zweifel an der Wirksamkeit dieses Systems gehabt und statt dessen vorgeschlagen, alle Topfpflanzen auf den Balkon zu stellen und sie vom Regen begießen zu lassen. Aber das wollte Mami Harriet nicht: Teils war der Balkon überdacht, teils wollte sie das Schicksal nicht herausfordern – es sollte ein Jahrhundertsommer werden! Reine dagegen hoffte auf einen kalten und regnerischen Sommer. Das erleichterte einem das Nachdenken.

Die Wohnung hatte drei Zimmer. Die Mutter schlief im größten, das gleichzeitig als Wohnzimmer diente und Salon genannt wurde. In einem der beiden kleineren Zimmer wohnte Reine. Das dritte wurde Gästezimmer genannt und stand meistens leer. Früher hatte Großmama öfter hier gewohnt. Jetzt waren es meist Arbeitskollegen der Mutter. Manchmal, wenn Reine samstags oder sonntags morgens beim Frühstück saß, kam die Mutter mit einem Kollegen dazu, den sie netterweise im Gästezimmer hatte übernachten lassen. Manche waren verkatert und muffig, andere wollten nicht guten Tag sagen, sondern steuerten gleich auf die Wohnungstür zu, aber manchmal gab es auch welche, die in Ordnung waren, zum Frühstück blieben, mit auf den Rummelplatz gingen oder Reine bei seinen Plastikbausätzen halfen.

Er stellte den Koffer auf die Bettcouch der Mutter. Es lohnte sich nicht, ihn auszupacken, vielleicht würde Knall auf Fall wieder aufgebrochen. Schließlich stand nirgends geschrieben, daß die Welt im Zentrum von Sollentuna anfing und endete. Reine war unglaublich hungrig, er ging hinaus und riß die Tür des Eisschranks auf. Er war leer, bis auf zwei Dosen Bier und ein Glas Senf. Reine holte sich eine der Bierdosen; sie sah so verlockend und lustig aus, mit einem Landstreicher, der in einem Käfig ein Würstchen trug. Konnte nur für Kinder

gedacht sein. In der Backröhre fand er ein Paket Knäkkebrot als Beilage.
Von der Küche aus sah er, daß im Gästezimmer Licht brannte, er ging hinein. Es war niemand da, die Mutter hatte nur die Deckenlampe angeschaltet, um Diebe abzuschrecken. Reine machte sicherheitshalber auch die Stehlampe an, bevor er sich aufs Gästebett setzte und seinen Imbiß verzehrte. Diesmal stoppte er nicht die Zeit, aber es ging schnell, so schnell, daß er vom Bier einen Schluckauf bekam. Na, wo sollte man denn anfangen? Am besten bei sich selbst: Wer bin ich? Ich bin Reine Agne Larsson, Personenkennziffer 640909-1152. Warum? Weil die Mutter Anfang Dezember 1963 mit einem Typen zusammen war. Vielleicht am Luciafest? Schnurzegal, so genau hatte sich Harriet nie geäußert, daß sie ihm Zeit und Ort genannt hätte. Sie hatte gesagt, sie sei im Herbst 1963 mit einem Mann zusammengewesen, den sie damals so lieb hatte, daß sie Reine bekam. Es hatte sich aber ziemlich bald gezeigt, daß sie und dieser Mann getrennte Wege gehen wollten. Ihre Liebe war ein Irrtum gewesen. Deshalb hatte Reine keinen Vater. Das heißt, falls dieser Mann nicht überfahren worden war oder ein vergiftetes Stilett in die Niere gerammt bekommen hatte, hatte Reine natürlich einen Vater. Aber er hoffte, daß er tot wäre; sonst könnte er ja eines schönen Tages zurückkommen. Und sich als blöder Heini erweisen.
Das war das größte Unrecht von allem: daß Erwachsene einfach miteinander bumsten und Kinder machten, wie es gerade kam, ohne die Betroffenen, das heißt die Kinder, auch nur zu fragen. Wenn er es sich hätte aussuchen können, war es keineswegs sicher, ob er sich dafür entschieden hätte, der Sohn einer alleinstehenden Frau zu werden, die fast ständig arbeitete, manchmal sogar nachts. Da wäre man schon lieber der Sohn des Direktors der Schokoladenfabrik Marabou geworden. Dann

hieße man auch lieber nicht Reine – welches Kind würde übrigens nicht gern den Namen wechseln? Dann hieße man lieber Roy und wäre der Sohn des Chefs von Toy. Und besäße ein zehngängiges Rad mit Pneu. Nein, verdammt! Er hämmerte mit dem Hinterkopf gegen die Wand, um die Reimwörter zu zerschlagen, für heute reichte es mit der Reimerei.

Als die Nachbarn Lust bekommen hatten, ein Kind aus Südkorea zu adoptieren, da waren sie vielleicht kontrolliert worden! Das Sozialamt hatte bei ihnen herumgeschnüffelt. Dann hatten sie sogar mit seiner Mutter geredet, und die hatte sehr freundlich getan und eine Menge nette Sachen über die Nachbarn gesagt. Schließlich hatten sie doch kein Koreakind bekommen, sie waren offenbar zu alt. Aber das mit der Kontrolle war in Ordnung, alle Eltern sollten kontrolliert werden, nicht nur Pflegeeltern. Seine Mutter war zum Beispiel nie . . . Nein, jetzt war er ungerecht: Die Mutter konnte ja nichts dafür, daß sie nicht in einem Einfamilienhaus wohnte und mit einem Diplomkaufmann verheiratet war. Deshalb konnte sie zum Ausgleich einen netten und intelligenten Sohn wie Reine brauchen. Aber das war doch falsch gedacht! So wie er es darstellte, akzeptierte er ja, daß die Kinder für die Eltern daseien statt umgekehrt. Er nahm den letzten Schluck Bier und stellte kühl fest: Kinder sind für die Eltern da. Wozu schaffte man sich denn sonst Kinder an? Doch nicht aus Nettigkeit gegen die Kinder. Vielleicht hatte die Mutter sich an Großmama rächen wollen? Die Großmutter und der Großvater hatten sie gemacht, ohne zu fragen, aber denen konnte die Mutter ja nichts mehr tun. Deshalb rächte sie sich an der nächsten Generation, an Reine. Aber Reine wiederum wollte sich keine Kinder anschaffen, es war unfair, sich an Unschuldigen zu rächen.

Reines Augenlider wurden schwer vom Bier, aber bevor er einschlief, kam er auf eine alte Idee zurück: Der

Mann, mit dem die Mutter zusammengewesen war, hieß Dag Hammarskjöld. Hammarskjöld war irgendwann Anfang der sechziger Jahre gestorben. Aber bevor er abkratzte, hatte er Reine gemacht. Es gab vieles, was dafür sprach, die Mutter hatte vage davon geredet, daß dieser Mann »verreist« sei und sehr lange wegbleiben würde. Entweder war er zur UNO gefahren, oder die Mutter meinte, daß er gestorben war; Kindern erzählte man gewöhnlich, daß jemand verreist sei und vielleicht nicht zurückkommen würde, wenn er starb. In der Schule gab es Bilder von Hammarskjöld, er war blond, hatte eine schmale Nase wie Reine und eine Andeutung von Hängebacken, Hamsterbacken. Außerdem sah er überhaupt unzuverlässig aus, wie einer, der einer Frau ein Kind macht und dann nach Amerika abhaut. Vielleicht sollte man mal mit seiner Familie Kontakt aufnehmen?

5

Es wurde fast sieben Uhr abends, bevor Reine wieder aufwachte. Ein Vers ratterte in seinem Kopf: Es war einmal ein kleiner Aff', der war zum Rülpsen viel zu schlaff. Aber da er den Vers nicht selbst erfunden hatte, war es nicht schwer, ihn abzuschütteln. Er stieg aus dem Gästebett, die leere Bierdose unter den Arm geklemmt. Er stellte fest, daß er keinen Hunger hatte; er hatte nie Hunger, wenn er gerade aufgewacht war, es fühlte sich an, als sei der Magen mit Luft gesättigt. Er rülpste und ging zum Müllschlucker im Treppenhaus, warf die Bierdose hinein und zählte die Sekunden, bis die Dose in den Müllbehälter schepperte. Drei Sekunden dauerte es. Wenn man selbst hinunterfallen würde – könnte man dann sein ganzes Leben in drei Sekunden wiedererleben?

Das Bier drückte, und er ging ins Bad, um zu pinkeln. Es tat so gut, daß er hätte schreien mögen. Er versuchte es mit ein paar Piepsern, aber es klang nicht besonders. Wenn man aus vollem Hals losbrüllte, dann wäre es ja im Klo von den Leuten darunter zu hören gewesen, und die könnten die Polizei rufen, im Glauben, es sei ein Einbrecher. Er zog seinen Penis zu einem rosa Strang in die Länge und ließ los; er schrumpelte sofort wieder zusammen. Penis, Schwanz, Pimmel – oder Schnibbelchen, wie die Mutter zu sagen pflegte, als er noch kleiner war. Keins von diesen Wörtern klang gut. Penis klang wie der Name eines Gewürzes, Schwanz mochte er nicht. Und Pimmel? Pimmel klang irgendwie zerbrechlich: wie ein dünnes Rohr aus ziegelfarbenem gebrannten Ton. Primeltopf. Den Pimmel zu Boden fallen lassen. Tonpfeife. Das richtige Wort war männliches Glied. Er untersuchte sein männliches Glied, es sah aus wie eine Tüte aus Leder. Er zog die Hose herunter und musterte die Schwanzwurzel und den runzligen, hellbraunen Hodensack. Prima, kein einziges Haar, nur weißer Flaum. Wieviel Zeit blieb ihm noch: ein Jahr? Zwei Jahre? Mit dem Tag, an dem die Pubertät begann, war alles verloren. Man würde in die Angelegenheiten der Erwachsenen verwickelt werden, es würde keine Wiederkehr geben. Geilheit und andere Schweinereien würden von einem Besitz ergreifen, man würde nie mehr reine Gedanken haben können. Man würde seine ganze Energie darauf verschwenden, sich einen Fick zu verschaffen, es würde nichts mehr übrigbleiben für die Lösung des Rätsels, ob es Gott gab, und falls es ihn gab, wie es dann geklungen hatte, als er Adam schuf. Vielleicht war dies der letzte Sommer, da Kinder heutzutage schon so früh reif wurden; ein paar Klassenkameraden hatten schon Schamhaare. Jeden Tag untersuchte Reine sein Geschlechtsteil so angstvoll, als fürchte er, Krebs zu bekommen.

Er zog die Jeans hoch, betätigte die Spülung, schraubte dann den Knopf vom Wasserbehälter des Klos ab und hob den Deckel. An der Unterseite des Deckels hatte er mit Haftmasse einen Zettel befestigt. Er nahm ihn ab und kontrollierte, ob alles in Ordnung war. Auf dem Zettel stand:

A-14, B-9, C-20, D-1, E-5, F-13, G-6, H-22, I-19, J-21, K-16, L-10, M-29, N-17, O-4, P-18, Q-7, R-27, S-3, T-11, U-8, V-25, W-12, X-15, Y-28, Z-26, Ä-23, Ö-24, Ü-2.

Das war Reines privater, eigenhändig zusammengestellter Geheimcode. Das Gute daran war, daß die Buchstaben nicht in der Reihenfolge des Alphabets numeriert worden waren: A-1, B-2, C-3 und so weiter. Dieser Code war ganz willkürlich zusammengestellt und daher nicht zu knacken. Letzten Winter, als er die Röteln hatte, hatte er einen ganzen Tag darauf verwendet, alle Buchstaben auf kleine Zettel zu schreiben, die er in ein Glas legte. Dann hatte er die Zahlen 1–29 auf andere Zettelchen geschrieben und sie in eine Schale gelegt, die vorher kandierte Himbeeren enthalten hatte. Mit geschlossenen Augen zog er zuerst einen Buchstabenzettel und dann einen Zahlenzettel und hatte so diesen genialen Code geschaffen.
Er klebte den Zettel wieder an, schraubte den Deckel fest und reinigte dann die Klobrille sorgfältig mit angefeuchtetem Toilettenpapier, um alle Spuren und Fingerabdrücke zu beseitigen. Im Salon war der Farbfernseher mit einem von Reines alten Kinderlaken verhängt. Es war ein mühsames Unternehmen, den Fernseher in sein eigenes Zimmer zu schleppen; glücklicherweise hatten die Leute, die das Haus gebaut hatten, alle drei Zimmer mit Anschlüssen an die Hausantenne versehen. Reines Zimmer war zweieinhalb Meter breit und vier Meter lang. Am einen Ende war die Tür, am anderen das Fen-

ster mit Aussicht auf das Nachbarhaus. Direkt neben der Tür stand ein schmaler Kleiderschrank. An derselben Wand war das Kopfende von seinem Bett und gegenüber eine dünne Sperrholzplatte auf zwei Böcken – sein Schreibtisch. Die einzige freie Fläche war unter dem Fenster, und dorthin stellte Reine den Fernseher. Er zog die Jalousie herunter, damit niemand das flakkernde Licht des Fernsehers bemerken und glauben konnte, daß jemand eingebrochen wäre, jemand, der vielleicht keinen eigenen Fernseher hatte und unbedingt eine bestimmte Sendung sehen wollte.
Die beiden Längswände des Zimmers waren mit Plakaten bedeckt. Über dem Bett gab es vor allem Motorradbilder, vom alten Speedway-Helden Varg-Olle Nygren bis zum Motocross-Star der siebziger Jahre, Thorleif Hansen. Die Wand über dem Schreibtisch war vom Horror beherrscht. Boris Karloff als Frankensteins Monster, Bo Svensson als Frankensteins Monster, Christopher Lee als Dracula, Charles Laughton als Glöckner von Notre Dame, »Die Tigerkäfige von Con Sol«, Lyndon Johnson als Präsident der Vereinigten Staaten, »Die Mumie erwacht«, »Der Planet der Affen«, »Die augenfressenden Riesenbazillen von den äußeren Galaxien« und ein Porträt des Hauptdarstellers der Pop-Oper »Jesus Christ Superstar«.
Der Hunger schlug zu, mitten in Reines Solarplexus. Er ließ das Fernsehkabel fallen und raste in die Küche. Was gab es zu essen? Leider so gut wie nichts. Der Eisschrank war ebenso leer und frisch abgetaut wie zuvor, aber in der Backröhre gab es noch eine Brotpackung mit finnischem Zweiback. In der Speisekammer lagen sieben Päckchen Spaghetti, alle geöffnet und fast leer. Außerdem einige Dosen Kraftbrühe, eine Plastikschachtel mit Reis, Zucker, Salz und andere Gewürze, geschälte Tomaten in der Dose, Schnecken, aber – Gott sei Dank – auch Corned Beef und eine Dose Ananas. Diese bei-

den Dosen machte er rasch auf, piekte eine Gabel in das Fleisch und ließ behutsam einen Löffel in das Obst gleiten. Alles trug er dann zusammen mit den finnischen Keksen an sein Bett. Ein bißchen gemütlich sollte man es sich doch machen.

Bevor er zu essen anfing, machte er den Fernseher an. Eine Uhr auf grünem Hintergrund erschien: noch fünf Minuten bis zu den Nachrichten. Er hatte schon das ganze Essen bis auf die Kekse verschlungen, bevor es halb acht war und die Uhr ausgeblendet wurde. Rasch drehte Reine sich im Bett um und legte sich auf den Rücken, mit den Füßen auf dem Kissen. Wenn man sich das Fernsehprogramm in umgekehrter Stellung ansah, war es nicht mehr ganz so schrecklich. Denn schrecklich konnte es ja manchmal sein: brennende Kinder in Vietnam oder dieses eine Mal, als der Polizeichef von Saigon vor der Kamera einen Gefangenen in die Schläfe schoß. Wenn es schon Hinrichtungen geben mußte, sollte man sie sich umgekehrt anschauen. Und noch etwas: Er hatte in der Schule gelernt, daß der Mensch die Welt eigentlich umgekehrt wahrnimmt, die Augen waren so beschaffen. Aber man lernte schon in einem frühen Lebensstadium, das Bild im Kopf wieder umzudrehen. Das war ziemlich stark, aber wahrscheinlich stimmte es. Reine wollte aber solche Tricks nicht mitmachen; er wollte die Welt sehen, wie sie wirklich war, wie man sie anfangs gesehen hatte, als man geboren worden war: umgekehrt.

Als die Tagesschau ihr Tüdelütt spielte und der Nachrichtensprecher mit seinem affektierten Geblätter aufgehört hatte, schloß Reine die Augen und hielt sich die Ohren zu. Er wollte nicht sehen und hören: Der fast elfjährige Reine Larsson ist seit dem frühen Vormittag verschwunden. Soldaten und Hunde sind zu einer Suchaktion aufgeboten worden.

6

Um sieben Uhr einundfünfzig am nächsten Morgen kletterte Reine in den Vorortzug nach Stockholm. Er bekam keinen Sitzplatz, und so mußte er seinen neugekauften Fahrausweis im Stehen an einer Wand ausfüllen. Er hatte gestohlen, um sich die Karte kaufen zu können. Es war unumgänglich gewesen. Die Mutter hatte ein altes Zigarettenetui, das eine Kasse enthielt, die sie verwaltete. Ein paar Tanten von ihrem früheren Arbeitsplatz trafen sich einmal im Monat, und dabei legte jede einen Zehnkronenschein in diese Kasse. Jedes Jahr im Dezember gingen sie dann zusammen zum Essen aus.

Sein Gewissen war an diesem Morgen ungeheuer angeknackst; er hatte einen fauligen Geschmack im Mund – naja, das konnte auch was mit dem stornierten Zähneputzen zu tun haben. Aber er hatte bisher noch nie Geld geklaut. Das heißt, hin und wieder hatte er ein bißchen Kleingeld gemopst. Aber Münzen waren kein richtiges Geld, sie zählten kaum; Scheine dagegen waren Geld. Jedenfalls Zehnkronenscheine, denn Fünfer gab es ja als Papiergeld und als Metallgeld, und so zählte der Diebstahl von Fünfern vielleicht nicht. Er war fest entschlossen, alles zurückzuzahlen; es war ja damit zu rechnen, daß die Mutter ihren Briefen zur Insel der Kinder den einen oder anderen Zehnkronenschein beilegte.

Reine hatte bald an andere Dinge zu denken als an sein schlechtes Gewissen. Auf dem Fahrausweis mußte er schräg unter dem Photo mit seinem Namen unterschreiben. Aber was macht man, wenn man keine bestimmte Unterschrift hat? Wenn man alles mögliche durchprobiert hat und schreibt, wie es gerade kommt, groß und lässig, wenn man gute Laune hat, aber klein und pingelig, wenn man findet, daß die ganze Welt beschissen ist und ebensogut in Atome zerspringen könnte. War er guter oder schlechter Laune? Das konnte doch kein Schwein wissen, so früh am Morgen, nach einer teilweise durchwachten Nacht. Da er gestern den halben Tag lang geschlafen hatte, war es um den nächtlichen Schlaf schlecht bestellt gewesen. Er hatte den größten Teil der Nachrichten verschlafen, war dann aufgewacht, hatte zur Tagesschau im 1. Programm umgeschaltet, war eingeschlafen, beim Wetterbericht aufgewacht, eingeschlafen, und war später vom Rauschen und Flimmern eines leeren Fernsehkanals wieder aufgewacht. Die folgenden Stunden hatte er damit verbracht, das Plastikmodell einer Curtiss Helldiver im Maßstab 1 : 72 zu bauen. Gegen vier Uhr morgens war es fertig. Er hatte sich ein bißchen Tee gekocht und war eingeschlafen.

Er entschied sich für eine Unterschrift, die ein Mittelding war, eine halbwegs in Druckschrift geschriebene Version, die mit etwas gutem Willen als R. A. Larsson gedeutet werden konnte. Als er mit der Karte fertig war, stellte er sich dicht vor eine Wand des Wagens und kritzelte mit dem Kugelschreiber: R. A. Larsson, R. A. Larsson. Es ging ziemlich leicht, und die Unterschrift ähnelte der auf der Karte. Verdammt! Warum hatte er bloß seinen eigenen Namen geschrieben? Was für eine unverzeihliche Dummheit; wenn sie ihn von der Insel der Kinder aus suchen ließen, würde er ja bei der ersten Kontrolle entdeckt werden. Aber um diese Zeit gab es selten Kontrollen. Die Kontrolleure kamen meist nachmittags, wenn die Schule aus war, und schnappten schwarzfahrende Schüler. Auf jeden Fall war es zu spät, jetzt noch den Namen zu ändern. Larsson war ein viel zu kurzer Name, man würde die Unterschrift nie so verändern können, daß da statt dessen Hammarskjöld stand. Aber warum nicht Hansen? Reine Hansen, Sohn des berühmten Motocrossfahrers Thorleif H. Scheiß auf deine Väter, sagte er zu sich selbst. Steh auf eigenen Füßen und werde vor allem niemals Vater.

Reine stieg in Karlberg aus, um den letzten Kilometer zum Zentrum zu Fuß zu gehen. Er war auf der Suche nach einem Job, und da konnte es nichts schaden, ein paar Straßen auf und ab zu laufen. Wer weiß, vielleicht stand in irgendeinem Schaufenster ein Schild mit Druckschrift? Bote gesucht, junger Mann wird sofort eingestellt, arbeiten Sie bei uns, und Sie sind im Handumdrehen reich.
Von der Haltestelle in Karlberg ging er auf die Rörstrandsgatan zu. Als er an dem dreieckigen Platz vor der Pfingstkirche ankam, überkam ihn Mutlosigkeit: bisher noch keine Arbeitsangebote. Was mußte man eigentlich unternehmen? Die Antwort lag auf der Hand; man kam nicht darum herum zu fragen. Es war jedoch nicht Reines Stärke, nach irgendwas zu fragen. Nicht, daß er gerade Kontaktschwierigkeiten gehabt hätte, er konnte sehr wohl mit anderen Leuten reden und Kontakt bekommen, wenn er nur nicht selbst die Initiative ergreifen mußte. Fremde Leute nach etwas zu fragen, bedeutete, sich auszuliefern, seine ganze Existenz aufs Spiel zu setzen, vielleicht seine – wie hieß es noch – Identität zu verlieren. Er wußte nicht ganz genau, wie er sich das vorstellen sollte: Wenn man sich einem anderen Menschen öffnete, war man wehrlos, der andere konnte ihm die Finger in den Mund stecken und ihm irgendwas klauen. Einen Buchstaben von seinem Namen? So daß er künftig nur noch R ine heißen würde.
Am Sankt Eriksplan lag ein Obst- und Zeitungsladen. Er ging hinein und kaufte zwei Bananen. Wenn man zu niedrigen Blutzucker hatte, konnte man nicht denken. Aus diesem Grund hatten die Leute in den Entwicklungsländern es nicht geschafft, sich gute Methoden auszudenken, um ihre Probleme zu lösen. Er selbst war ein ausgemachter Idiot, nicht nur gerade jetzt, sondern fast immer. Wie konnte man nur so blöd sein zu glauben, man könne die ganzen Sommerferien mit einem

Anfangskapital von 33,60 auf eigene Faust verbringen? Wenn er wenigstens genug Grips gehabt hätte, sich sein eigenes Kindergeld zu erkämpfen. Er kannte viele, die ihr Kindergeld auf ein eigenes Bankkonto eingezahlt kriegten, über das sie verfügen durften, wenn sie mit der Penne fertig waren. Aber nicht Reine. Die Mutter war in diesem Punkt eiskalt: Das Kindergeld war für Essen und Kleider bestimmt, deshalb nahm sie es an sich und stockte die Haushaltskasse damit auf. Genauso machte sie es mit dem Sozialbeitrag. So eine Mutter konnte man einfach nicht Harriet nennen.

Aus diesem Grund schafften sich die Erwachsenen Kinder an: um jemanden zu haben, den sie unterdrücken konnten. Nicht um Kinder zum Lieben und Streicheln zu haben, sondern um sie zu ducken, ihnen das Kindergeld zu schnorren, ihnen fünf Piepen pro Woche zu geben und sich zu weigern, das Taschengeld zu erhöhen, ohne vorher mit den Lehrern oder den Eltern der Klassenkameraden geredet zu haben. Wozu? Aus welchem Grund sollten alle Kinder gleich viel Taschengeld kriegen, wenn es bei den Erwachsenen auch nicht so war? Warum sich wochenlang zieren, bevor man es um eine Krone erhöhte, während das eigene Gehalt vielleicht um fünfhundert erhöht wurde? Und das Lächerlichste von allem: Letztesmal hatte die Mutter vorgeschlagen, daß er ein Abrechnungsheft für sein wöchentliches Taschengeld anlegen sollte. Zu erzieherischen Zwecken. Kapierten die Erwachsenen denn nicht, daß dieser ganze Quatsch die Kinder scharf aufs Geld machte? Daß man schließlich soviel an Moneten dachte, daß der Kopf wie ein Sparschwein klirrte, wenn man ihn schüttelte.

Bedrückt ging er die Torsgatan hinunter und blieb ein Weilchen vor dem großen Zeitungshaus stehen, um sich die rotierenden Druckerpressen anzuschauen. Hinter den Glasscheiben liefen einige Leute hektisch und nervös herum. Da mochte er nicht arbeiten: Man stelle sich nur vor, daß man in eine dieser Pressen geriete wie in eine Mangel und auf der anderen Seite wie ein plattgedrückter weißer Riesenfrosch herauskäme, mit Texten und Farbbildern bedruckt, den Schah von Persien zwischen den Schulterblättern.

Wenn er einmal erwachsen wäre, würde er nicht als Drucker arbeiten, sondern als Wissenschaftler. Er hatte nämlich etwas Wesentliches herausgefunden, etwas, woran bisher noch niemand gedacht hatte. Es war so geheim, daß er kaum wagte, auch nur daran zu denken, aber jedenfalls handelte es sich um das Rätsel der Krebskrankheit. Krebs bekam man nicht hauptsächlich von dem Unkrautvernichtungsmittel Hormoslyr. Das war eigentlich nur Kleinkram, aber die Radiowellen ... Noch nie war jemand darauf gekommen, die Radiowellen zu untersuchen. Es war doch sonnenklar, daß man die Luft auf die Dauer nicht straflos mit Kurz-, Lang- und Mittelwellen verpesten konnte, ganz zu schweigen von der Frequenzmodulation. Wo man sich auch befand, außer vielleicht in einer Bleikammer, wurde man immerzu von Rundfunksendungen, Kurzwellenmitteilungen, Nachrichten, Notrufen, Fernsehprogrammen und Seefahrtsberichten durchbohrt. Das konnte auf die Dauer nicht gutgehen. Und da hätten wir das ungelöste Rätsel des Krebses!

Am Norra Bantorget kaufte er sich ein Eis. Eislutschend bog er in die Vasagatan ein. Jetzt waren es nur noch fünf Minuten bis zum Hauptbahnhof – und kein Job in Sicht! So konnte es nicht weitergehen: Wenn seine ganze Erfindungskraft für solchen Kleinkram draufging, wann sollte er dann noch Zeit zum Nachdenken, Sehen und Erforschen haben? Wann sollte er sich das Material und die Erfahrungen aneignen, die man brauchte, um herauszufinden, worauf das alles eigentlich hinauslief, wohin die Welt unterwegs war und ob es sich überhaupt lohnte, sich für diese Gesellschaft krummzulegen. Wenn man nur den Hunger loswerden könnte. Hunger und Geilheit waren die schlimmsten Plagen der Menschheit, sie verhinderten alle vernünftigen Handlungen. Vor einigen Jahren hatte Mami Harriet irgendwelche Schlankheitspillen vom Doktor bekommen, weil sie fand, ihr Hintern würde zu dick. Aber später hatte sich offenbar herausgestellt, daß die Tabletten schädlich waren. Krebserregend? Jedenfalls würde er mal im Badezimmerschrank nachsehen, ob die Packung nicht zu finden war; man konnte nicht immerzu mit dem Gedanken an etwas Eßbares herumrennen.

Um nicht in die Nähe von McDonald's und Carrols zu kommen, die etwa einen Kilometer weiter unten auf der linken Seite der Kungsgatan lagen, bog Reine nach rechts ab. Da lag das Oscarstheater. Er ging hinüber und schaute es sich an. Beim Theater zu arbeiten, würde bestimmt Spaß machen, man war ständig in der Zeitung zu sehen und trank Champagner zum Frühstück. Bloß schade, daß an manchen Theatern soviel gesungen und gespielt wurde, daß man nicht verstehen konnte, was sie redeten.

Auf dem Bürgersteig kamen zwei Tanten vorbei. Die eine saß in einem Rollstuhl, den die andere schob. Reine hatte eine Idee: Wenn man nun einen Job als Rollstuhlschieber suchte. Ein bißchen schwer vielleicht, aber der Inhalt des Rollstuhls könnte ja mithelfen, indem er an den Rädern zog. Auf diese Weise würde man viel zu sehen bekommen; bestimmt würde man in Bussen und Straßenbahnen umsonst fahren. Vielleicht auch umsonst ins Theater gehen und vor allen anderen hereingelassen werden. Wer im Rollstuhl saß, kam immer zuerst, das hatte er gelernt, als er nach Ibiza flog. Babies und Leute im Rollstuhl wurden vor allen anderen an Bord geschleppt. Außerdem war es vielleicht nicht so

schlimm, jemanden anzusprechen, der im Rollstuhl saß. Man konnte ja immer noch wegrennen, ohne daß der Behinderte einen verfolgte.
Plötzlich blieben die Tanten stehen und verschwanden in einem Hauseingang neben dem Oscarstheater und dem Palladium-Kino. Er wartete einige Minuten und schlich ihnen dann nach, gerade rechtzeitig, um sie im Aufzug hinauffahren zu sehen. Blitzschnell flitzte er die Treppen hinauf, aber er hatte nicht die geringste Chance; obwohl der Aufzug alt und klapprig aussah, fuhr er viel zu schnell. Im vierten Stock hielt er an: Die Alten würden natürlich unheimlich viel Zeit brauchen, um aus dem Aufzug herauszukommen, und daher mußte er sich nicht besonders beeilen. Gemächlich ging er die letzte Treppe hinauf.
Die Tür des Aufzugs fiel krachend ins Schloß, und als Reine im fünften Stock ankam, schaukelte der Käfig noch immer. Die Tanten zwängten sich gerade durch eine breite Brandschutztür aus Stahl. Sie hatten Schwierigkeiten, die schwere Tür aufzuhalten. Reine nahm allen Mut zusammen, huschte hin und half, sie aufzudrücken. An der Tür hing ein schönes, mit verschnörkelten Buchstaben beschriftetes Schild: OLGAS ATELIER.

7

Die schwere Tür mit dem starken Türschließer fegte Reine einfach ins Atelier hinein. Der Raum, in den er kam, war groß, mindestens doppelt so groß wie das Wohnzimmer daheim, aber nicht ganz so groß wie ein Klassenzimmer. Es war eine Mansarde. Die Außenwände waren abgeschrägt bis auf eine Wand, an der sich die beiden niedrigen Fenster befanden. An der Decke hingen lange Stangen mit breiten Bändern in verschiedenen Farben: weiß, violett, grün, blau, gelb, blaugelb, hellblau. Der Raum schien für ein Fest geschmückt zu sein, nur hatte man vergessen, ihn auszuräumen. Mehrere lange Tische waren in Reihen aufgestellt, ungefähr wie in einer Schulkantine. An den Tischen saßen einige Leute und malten mit Pinseln. Es waren lauter Frauen. Die Dame im Rollstuhl war zu einem der Tische hingefahren worden und hatte es sich dort bequem gemacht; sie war schon dabei, Pinsel und Fläschchen aus einer Schublade unter dem Tisch hervorzuholen. Was war das hier nur? Da der Raum im selben Gebäudekomplex lag wie das Oscarstheater, war dies vielleicht der Ort, an dem Kostüme, Kulissen und Schwerter mit versenkbaren Klingen gemacht wurden?

Eine alte Tante drehte sich um, entdeckte Reine und kam auf ihn zu. Sie hatte die Haare zu einer hohen Frisur aufgetürmt und trug einen bodenlangen, grauen Malerkittel. Reine erkannte sie sofort. Das mußte Madame Curie sein, die mit der Radioaktivität; er hatte sie in einem Lexikon gesehen. Das heißt, es war natürlich nicht Madame Curie persönlich, die war bestimmt schon seit fünfzig Jahren mausetot. Aber sie sah ihr sehr ähnlich. Reine hatte schon oft gedacht, daß es in dieser Welt nicht besonders viele Menschen mit verschiedenem Aussehen gab. Es war eine Lüge, daß jeder Mensch einzigartig sei. Zumindest auf den ersten Blick sahen viele Leute einander zum Verwechseln ähnlich. Wenn man neue Leute traf, glichen sie fast immer jemandem, den man kannte oder schon mal gesehen hatte. Und das Komische war, daß man dem neuen Menschen, der jemandem glich, den man schon kannte, dieselben Eigenschaften zuschrieb. Diese Alte ähnelte Madame Curie, folglich war sie Ausländerin und beschäftigte sich mit Radioaktivität. Reine überschlug kurz, wie viele Standardaussehen es gab. Fünfzig? Na, sagen wir mal lieber

fünfundsiebzig. Mehr konnte sowieso kein Mensch auseinanderhalten.
»Was hast du auf dem Herzen, mein Kleiner?« fragte die Tante in gebrochenem Schwedisch.
Sieh mal einer an. Sie sprach kein astreines Schwedisch und drückte sich so aus, wie man es vor fünfzig Jahren getan hatte. Oder vor hundert, das war ja egal. Die Alte hatte ein Gesicht wie eine Mumie: Das kam natürlich von den Strahlen.
Reine wollte gerade antworten, er sei aus Versehen hereingekommen, er habe nur die Tür aufhalten wollen und würde gleich wieder abhauen, als seine Konversation mit der Dame durch den Auftritt einer neuen Person unterbrochen wurde. Die Neue war ein Mädchen von etwa siebzehn Jahren. Sie hatte lange, knallrote Haare, Sommersprossen und ein großes, tintenblaues Muttermal auf der Backe. Sie trug ein Unterhemd, einen blauen Maxirock und ging barfuß.
»So, da bist du also, Birgitta«, sagte die alte Tante.
»Meine Uhr ist stehengeblieben«, antwortete das Mädchen. »Ich dachte, es wäre sieben, als es eigentlich schon neun war.«
»Es ist jetzt Viertel nach zehn«, erwiderte die Dame.
»Ich bin schrecklich unpünktlich«, sagte das Mädchen. »Schon immer gewesen. Man muß einfach damit rechnen, daß ich immer eine Viertelstunde zu spät komme. Das machen alle.«
»Wir fangen hier um acht Uhr an, liebe Birgitta.«
»Auf meiner Uhr ist es eigentlich Viertel nach acht. Ich kann heute nachmittag eine Viertelstunde länger bleiben . . .«
»Jaja, setz dich nur auf deinen Platz. Mach weiter mit dem, was du gestern beschriftet hast, es bricht mitten in einem Wort ab.«
»Wenn ich es mir recht überlege«, sagte das Mädchen, »wenn ich es mir recht überlege, dann seid ihr nur ein

Haufen von alten Schachteln, ein paar alte Pergamentfotzen, wie ihr hier sitzt und mit eurer widerlichen alten Goldfarbe herumschmiert. Ihr könnt euch den Arsch abwischen mit euren verdammten Seidenbändern! Hier hält es doch keine Sau aus!«
Reine war darauf gefaßt, daß die Decke mit allen Stangen und Stoffbahnen herunterkrachen würde, und hob seine Schultertasche, um seinen Kopf zu schützen. Aber es passierte nichts.
»Ja, dann danken wir für diese Zeit, Birgitta«, sagte die alte Tante ruhig. »Komm her zum Pult, wir wollen sehen, wieviel Lohn du noch zu bekommen hast.«
»Die paar Groschen könnt ihr auf mein Postscheckkonto überweisen«, erwiderte das Mädchen, machte auf dem Absatz kehrt und verschwand durch die schwere Speichertür.
Reine hatte irgendeine Reaktion erwartet: daß ein fürchterliches Geschnatter anheben würde oder daß jemand ausrufen würde »endlich« oder »Gut, daß sie weg ist«, aber niemand machte einen Mucks. Das Atelier blieb vollkommen still, die Tanten am Tisch pinselten und bastelten weiter wie zuvor.
»Entschuldigung«, sagte Madame Curie. »Mein Name ist Olga, ich leite dieses Atelier. Und was willst du, mein Junge? Willst du Bänder abholen?«
»Ich weiß nicht«, sagte Reine.
»Bist du denn kein Laufbursche?«
»Eigentlich nicht.«
»Aha. Es kommen so selten Leute her. Wolltest du vielleicht etwas abgeben?«
»Was denn?«
»Vielleicht wolltest du dich nur ein bißchen umsehen?«
»Ja. Ich habe da unten vor dem Oscarstheater gestanden und mir die Fotos angeguckt, und dann habe ich mir gedacht: Man kann ja auf jeden Fall mal reinschauen und was dabei lernen.«

Er hatte ein bißchen Angst und erinnerte sich an eine Szene aus »Frankensteins Monster«, wo Frankenstein das Monster aufs Dach hievt, damit der Blitz in das Monster einschlug und es lebendig machte. Hier machten sie es vielleicht mit Strahlen, bemalten ihre Opfer mit radioaktiver Goldfarbe. Das mußte ja einfacher sein, als auf ein Gewitter zu warten.
»Wo uns jetzt die Praktikantin weggelaufen ist . . .«, sagte Madame Olga oder Tante Curie oder wie sie nun heißen mochte.
Reine wußte nicht, was ein Praktikant ist; das hatte wohl etwas mit Praktischem zu tun. Einer, an dem man Versuche praktiziert? Arbeiteten sie mit lebendigen Menschen? Blitzartig wurde ihm klar, was diese Alten hier machten: Sie fertigten Bänder an, in die Mumien eingewickelt wurden. Sie saßen da und schnitten hunderttausend Bänder zu, die sie mit Beschwörungen vollpinselten. Dann warteten sie nur noch auf ein geeignetes Opfer, ein junges Mädchen zum Beispiel, und stürzten sich nun alle zusammen auf dieses Opfer – der Rollstuhl war natürlich nicht echt – und legten ihm das erste Band als Knebel über den Mund, das zweite als Binde über die Augen, das dritte um den Hals, um das Opfer zu . . .
»Wenn du ein bißchen älter wärest, hätte ich dir die Praktikantenstelle anbieten können«, sagte Tante Olga, »nachdem sie gerade frei geworden ist.«
Er wagte nicht zu antworten, je mehr er redete, um so tiefer würde er in die ganze Sache verstrickt werden. Im selben Augenblick entdeckte er eine weiße Standarte, die an einer Querwand hing. Sie war groß wie ein Kinderlaken und hatte unten zwei Zipfel, und die Kanten waren rundherum mit Goldtressen verziert. Was ihn aber wirklich beunruhigte, war nicht die Standarte selbst, sondern das, was darauf zu sehen war: In der Mitte der Standarte war ein goldenes Kreuz mit tausend

Strahlen in alle Richtungen. Was mochte das für eine Trophäe sein?
»Vielleicht möchtest du ein bißchen genauer wissen, was wir hier machen?«
Die Tante im Rollstuhl sah plötzlich auf und lächelte. Es war ein warmes, echtes Lächeln, nicht das Lächeln, mit dem der Henker sein Opfer begrüßt.
»Gehört das nicht alles zum Oscarstheater?« fragte Reine.
»Wir stellen hier Kranzschleifen her«, erwiderte Tante Olga.
»Ach so«, sagte Reine sicherheitshalber; er war nicht ganz sicher, was Kranzschleifen waren, fühlte sich jetzt aber ganz beruhigt. Er schwebte nicht in Todesgefahr.
»Wir bekommen Bestellungen von den Blumenläden in ganz Stockholm. Und dann beschriften wir die Bänder für Begräbniskränze.«
Reine schaute zur Decke hoch und entzifferte mühsam die eigentümlichen, eckigen Goldbuchstaben auf einigen Bändern: Leb wohl, Otto und Renata. Ein letztes Lebewohl, Familie Karlström. Von den Kameraden aus der Schwedischen Flotte.
Plötzlich merkte Reine, daß es in dem Raum nach etwas roch, es roch sogar sehr stark: nach Terpentin, Farbe, Verdünnungsmittel, Stoff, Staub. Es schnürte ihm den Hals zu, als lege ihm jemand von hinten . . . Quatsch! Aber er spürte, daß er es keine einzige Sekunde länger aushalten würde; es war, als befinde er sich in einer Sauna, wo jemand ohne Vorwarnung eine Kelle über dem Ofen ausgeschüttet hatte. Nicht eine Kelle voll Wasser, sondern eine Kelle voll Terpentin.
»Wiedersehen und vielen Dank«, rief er den lächelnden Tanten zu und drückte mit aller Kraft die Tür auf.

8

Reine hatte Schwierigkeiten, sich im Hamburgerlokal McDonald's in der Kungsgatan 4 auf seine Arbeit zu konzentrieren. Drei große Fragen schwirrten ihm durch den Kopf und versuchten einander in den Hintern zu beißen wie Libellen: Wie sollte er Arbeit finden? Wozu sollte er diesen Sommer benutzen? Wie zum Teufel konnte er die Mutter bei guter Laune halten, damit sie keinen Verdacht schöpfte?

Liebe Harriet, schrieb er auf das Briefpapier, auf dem die Fritten einen großen Fettfleck hinterlassen hatten. Der Fleck störte ihn nicht, er unterstützte vielmehr das, was er schreiben wollte: *Heute haben wir einen Ausflug gemacht und Stullen im Grünen gegessen. Die Butter ist in der Sonne geschmolzen . . .* Weiter? Was zum Kuckuck machte ein Haufen von halbwüchsigen Typen danach? Baden? *Leider durften wir nicht baden weil viele erkältet sind.* Hervorragend, solange man an Land blieb, konnte die Mutter sich ja nicht einbilden, man würde ertrinken. Erkältet? Das war weniger gut. Die Mutter hatte irgendwann gesagt, daß in den Ferienkolonien ansteckende Krankheiten »grassierten«. Was bedeutete »grassieren«? Daß die Krankheiten die Kinder abweideten, als seien sie Grashalme. Er strich diese Stelle und schrieb: *Aber keiner badete weil wir keine Lust hatten.* Naja. Würde die Mutter sich vielleicht um die Hygiene sorgen? *Aber am Abend haben wir geduscht wie gewöhnlich.* Prima. Perfekt. Aber wenn es nun auf der Insel der Kinder keine Dusche gab? Es gab Unterlagen, in denen das alles stand – aber wo? Er erinnerte sich genau, daß die Mutter eine Broschüre bekommen hatte, die über die Waschgelegenheiten Auskunft gab. Er hatte sie jedoch nicht selbst gelesen, ihm

war schon beim bloßen Anblick schlecht geworden. Das Heft mußte irgendwo zu Hause in der Wohnung liegen, und das bedeutete, daß er diesen Brief nicht abschicken durfte, bevor er nicht die Angaben über die Duschen kontrolliert hatte. Das war übrigens ganz gut so. Wenn die Mutter die Briefe zu dicht hintereinander bekam, könnte sie glauben, er hätte Heimweh.
Wozu sollte er diesen Sommer benutzen? Er hob die Pappschachtel mit den Fritten an den Mund, warf den Kopf zurück und schüttete die letzten Krümel und Salzkörner in sich hinein. Ein paar ältere Typen mit nacktem Oberkörper glaubten, der Platz würde jetzt frei, und kamen mit ihren Tabletts an. Reine traute sich nicht, sie anzusehen, sondern drehte den Briefbogen um und schrieb: 1. *Mit der Familie Hammarskjöld Kontakt aufnehmen?* Was für Beweise hatte er eigentlich? Ehrlich gesagt, gar keine. Aber man konnte die Sache ja auch so sehen: Welche Beweise hat die Familie Hammarskjöld dafür, daß Dag Hammarskjöld meine Mutter nicht gebumst hat? Ehrlich gesagt, gar keine. Natürlich könnte Dag Hammarskjöld im Dezember 1963 auf einer Dienstreise in Japan oder der Äußeren Mongolei gewesen sein. Aber wenn Harriet ihn im Flugzeug begleitet hätte? Als Privatpflegerin? Das war wirklich keine schlechte Idee . . .
»Willst du hier noch lange hockenbleiben?« fragte der eine Typ mit dem Tablett.
»Ich warte auf meinen Vater«, antwortete Reine. »Er ist gerade aufs Klo gegangen.«
Die beiden Nacktbrüstigen machten sich davon, um weiter weg auf den Platz einiger älterer Tanten zu warten; einer der Kerle hatte ein Tätowierung auf dem Rükken, HIER: OBEN.
Genau: auf dem Klo. Auf dem Klo einer DC-8 unterwegs in die Äußere Mongolei. Könnte die Familie Hammarskjöld das Gegenteil beweisen? Doch, das

könnte sie. Da er sich für Flugzeuge interessierte, wußte Reine, daß ein Neffe von Dag Hammarskjöld – oder war es ein Vetter dritten Grades? – Präsident der IATA, des Internationalen Luftverkehrsverbands, war. Da blieb einem mit anderen Worten keine Chance, die Familie Hammarskjöld kontrollierte den gesamten Luftraum und würde natürlich nicht die geringsten nachteiligen Beweise preisgeben. Er änderte 1. in: *Nicht mehr darüber nachdenken, wer dein Vater ist.* In Gedanken fügte er hinzu: Denn wenn dein Vater was auf dem Kasten hat, wenn er berühmt ist oder überhaupt was zum Vorzeigen, und er hat sich nun bald elf Jahre lang vor den Alimenten gedrückt, dann kriegen sie ihn jetzt auch nicht. Falls er nicht ein Depp ist.

Was hatte das Buch der Weltrekorde über Väter zu berichten? Reine zog es im Schutz der Tischplatte vorsichtig aus der Tasche und blätterte: Der beste Vater der Welt? Der größte Vater der Welt? Der reichste Vater der Welt? Der cleverste Vater der Welt? Da stand nichts über Väter. Statt dessen fand er:

»Das größte fleischfressende Tier war eine Raubechse, *Tyrannosaurus Rex.* Sie lebte vor 70–75 Millionen Jahren in Amerika und war 15 Meter lang und 7 Meter hoch.«

Da würde die Bedienung aber auf Trab kommen, wenn der Tyrannosaurus Rex plötzlich hier im McDonald's erschiene und den größten Hamburger der Welt bestellte: Pronto!

Es war jetzt fast elf Uhr, und schon begann der Mittagspausentrubel. Wenn man bloß hier Arbeit kriegen könnte! Tabletts tragen, den Boden kehren und die Gäste begrüßen. Zehn Kronen pro Stunde und so viele Hamburger, wie man wollte. Reine wurde ganz aufgeregt und sprang vom Tisch auf. Daß ihm das noch nicht eingefallen war! Er raffte seine Siebensachen zusammen und ging zur Theke, wo sich das Personal befand. Lange

Schlangen standen vor den Kassen. Er wagte nicht, sich vorzudrängeln, eine Vision wirbelte vorbei: Vor den Kassen standen Reihen von Raubechsen, große, kleine, dicke. Einige mit Handtaschen, andere barfuß, einige mit Brillen, und da hinten eine aufgedunsene alte grüne Echse mit einem Hörapparat. Rasch flitzte er auf die Straße hinaus.

Drei Minuten darauf hatte er im Eiltempo ein ganz schönes Stück zurückgelegt und saß auf der Treppe der Königlichen Bibliothek im Humlegården-Park. Massenhaft Leute liefen die Treppe hinauf und hinab. Immer mehr setzten sich auf die Treppenstufen. Offenbar konnte man sich an einem Buffet in der Bibliothek Essen zum Mitnehmen kaufen. Einen halben Meter von Reine entfernt saß ein langes blondes Mädchen mit einem kleineren Typen, der möglicherweise Javaner war. Sie aßen Pfirsichjoghurt. Reine beugte sich ein wenig vor, um ein bißchen von dem Duft mitzukriegen und zu sehen, ob ganze Obststücke im Joghurt waren oder ob es nur gefärbt war. Es waren ganze Stücke. Der Javaner lutschte an einem Pfirsichstück, das hin und wieder zwischen seinen gespitzten, bläulichen Lippen hervorkam. Still überprüfte Reine seine Barschaft. Da stellte das Pärchen plötzlich die leeren Becher weg und begann sich zu küssen. Reine wandte sich angewidert ab. Menschen waren ja genauso widerlich wie Echsen. Oder noch widerlicher. Echsen legten wenigstens Eier.

Reine war im Laufe der Jahre in vielerlei Formen aufgeklärt worden und wußte ganz genau, wie man Kinder machte. Das heißt, er akzeptierte es theoretisch, ungefähr so, wie man seinen eigenen Tod theoretisch akzeptiert, aber nicht praktisch. Er fand die Beschreibung der Fortpflanzung ebenso langweilig wie unglaublich. Daß Gott sich nichts Lustigeres hatte einfallen lassen! Gott oder wer auch immer; das gehörte ebenfalls zu den Fragen, die nicht vergessen werden durften. Fortpflanzung

– was für ein Wort! Als er kleiner war, hatte er geglaubt, es hieße *Wort*pflanzung: Der Mann pflanzte ein Wort in das Ohr der Frau, und ein Kind begann zu wachsen.
Die Version, die man ihm in der Schule beigebracht hatte, fand er bescheuert, eine typische Erfindung des Schulamts: Der Mann führt seinen Penis in die Scheide der Frau ein und sondert einige Tropfen Samenflüssigkeit ab, die dann in die sogenannte Gebärmutter hinaufschwimmen, wo die kleinen Kaulquappen im Sperma darum wetteifern, zu dem stecknadelkopfgroßen Ei vorzudringen. Das war ja das reinste Kasperletheater. Aber es stimmte natürlich. Wer etwas anderes behauptete, bekam einen blauen Brief mit nach Hause.
Reine fand es schön, sich vorzustellen, daß die Fortpflanzung auf viele verschiedene Arten geschehen könnte. Die Großmama und er hatten sich an einem Weihnachtsabend folgende Version ausgesponnen: Eines schönen Abends war ein Engel mit dem kleinen Reine im Arm unter den Abendwolken herangeschwebt. Der Engel war zuerst ein paarmal um die Kirche geflogen und hatte sich dann auf der Treppe niedergelassen. Die ganze Gemeinde wartete. Nachdem man »Schön ist die Erde« gesungen hatte, war Reine von dem Engel feierlich seiner Mami übergeben worden. Großmama hatte vor Freude geweint und den Engel umarmt. Nach Reines – nicht aber Großmamas – Version hatte sich ihre Handtasche in einer der langen Schwungfedern des Engels verheddert, aber der Pfarrer hatte ihnen geholfen, wieder auseinander zu kommen. Dann hatte der Engel sich vor der Gemeinde verneigt, »Halleluja« gerufen und sich in die Luft geschwungen, war in Spiralen aufgestiegen, um an Höhe zu gewinnen, und schließlich pfeilschnell heim zu Gott geeilt, der hinter dem Sonnenuntergang wohnte.
Aber Reine hatte auch noch eine private Version, die von ihm selbst stammte. Sie lautete: In einer Nacht mit

silberhellem Mondschein waren Dracula und sein fliegender Hund wie zwei windgejagte Wolkenfetzen angebraust gekommen. Dracula war mit dem Hund in Mamis Mädchenzimmer eingedrungen. Während der Hund sich auf ihren Körper legte, so daß sie kein Glied rühren konnte, hatte Dracula sich breitbeinig über ihren Kopf gestellt, mit dem Rücken zum Kopfende. Dann hatte er sich rasch hinuntergebeugt, seine beiden Vampirzähne in ihre Nasenlöcher gesteckt und zwei harte kleine Samenkörner hineingelegt. Als die Mutter aus ihrer Bewußtlosigkeit erwachte, war es schon heller Tag, und Dracula lag schon seit Stunden unter Qualen in seinem silberbeschlagenen Sarg in den Bergen Transsylvaniens. Die Körner in Mamis Nase waren wie Erbsen gekeimt, das eine Korn war abgestorben, aber aus dem anderen war Reine geworden. In einer schaurigen Gewitternacht hatte die Mutter fürchterlich niesen müssen und hatte Reine geboren. Als dies geschah, war sie erst sieben Jahre alt. Sie hatte Reine jahrelang zwischen ihren Puppen und Teddybären versteckt, damit Großmama ihn nicht entdeckte.

9

Es war noch nicht ein Uhr, als Reine den Aufzug zu Olgas Atelier betrat. Er hatte einen langen Vormittag mit enttäuschten Hoffnungen hinter sich und befand sich in einem Zustand, der an bedingungslose Kapitulation grenzte. Die Begeisterung, die er zu Beginn des Morgens empfunden hatte, als ihm die Welt zu Füßen zu liegen schien, zu seinen beflügelten Füßen, hatte sich jetzt ins Gegenteil verkehrt. Es kam oft vor, daß er sich morgens dreißig Meter groß fühlte, ein fröhlicher Stelzenmann, der über Fahrspuren und kleinere Häuser hinwegstieg und fit genug war, um mit dem Stab über größere Häuser zu springen, wenn es sein mußte. Aber nach dem Mittagessen schlaffte er ab; er fragte sich, ob das am Essen liegen könnte, ob er im Unterschied zu gewöhnlichen Menschen das Essen im Kopf verdaute, statt im Magen. Das Gehirn fühlte sich wie ein auseinanderlaufender Cheeseburger an.

Als er das Atelier betrat, war alles unverändert. Tante Olga stand an ihrem hohen, altmodischen Pult und schrieb etwas in ein Kassenbuch. An den Tischen saßen die übrigen Tanten; die im Rollstuhl, die große und dikke, die mit den grauen, zu langen Zöpfen geflochtenen Haaren und die mit den vornehmen Kleidern und den vielen goldenen Armbändern und Ringen. Er schaute zu den Stangen an der Decke hoch, dort konnte man erkennen, daß Zeit vergangen war. Die Bänder, die er am Vormittag gesehen hatte, waren verschwunden, dafür hingen dort: Von dem trauernden Gatten, Abteilung 72 des SHF, Bertil, Maj-Britt, Pontus und Viktoria.

Der Geruch nach Farben und Chemikalien, der ihn am Vormittag vertrieben hatte, war komischerweise jetzt viel schwächer. Übrigens war das vielleicht gar nicht so komisch; Reine hatte gemerkt, daß er Gerüche manchmal sehr stark wahrnahm, wenn er Angst kriegte.

»Tag«, sagte Reine.

Tante Olga sah auf. Sie trug eine Brille mit einer schwarzen Kordel, die um ihren Nacken lag. Als sie die Brille abnahm, sah Reine, daß sie ungewöhnlich helle, blaue Augen hatte. Ältere Leute hatten gewöhnlich nicht so klare Augen; ihre Augen waren meist seicht und wie gekocht.

»Du hast es ja plötzlich mächtig eilig gehabt«, sagte Olga. »Denn das warst du doch, vorhin?«

Was hieß da vorhin? Reine meinte, fünf bis zehn Jahre durchlebt zu haben, seit er hier gewesen war.

»Mir ist plötzlich was eingefallen«, antwortete er.

Alle Tanten schauten ihn an. Die mit dem Buckel im

Rollstuhl sah unter ihrem eigenen Arm durch, so weit war sie vorgebeugt. Die dicke Tante strahlte übers ganze Gesicht, ihre Backen waren rot geflammt wie der Vorspann zu einer von Reines bevorzugten Horrorserien, »Eine Welt im Krieg«. Die Tante mit den halbmeterlangen grauen Zöpfen starrte ihn erstaunt an, als sei er eine rosa Eidechse. Die mit dem Schmuck lächelte geziert und steif, als kreuzten sich ihre Blicke über einer erhobenen Kaffeetasse. Aber die Bedeutung all dieses Lächelns war sonnenklar: Wir mögen dich, wir lieben alle Buben, die noch nicht in die Pubertät gekommen sind, denn dann werden sie Rowdys und fangen an, uns die Handtaschen zu klauen.

»Also«, sagte Reine, »es ist wegen dieser Praktikantenstelle . . .«

Olga kam noch näher und streckte ihm zur Begrüßung die Hand hin.

»Wie heißt du denn?«

»Reine Agne Larsson.«

»Bist du schon fünfzehn?«

»Ich werde fünfzehn«, antwortete Reine.

»Dann bist du noch schulpflichtig?«

»Ja schon, aber jetzt habe ich Ferien, und ich wollte fragen, ob jetzt, wo die andere aufgehört hat, und vielleicht ist es schwierig, jemand Neues zu kriegen, und ob es vielleicht möglich wäre und ob ich hier arbeiten kann? Oder so.«

Tante Olga sah verlegen aus, setzte sich die Brille wieder auf. Aber nur, um sie sofort wieder abzunehmen.

»Bin ich zu klein?« fragte Reine.

Olga antwortete nicht, sondern ging zu ihrem Stehpult zurück, stellte sich dahinter, als wolle sie eine Rede halten, und setzte die Brille wieder auf. Aber sie sagte nichts.

»Ist es, weil ich keine Arbeitsgenehmigung habe?«

Reine wußte von einem Jungen im Nachbarhaus, daß

man eine Arbeitsgenehmigung braucht, wenn man minderjährig ist. Man ging zum Schularzt und gab eine Urinprobe ab; war das Pipi okay, dann kriegte man die Arbeitsgenehmigung.
»Uns liegt hier mehr an den Qualifikationen als am Alter«, erwiderte Tante Olga.
Reine begriff überhaupt nichts mehr; irgendwas stimmte nicht mit ihm, aber was? Hatte er vergessen, den Hosenschlitz zuzumachen? Hatte er Kletten im Haar? Hatte ihm jemand unbemerkt einen Zettel mit der Aufschrift »Ich bin ein Idiot« an die Kleider geheftet?
»Zur Probe«, sagte er. »Wenn ich ein bißchen zur Probe arbeiten könnte?«
»Na, am Interesse scheint es ja nicht zu fehlen«, sagte Tante Olga.
»Aber?«
Olga suchte Unterstützung bei den anderen Tanten. Aber eine nach der anderen wandte sich sofort ihrer Tätigkeit zu, wenn Olgas Blick den ihren zu fangen suchte.
»Ich sollte mich vielleicht erst ein bißchen mit den Mädchen beraten . . .«
»Kann ich um drei Uhr anrufen?« fragte Reine.
Er begriff nicht, was daran so komisch war, aber all die alten Schachteln begannen zu kichern. Alle auf einmal – nicht etwa, daß eine angefangen und die anderen mitgerissen hätte. Alle lachten, als hätte man fünf Außenbordmotoren in derselben Sekunde angelassen.
»Was meint ihr denn, Mädchen?«
Sie sagten nichts, aber sie nickten und kicherten, schalteten auf Leerlauf. Reine spürte, daß die Stimmung für ihn sprach. Und trotzdem stimmte irgendwas nicht. Er versuchte, nach unten zu schielen, um den Hosenschlitz zu kontrollieren, konnte aber nichts entdecken; jedenfalls schaute nichts heraus.

»Weißt du«, sagte Tante Olga und kam auf ihn zu, »wir haben hier noch nie einen Mann angestellt.«
»Das ist aber schade.«
»Du bleibst«, erwiderte Olga entschlossen. »Du kannst eine Probezeit machen. Und das mit der Bezahlung regeln wir schon. Wir reden später darüber.«
Typisch, so behandelten Erwachsene die Kinder immer, wenn es um finanzielle Dinge ging: Ich habe gerade kein Kleingeld, du kriegst was, wenn du es brauchst, Geld ist doch sowieso nicht die Hauptsache.
»Wann ist Mittagessen?« fragte Reine.
»Wir haben zwischen halb zwölf und zwölf Mittagspause«, antwortete Olga. »Hast du noch nichts gegessen?«
»Nicht besonders viel.«
»Wir sollten vielleicht herumgehen und guten Tag sagen«, meinte Olga und legte ihm den Arm um die Schultern; sie hatte runzlige Hände mit Leberflecken und Goldspritzern, wie die Haut eines Bücklings.
Reine wurde herumgeführt, um die anderen zu begrüßen. Die Tante im Rollstuhl streckte ihm einen unnatürlich langen Arm entgegen, sie hieß Helene. Die dicke Tante mit dem geflammten Gesicht hieß Lotte; sie ergriff seine Hand mit beiden Händen. Reine spürte, daß er sich vor ihr hüten mußte, sonst könnte sie die Röcke heben und sich auf ihn setzen wie eine brütende Glucke. Die Tante mit den Zöpfen reichte ihm zögernd die Hand und lächelte schüchtern, sie hieß Kristina und wirkte sehr zerbrechlich.
»Kristina ist ein bißchen anfällig«, erklärte Tante Olga beschützend. »Aber sie schläft nachts im Krankenhaus, damit sie sich um sie kümmern können, wenn etwas ist.«
War sie verrückt? Übergeschnappt? Total durchgedreht? Gewalttätig? Kristina schien eher in ihrer eige-

nen Welt zu leben, in einer großen Seifenblase. Deshalb hatte sie so zögernd die Hand ausgestreckt. Sie hatte Angst, die Blase zu durchstoßen.
Die adrette Dame mit den Ringen roch stark nach Parfum. Ihre Zähne schienen aus Porzellan gemacht zu sein. Sie hieß Frau Bergman-Ritz.
Als Reine der Reihe nach guten Tag gesagt hatte, war ihm klargeworden, daß jedes Lächeln, jedes Blinzeln und jeder besondere Druck in der Handfläche bedeuten sollten, daß jede der Tanten ihm mitzuteilen versuchte: Hier ist es nicht so idyllisch, wie du glaubst – aber es gibt eine Person, auf die du dich verlassen kannst – mich!
»Jetzt mußt du ein bißchen was zu essen bekommen«, sagte Tante Olga. »Hat jemand noch etwas vom Mittagessen übrig?«
Zwei der Tanten, Helene und Lotte, gerieten sofort in Bewegung. Kristina sah betreten drein und begann einen ihrer Zöpfe zu massieren, während Frau Bergman-Ritz bedauernd den Kopf schüttelte, mit anderen Worten, sie hatte alles aufgegessen. Helene fuhr in ihrem Rollstuhl mit einem flachen Henkelmann aus Aluminium zu Reine hin. Sie machte vor ihm Halt und hielt ihm mit langen Spinnenarmen den Henkelmann unter die Nase. In der Dose lag ein auf beiden Seiten gebratenes Ei. Lotte schloß sich Helene mit einer in Wachspapier eingewickelten Käseschnitte an. Reine nahm beide Gaben in Empfang und verbeugte sich ziemlich lässig; sicherheitshalber verbeugte er sich noch einmal. Olga führte ihn zu einem der Fenster, wo er das Essen aufs Fensterbrett stellen durfte, während Olga ein Glas Saft holte.
Die Aussicht war schön. Rechts lag eine breite Brücke, die über die Gleise des Stockholmer Hauptbahnhofs führte. Linkerhand konnte man den Bahnhof selbst mit den langen, überdachten Bahnsteigen sehen. Von hier

oben sah das alles wie eine Modellanlage aus. Wenn man einen Transformator gehabt hätte, hätte man alle Züge und Weichen dirigieren können. Und einen ordentlichen Zusammenstoß zwischen zwei D-Zügen herbeiführen.

»Iß du nur in aller Ruhe«, sagte Tante Olga und stellte ihm ein Glas schwarzen Johannisbeersaft hin.

Nach seinem zweiten Imbiß wurde Reine ein Platz am Tisch neben Helene im Rollstuhl zugewiesen. Tante Olga gab ihm einige weiße Bänder aus dem Abfall zum Üben. Er bekam Farbe und einen dünnhaarigen Pinsel, Reinigungsflüssigkeit und eine Buchstabenschablone. Reine erfuhr, daß die Buchstaben von der mittelalterlichen gotischen Schrift inspiriert seien. Er selbst fand, sie sähen eher aus wie eine plumpe Geheimschrift.

»Vergiß nicht, es ordentlich zu spannen«, sagte Olga.

Reine strich das breite, blanke Band glatt und klemmte das Ende an der Tischkante fest.

»Was soll ich schreiben?«, fragte er.

»Was du willst. Es ist ja nur zur Übung.«

Er versuchte, sich etwas richtig Trauriges auszudenken, zum Beispiel »Leb wohl Reine, Mami« oder »Wir sehen uns im Jenseits wieder, Dag Hammarskjöld«. Nein, das war zu lang, die Übungsbänder waren nur kurze Reststücke. Konnte er überhaupt sauber schreiben? Und ob. Reine war gut im Zeichnen, bei Motorrädern und Flugzeugen war er sogar Klassenbester. Auf das erste Band schrieb er KAWASAKI, auf das zweite YAMAHA und auf das dritte HUSQUARNA. Tante Olga kam zur Inspektion.

»Gut. Ausgezeichnet. Aber du mußt darauf achten, alle Buchstaben zu trainieren, nicht nur die A's.«

Reine kam auf die traurige Tour zurück und stellte sich wieder vor, er selbst sei gestorben. Die Trauernden, die die Kränze bestellten, waren seine Klassenkameraden. Er machte sich den Spaß, sie auf eine Weise zu Paaren zu

machen, die ihm eine tüchtige Abreibung von den Typen eingebracht hätte, wenn sie es hätten sehen können: PATRICK und IRENE, THOMAS und BIRGITTA, MAGNUS und CARINA, DANIEL und LOVISA, PATRICK und CAMILLA, BRUNO und KARIN, REINE und . . . Nein, verflixt, er selbst war ja tot.
Gegen halb drei Uhr war Reine völlig erschöpft, sein Kopf senkte sich immer tiefer über den Tisch.
»Brauchst du vielleicht eine Brille?« sagte Tante Olga.
Reine schüttelte müde den Kopf, sein Sehvermögen hätte nicht besser sein können. Er war einer der wenigen in der Klasse, die das Markenzeichen rechts unten auf der Sehtesttafel lesen konnten. Das Problem war vielmehr, daß er völlig aus seinem normalen Tagesrhythmus geraten war. Um halb drei gab es eine Kaffeepause, aber Reine lehnte den Saft ab. Er war so müde, daß er nicht mal mehr Hunger hatte. Er schob die Bänder zur Seite und legte den Kopf auf seine gekreuzten Arme; was ihn betraf, so würde er die Pause zum Ausruhen benutzen.
Er erwachte erst um zehn vor vier und fuhr mit einem Ruck auf. Wohin er auch sah, saßen lächelnde Tanten. Wie sollte er so viele Mütter auf einmal verkraften?
»Entschuldigung«, sagte er. »Es muß am Klimawechsel liegen.«
Er stand auf und ging umher, um die Glieder zu strekken. Das Atelier bestand nur aus diesem einen Speicherraum und einer Garderobe, die zu einer Kochnische umgebaut worden war. Um zur Toilette zu kommen, mußte man ins Treppenhaus hinaus und durch eine andere Speichertür gehen. Das hatte den Vorteil, daß es auf dem Klo nicht so stark nach Chemikalien roch. In den Räumen hinter der Toilette befand sich das Lager des Ateliers. Wenn man zu müde werden sollte, könnte man bestimmt zwischen all diesen Stoffballen und Kartons pennen.

Den Rest des Nachmittags verwendete Reine auf zwei Bänder, die nach und nach mit folgendem Text versehen wurden: EIN LETZTES LEBEWOHL. DAS PERRONAL VON DER INSEL DER KINDER. Perronal? Man verschrieb sich so leicht. Aber andererseits waren die Buchstaben so schwer zu entziffern, daß es vielleicht nicht so auffiel.

10

Es war zwei Uhr nachts, draußen war es schon hell, und Reine konnte nicht schlafen. Sobald er gegen fünf Uhr nachmittags von der Arbeit heimgekommen war, hatte er alle Spaghetti aus den sieben fast leeren Packungen zusammengeworfen und sie in einem großen Topf gekocht. Er hatte eine halbe Flasche HP-Soße darübergegossen und das Ganze in drei Komma fünfundvierzig Minuten gegessen. Zehn Minuten darauf hatte ihn ein fürchterlicher Durst befallen, den er mit der letzten verbliebenen Dose Bier zu löschen versuchte. Dann war er eingenickt und hatte tief und traumlos bis um zwei Uhr geschlafen, als er plötzlich aus einem intensiven Traum aufschreckte: Er stand auf dem Hof am großen Sandkasten und pinkelte einen Hektoliter nach dem anderen, bis die Wellen über den Rand schwappten. Er rannte auf die Toilette – was für ein verdammtes Glück, daß er aufgewacht war!
Nachdem er den Wecker kontrolliert hatte, legte er sich sofort wieder hin. Aber der Schlaf ließ sich nicht mehr einholen. Er stand auf und holte seinen Snoopy aus dem Kleiderschrank; jahrelang hatte er nicht ohne diesen großen, weichen Stoffhund im Arm einschlafen können. Aber es ging trotzdem nicht. Er war hellwach. Er stand auf, machte Tee und aß eine Rolle Marie-Kekse. Die Mutter hatte ein Röhrchen Schlaftabletten im Bade-

zimmerschrank, aber er wußte nicht genau, wie lange sie wirkten; der Wecker war auf sieben gestellt.
Nachts, wenn alle schliefen, konnte man gut denken. Es war, als habe man die ganze Welt für sich und könnte die Dinge ein bißchen hin- und herrücken, ohne daß jemand protestierte. Er setzte sich an seinen Schreibtisch, auf dem er einen kleinen Plastikglobus hatte. Schweden lag zu weit nördlich. Zwischen Spanien und Italien gab es einen ungenützten Platz, wenn man Mallorca und Ibiza wegnahm. Er peilte über den Daumen: Wenn man es geschickt anstellte, konnte man Schweden vielleicht so legen, daß Mallorca und Ibiza im Väner- beziehungsweise im Vättersee landeten. Nein, dann müßte man ja Norrland umknicken, damit Kiruna nicht in Nordbelgien landete. Und wenn man Schweden quer zwischen Kreta und Malta legte? Was wäre dann? Ja, dann würde man eine verdammte Überschwemmung anrichten.
Jetzt aber mal ernsthaft. Er war nicht weitergekommen mit der Aufgabe, die er sich selbst gestellt hatte: herauszufinden, was *wichtig* war. Warum es die Menschheit gab, wohin sie unterwegs war, wie lange es dauern würde und wozu es gut sein sollte. Das klang vielleicht ein wenig wirr. Man müßte die Fragen wohl genauer stellen, wenn man vernünftige Antworten kriegen wollte. Antworten? Vielleicht wäre es gescheiter, mit den Antworten zu beginnen und dann erst nach den passenden Fragen zu suchen? Er mochte nicht mehr nachdenken, sondern ging ins Zimmer der Mutter, das heißt in den Salon, und holte sich ein Konversationslexikon, in dem er zu lesen pflegte, wenn er nichts zu tun hatte:

ENTWICKLUNGSPHASE IV:
DAS SCHULALTER, »LATENZPERIODE«

Dieses Stadium unterscheidet sich von den vorhergehenden Stadien dadurch, daß es keinen Übergang von innerem Umbruch zu erneuter Kontrolle mit sich führt. Freud nennt es Latenzperiode, weil die starken Triebe in der Regel latent sind. Es ist aber nur eine Pause vor den Stürmen der Pubertät, in der alle früheren Triebe in neuen Kombinationen hervorbrechen.

Das klang beunruhigend und exakt. Er selbst befand sich in dieser Latenzperiode und hoffte, daß sie lange anhalten würde. Wie lange? Konnte man irgend etwas tun, um die Latenzperiode zu verlängern? . . . *in der alle früheren Triebe in neuen Kombinationen hervorbrechen.* Reine stellte sich vor, er würde auf einen riesigen, wahnwitzigen, lärmenden pornographischen Rummelplatz geschleudert, wo starke, rotierende Lichteffekte die Augen zum Kochen brachten. Überall, im Riesenrad, auf der Achterbahn, im Lachkabinett, unter den kreisenden Glücksrädern, in den kleinen Booten und in der Menschentraube vor den Wurstbuden, auf allen Dächern, in den Bäumen, im Teich, auf dem Geländer der Tanzfläche, saßen Tausende von halbwüchsigen Jungen, taub und blind für die Umwelt, und wichsten wie die Affen.
In einem Punkt hatte Freud unrecht: Nicht alle starken Triebe waren latent. Hatte dieser Freud nie vor Carrols oder McDonald's gestanden, hungrig wie ein Wolf, sabbernd wie ein Hund, ohne einen Groschen in der Tasche? Hatte er nie eingeklemmt in einem überfüllten Vorortzug gestanden, nachdem er zwei Dreiviertelflaschen Cola und eine kleine Limo verdrückt hatte; war seine Blase nie zum Platzen voll gewesen?
Außerdem ging aus dem Text hervor, daß vor der Latenzperiode etwas passiert sein mußte, daß irgendwann – oder vielleicht im Laufe mehrerer Jahre –, als er noch klein war, die Triebe in einen fürchterlichen Aufruhr geraten sein mußten. Aber er konnte sich nicht daran erinnern. Er wußte nur noch, daß er irgendwann im Alter

von drei oder vier Jahren Angst vor dem Alleinsein gehabt hatte. Wenn die Mutter Sonntag morgens zur Arbeit ging, half nichts mehr. Sie konnte das Bett mit Sahnebonbons, Popcorn, Limonade, Teddybären, Spieldosen und Dinky-Toy-Autos vollstopfen – es half trotzdem nichts: Sein Drang, ihr nachzulaufen, war so stark, daß er zu atmen aufhörte. Das hatte dann ein paarmal dazu geführt, daß er ohnmächtig wurde und einen »Krampf« bekam, wie die Mutter sagte. Würde dieser Trieb wiederkehren, der Trieb, um jeden Preis Gesellschaft zu haben? Er hoffte es nicht. Alleinsein bedeutete, Herr der Lage zu bleiben.

Wie war es eigentlich gewesen, als er klein war? 1965 hatte er laufen gelernt, 1966 konnte er schon ganz ordentlich sprechen, und an seinem Geburtstag am 9. September 1969 war er neunundneunzig Zentimeter groß gewesen. Diese Fakten konnte man dem Familienbuch entnehmen, außerdem die Information, daß er total bescheuert ausgesehen hatte, noch dazu mit kurzgeschnittenen Haaren. Aber wie war er innen gewesen? Im innersten Kern? Hatte der Mensch innen einen Kern, wo er gleichsam dichter war? Ganz bestimmt: Meistens hatte Reine das Gefühl, sein Kern befinde sich hinter den Augen, ein paar Zentimeter tief im Gehirn, in Höhe der Nasenwurzel. Zuweilen wanderte der Kern jedoch. Wenn man beispielsweise Kopfschmerzen hatte, dehnte er sich wie eine Blase unter der Schädeldecke aus, eine Blase, die jeden Moment platzen konnte. Und wenn man zwei Dreiviertelflaschen Cola getrunken hatte, steckte er pochend hinter dem Ansatz des Pimmels, und man mußte die Beine übereinanderschlagen, damit der geschwollene Kern nicht herausflutschte.

Hatten alle Menschen einen solchen Kern? Ja, das heißt, falls es sie überhaupt gab. Reine hatte sich aber noch nicht endgültig entscheiden können, ob es die anderen Menschen gab, ob die Außenwelt überhaupt existierte.

Oft war es bequemer, davon auszugehen, es gebe nur ihn selbst, oder genauer gesagt, nur seinen Kern. Haut, Muskeln und Sehen waren nichts weiter als ein eng anliegender Anzug, ein Turnanzug oder ein Taucheranzug mit Löchern zum Ein- und Ausatmen. Er nahm ein kleines schwarzes Notizbuch, ein ehemaliges Abrechnungsheft, das ihm die Mutter anläßlich einer Taschengelderhöhung gegeben hatte. In dieses Heft schrieb er:
6, 19, 9, 11   5, 3   5, 11, 12, 14, 3   14, 8, 3, 3, 5, 27
29, 19, 27?
Nun gut, am besten behielt man diese Gedanken zunächst einmal für sich. Denn wenn es nun so wäre, daß es die anderen Menschen doch gab, und dann herauskäme, daß er geglaubt hatte, es sei nicht so, sondern er sei allein im ganzen Universum, dann hätten eine Menge Leute Grund, sauer auf ihn zu sein. Nicht nur Gott, sondern auch die Klassenkameraden. Was fällt dir überhaupt ein, würden sie bei der Verfolgungsjagd rufen, einfach zu behaupten, es gäbe uns nicht!
Gab es Gott? Die Mutter meinte, jeder sollte selbst entscheiden, ob er an Gott oder Jesus glauben wolle. Sie selbst glaubte nicht an ihn, denn wenn es Gott gäbe, hätte er längst den Krieg aus der Welt geschafft. Schließlich war er allmächtig. Die Großmama sagte, Gott sei nicht für die Kriege verantwortlich, trotz seiner Allmacht. Der Teufel und die bösen Menschen stifteten die Kriege an, zu Gottes großem Schmerz. Sein Schmerz über die Bosheit der Menschen war so tief, daß es nicht sicher war, ob er uns überhaupt je verzeihen könnte. Hier kam nun Jesus ins Spiel, als eine Art Verteidiger der Menschen. Indem er unsere Sünden auf sich nahm, versuchte Jesus Gott zu besänftigen. Aber wir mußten selbst auch etwas dazu tun, wir mußten unsere Sünden bekennen und Buße tun. Reine fand, wenn er auch seine Meinung dazu sagen durfte, daß Gott ein Dickschädel war.

Er glaubte wie die Mutter, daß es Gott nicht gab. Denn wenn es ihn gäbe, müßte man an die Bibel glauben, das gehörte sozusagen dazu. Und die Bibel war ja eine ziemlich dürftige Geschichte. Die Erschaffung des Menschen zum Beispiel: Gott erschafft zuerst die Natur und die Tiere, und am siebten Tag nimmt er einen Lehmklumpen, macht daraus eine lebendige Tonfigur, die er Adam nennt. Aus Adams Rippe macht Gott Eva. Als Adam und Eva dann entdecken, daß sie ein Glied und eine Scheide haben, setzt sich das Ganze wie eine Art perpetuum mobile aus Haut und Hackfleisch in Gang: die Endlosmaschine GLITSCH & LEIDE.

Der Verfasser der Bibel, ob es nun Gott selbst war oder jemand anders, hatte eine kümmerliche Phantasie gehabt. Dieser Darwin hatte eine viel bessere Phantasie. Zuerst hatte es nur Eiweißmoleküle gegeben, die gelernt hatten, sich zusammenzuziehen und wie winzige Würmer am Rand der Lava herumzukriechen. Dann hatten diese weißen Würmer sich zusammengetan und hatten Pantoffeltierchen und Algen gebildet. Aus diesen waren mit der Zeit Fische geworden, Fische, die an Land stiegen und zu Landtieren wurden. Und damit nicht genug; ein Teil der Landtiere war wieder ins Meer zurückgegangen und hatte lebende Junge geboren. Nun gut, der erste Mensch war klein wie ein Schäferhund und hatte in den Bäumen der afrikanischen Savannen genistet. Nur die Stärksten und Klügsten hatten überlebt, sie waren nach Spanien gezogen und hatten sich in einer tiefen Grotte niedergelassen, die sie mit ganz phantastischen Malereien von Büffeln und Hirschen geschmückt hatten. Und so weiter. Zwar endete auch diese Geschichte mit einer Endlosmaschine aus Haut und Hackfleisch, aber sie war nicht so unentrinnbar wie die von Gott erfundene. In der Bibel stand ja alles von vornherein fest; es gab keine Entwicklungsmöglichkeiten.

Es waren gerade die Möglichkeiten der Veränderung,

die Reine interessierten. In zwei Milliarden Jahren würde der Mensch vielleicht gelernt haben, im Weltraum zu leben. Wie würde er dann aussehen? Wenn es stimmte, daß das Innerste des Menschen ein Kern war, dann war ja der restliche Körper sozusagen nur das Werkzeug für Essensbeschaffung und Transporte. Aber in zwei Millionen Jahren würde sich der Mensch vielleicht von allem Ballast befreit haben. Dann bestehen wir nur noch aus unseren Kernen, großen Pfirsichkernen mit ein paar Fühlern und Saugfüßen und einer Schwimmblase unter dem Rückenpanzer. Mit der bloßen Kraft des Gedankens bewegt sich der neue Kernmensch ungehindert durch Zeit und Raum und verbleibt in einer ewigen Latenzperiode.

11

Der Wecker schepperte um sieben Uhr. Reine, dessen Kopf beim Schlafen auf den Schreibtisch gesunken war, schrak auf und fiel vom Stuhl. Als er am Boden lag, dachte er: Ich darf nicht wieder einschlafen, obwohl der Boden weich wie eine Luftmatratze ist, weich wie ein lauwarmes Schwimmbecken, wie eine Hängematte . . . Das nächste Mal erwachte er um zehn vor acht und setzte sich ruhig auf. Alles war unter Kontrolle. Er hatte sich verschlafen, er müßte in zehn Minuten an seinem Arbeitsplatz sein, und das war selbst mit einem Hubschrauber nicht möglich, da ein Hubschrauber nicht auf Olgas Atelier landen konnte, sondern irgendwo am Norra Bantorget niedergehen mußte.
Er beschloß, bis fünf nach acht zu warten und dann Tante Olga anzurufen. Er erledigte seine persönlichen Angelegenheiten und fuhr sich ein paarmal grimassierend mit der Zahnbürste durch den Mund, zur Strafe dafür, daß er sich verschlafen hatte. Es war nicht ganz

einfach, die Telephonnummer herauszufinden, und er rief erst um zwanzig nach an:
»Hallo, hier ist Reine. Ich bin krank geworden. Habe eine Darmverschlingung gekriegt.«
Im Hörer war Stille, dann hörte er Olga mit den anderen schnattern.
»In welchem Krankenhaus liegst du?« fragte Olga.
Reine erkannte, daß er einen Fehler gemacht hatte.
»Sind deine Angehörigen da?« fragte Olga.
»Nein, ich bin zu Hause. Ich war heute nacht im Krankenhaus. Sie *glaubten*, es wäre eine Darmverschlingung oder sowas Ähnliches. Aber es ist schon viel besser.«
Olga war sehr besorgt und wollte Genaueres wissen, in welchem Krankenhaus er gewesen sei, ob der Arzt ein richtiger Arzt gewesen sei oder nur eine Ferienvertretung, ob Reine jemanden hätte, der an seinem Bett saß, und ob er die Anweisung bekommen hätte, direkt zum Krankenhaus zurückzufahren, wenn er das kleinste bißchen Bauchweh bekäme. Welches Krankenhaus war es übrigens?
»Das Löwenströmsche«, antwortete Reine. »Meine Mutter hat da gearbeitet.«
Jetzt beruhigte sich Tante Olga und schärfte Reine zugleich ein, wie wichtig es sei, daß er nicht zu früh das Bett verließ. Er sei jederzeit willkommen. Alle im Atelier schätzten ihn sehr. Sie beendeten das Gespräch. Reine ging in die Küche, um nach etwas Eßbarem zum Frühstück zu suchen. Es war kaum mehr etwas da, außer einer Packung Müsli, das er mit Wasser zu einem kalten Brei verrührte. Es schmeckte scheußlich, aber er tröstete sich damit, in der Inhaltsbeschreibung zu lesen, wie gesund es war.
Es war noch nicht einmal neun Uhr, als Reine schon genau merkte, daß er es nicht aushalten würde, den ganzen Tag in der Wohnung eingesperrt zu bleiben. Er sehnte sich wie verrückt nach Olgas Atelier; er war fest

davon überzeugt, daß dort irgendwas passieren würde, ein Wunder, daß irgend jemand auf überraschende Weise überschnappen würde, daß sich ein schlimmes Zugunglück genau unterhalb von Olgas Fenster ereignen würde. Das durfte er einfach nicht verpassen! Er rief wieder an:

»Hallo, hier ist Reine. Ich fühle mich schon viel, viel besser . . .«

Tante Olga protestierte jedoch; er sollte im Bett bleiben, und damit basta. Reine hatte Glück, ihm fielen genau die richtigen Argumente ein:

»Ja, aber jetzt haben wir gerade mit dem Arzt gesprochen, und er meint, nach so einem Anfall müßte man sich auf jeden Fall bewegen. Man muß auf Trab bleiben, damit sich nicht irgendwas staut. Er hat wirklich gesagt, ich sollte wieder arbeiten gehen . . .«

Olga war mißtrauisch, davon hatte sie noch nie etwas gehört.

»Aber man weiß doch, daß alle Ärzte was anderes sagen. Einmal muß man Gymnastik machen, damit man keinen Herzschlag kriegt, und ein andermal wird man von oben bis unten eingegipst. Meine Mutter sagt, dieser Doktor ist auf dem neuesten Stand. Ich weiß ja nicht, aber ich finde, daß man auf den Doktor hören sollte.«

Olga gab nach, und Reine preschte los, um die Bahn zu erwischen, die um neun Uhr zweiundzwanzig ging. Wie gewöhnlich verschätzte er sich in der Zeit und kam eine Viertelstunde zu früh am Bahnhof von Sollentuna an. Sein Eifer ließ schon nach. Wenn er wirklich irgendwas erwartete, dann konnte er nichts anderes tun, als sich auf eine Bank zu setzen und auf die Bahn zu warten und dabei höchstens ein paar Rotzglocken zwischen seine eigenen Schuhe zu spucken.

Im Vorortzug gab es eine Kontrolle. Zwei uniformierte Kontrolleure tauchten aus dem Nichts auf, als die Türen sich gerade schlossen. Sie teilten das Abteil rasch unter sich auf, der eine begann am hinteren Ende, der andere in der Mitte. Es gab nicht die geringste Chance, ihnen zu entkommen. Aber diesmal fühlte Reine sich sicher, er hatte eine echte Netzkarte für fünfundzwanzig Fahrten. Im letzten Frühjahr hatte er die gleiche Karte für einen Klassenkameraden gefälscht. Das war überhaupt nicht schwierig, man brauchte nur ein Foto, ein Stück weiße Pappe, Tusche, einen spitzen grünen Kugelschreiber und einen gewöhnlichen blauen. Den Stempel für die Monatskarte konnte man aus einer Stempeldrukkerei für kleine Kinder zusammenstellen. Er selbst hatte sich nicht getraut, eine Testfahrt zu machen, das hatte vielmehr sein Freund in seiner Begleitung getan; Reine hatte einen gültigen Fahrschein. Es hatte prima geklappt. Die Typen an den Schaltern guckten nie richtig hin. Aber würde ein Kontrolleur auf die Fälschung hereinfallen? Ja, wenn der Besitzer der Karte pieksauber war, eine Brille trug und vor allem noch nicht in die Pubertät gekommen war. Alle Erwachsenen haßten Kinder; je älter die Kinder waren, desto mehr wurden sie gehaßt. Es gab Erwachsene, denen die Augen herausfielen, wenn sie nur einen Sechzehnjährigen in einer Jeansweste sahen.

Reine stieg die Treppen zu Olgas Atelier hinauf. Atelier? Ateljé? Gerade als er die Hand nach dem Griff der breiten Eisentür ausstrecken wollte, fiel ihm ein, daß er etwas sehr Wichtiges versäumt hatte: die tägliche Gesundheitskontrolle. Er machte kehrt und öffnete die Tür zu dem Speicherraum mit der Toilette und dem Lager. Das Klo war besetzt. Als er eher der Form halber einen Blick durchs Schlüsselloch werfen wollte, nahm er einen starken Tabakgeruch wahr. Eine der alten Schachteln saß auf dem Topf und rauchte heimlich.

Der Aufzug! Reine hatte Glück, niemand hatte ihn heruntergeholt. Er ging hinein, drückte auf Erdgeschoß,

ließ den Aufzug einige Meter fahren und drückte dann auf Halt. Rasch riß er den Hosenschlitz auf. Es gab Spiegel im Aufzug, als sei er geradezu für solche Besichtigungen gemacht. Er holte Schwanz und Sack heraus. Sorgfältig untersuchte er seine Geschlechtsteile, auf der Jagd nach einem dunklen Haar. Bis auf den minimalen weißen Flaum gab es nicht die Spur einer Behaarung. Noch ein Tag, noch ein Tag zu leben! Wenn ihm jetzt ein schwarzes Haar gewachsen wäre, konnte man dann die Pubertät aufhalten, indem man es ausriß?
Er stopfte Schwanz und Sack wieder hinein, strich den Unterhosenschlitz glatt, damit sich nichts im Reißverschluß verhakte, und zog ihn zu. Bevor er den Knopf für den fünften Stock drückte, grinste er in den Spiegel und versuchte auszusehen wie Marty Feldman. Es war kein großer Erfolg, nichts stimmte: weder die Haarfarbe, noch die Augen, noch die Nase, noch das Kinn. Wie sah Marty Feldman aus, bevor er in die Pubertät kam und ihm die Augen wegrutschten?
Als Reine ins Atelier kam, mußte er seinen Bericht über die angebliche Darmverschlingung wiederholen. Alle Tanten saßen jetzt an ihren Arbeitsplätzen. Wer hatte heimlich im Klo geraucht? Helene in ihrem Rollstuhl konnte man wahrscheinlich ausschließen, ebenso wohl auch Tante Olga selbst. Welche von den anderen sah richtig schuldbewußt aus? Die geflammte Tante Lotte? Frau Bergman-Ritz? Oder Kristina, die immerfort rasche Blicke über die Schulter warf.
Heute sollte Reine probeweise selbst eine Bestellung ausführen. Sie war sehr einfach: Auf ein hellgrünes Band sollten die drei Buchstaben R V O* geschrieben werden. Er bekam einen nagelneuen Pinsel; Tante Olga hatte die neuen Pinsel in ihrem Pult eingeschlossen. Er nahm seine Aufgabe in Angriff, sie war einfach – aber was bedeutete R V O? Er fragte Tante Olga.

* Ritter des Vasaordens

»Das muß was Schwedisches sein«, antwortete sie. »Ich komme aus Litauen, und deshalb beherrsche ich eure schwedischen Abkürzungen nicht.«
Litauen? Kam das Frauenzimmer Curie nicht auch aus Litauen? Oder war es Polen oder Paris?
»Wo liegt Litauen?« fragte Reine.
Plötzlich hörten Lotte und Helene mit ihrer Arbeit auf, Reine spürte eine merkwürdige Spannung im Raum.
»Hast du das nicht in der Schule gelernt?« fragte Olga.
»Nee. Ich weiß aber, wo Mauretanien liegt. In Westindien.«
»Weißt du auch nicht, wo Estland und Lettland liegen?«
»Nein.«
»Die baltischen Staaten?«
»Vielleicht . . . Nja, nee.«
»Aber wo Finnland liegt, weißt du doch vielleicht.«
»Suomi«, antwortete Reine.
»Estland, Lettland und Litauen waren freie Staaten, die 1940 von den Bolschewiken besetzt wurden. Am einundzwanzigsten Juli floh ich mit meinem Vater nach Schweden. Wir mußten alles zurücklassen.«
»Das ist aber traurig«, sagte Reine teilnahmsvoll.
Tante Olga schien jetzt sehr erregt zu sein, die anderen pinselten intensiv weiter.
»Wenn du wüßtest, wie mich das verletzt. Daß ihr schwedischen Kinder heutzutage nicht einmal wißt, daß es ein Land namens Litauen gibt.«
»Die Lehrpläne sind total durcheinander«, sagte Reine.
»Hast du denn nie darüber nachgedacht, was auf der anderen Seite der Ostsee liegt, nur ein paar Stunden mit dem Schiff von Schweden entfernt?«
»Die Sowjetunion. Man kann eine Kreuzfahrt nach Riga machen. Meine Mutter machte das letzten Sommer

mit einem Ty . . . ja. Ich kriegte eine Schachtel Grüne Kugeln, die sie auf dem Schiff gekauft hatte. Mit Marmeladenfüllung.«

»Ich kann dir leider nicht erklären, was R V O bedeutet«, sagte Tante Olga und kehrte zu ihrer Buchführungsarbeit am Pult zurück; sie hatte ein großes Buch, dessen Einband wie ein Pfauenrad gemustert war.

Vor dem Mittagessen malte Reine SIGBRIT und DAG, PSALM 103, AGNES, EVA, DIE ENKEL und DIE KLEINE GESELLSCHAFT. Er begann jetzt Übung zu kriegen, aber die Buchstaben waren ja doof! Immerzu dieselbe Schrift, warum konnte man nicht ein bißchen Abwechslung hineinbringen, wie man es beispielsweise bei der Schrift von Neonreklamen machte? Oder von Automarken. Wie zum Kuckuck hielten die Tanten es aus, jahraus jahrein dieselben Buchstaben zu malen?

Die Zeit bis zum Mittagessen ging überraschend schnell herum. Er hatte erst eine halbe Stunde lang ans Essen gedacht, als Olga endlich sagte:

»Wie wäre es mit einem kleinen Imbiß?«

Bis auf Reine hatten alle ihr Essen dabei. Sie schienen auch alle bereit zu sein, ihm etwas abzugeben, außer Kristina, die sich sehr sorgfältig die Hände wusch, bevor sie ihr Stullenpaket auspackte. Reine wollte jedoch auswärts essen.

»Darf man zum Essen auch weggehen?« fragte er.

»Natürlich! Aber um zwölf Uhr fangen wir wieder an.«

»Könnte man einen kleinen Vorschuß kriegen? Einen Zehner vielleicht?«

Er bekam einen Zehnkronenschein aus Olgas schwarzem Blechkasten und galoppierte auf die Kungsgatan hinaus, fröhlich wie eine Lerche und hungrig wie eine Riesenechse. Carrols war am nächsten.

12

Am Donnerstag, dem neunzehnten Juni, hatte Reine fast eine Woche bei Tante Olga gearbeitet und bekam seinen ersten Lohn ausbezahlt, einhundertzwanzig Kronen. Ein Praktikantengehalt von zehn Kronen pro Stunde konnte er nicht bekommen, dazu war er viel zu jung. Statt dessen hatte man ihn als »Hausboten« eingetragen, eine Art Laufbursche und Faktotum. Botengänge in die Stadt hatte er selten zu machen, die Blumengeschäfte holten ihre Kranzschleifen selbst ab. Aber wenn Reine sich damit einverstanden erklärte, Bote genannt zu werden statt Praktikant, konnte sein Lohn auf verschiedene kleinere Ausgabenposten verteilt werden und war daher nicht steuerpflichtig. Der Wochenlohn betrug einhundertfünfzig Kronen einschließlich des Rechtes, heimzugehen, wenn er zu müde wurde; aber das wurde er nicht. Er haßte jede Minute in der leeren Wohnung.

Donnerstag, der neunzehnte Juni, war der letzte Tag vor dem Mittsommerfest, und Reine sah entsetzt drei Tagen totaler Einsamkeit entgegen. Fast alle Gleichaltrigen, die er kannte, waren verreist. Irgendwer war wohl noch da, aber er wagte nicht, Kontakt aufzunehmen, Kontakt mit einem potentiellen Petzer. Das Gedränge war enorm, als er sich gegen fünf Uhr von der Innenstadt aus auf den Heimweg machte. Gereizte, müde oder angetrunkene Erwachsene mit Einkaufstüten und Gepäck übersahen ihn geflissentlich. Bei kleineren Kindern mußte man aufpassen, einen Zweijährigen niederzutrampeln, gehörte sich nicht. Vor Halbstarken hatten die Erwachsenen Angst, sie hielten Abstand, als fürchteten sie, die Kleider mit einer Rasierklinge zerschnitten zu kriegen. Aber Elfjährige, Elfjährige hatten an diesem heißen Nachmittag eine Aufgabe in der Gesellschaft bekommen: niedergetrampelt, gepufft, ge-

triezt oder als Haltegriff, Stütze, Prellbock benutzt zu werden.
Reines Stimmung verdüsterte sich noch mehr durch das warme, sonnige Wetter. Er hatte sich total verrechnet, der Mittsommertag war sonst gewöhnlich kalt, regnerisch und bestenfalls sogar stürmisch mit drohenden Hagelschauern. Bei schlechtem Wetter war es schön, sich einzuschließen, die Jalousien herunterzulassen, eine Kerze anzuzünden, zu essen, Platten zu hören und das Prasseln der Hagelkörner an den Fenstern zu hören. Aber wenn es jetzt knallheiß wurde. Durfte er es wagen, auf den Balkon zu gehen? Wenn die Mutter nicht all ihre Nylonstrümpfe mitgenommen hätte, hätte er sich natürlich einen Strumpf über den Kopf ziehen können.
Zu Hause angekommen, zahlte Reine als erstes die vierzig Kronen zurück, die er aus der Ausgehkasse seiner Mutter geborgt hatte. Dann nahm er einen Umschlag, steckte sechs Zehnkronenscheine hinein und klebte ihn zu; das war das Essensgeld für die nächste Woche. Blieben noch zwanzig Kronen für Mittsommer. Das müßte reichen, aber zur Sicherheit borgte er sich noch einmal fünfzehn Kronen aus der Ausgehkasse und steckte sie in einen weiteren Umschlag, der mit »Reserve« beschriftet wurde.
Der Supermarkt hatte bis um acht Uhr auf, ihm blieb also noch viel Zeit. Jetzt galt es, mit Umsicht einzukaufen. Im Sonderangebot gab es Avocados und gefrorenen Lachs. Fisch mochte er grundsätzlich nicht, aber eine Avocado könnte man ja probieren. Die Frucht fühlte sich interessant an, wie eine Birne aus Blei. Brot? Er nahm in Scheiben geschnittenes Toastbrot; es war wichtig, auch mal was Warmes zu essen. Etwas zum Knabbern vielleicht? Er ließ sechs Tüten Erdnüsse in den Einkaufswagen plumpsen. Im selben Regal gab es Salzgebäck, auch davon nahm er eine Packung. Protein war natürlich wichtig, sonst konnte der hungernde Körper

das Gehirn zersetzen. Er zerrte den unmöglichen Wagen mit seinen blockierenden Kugelrädern an der Theke mit Aufschnitt und Würsten entlang. Fleischwurst? Ließ sich sowohl braten als auch roh essen. Aber er mißtraute Würsten; es gab etwas, das Wurstvergiftung hieß, und das sollte man selbstverständlich vermeiden. Stattdessen nahm er hundert Gramm Hausmacherpastete aus Schonen.

Auch Getränke durften nicht vergessen werden. Vor den Bier- und Limonadenkästen stauten sich die Leute mehr als an anderen Stellen. Zwei etwa fünfzehnjährige Mädchen, die in Reines Schule gingen, packten einen Wagen mit Apfelwein voll. Ein Mütterchen irrte umher und fragte nach Malzbier, aber das war zur Zeit nicht auf dem Markt. Reine duckte sich und drängelte sich zwischen zwei lautstarken Onkels in Blaumännern durch; er landete in einem mächtigen Turm aus Pripps Faßbier in Dosen. Gab es kein Tuborg? Aber nirgends war das Markenzeichen mit dem fröhlichen Landstreicher von Storm P. zu sehen. Tuborg war ausverkauft. Ob die Mutter sich erinnern würde, von welcher Firma die Bierdosen gewesen waren? Er riskierte es, zwei Dosen Heineken zu nehmen.

»Hat deine Mutter dich zum Bierholen geschickt?« ließ sich eine Männerstimme hinter Reine vernehmen.

Es war Stig, einer von Mutters Freunden, der in den Osterferien ein paarmal im Gästezimmer übernachtet hatte. Sie hatten sogar zu dritt einen Ausflug nach Åland gemacht. Aber es war eine mißglückte Reise gewesen, Fazers Grüne Kugeln waren ausverkauft.

»Hat Harriet über Mittsommer frei?«

Er drehte sich zu Stig um. Der hatte sich schon ein paar hinter die Binde gekippt, das sah man an den Augen und an dem starren Gesicht. Aber noch schien er guter Laune zu sein. Auf der Ålandfähre hatte er auch gute Laune gehabt – bei der Hinfahrt. Auf der Rückfahrt hatte er sich saumäßig gegen die Mutter benommen, war in der Bar mehrmals aufgestanden und hatte mit lauter Stimme gesagt: »Diese Frau ist frigide.« Reine wußte nicht genau, was das bedeutete, nahm jedoch an, es hieße, daß seine Mutter keine Kinder mehr bekommen konnte. Dafür war er unendlich dankbar. Als sie an einem Kai im Värtahafen anlegten, hatten sie Stig in ein Taxi verfrachtet, aber auch das war schwierig gewesen. Der Taxifahrer hatte sich geweigert, ohne einen Vorschuß loszufahren.

»Du hast wirklich die beste Mutter der Welt«, sagte Stig und legte ihm den Arm um die Schultern.

»Sie ist nicht zu Hause«, antwortete Reine.

»Arbeitet sie? Das ganze Wochenende?«

»Mehr oder weniger.«

Stig übernahm jetzt Reines Wagen, da er selbst nicht wußte, wohin er mit den zwei Kartons mit Bier in Plastikflaschen sollte.

»Warte mal, ich schieb ihn für dich. Kinderarbeit ist gesetzlich verboten. Wo hast du deinen Einkaufszettel?« fragte er dann.

Reine sah ein, daß er selbstverständlich cinen Zettel dabei haben müßte, falls die Mutter ihn geschickt hätte. Ihm fiel jedoch keine Ausrede ein, und so ließ er die Frage unbeantwortet. Statt dessen nahm er entschlossen eine Flasche Lime-Saft und legte sie auf die Bierkartons.

»Haste den Zettel verloren, Kid«, sagte Stig. »Da wird deine Mutter sich aber gar nicht freuen, überhaupt nicht. Hörst du: Sie wird sich nicht freuen. Sie wird sich ärgern. Sauer sein. Verstehst du?«

»Sie hat schon eingekauft«, sagte Reine. »Das hier sind nur ein paar Kleinigkeiten, die wir vergessen haben.«

Stig beugte sich vor und begann in Reines Einkäufen herumzuwühlen.

»Avocado? Habt ihr Besuch? Jemand, den man kennt?«

Reine zog es vor, auch darauf nicht zu antworten, sondern schnappte sich rasch ein Päckchen Spaghetti der Marke Kungsörnen. Wie zum Teufel sollte er Stig loswerden? Stig – was für ein bescheuerter Name. Einstieg. Man stelle sich vor, jemand wäre auf Einfahrt getauft. Und hätte einen Sohn, der Zufahrt hieße.

»Meiner Mutter geht es nicht besonders gut«, sagte Reine, ohne genau zu wissen, was er damit bezweckte.

»Du hast doch gesagt, sie arbeitet?«

»Das schon. Aber zwischen den Schichten geht es ihr schlecht. Irgendwas mit den Bronchien.«

»Sie raucht zuviel«, sagte Stig.

Reine blieb verwundert stehen; was meinte dieser Scheißkerl?

»Meine Mutter hat noch nie geraucht!«

»Und wie! Sie raucht ja wie ein verdammter Elefant. Sie stinkt nach Rauch, sogar aus der . . . Deine Mutter ist Kettenraucherin, Reine. Und sie weiß es.«

»Nein.«

Stig baute sich vor Reine auf und deutete mit seiner zum Revolver geformten Hand auf ihn: der Zeigefinger als Lauf. Der Daumen als Sicherungshebel nach oben.

»Wetten, daß?!«

Reine duckte sich, glitt an ihm vorbei und ging zum Zeitungsstand. *Die Welt der Technik* Nummer dreizehn war gekommen. Diesmal wurde der Chevrolet Impala getestet. Na, darauf konnte man verzichten, wer wollte schon einen schaukelnden Amiwagen haben? Aber die Zeitung enthielt auch einen Artikel über die Suzuki RE 5 Wankel; den durfte man sich nicht entgehen lassen.

»Fünfzig Pistolen!« sagte Stig, der ihn eingeholt hatte, »darauf, daß Harriet raucht wie eine ganze Raffe . . . Raffe-nad-rie.«

»Sie ist nicht zu Hause«, antwortete Reine und kehrte zum Wagen zurück; er drückte die Brust gegen den Wagengriff und schob ihn zur kürzesten Schlange – welche

Schlange war am kürzesten? Die, in der man nicht stand.

»Sie hinterläßt Spuren. Aschenbecher, Zigarettenschachteln. Der Gestank, mein Lieber. In den Gardinen. Du kriegst fünfzig Piepen, wenn du mir eine saubere Wohnung zeigst.«

Reine ließ sich auf keine Wette ein. Er stand in der Schlange über den Wagen gebeugt und blätterte in *Die Welt der Technik*. Stig stand hinter ihm, puffend, grunzend, machte fingierte Lungenzüge, tat so, als drücke er Zigaretten in Reines Nacken aus. Wenn Reine nur erst an der Kasse vorbei wäre, dann würde er seine Einkäufe schnappen und in einem Affenzahn abhauen. Sollte Stig ihm nachkommen und klingeln, dann würde er nicht aufmachen.

Jetzt war Reine dran, er glitt vor den Wagen und versperrte Stig den Weg. Rasch legte er seine Einkäufe auf das Transportband und rührte Stigs nicht an. Die Kassiererin registrierte die Beträge, die Endsumme war fünfundvierzig achtzig. Reine legte zuerst seine eigenen zwanzig hin, dann die fünfzehn aus dem Reserve-Umschlag. Er saß in der Falle! Er konnte nicht in den Laden zurückgehen und einige Waren wieder hinstellen. Stig erfaßte die Situation und zog einen Packen loser, zerknitterter Scheine aus der Brusttasche seines Sommerhemdes.

»Ich bezahle für den Jungen! Er hat eine Mutter, die ist scharf wie eine Löwin!«

Die Kassiererin grinste ein bißchen verlegen, was Stig sofort als Ermunterung auffaßte:

»Diese Beine! Diese Titten! Diese Zehen! Wie Marzipankartoffeln. Du bist auch nicht ohne«, sagte er zu der Kassiererin und kniff eine Gesichtshälfte zusammen, als hätte er eine Fliege ins Auge gekriegt.

Stig drängte sich an Reine vorbei und warf alle Einkäufe zusammen in zwei Plastiktüten. Es gab kein Entkommen mehr für Reine.

»Wenn sie nur ihre Nikotinsucht bremsen könnte«, sagte Stig im Treppenhaus.
Sobald sie in der Wohnung waren, ging Stig pinkeln, ohne die Tür hinter sich zuzumachen; er pißte wie ein Pferd.
»Pfui, Teufel, wie es hier nach Rauch stinkt«, sagte er dann, nahm seine Bierkartons, ging ins Gästezimmer und legte sich aufs Bett.
Reine verstaute die Einkäufe in der Speisekammer und im Eisschrank, bevor er Stig nachging.
»Meine Mutter arbeitet«, sagte er. »Es hat keinen Zweck, daß du wartest.«
»Geh zum Teufel, du verdammter Bastard«, antwortete Stig schläfrig. »Und vergiß nicht, die verfluchte Tür hinter dir zuzumachen.«

13

Reine saß am Vormittag des Mittsommerfestes in seinem verschlossenen Zimmer und blätterte in einem großen Bildband über Engel. Neulich abend war er in der Bibliothek gewesen, um sich etwas zu lesen zu holen, aber die Bücher über Flugzeuge und Motoren, die nicht ausgeliehen waren, kannte er schon. Zufällig hatte er »Engel in der Kunst« entdeckt, ein großes, schweres Buch mit vielen Farbdrucken.
Wenn nun alle Menschen eines Nachmittags um fünf Uhr plötzlich Flügel bekämen? Flügel, die in Minutenschnelle wuchsen, ungefähr wie wenn man Segel hißt. Er selbst würde um diese Zeit an einem Wochentag wahrscheinlich in einem Vorortzug eingeklemmt sein. Es würde eng werden, und alle, die einen Sitzplatz ergattert hatten, würden aufstehen müssen. Dann könnte man die Gelegenheit wahrnehmen und sich auf einen Platz setzen. Wie würde es sich anfühlen? Reine legte

die linke Hand auf seine rechte Schulter und schob die Schulter dann vor, damit er den Rand des Schulterblatts fühlen konnte. Bei gewöhnlichen Vögeln waren die Flügel das gleiche wie Arme, aber aus den Bildern ging hervor, daß Engel sowohl Arme wie auch Flügel hatten. Wo die Flügel genau verankert waren, konnte man nicht sehen, aber die Schulterblätter waren die einzig logische Stelle.

Wie lang würden seine Flügel sein? Die Künstler schienen in diesem Punkt uneinig. Einige Engel sahen aus wie Segelflugzeuge mit einer Spannweite von zwölf Metern. Andere hatten nur verkümmerte Stummelchen wie Küken oder wie diese Putten, die es auf Buchzeichen gab. Aber ungefähr vier Meter wären angemessen; zwei in jeder Richtung. Es würde natürlich ein unheimliches Geraschel in der Bahn geben, wenn alle Passagiere sich entfalteten. Aber die Kleider! Die Leute müßten sich natürlich die Jacken ausziehen und die Hemden, die Blusen und die – nein, er hoffte, daß die Tanten ihre Büstenhalter anbehalten könnten, damit man nicht all die schrecklichen Hängebusen zu sehen brauchte.

Wenn nun alle Passagiere von den unerbittlich hervorquellenden Federmassen erstickt würden? Man könnte natürlich die Fenster herunterschieben und die Flügel hinausstrecken – aber nicht zu weit. Und auf keinen Fall dann, wenn der Zug mit voller Geschwindigkeit fuhr: Sonst könnte er von den Gleisen abheben und in die Luft zischen wie ein Jumbojet mit Hunderten von weißen Flügeln . . . Nein, verflixt, er würde nicht im Vorortzug sein, wenn es soweit war. Er würde Überstunden machen. Wenn die Flügel da oben bei Tante Olga zu wachsen anfingen, würde es nicht soviel ausmachen, natürlich könnte man zwischen all den Bändern an der Decke hängenbleiben, wenn man nicht aufpaßte, aber . . . Wie schön wäre es für Helene in ihrem Rollstuhl, wenn sie Flügel kriegte! Sie würden die Fenster zu den Gleisanlagen des Hauptbahnhofs hin öffnen und Helene dann hochheben und sie aufs Fensterbrett hieven. Er selbst würde neben ihr hochklettern, ihre Hand nehmen, und dann würden sie springen! Das Gewicht des Stuhls würde ihn anfangs hinabziehen, aber sobald sie das Tempo beschleunigten, würden sie auf ausgebreiteten Flügeln dahinsegeln, Flügelspitze an Flügelspitze, über alle Gleise hinweg, im Aufwind über der Doppelbrücke Kungsbron kreisen und eine perfekte Landung machen: Er mit flink trippelnden Füßen, sie mit holpernden, quietschenden Gummirädern.

Wie hatten sich die berühmten Künstler denn das Aussehen von Engelsflügeln vorgestellt? Einer, der William Blake hieß, stand auf Eulen, entweder hatten seine Engel Eulenköpfe oder auch wollige, verfilzte Eulenflügel. Das sah nicht besonders gut aus. Ein anderer, der fast dieselbe Masche hatte, war ein Typ namens Goya. Seine Eulenengel flogen aber offenbar nur nachts. Klar, wenn man ein ausgesprochener Nachtengel war, brauchte man wohl Eulenflügel. Filippo Morghens Engel hatten Schwanenflügel. Große, unpraktische Konstruktionen. Mit denen würde man nie in die Luft kommen, ganz zu schweigen davon, was passieren würde, wenn Wind aufkam.

Die meisten Engel blieben tatsächlich auf der Erde. Sie standen in verschiedenen gezierten Stellungen herum und trugen die Flügel vermutlich vorwiegend als Schmuck. Einer, der Da Vinci hieß, schien der einzige zu sein, der ein bißchen nachgedacht und das Fliegen studiert hatte. Er mußte daran geglaubt haben, daß der Mensch eines Tages würde fliegen können. Zugleich aber sahen seine geflügelten Figuren aus wie dürre Fledermäuse oder Papierdrachen – als wären Flügel etwas, das man anzog, statt daß sie einem wirklich wuchsen.

Alle guten Menschen würden eines Tages Engel werden und Flügel bekommen, hatte die Großmama erzählt.

Dann gab es auch noch gefallene Engel; Reine hatte nicht ganz kapiert, was das für welche waren. Die wirklich bösen Menschen bekamen ja keine Flügel, sie wurden sofort wie Grubenarbeiter in kleinen Aufzügen aus Korbgeflecht hinuntertransportiert. Gefallene Engel müßten solche sein, die sich ihre Flügel erschwindelt hatten und dann, nach ihrer Entlarvung, einem harten Schicksal entgegengingen. Reine sah einen verrußten, zerschlagenen, gefallenen Engel vor sich, der durch einen halbmeterhohen Grubengang kroch, eine verrostete Hacke hinter sich herschleppend.
Übrigens sahen fast alle Engel in diesem Buch wie gefallene Engel, wie Schwindler aus. Raffael, Michelangelo, wie sie auch hießen – sie mußten es darauf abgesehen haben, falsche, affige Engel mit Kindergesichtern zu malen. Gesichter aus Marzipan. Man konnte einen Furz drauf lassen, daß die Flügel auch aus Marzipan waren. Der lustigste war ein Typ namens Bosch. Er hatte einen Engel gemalt, der halb Mensch und halb Dompfaff war. Das war bombensicher die einzige von allen Konstruktionen, die tatsächlich fliegen konnte.
Reine nahm einen Zeichenblock und machte einige Skizzen. Adlerflügel waren total ungeeignet, der Adler war ja übrigens nichts anderes als ein verwachsener und griesgrämiger Bussard. Schwalbenflügel schienen gut zu sein, aber sie ließen sich nicht zusammenfalten. Ein Engel mit Schwalbenflügeln müßte vornübergebeugt auf der Erde herumspazieren, als hätte er einen Hexenschuß; sonst würden die Flügelspitzen über den Boden schleifen. Die praktischste Lösung wäre, alle Engel mit Möwenflügeln zu versehen. Die Möwe war ja ein fabelhafter Flieger, mit langen, schmalen Flügeln, die sich fast ganz zusammenfalten ließen. Die Möwe war eine Amphibie, sie konnte sowohl auf dem Boden wie im Wasser landen. Die Möwe war schlank und weiß, eine passende Farbe. Ein Engel konnte schließlich nicht wie

ein Auerhahn oder wie ein beladenes Birkhuhn aussehen, mit einer großen Leier auf dem Rücken. Engel mußten leicht und würdevoll fliegen, nicht schwerfällig und polternd wie ein aufgeschrecktes Huhn.
Engel mit Möwenflügeln, das war die Lösung. Eine Möwe kam in Wind und Wetter klar, sie konnte ebensogut in der Stadt leben, wie auf dem Land oder an der Küste. Außerdem war die Möwe ein Allesfresser, der einzige Vogel, der wußte, wo es lang geht und daher gelernt hatte, Müllhaufen zu lieben.
Stig war an der Tür! Reine versteckte seine Skizzen rasch unter der Schreibunterlage und verstaute das Engelbuch hinter Snoopy im Kleiderschrank.
»Mach auf!« sagte Stig.
Reine schloß auf. Stig hatte während der Nacht seinen Rausch ausgeschlafen, und Reine hoffte von ganzem Herzen, daß er jetzt gehen würde. Ohne Frühstück.
»Harriet ist schon wieder weg? Hat sie mich überhaupt gesehen?«
»Weiß nicht. Ich habe geschlafen.«
Stig betrat das Zimmer und inspizierte es. Er sah mürrisch und verquollen aus. Sein Hemd hing aus der Hose. Er roch nach Schweiß und abgestandenem Alkohol. Als er an Reine vorbeikam, gab er ihm einen kleinen Schubs, so daß der Junge sich aufs Bett setzte. Stig stellte sich ans Fußende des Bettes, zog einen Fünfzigkronenschein heraus und hielt ihn hoch.
»Sag: Ich bin eine widerliche kleine Ratte. Dann kriegst fünfzig Piepen!«
»Ich bin eine widerliche kleine Ratte«, sagte Reine.
»Gut. Jetzt bist du fünfzig Kronen reicher. Aber du mußt noch was umsonst sagen. Sag jetzt: Urho Kekkonen frißt lemmin makkara. Umsonst.«
»Urho Kekkonen frißt . . . was?«
»Urho Kekkonen frißt lemmin makkara.«
»Urho Kekkonen frißt lemmin makkara. Was bedeutet das?«

»Keine Ahnung. Hier hast du den Fünfziger.«
Stig warf den Schein in die Luft, er segelte einen Meter weit, nahm dann Kurs nach unten und flog unters Bett.
»Um eins muß ich zur Arbeit«, sagte Stig.
»Bist du immer noch Krankenwagenfahrer?«
»Ob ich noch Krankenwagenfahrer bin? Scheint so. Warum sollte ich nicht?«
Stig schien jetzt ein wenig wütend zu sein. Er wiegte sich auf den Fußsohlen, überlegte, prüfte seinen Stand wie ein Boxer, der . . . Nein, er würde niemals wagen, Reine zusammenzuschlagen. Nicht bei ihm zu Hause.
»Bist du denn wieder nüchtern?« fragte Reine.
»Kein bißchen«, antwortete Stig. »Habe ich dir schon mal erzählt, wie wir diesen Rentner zusammengekratzt haben, der sich in Rotebro in die Luft gesprengt hatte?«
Reine hielt den Atem an. Teils wollte er es hören, teils aber auch nicht. Er würde natürlich davon träumen. Aber blutrünstige Horrorgeschichten konnten ebenso aufregend sein, wie ein Mädchen beim Nacktbaden zu beobachten.
»Du kleiner Sadist«, sagte Stig. »Hast du geglaubt, ich erzähle sowas einem Minderjährigen?«
»Willst du denn den Krankenwagen fahren, wenn du nicht nüchtern bist?«
»Na, ich würd' mich hüten, meinen eigenen Wagen zu fahren. Hast du jemals gehört, daß die Bullen einen Krankenwagen anhalten?«
Stig schlurfte in den Flur hinaus und steckte sich das Hemd in die Hose. Ehe er verschwand, ging er ins Badezimmer und rotzte in die Kloschüssel.
»Urho Kekkonen ist der finnische Präsident«, sagte er, bevor er die Wohnungstür zuschmetterte.

14

Reine saß auf dem Balkon, seinen Kasettenrekorder ans rechte Ohr gedrückt und hörte Janne Schaffers Popsong »Die Kugel wächst«. Auf dem Kopf hatte er den rosa Sonnenhut seiner Mutter mit der schweren, breiten, herabhängenden Krempe. Er wollte nicht erkannt werden. Aber die Gefahr war gering, da noch Morgendämmerung war. Über dem Zentrum von Sollentuna leuchtete eine rote Sonne, und der Himmel dahinter war weiß wie ein Kalenderblatt. Es war kein bißchen kalt, nur etwas feucht; er hatte ganz weiche Fingerspitzen. Auf seinem Schoß lag »Engel in der Kunst« als Schreibunterlage. Er steckte den Kugelschreiber in das freie linke Ohr und lehnte sich im Liegestuhl zurück: *Wer wollte, durfte die ganze Nacht aufbleiben . . . Einer hatte Bier dabei . . .* Ja, das würde er schreiben. Einer von den anderen, einer von den Älteren, trank in der Mittsommernacht Bier – das war genau so ein Hinweis, der die Mutter auf die richtige Art beruhigen würde. Erstens war es bestimmt wahr, und zweitens gehörte Reine nicht zu denen, die tranken, sonst wäre er ja nicht so verdammt bescheuert, das Wort Bier zu erwähnen.

Sollte er sich für den Zehner bedanken? Reine hatte noch keinen Brief von der Mutter bekommen. Er nahm an, daß ihr Brief von der Insel der Kinder nachgeschickt worden und auf dem Weg nach Sollentuna über Mittsommer in irgendeinem Sortierfach hängengeblieben war. Aber praktisch hatte er ihren Brief schon bekommen, sonst könnte sie mißtrauisch werden. Er mußte so tun, als habe er ihn schon gekriegt. *Danke für den Zehner?* Und wenn es nun zwei Zehner waren? Oder nur ein Fünfer. Wenn er eine falsche Summe angab, würde die Mutter glauben, der Brief sei ausgeraubt worden, und dann? *Danke für den Brief plus Inhalt!* Clever, Reine, wirklich dufte. *Wie ist es an der Westkü-*

ste? Ist da auch soviel Sonne wie hier? Gehst du auch jeden Tag schwimmen? Ist das Essen im Krankenhaus gut? Hast du auch so viele Freunde? Genau so mußte man Briefe schreiben, wenn man bluffte: die Mutter fragen, wie es ihr ging, damit man über seine eigenen Sachen nicht soviel zusammenlügen brauchte. Daß er nicht früher darauf gekommen war!
Er legte den Rekorder weg und begann, den Brief zu schreiben. Kinderleicht, auf diese Weise konnte man hundert Briefe schreiben – nur immerzu fragen. Aber wenn die Mutter ihn in ihrem Brief etwas gefragt hatte? Was denn! Irgendwas Verzwicktes? »Hast du aus Versehen das Oberteil von meinem blauen Strandanzug mitgenommen?« Dann säße er in der Klemme. Man konnte niemals erraten, was für wahnsinnige Fehlgriffe die Mutter machte, wenn sie in Eile war. Er ließ diese Frage auf sich beruhen. *Kuß, Reine* kritzelte er hin. Aha, eine gute Idee: *P. S. Ich habe eine Sonnenbrille für* 7,50 *gekauft. D. S.* Die Mutter würde schon kapieren und ihm im nächsten Brief einen runden Zehner schikken.
Reine klebte den Brief zu, den er dann in »Engel in der Kunst« preßte. Ihm war etwas eingefallen: »Karlsson auf dem Dach« handelte auch von einem Menschen, der fliegen konnte. Er hatte es schon neunmal gelesen. Wo war es? Reine hatte seine Bibliothek in ein paar leeren Bierkartons im Kleiderschrank. Er holte zuerst Snoopy und einige Kleider heraus, die im Weg waren. In den Bierkartons und auf dem Schrankboden lagen über zweihundert Mickymaus-Hefte, vereinzelte Nummern von Buster und MAD, sowie zuunterst in einem der Kartons ein Exemplar der Illustrierten Fib/Aktuellt. Aber wo zum Teufel war »Karlsson auf dem Dach«?
Nach einiger Zeit fand er das Buch unter dem Bett, fast genau dort, wo Stigs Fünfzigkronenschein gelandet war. Er nahm es mit auf den Balkon, setzte sich hin und

schaltete den Rekorder mit »Die Kugel wächst« an; es war eine miserable Aufnahme, weil er es vom Radio überspielt hatte. Karlsson trug einen Propeller auf dem Rücken. Daß er sich nie darüber gewundert hatte, als er noch kleiner war! Der Propeller war winzig im Verhältnis zu Karlsson, das konnte man deutlich auf den Bildern sehen. Er las ein bißchen in dem Buch herum. An einer Stelle stand, daß Karlsson beim Fliegen surrte. Klar, Propeller surren immer mehr oder weniger. An einer anderen Stelle stand aber, daß Karlsson vorbeipfiff wie ein kleines Düsenflugzeug. Wie ließ sich das vereinbaren? Flog Karlsson mit einem Turbojetmotor? In Wirklichkeit flog er mit gar keinem Motor, der Propeller war direkt an seinem Rücken befestigt wie eine Schleife. Warum konnten Kinderbücher nicht ein bißchen genauer sein? Es war doch blödsinnig, den Kindern weismachen zu wollen, daß Karlsson mit dieser Ausrüstung fliegen konnte. Aber Kinderbücher wurden natürlich auch meist von Weibern geschrieben.

Engel funktionierten nicht, und Karlsson auf dem Dach war ein Bluff. Und trotzdem war es natürlich gar nicht unmöglich, daß ein Mensch fliegen konnte. Aber die Künstler und Schriftsteller kümmerten sich einen Scheiß darum, die Dinge zu erforschen, auch nur das kleinste bißchen über Flugtechnik zu lernen. Mißmutig betrachtete er noch einige weitere Illustrationen in dem Buch. Karlsson hatte eigentlich einen riesigen Kopf im Verhältnis zum Körper. Bestimmt hatte er einen Wasserkopf, er war ja obendrein noch doof. Aber . . . Genau! Der Mensch müßte ja fliegen können, wenn er Gas im Kopf hätte. Ein großer Kopf, der außer dem Gehirn noch einige Liter Gas enthielt. Der Druck konnte durch die Ohren oder durch die Nase reguliert werden. Keine Flügel, keine Propeller, die in den Telephonleitungen hängenblieben. Wie groß müßte der Kopf sein? Ungefähr wie ein Wasserball. Langsam und würdevoll würde der Mensch-Engel mit dem Riesenkopf emporsteigen und an Höhe gewinnen, sich zur Erde niedersenken und einen knappen halben Meter über dem Boden anhalten, ohne je die Erdoberfläche mit den Füßen berühren zu müssen.

Reine lehnte sich zurück, stützte sich mit den Füßen am Balkongeländer ab und schloß die Augen. Er machte einen tiefen Atemzug und spürte, wie sich der Kopf mit sanftem Gas füllte . . . Verdammt! Er sprang auf, jetzt wußte er, wie er die Aufgabe lösen würde, die er sich für diesen Sommer gestellt hatte. Es war bescheuert, herumzulaufen und nach einer Menge Antworten zu suchen, Antworten, die erklärten, was das alles sollte, wozu man selbst auf der Welt war und wie es vorher ausgesehen hatte. Das hatten Menschen sich bestimmt schon Millionen Jahre lang gefragt; falls es überhaupt andere Menschen gab, aber gesetzt den Fall es war so. Es war viel schlauer, den Spieß umzudrehen: Man suchte sich eine Reihe von guten Antworten und machte sich dann daran, die passenden Fragen zu finden. Welche Antworten gab es? Revolution, Raketenkrieg, Götterdämmerung? Zwei davon fingen jedenfalls mit R an. Welche Frage stand vor der Antwort: »Aus dir wird ein Engel werden?«

Reine ging wieder in die Wohnung, um eine Liste mit den zehn schwierigsten Fragen aufzustellen. Als er durch den Flur ging, entdeckte er, daß der Schlüsselbund, der auf dem Tisch unter dem Spiegel gelegen hatte, verschwunden war. Er blieb stehen und klopfte seine Schenkel und seinen Hintern ab. Nein, nicht in den Hosentaschen. In der Jacke, die er über das Schuhregal geworfen hatte, war er auch nicht. In der Küche nicht, im Schlafzimmer nicht, auf dem Balkon nicht. Stig hatte die Schlüssel mitgenommen. Dieses verfluchte Schwein hatte den einzigen Wohnungsschlüssel mitgenommen, den Reine besaß.

Reine legte die Sicherheitskette vor; dieser Scheißkerl würde jedenfalls nicht hereinkommen, solange er selbst zu Hause war. Aber wenn er nicht zu Hause war? Auch dann nicht, denn man konnte sich eine Strickleiter basteln und über den Balkon ein- und aussteigen. Das müßte natürlich nachts geschehen, wenn es dunkel war und man nicht entdeckt werden konnte. Wie lange war es jetzt dunkel? Zwei Stunden? Für Stigs Fünfzigkronenschein würde Reine sich das Material für eine Strickleiter besorgen. Was für ein Blödsinn! Man konnte doch nicht den ganzen Tag eine Strickleiter vom Balkon herunterbaumeln lassen. Wenn man eine Strickleiter mit einer besonderen Vorrichtung hätte, einem Haken, um sie loszumachen und mitzunehmen – und dann den Haken von unten hinaufwerfen und die Leiter wieder festmachen würde, wenn man hinein wollte? War das zu machen? Bergsteiger konnten so etwas. Aber – ein Glück, daß man so erfinderisch war: Man könnte ja stattdessen ganz einfach vom Balkon aus aufs Dach klettern – wie gut, daß man im obersten Stock wohnte. Und dann einfach durch eine Luke oder eine Feuertür schlüpfen. Das Problem war gelöst. Er holte die letzte Tüte mit Erdnüssen, zog sich aus, setzte sich aufs Bett und schrieb in das kleine Abrechnungsbuch: 26, 5, 22, 17   14, 17, 11, 12, 4, 27, 11, 5, 17   13, 19, 17, 1, 5, 17. 3, 11, 19, 6   27, 5, 19, 17, 10, 5, 6, 5, 17.

15

Wer rauchte heimlich auf dem Klo? Nach dem Vormittagskaffee, den sie tranken, ohne die Arbeit zu unterbrechen, entschuldigte sich Lotte und schlich aufs Klo. Reine stoppte die Zeit, zwölf Minuten. Lotte sah sehr verlegen aus, als sie wiederkam, errötete, machte die obersten Knöpfe auf und lüftete sich aus. Außerdem

steckte sie eine Tablette in den Mund. Sie versuchte, es unauffällig zu machen, ließ die Tablette auf den Boden fallen, zögerte, ob sie sie aufheben sollte, entschloß sich, sie zu vergessen, und nahm eine neue.
Reine unterbrach sich mitten in EIN LETZER GRU – was? Tod und Teufel, schon wieder ein Buchstabe vergessen. Letzer, Hetzer, alter Petzer. Er stand auf, faßte sich an den Bauch und spazierte zur Toilette auf dem Speicher. Er kniete sich hin und untersuchte die Porzellanschüssel; keine Spur von Asche. Er inspizierte das Waschbekken, das eigentlich gar kein Waschbecken war, sondern eine enge, trichterförmige Blechkonstruktion. Stummel? Streichhölzer? Es gab keine Seifenschale. Eine Seife mit einer Schnur mittendurch war am Wasserhahn befestigt. Keine Tabakkrümel in der grün und weiß gefleckten Seifenmasse.
Bevor er zurückkehrte, absolvierte er rasch die tägliche Gesundheitskontrolle. Gut, bis heute kein Zeichen der Pubertät. Wie schnell ging es, wenn sie begonnen hatte? Könnte man sich vielleicht mit einem Mal pro Woche begnügen, beispielsweise jeden Sonntag morgen? Wenn man zu oft nachschaute, würde man die Veränderung vielleicht gar nicht bemerken. Reine wußte, was er tun würde, wenn das erste dunkle Haar auftauchte. Er würde es nicht abschneiden, sondern herausreißen. Mit der Wurzel.
Reine kehrte ins Atelier zurück. Heute war viel zu tun. Das Telephon klingelte andauernd, und Fräulein Olga wurde immer aufgeregter. Immer die gleiche Hetze nach den verlängerten Wochenenden. Reine hatte gelernt, daß viele Alte gerade während der Feiertage starben. Aber das Blöde war, daß es dann zehn, zwölf, vielleicht sogar fünfzehn Tage bis zum Begräbnis dauerte. So lange lagen sie im Kühlhaus; blieb also Zeit genug, das Begräbnis zu planen – aber diese Zeit wurde nicht genutzt. Es schien keine Rolle zu spielen, ob es schnelle

Begräbnisse waren oder verzögerte, Kränze und Kranzschleifen waren auf jeden Fall etwas, um das man sich erst in letzter Minute kümmerte. Manchmal konnte es geschehen, daß Blumenhändler oder Taxifahrer ungeduldig an der Tür standen, während die Schnellste von ihnen, Helene, nach mündlichem Diktat schrieb. Helene, deren Beine untauglich waren . . . Deshalb war sie am schnellsten, sie konnte sich auf die Arme konzentrieren.

Um elf Uhr fünf war Kristina dran. Sie ging jedoch nicht direkt zur Toilette, sondern bewegte sich im Zick-Zack. Zuerst lief sie schnell und nervös zum Fenster, sah hinaus, schaute dann nach dem Stehpult, wo Fräulein Olga telephonierte. Dort blieb sie stehen, um gleichsam um Erlaubnis zu bitten; sie stand vielleicht eine Minute da und zwirbelte an ihren dicken, silbergrauen Zöpfen. Dann, ohne daß die gehetzte Olga sie bemerkt hätte, ging sie zum Garderobenständer und kramte in ihrer Manteltasche. Aha, die Zigaretten!

Kristina blieb gut zwei Minuten weg. Aber man durfte sich nicht täuschen lassen, wer heimlich rauchte, war sicher schlau genug, nur sieben, acht rasche Züge zu tun und den Rest der Zigarette für den nächsten Besuch aufzuheben. Gerade als Reine aufstehen wollte, sagte Tante Olga:

»Reine, es ist gerade eine telephonische Bestellung für einen toten Hund gekommen. Wäre das nichts für dich?«

Er fühlte sich verpflichtet, sich wieder hinzusetzen. Tante Olga brachte ihm einen Zettel.

»Hier. Zur Abwechslung. GRÜSS MIR DIE EWIGEN JAGDGRÜNDE! FRAUCHEN MARGIT.«

»Welche Farbe soll das Band haben?«

»Das hat sie vergessen. Wir nehmen immer weiß, wenn kein besonderer Wunsch geäußert wird.«

»Goldbuchstaben? Für einen Hund?«

Olga antwortete nicht, sondern strich ihm über den Kopf und bückte sich nach Lottes fallengelassener Tablette. Reine stand wieder auf.

»Muß nur schnell ein paar Tabletten kaufen gehen«, sagte er.

»Paß auf, wenn du über die Straße gehst«, sagte Olga.

Auf der Toilette nahm Reine wieder die gleiche Untersuchung vor: die Kloschüssel, das Blechwasserbecken, der Sockel. Da die Rauchpause so kurz gewesen war, hatte die Verdächtige sicher nicht alle Spuren beseitigen können. Hinter dem Abflußrohr? Nein, kein versteckter Stummel. Im Plastikeimer, der als Papierkorb diente, lag ein kleines, fest zusammengerolltes Päckchen in weißer Plastikfolie. Reine war sich darüber klar, daß er die zusammengerollte Plastiktüte aufmachen müßte, aber er konnte sich nicht dazu überwinden. Sie konnte genausogut einen gebrauchten Tampon enthalten. Er sah auf die Uhr und versuchte sich auszurechnen, wie lange es dauern würde, hinunterzugehen, die Kungsgatan zu überqueren, um in dem Tabak- und Pornoladen auf der anderen Seite eine Schachtel Domino-Halstabletten zu kaufen – und dann wieder zurück. Sieben Minuten? Er klappte den Deckel herunter und setzte sich.

»Hier gibt's nichts zu holen«, sagte er halblaut, den Mund über dem Blechtrichter.

Reine hatte das Hundeband rechtzeitig vor dem Mittagessen fertig. Wie sah der Kranz wohl aus? Nahmen sie auch für Hunde Immergrün? Hundsveilchen? Er kicherte. Er liebte die sogenannten blöden Witze. Eigentlich waren blöde Witze gar nicht blöd – das meinten nur die Erwachsenen. Blöde Witze für Feinschmecker. Blöde Witze waren wie alte eingelegte Heringe. Je mehr man über Heringe wußte, desto länger eingelegt mußten sie sein. Am Ende konnte man ebensogut eine Dose mit eingemachtem Durchfall öffnen. Er holte einen

blöden Witz aus seiner Kartei: Ein kleiner Junge sollte für seinen Vater Haarshampoo kaufen. Auf dem Weg zum Laden sagte er immerzu das komische Wort vor sich hin, um es nicht zu vergessen: Haar-shampoo, Haar-shampoo, Haarshampo ... Schließlich wurde daraus Haare-am-Po. Hinter der Theke stand ein junges Mädchen. Der Kleine ging hin und fragte: Fräulein, haben Sie Haare am Po?
Reine lachte laut auf. Alle Tanten wandten sich ihm lächelnd zu. Er ordnete seine Gesichtszüge und erwiderte das Lächeln. Am besten begnügt man sich damit, an blöde Witze nur zu denken, wenn man auf dem Klo sitzt, dachte er. Warum ging Helene nie aufs Klo? Ging? Warum fuhr Helene nie aufs Klo? Reine hatte sie das die ganze Woche über nicht tun sehen – falls sie nicht wartete, bis er zum Mittagessen weg war. Wie konnte ein Mensch sich so lange beherrschen? Aber sie mußte es wohl notgedrungen tun; wenn man im Rollstuhl saß, konnte man sicher nichts anderes tun, als es sich zu verkneifen. Oder? Reine ließ absichtlich die Schere auf den Boden fallen und bückte sich. War da nicht ein Behälter unter dem Rollstuhl? Es war schwer zu erkennen, da Helenes herabhängendes Kleid die Sicht behinderte. Aber es war natürlich durchaus möglich, einen aus Stahlrohren konstruierten Rollstuhl mit einem eingebauten Klo zu versehen. Obwohl er noch nie davon gehört hatte – aber man sprach ja ungern über Toilettenprobleme. Übrigens wäre ein extra Behälter gar nicht nötig, in die Rohre paßte sicher eine Menge hinein. Aber wie sollte das zugehen? Er nahm sich vor, Helene künftig genau zu beobachten, um zu sehen, ob sie irgendeinen Hebel im Untergestell betätigte oder auf einen Knopf drückte. Oder ob sie irgendwann mal stöhnte oder sonstwie komisch aussah. Am einfachsten wäre es gewesen, den Stuhl umzudrehen und nachzusehen, aber sie verließ ihn ja nie.

Nach dem Mittagessen mußte Reine »auf Vorrat« schreiben, wie es hieß. Das ging so, daß man den Anfang eines Textes schrieb, der später mit dem Namen ergänzt wurde, wenn die Bestellung eintraf. Manche Texte kehrten mehrmals am Tag wieder: EIN LETZTER GRUSS. DIE FREUNDE. VON EINEM TRAUERNDEN GATTEN. Dann mußte man nur noch die Namen anfügen, AUGUST UND LOTTA, MAX UND MORITZ, FAMILIE HAMMARSKJÖLD oder wie zum Teufel sie nun heißen mochten.

Reine schrieb nicht gern »auf Vorrat«, er wollte lieber die telephonische Bestellung direkt mitkriegen, am liebsten, wenn sie von einem Angehörigen kam. Er wollte auch soviel wie möglich über den Toten wissen, wann und wo das Begräbnis stattfand, wie viele Kränze bestellt worden waren. Man konnte das manchmal erfahren, wenn jemand von einem Bestattungsunternehmen mit einem ganzen Bündel von Unterlagen heraufkam. Tante Olga scheute sich nicht, nach diesen Dingen zu fragen, man brauchte nur die Ohren aufzusperren und zuzuhören. So konnte man erfahren, was für eine Krankheit es gewesen war, in welchem Krankenhaus, wie der Arzt hieß, ob es schwer, unerwartet, eine Befreiung gewesen war – fast alles konnte man erfahren. Aber nicht, wenn man »auf Vorrat« schrieb, denn dann schrieb man ja für Leute, die noch nicht tot waren.

Vielleicht sollte man mal ein Kranzband für sich selbst beschriften? Warum nicht? Der Blumenladen im Zentrum von Sollentuna – wo ließ der seine Kranzbänder beschriften? Nirgends? Reine ging durch den Kopf, daß er vielleicht in einer aussterbenden Kunstart arbeitete, daß die meisten Blumengeschäfte heutzutage ihre Bänder mit kleinen Apparaten herstellten, in die man das Band hineinsteckte; dann drückte man auf einen Knopf. Ein Kinderspiel. Das Band kam auf der anderen Seite heraus wie ein gemangeltes Halstuch. Vielleicht benutzten sie auch Abziehbilder, sogenanntes Dekalkierpapier? Legten einfach eine Reihe von Buchstaben ins Wasser, bis sie sich vom Papier ablösten. Danach mußte man die Buchstaben nur noch auf das Kranzband übertragen und sie trocknen lassen. Oder man konnte sie durch eine Art Fotodruck direkt aufs Band bringen. Er mochte Tante Olga nicht danach fragen, weil er sie nicht wieder betrüben wollte, die Sache mit Mauretanien und Litauen hatte sie ja so schrecklich mitgenommen. Aber das könnte man ja checken, wenn man einmal auf einen Friedhof kam. Diese Möglichkeit bestand. Tante Olga hatte gesagt, daß es bestimmt mal einen Botengang geben würde, vielleicht zum Waldfriedhof. Und dann hatte Reine das erste Anrecht.

Der Nachmittag zog sich hin wie Kaugummi, es fiel ihm immer schwerer, sich das Gähnen zu verkneifen, denn der Bauch war vom vielen Schlucken schon voller Luft, und hier traute sich ja kein Mensch zu furzen. Nach der Kaffeepause um halb drei fühlte er sich wie ein Sperrballon und mußte aufs Klo gehen, aber Tante Olga kam ihm zuvor. Reine konnte nicht warten, er ließ sie hinausgehen, beherrschte sich eine halbe Minute und folgte ihr dann, ging eine halbe Treppe hinunter und ließ einen gewaltigen Knaller auf einem der Fensterbretter im Treppenhaus. Er ging noch einige Male hinauf und hinunter und ließ noch mehr Luft ab. Während er mit der Hand wedelnd den Geruch verteilte, hörte er Tante Olga aus der Toilette kommen und wieder hineingehen.

Der Nachmittag gipfelte in einem Triumph; er hatte nie daran gedacht, das Klo nach Olgas Besuch zu inspizieren. Aber irgend etwas brachte ihn dazu, nachzusehen – und: Auf dem Boden hinter dem Sitz fand er ein aus Draht gewickeltes Mundstück. Es bestand aus einem Stiel und einer kleinen Öse, in der man die Zigarette befestigte; die ganze Konstruktion glich den Ösen, die man für Seifenblasen benutzte, obwohl diese hier viel kleiner war.

16

Reine hatte seine besonderen Gründe dafür, nachmittags nicht direkt heimzufahren. Zwar mochte er nicht bis zur tiefsten Dunkelheit warten, aber er fand doch, die Sonne sollte zumindest untergegangen sein und die Dämmerung begonnen haben. So mußte er sich vier bis fünf Stunden herumtreiben, entweder im Zentrum von Stockholm oder in Sollentuna oder an einer der Zwischenstationen. Gestern war er einige Stunden in der Trabantenstadt Solna herumgelaufen, aber das zu wiederholen reizte ihn nicht. Heute hielt er sich statt dessen im Vasapark auf. Es war kurz nach halb neun, und er war hungrig. Mittags hatte er zwei Grillwürstchen mit Kartoffelbrei im Corner gegessen, aber die hatten den Magen längst wieder verlassen, der jetzt leer wie eine Tüte war. Reine legte die Hand auf den Bauch und spürte, wie der Magenmund da drinnen nach Essen schnappte.

Er saß auf einer Bank und betrachtete eine halbfertige Wanderbühne, die gerade aufgebaut wurde. Die eigentliche Bühne stand schon, aber der Rest der grün bemalten Holzkonstruktionen, die Rückwand, die Kulissen und die Bänke, lag noch in einem großen Haufen daneben. Die Bühne war quadratisch und hatte die Größe eines Boxrings. Im Bühnenboden gab es eine Luke. Sie war jedoch verschlossen, wie er festgestellt hatte, als er das halbfertige Freilufttheater genauer untersuchen wollte. Was sollte hier gespielt werden? Peterchens Mondfahrt?

Reine kreuzte die Hände über den Knien, beugte sich vor, preßte die Stirn auf den Unterarm und dachte fie-

berhaft nach: Was waren die wichtigsten Antworten? Es war gar nicht so einfach, wie er geglaubt hatte. Er hatte sich vorgestellt, daß es jetzt, wo er den ganzen Krempel auf den Kopf gestellt und sich entschlossen hatte, mit den Antworten anzufangen und dann die Fragen zu nehmen, spielend leicht gehen würde. Aber das stimmte nicht. Statt dessen wirbelten viele von den altbekannten Fragen hoch: Wer bin ich? Gibt es meine Mutter überhaupt? Kommt die Großmama dahin, wo sie hinzukommen glaubt? Gab es mich, bevor ich geboren wurde? Konnte ich als Ei im Eierstock meiner Mutter schon denken? Die einzige Antwort, die ihm an diesem Abend einfiel, klang ein wenig übertrieben: Man sollte die ganze Scheiße in die Luft sprengen!
Ein älteres Paar kam den Kiesweg entlang. Sie blieben stehen und schauten sich das halbfertige Theater an. Wie alt waren sie? Fünfzig? Achtzig? Das war doch egal. Die Mutter nahm es damit sehr genau. Reine hatte einmal behauptet, die Großmama sei fünfundachtzig, statt achtundfünfzig; er hatte nur aus Versehen die Zahlen vertauscht. Da hatte die Mutter sich schrecklich aufgeregt. Okay, es war ein Irrtum, aber er sah nicht ein, warum das so wichtig sein sollte. Die Großmama war eben alt. Und die Mutter war auch nicht mehr jung, im März war sie dreißig geworden.
Der ältere Mann ging zur Bühne und kletterte hinauf, ziemlich mühsam. Dann streckte er seiner Frau beide Hände entgegen. Es sah sehr lustig aus, als machten sie einen Ringkampf oder als sei die Alte ins Wasser gefallen. Der Mann ging in die Hocke und zerrte, bis er sie schließlich oben hatte. Keuchend standen sie auf der Bühne und hielten sich an den Händen.
Reine zielte am Unterarm entlang: ra-ra-ra-tatt-tatt! Wenn man sie direkt abknallen würde, wäre das ein Verbrechen? Ihre Kinder, falls sie welche hatten, würden natürlich sehr traurig sein – aber sie selbst? Ein Ma-

schinengewehr, ganz unerwartet in der Dunkelheit von einer Bank aus abgefeuert, die unter einem Baum stand. Sie würden es gar nicht mehr mitkriegen. Sie würden schon tot sein, bevor sie umfielen.

Die beiden Alten standen noch immer ganz still da und hielten sich an den Händen. Sterbt glücklich! dachte Reine. Man würde ihnen einen riesigen Gefallen tun. In fünf Minuten wird ihnen vielleicht schwindlig, sie fallen von der Bühne und brechen sich das Schlüsselbein. Das wäre doch kein wünschenswertes Leben. Plötzlich wandten sich die Alten einander zu, der Mann verbeugte sich kurz, streckte den linken Arm in die Luft und legte den rechten um die Taille seiner Frau. Langsam begannen sie, einen stummen Walzer auf der Bühne zu tanzen. Nicht ganz lautlos jedoch; die Schuhe knirschten und schleiften ein wenig auf den Brettern.

Walzer? Tango? Hambo? Bingo? Ja, es war ein Walzer, denn beim Hambo wurde gestampft. Reine hob das Handgelenk und stoppte die Zeit, sie schwenkten gut vier Minuten herum. Dann blieben sie plötzlich stehen, ohne ein Wort zu sagen, kein Kichern, nichts. Gut, wenn sie stillstanden, war es um so leichter, sie umzulegen . . . Das Buch der Weltrekorde? er angelte es aus der Tasche:

»Marathontanz. Der Marathontanz ist nicht mit dem Reigentanz zu verwechseln, bei dem viele Tanzende eine Reihe bilden, indem sie sich an den Händen halten. Mit Marathontanz ist vielmehr gemeint, daß die Paare ununterbrochen tanzen, solange es ihnen möglich ist. Der bisherige Rekord kommt aus den Vereinigten Staaten, wo das Gewinnerpaar 3780 Stunden pro Kopf gerechnet durchhielt.«

Reine sprang auf, er wollte nicht zusehen, wenn die beiden Uralten von der Bühne herunterzusteigen versuchten und sich dabei vermutlich jeden Knochen im Leib brechen würden. Was soll man nur mit alten Leuten anfangen, die selbst nicht wissen, was gut für sie ist? Als er am Kiosk in der Odengatan ankam, blieb er stehen und schrieb auf dem Schenkel in sein kleines Buch: 3, 18, 27, 5, 17, 6 1, 19, 5 6, 14, 17, 26, 5 3, 20, 22, 5, 19, 3, 3, 5 19, 17 1, 19, 5 10, 8, 13, 11.

Als er zu Hause im Bagarbyvägen ankam, war es noch lange nicht dunkel, aber er mochte nicht länger warten. Er ging durch die Eingangstür und stieg die Treppen bis zum dritten Stock hinauf. Dort lehnte eine kleine Eisenleiter an der Wand, die zu einer Dachluke führte. Reine blieb minutenlang mucksmäuschenstill stehen, kletterte dann rasch die Leiter hinauf, öffnete die Dachluke und betrat das flache Dach. Er klappte die Luke wieder zu, klemmte aber einen fest zusammengerollten Papierstreifen in den Schlitz, damit sie nicht zufallen konnte. Dann schlich er sich zum Dachrand vor. Er ließ sich auf alle Viere nieder und kroch die letzten Meter rückwärts. Etwa drei Meter unter ihm lag sein Balkon. Er hangelte sich über den Rand und ertastete mit den Füßen die Stehleiter. Unendlich langsam verlagerte er sein Gewicht auf die Leiter – und ließ sich hinabgleiten.

Er hockte sich in eine Ecke des Balkons und verschnaufte, dann schob er die Nase über die Brüstung. Es war nichts Besonderes zu hören, nichts Besonderes zu sehen. Keine Gardine bewegte sich im Nachbarhaus, keine Polizeisirene ertönte in der Ferne. Jetzt im Halbdunkel war die Gefahr wohl nicht mehr so groß.

Bevor er sein Abendessen zurechtmachte, zog er sich im Badezimmer aus. Die Badewanne war zur Hälfte mit Wasser gefüllt. Darin lagen neun Unterhosen, fünf T-Shirts, zahllose Frotteesocken, zwei Jeans und ein Taschentuch. Er hatte die Sachen eingeweicht, damit sie leichter zu waschen wären; die Sachen, die er zuerst in die Badewanne getan hatte, lagen schon seit zehn Tagen drin. Er ließ seine roten, blau eingefaßten Unterhosen hineinfallen. Dann nahm er die Flasche mit dem

Waschmittel Flink und drückte einen Strahl heraus. Vielleicht sollte man umrühren? Er nahm die Klobürste und bewegte sie ein paarmal kräftig hin und her. Jetzt blieb ihm nur noch eine saubere Unterhose in dem Koffer, der für die Insel der Kinder bestimmt gewesen war. Morgen wurde es Zeit für eine große Wäsche. Letzte Woche war es verdammt heiß gewesen. Da er nicht besonders gern duschte – wer konnte schon duschen, wenn die Badewanne voller Wäsche war? – pflegten die frischen Unterhosen schon in der Mittagspause am Arsch zu kleben. Das war gar nicht gut. Wenn es am Sack zu warm wurde, könnte die Wärme möglicherweise die Pubertät beschleunigen. Als wäre der Pimmel in ein Gewächshaus versetzt.

17

Am Donnerstag, dem dritten Juli, geschah etwas Sonderbares. Kurz nach dem Mittagessen, als Reine vor sich hindöste, den Kopf wie mit geschmolzenem Käse gefüllt, betrat ein jüngerer Mann das Atelier. Er trug einen sorgfältig gebügelten, hellen Sommeranzug, ein weißes Hemd und einen weißen Schlips. Das sah merkwürdig aus, fand Reine. Ein bißchen gangsterhaft oder als sei der Mann aus einem alten Stummfilm gestiegen, habe die Filmrollen abgeschüttelt wie Sägespäne und . . .

»Reine!« sagte Fräulein Olga, »kannst du mir bitte mit einer Sache helfen?«

Reine ging zum Pult, wo Olga etwas auf einen Zettel schrieb, während der Hellgekleidete sich vorbeugte, um zu kontrollieren, daß alles stimmte. Reine stellte sich hinter sie und wartete, wartete darauf, daß der Käse in seinem Kopf zur Ruhe käme.

»Weißes Band. LEB WOHL CHRISTEN«, sagte Olga.

»Möchtest du das übernehmen?«
Reine nahm den Zettel und las. Christen – blöder Name, Junge oder Mädchen?
»An wen soll die Rechnung gehen?« sagte Olga zu dem Mann.
»Christen Bang.«
»Derselbe Name?« fragte Olga.
Reine kehrte zu seinem Platz zurück und nahm ein weißes Band aus dem Karton auf dem Tisch. Aber irgendwas stimmte nicht da drüben am Pult. Der Mann stand da und schaute zu Boden, während Tante Olga einen Punkt über seinem Kopf fixierte, an dem sein Heiligenschein gewesen wäre, wenn er einen gehabt hätte.
»Ist es Ihr Vater?« fragte Olga.
Der Mann hob jetzt den Kopf und sah zum Fenster hinaus. Obwohl Reine seine Augen nicht sehen konnte, ging aus seiner Körperhaltung hervor, daß er nichts Bestimmtes ansah, sondern einfach nur seinen Blick irgendwohin richten mußte.
»Wollen Sie sich nicht einen Augenblick setzen?«
Olga zog einen der Holzstühle zum nächsten langen Tisch und klopfte ihn mit der Hand ein wenig ab; der Stuhl war schon seit vielen Jahren hier und war über und über mit Gold bespritzt. Der Mann setzte sich darauf. Jetzt kriegt er einen ganz goldenen Arsch, dachte Reine. Er selbst hatte seinen Hosenschlitz und die Schenkel mit Farbe bekleckert. Aber was machte das schon, wenn man mit Gold auf der Hose herumlief; Admirale trugen es ja an der Mütze.
»Ist er für Sie selbst?« fragte Olga. »Der Kranz?«
»Ja«, sagte der Mann.
Plötzlich sprang er vom Stuhl auf und stellte sich mit dem Rücken zum Fenster. Er hielt die Aufschläge seines hellen Jacketts zusammen, als hätte jemand versucht, ihm das Herz aus der Westentasche zu klauen.
»Hören Sie . . .«, sagte Olga.

»Kann man denn nicht mal eine einfache Bestellung machen!« brüllte der Mann.
Jetzt hatten alle Angst. Kristina drehte sich ganz weg und schaute zur Wand. Lotte hatte Tränen in den Augen und flammte wie ein künstliches Kaminfeuer. Helene arbeitete, ihre langen Arme schwenkten wie Kräne über die Tischplatte. Reine selbst ließ sich vom Stuhl gleiten, bis nur noch die Haare, die Stirn und die Augen zu sehen waren. Olga hatte die Hand halb zu dem Mann erhoben, als wolle sie ihn streicheln.
Das Telefon klingelte. Statt den Hörer abzunehmen, begann Olga, mit gesenkten Händen auf den Mann zuzugehen. Er stand noch immer mit hochgeschlagenem Kragen da, einem unsichtbaren Regenschauer ausgeliefert. Wieder schrillte das Telefon, und beim zweiten Klingelton kam Bewegung in den Mann. Er stellte sich in eine Art japanische Verteidigungsposition: die Knie gebeugt, den Kopf vorgeschoben, die Arme vor dem Gesicht gekreuzt, die Hände wie Klingen. Madame Curie gegen den Samurai von Japan!
Das Telefon klingelte ein drittes Mal. Tante Olga räusperte sich, aber plötzlich klang es, als sei sie in den Stimmbruch gekommen und habe zudem ein Haar in der Kehle; sie schloß den Mund wieder. Der Mann stand die ganze Zeit angespannt da, immer auf dem Sprung. Da klingelte das Telefon zum viertenmal, und der Mann richtete sich auf – dabei sah es seltsamerweise so aus, als sinke er in sich zusammen. Einige Sekunden darauf war er zur Tür hinaus.
Reine schnellte vom Platz hoch und nahm den Hörer ab.
»Guten Tag, hier sind die ›Drei Roten Röschen‹ in der Odengatan«, sagte eine Stimme.
Reine hielt Olga den Hörer hin, die rasch ihre aufgetürmte Frisur kontrollierte, bevor sie ihn nahm. Er kehrte zu seinem Platz zurück und legte das weiße Band wieder in den Karton.

Nachdem Tante Olga die Bestellung der ›Drei Roten Röschen‹ notiert hatte, sagte sie:
»Sollen wir die Polizei benachrichtigen?«
»So einer dürfte nicht frei herumlaufen«, sagte Helene, ohne von ihrer Arbeit aufzusehen.
»Ich meine, wenn er sich nun was antut?« sagte Olga.
»Nein«, sagte Reine. »Weil er nämlich . . .«
»Was?«
Reine sprach nicht weiter, er hatte sagen wollen: Nein, er tut sich nichts an, bevor er nicht seinen Kranz gekriegt hat. Aber das mußte ja nicht stimmen. Der Samurai beging vielleicht in diesem Moment im Aufzug Harakiri und überließ es den Hinterbliebenen, für das Begräbnis zu sorgen. Er dachte den Gedanken nicht zu Ende, beschloß jedoch, am Ende dieses Tages nicht den Aufzug zu benutzen, sondern zu Fuß hinunterzugehen.
»Ich glaube, ich rufe die Polizei an«, sagte Tante Olga.
Reine begriff plötzlich, daß es Ernst war, daß dieser verrückte Typ in seinem hellen Anzug sich vielleicht wirklich das Leben nehmen wollte. Ihm wurde ganz kalt am Hintern, sein Sack zog sich zusammen. Das war keine Phantasie mehr, vielleicht wurde gerade etwas verdammt Ekelhaftes Wirklichkeit. Da wollte er nicht mehr mitmachen. Er verließ seinen Platz, stellte sich an das hinterste Fenster und sah auf all die Gleise hinunter. Wie konnte man nur diese vielen Weichen und Signale steuern? Vielleicht war das gar nichts Besonderes: Wie konnte er selbst Arme und Beine, Augen und Ohren steuern? Den Magen? Den Rachen? Den Hintern? Wofür die Schwedische Eisenbahn ein riesiges Stellwerk brauchte, das schaffte Reine ganz allein – und fast ohne daran zu denken. Man sollte, wie hieß es doch – rationalisieren? Die Eisenbahn sollte sich ein großes menschliches Gehirn anschaffen, das das ganze System steuerte.

Wenn man ein Gehirn mit allen Nerven und Fasern herausheben und die Nerven an das elektrische Netz anschließen würde? Man würde wohl die Stromstärke vorher ein bißchen herabsetzen müssen, aber das übrige wäre ja ein Klacks. Das Nervensystem funktionierte schließlich mit Elektrizität. Das ans Stellwerk angeschlossene Gehirn würde dann alle Gleise und Signale spüren können, als seien es Teile des eigenen Körpers. Ganz von selbst! Einen D-Zug bei Tomteboda entgleisen zu lassen, wäre genauso einfach, wie einen Furz zu lassen.
Und kosten würde es fast nichts. Ein Gehirn ohne Arme und Beine brauchte kaum mehr Nahrung als eine gewöhnliche Topfpflanze. Wenn man das freigelegte Gehirn nähme, es in ein Aquarium mit Zuckerwasser legte – konnte ein Gehirn schwimmen? – und dann alle Nerven in Bündel geordnet über den Rand zöge und sie an Bananenstecker anschlösse . . . Alles übrige war schon da: Leitungen, Relais, Transformatoren, Schaltungen, Glühbirnen und Sicherungen. Das würde ein mächtiger Mensch sein, der an das größte Stellwerk der Schwedischen Eisenbahn angeschlossen wurde. Alle Männer, die im alten Stellwerk schwitzten, könnten nach Hause gehen. Es reichte, wenn einer von ihnen hin und wieder das Wasser im Aquarium wechselte und vielleicht mit dem Gehirn redete, damit es nicht so einsam war. Ihm vielleicht zwischen zwei Zügen etwas aus der Zeitung vorlas? Aber wenn das Gehirn nun einschlief!
»Jetzt rufe ich jedenfalls die Polizei an«, sagte Olga und hob das Telefonbuch aufs Pult.
»Er geht bestimmt woanders hin und probiert es da«, sagte Helene. Ruf doch Elvströms Erben an und sag ihnen Bescheid.
»So ein junger Mensch!« sagte Lotte. »Ach, so ein junger Mensch!«
Wenn das Gehirn der Schwedischen Eisenbahn nun ein-

schliefe? Das wäre nicht so schlimm; wahrscheinlich würde der Verkehr nur zum Stehen kommen. Aber wenn das Gehirn zu träumen anfinge, wenn es träumte, es sei jemand anders, ein anderes Gehirn an einem anderen Ort? Oder wenn es durchdrehte, wenn es zu glauben begann, alle Züge, die in den Stockholmer Hauptbahnhof einfuhren, wollten es töten, wollten das Gehirn überfahren und zerstückeln? Da das Gehirn nicht aus dem Aquarium fliehen konnte, mußte es schnellstens dafür sorgen, daß alle Züge miteinander zusammenstießen, daß D-Züge sich in Vorortzüge bohrten, daß die Leitungen zusammenbrachen, die Weichen in die falsche Richtung gestellt wurden, daß alle Sicherungen durchbrannten und . . .

Olga telefonierte mit der Polizei. Reine wollte nichts hören und hielt sich die Ohren zu. Zurück zu dem bedrohten Gehirn: Wenn es ein freundliches und gutmütiges Gehirn war, würde es sich vielleicht mit einem der Bahnarbeiter anfreunden. Mit einem alten Mann mit hängendem Schnurrbart, der schon hundert Jahre die Weichen geölt hatte. Das Gehirn und der Bahnarbeiter würden Freunde werden, und eines abends, wenn sie allein waren, würde der Alte eine mit Wasser gefüllte Plastiktüte mitbringen. Und wenn niemand es sah, würde er alle Bananenstecker abmachen, die Plastiktüte im Aquarium versenken und das Gehirn wie eine Qualle hineinschwimmen lassen. Im Schutz der Dunkelheit würde der Bahnarbeiter die Tüte unter der Jacke zu seinem Moped tragen. Worauf sie zusammen ins Häuschen des Bahnarbeiters im tiefsten Wald fliehen würden, wo das Gehirn auf Lebenszeit in einem großen Glasgefäß wohnen durfte und jeden Morgen den Rükken gekrault bekam.

»Schicken sie einen Streifenwagen?« fragte Helene.

»Ich weiß nicht«, erwiderte Olga. »Sie haben gesagt, sie würden die Verantwortung übernehmen.«

»Wird man uns verhören?« fragte Lotte. »Das wäre lustig.«
»Wenn massenhaft Polizisten hier heraufkämen?« sagte Helene.
»Man will sich schließlich nicht vor der Verantwortung drücken«, sagte Lotte.
»Kommt die Polizei?« fragte Kristina und erhob sich vom Tisch. »Kommt die Polizei?«
»Setz dich wieder hin, mein Mädchen«, sagte Olga. »Die Polizei kommt nicht hierher.«
»Wir werden doch erfahren, wie es ausgeht?« sagte Lotte. »Sie werden doch wohl anrufen und es uns sagen? Sie müssen uns auf dem laufenden halten . . .«
»Ich will gar nicht wissen, wie es ausgeht«, sagte Kristina; ihre Stimme war brüchiger als sonst. Sie sprach im höchsten Diskant.
»Ich möchte auch nicht wissen, wie es ausgeht«, sagte Reine entschieden.
Dann hielt er sich wieder die Ohren zu, schaute weit in die Ferne zu den Hochhäusern auf der Kungsklippan und dachte: Ein einziges Gehirn am richtigen Ort mit den richtigen Anschlüssen könnte die ganze Welt lenken wie seinen eigenen Körper.

18

Der Samstag schien genauso heiß zu werden wie all die anderen Tage. Reine saß am Riddarholmskai, ließ die Füße baumeln und versuchte, im Wasser, das wie Spinatsuppe aussah, Fische zu entdecken. Er war unausgeschlafen und total erschöpft; er war zu Fuß von Sollentuna zum Riddarholmen gegangen, eine Strecke von zwölf, fünfzehn Kilometern. Er wußte es nicht genau. Es hatte fast vier Stunden gedauert. Reiner Blödsinn. Aber er war früh am Samstag morgen aufgewacht, mit strahlender Laune. Nichts war unmöglich – hundert Kilometer zu laufen eine Kleinigkeit. Es war, als seien ihm an den Fußknöcheln kleine Flügel gewachsen, als sei die ganze Brust zum Platzen voll mit Lachgas. Leicht wie ein Mondastronaut würde er in die Stadt hineinhüpfen. Über Stock und Stein, über Bäche und kleinere Häuser.

Die Schultern schmerzten, der Magen brannte, der Rücken tat weh, der Kopf war zu schwer für den Hals, es piekte in den Schenkeln. Nicht aber in den Waden oder in den Füßen. Der untere Teil der Beine war weg, taub, eingeschlafen. Wenn er sich mit aller Kraft in die Haut am Fuß kniff, kribbelte es nur ein bißchen, als hätte man einen leichten elektrischen Schlag bekommen. Er zog seine abgestorbenen Füße hoch, legte sie mit den Händen zur Seite und streckte sich auf dem Kai aus. Jetzt durfte er bloß nicht einschlafen, denn um elf Uhr sollte er Helene vor der Riddarholmskirche treffen. Und er hatte sich immer noch nicht überlegt, wie er sie umbringen könnte! Das hatte er auf seinem Spaziergang von Sollentuna planen wollen, aber man konnte im Gehen nicht nachdenken. Er hatte sich hereinlegen lassen, von einem Buch oder einem Erwachsenen. Man hatte ihm weismachen wollen, daß man sich Dinge besonders gut überlegen könnte, wenn man auf einem Spaziergang war. Das stimmte nicht. Die Gedanken zerbröckelten nur.

Die Sonne brannte. Reine hatte keine Mütze. Er machte die Tasche auf und holte den Inhalt heraus: das Buch der Weltrekorde, die Serviette mit dem aufgesparten Trinkhalm, den Kugelschreiber, das geheime kleine Notizbuch und den Affen Jocke. Jocke war jahrelang nicht draußen in der Welt gewesen, er hatte in einem Fach des Kleiderschranks gesteckt. Die Großmama hatte ihm Jocke zu seinem ersten Geburtstag geschenkt – das war noch, bevor sie sich der Maranatha-Sekte angeschlossen hatte. Der Affe war eine Fingerpuppe, ein brauner Handschuh mit kleinen Armen und einem nickenden Affenkopf, der groß wie ein Ei war und braune Glasperlenaugen hatte. Jocke war lange Zeit Reines liebster Spielgefährte gewesen, bis er später von Snoopy verdrängt wurde. Reine hatte plötzlich Sehnsucht nach Jocke bekommen, Sehnsucht nach jemandem, den man mitnehmen konnte, ein Stückchen der alten Geborgenheit. Snoopy konnte er nicht mit sich herumschleppen, dazu hätte er einen ganzen Koffer gebraucht. Jocke brauchte so gut wie keinen Platz, und wenn jemand ihn entdeckte, müßte man sich nicht schämen oder sich vorwerfen lassen, kindisch zu sein; er konnte als Figur aus einem Puppentheater gelten. Nicht aus einem Kasperletheater, sondern aus einem richtigen Puppentheater. Und falls man ihn fragte, würde er sagen, daß Jocke die Hauptrolle in einem Stück über Idi Amin spielte.

Nachdem er seine Pumatasche geleert hatte, steckte er den Kopf hinein, um sich vor der Sonne zu schützen. In der Tasche war es heiß, sie roch nach warmem Plastik und nach gebrauchter Unterwäsche. Man gewöhnt sich daran, dachte Reine. Man gewöhnt sich immer an Gerüche. Wenn man selbst auf dem Klo sitzt und scheißt, riecht man nichts. Aber wenn die Mutter dagewesen war!

Sollte er Helene aus reiner Freundlichkeit umbringen? Es konnte doch keinen Spaß machen, im Rollstuhl zu sitzen. Ständig im Weg zu sein und angestarrt zu werden oder überhaupt nicht gesehen zu werden. Helene hatte einmal gesagt, das Schlimmste sei nicht, wenn die Leute glotzten, sondern wenn sie einen überhaupt nicht sähen. Aber wollte sie selbst denn sterben? Wenn sie wirklich Schluß machen wollte, wäre das ja keine Kunst, sie bräuchte bloß den Rollstuhl in Bewegung zu setzen und ihn über den Rand des nächsten Kais kippen zu lassen. Und wenn sie nun schwimmen konnte? Die Beine waren nicht zu gebrauchen, sie hingen ja nur herab wie totes Fleisch, aber vielleicht konnte sie mit ihren langen, dürren Spinnenarmen kraulen: wie ein Raddampfer angebraust kommen. Am einfachsten wäre es, wenn sie mit einem Ruck die Treppe in Tante Olgas Haus hinunterfahren würde. Richard Widmark hatte einmal eine behinderte Frau umgebracht, indem er sie eine Treppe hinunterstieß. Da es offensichtlich für Helene so einfach war, sich das Leben zu nehmen, mußte man annehmen, daß etwas anderes sie daran hinderte. Vielleicht wollte sie nicht oder wußte nicht, was das Beste für sie war. Wäre Reine mit unbrauchbaren Beinen geboren worden, dann hätte er sich sofort selbst aus der Welt geschafft, indem er mitten in den Stoßverkehr gefahren wäre. Bekam man zuerst einen kleinen Rollstuhl? Einen, der nicht größer war als ein Dreirad? Bestimmt nahmen sich die meisten Leute, die an einen Rollstuhl gebunden waren, das Leben. Was wurde sonst aus ihnen? In seiner Schule gab es keinen einzigen, der im Rollstuhl saß. Oder wurden sie vielleicht an einem besonderen Ort verwahrt, in einem alten Straßenbahndepot, wo sie in langen Reihen auf den Schienen standen? Damit die anderen Menschen sie nicht zu sehen brauchten.

Um elf Uhr traf er Helene vor der Riddarholmskirche. Sie kam in einem Taxi an, und es war sehr schwierig, weil der Taxifahrer alt und bucklig war. Er wird mir sicher dankbar sein, wenn ich sie ums Leben bringe, dachte Reine. Aber zunächst galt es, keinen Verdacht aufkommen zu lassen; er ging auf sie zu und begrüßte sie fröhlich. Er hatte ein bißchen Angst vor ihr, sie konnte nämlich ziemlich bissig sein. Aber heute sah sie unheimlich gut gelaunt aus, sie hatte sich geschminkt, trug ein dünnes Kleid, das er noch nie gesehen hatte, und genau den gleichen Sonnenhut von Marimekko, den auch seine Mutter hatte. Obwohl Helenes nicht rosa war, sondern blau. Wie kommt die Alte, die im Rollstuhl sitzt, dazu, den gleichen Hut zu haben wie meine Mutter!

Es war wahnsinnig mühsam, den Stuhl über das holprige Pflaster zur Kirchentür zu schieben. Helene half ihm dabei, so gut sie konnte. Warum hatte sie keinen elektrisch betriebenen Stuhl? Reine hätte sich einen besorgt, wenn er . . . nein, verdammt, dann wäre er ja gar nicht mehr am Leben. Oder doch? Vielleicht, wenn es etwas flottere Rollstühle gäbe, wenn Kawasaki Rollstühle produzierte? Wenn Alfa Romeo Rollstühle in der typischen grauvioletten Farbe herstellte? Oder einen Ferrari-roten. Er würde einen haben, der auf Raupenketten lief wie ein Panzer, einen, der schwimmen konnte, einen, der alle Büsche und Bäume, die nicht über zehn Zentimeter dick waren, niederwalzen konnte. Platz da, zum Teufel!

Gleich neben der Eingangstür bei der Wächterloge gab es eine kurze Treppe. Sie holten sich eine Broschüre und näherten sich dann der Treppe; glücklicherweise führten zwei breite Rampen hinunter, für Kinderwagen und Rollstühle. Aber wie sollten sie wieder hinaufkommen? Reine würde es nie schaffen. Man könnte natürlich ein Seil um eine der Säulen schlingen und den Stuhl hinaufziehen. Aber Helene hatte natürlich kein Seil dabei; er konnte weder ein Seil noch ein Reserverad am Rollstuhl sehen.

»Spürst du den Flügelschlag der Geschichte?« fragte Helene.

Reine blieb stehen und holte tief Atem. Es roch nach Staub, ein bißchen muffig, und nach irgendeinem Reinigungsmittel. Nein, nach Kleiderschrank. Aber wenn er in sich hineinlauschte, flatterte es ein wenig in der Brust – der Flügelschlag der Geschichte? Im Inneren der Kirche war es recht düster, aber mit der Zeit konnte man immer besser sehen.

»Wir fangen auf der linken Seite an«, schlug Helene vor.

Ganz links lag ein alter Feldmarschall namens Lennart Torstensson. Komischer Name, diese alten Männer hießen doch gewöhnlich Guldhjälm, Plymsköld, Silverspjut und ähnliches. Torstensson, das klang ja genauso mickrig wie Larsson. Ein steiles Treppchen führte in eine Krypta hinunter, die voll von widerlichen alten Särgen war. Sollte er Helene dort hinunterschubsen, damit sie unter ihren geliebten Feldmarschällen sterben konnte? Nein, wenn er sie schon umbringen wollte, sollte sie lieber in einem feineren Grab, in einem Königsgrab, verschwinden. Das kostete ja sozusagen nichts extra.

»Ihr lernt doch in der Schule immer noch etwas über den Dreißigjährigen Krieg?«

Reine dachte nach. Der Dreißigjährige Krieg? Doch, davon hatte die Lehrerin gesprochen. Jemand, der Gustav Adolf hieß, war in Rußland ermordet worden. Aber warum hieß es der Dreißigjährige Krieg? Solange Reine zurückdenken konnte, hatte Krieg geherrscht: Zuletzt war es der Krieg in Vietnam, und davor war es, Moment, der Koreakrieg! Und davor der zwischen Hitler und Churchill und davor der Erste Weltkrieg und davor, verflixt nochmal, die Französische Revolution? Und davor der von Karl XII., genau. Es herrschte mit anderen Worten ständig Krieg. Wie konnte man dann ein Stück aus der Geschichte herausschneiden und es den Dreißigjährigen Krieg nennen? Das war eine Verfälschung der Wirklichkeit, wie so vieles andere, was man in der Penne lernte. Über die Fortpflanzung, zum Beispiel.

Konnte Helene Kinder bekommen, obwohl sie im Rollstuhl saß? Hatte sie die gleichen Sachen im Unterleib wie seine Mutter? Natürlich mußte es Körperbehinderten verboten sein, Kinder zu bekommen, selbst wenn

sie es konnten. Wie würde das aussehen, wenn Frauen auf Krücken herumstolperten und Kinder kriegten? Oder im Rollstuhl saßen und Wehen hatten? Es war anzunehmen, daß es ein Gesetz gegen so etwas gab. Schweden war doch immerhin ein zivilisiertes Land. Sie kamen an mehreren Särgen von Adligen vorbei, aber an keinem Königssarg. Lagen die Leichen wirklich in diesen Särgen? Oder ganz woanders, unter dem Fußboden? Und die Särge hier oben wären dann nur zum Schmuck da. Reine hatte sich manchmal gefragt, ob bei gewöhnlichen Begräbnissen die Leiche im Sarg war. Er war gar nicht so sicher. In Wirklichkeit war es wohl so, daß man die Toten im Krankenhaus zerkleinerte und die Überreste verbrannte. Daß man den Sarg herumtrug und Blumen warf, war eher ein Ritual. Sonst wäre es unhygienisch. Es war bestimmt gesetzlich verboten, Tote in gewöhnlichen Holzkisten herumzutragen.
An den Wänden zwischen den Gräbern hingen viele Blechschilder mit Wappen. Waren das alle Adligen von Schweden? Nein, es waren die Ritter des Serafimerordens. Das schien doch sehr komisch – konnte man Ritter eines Krankenhauses werden? Die Mutter arbeitete seit undenklichen Zeiten im Serafimerkrankenhaus. Wenn man diesem Krankenhaus Geld spendete, wurde man offenbar Serafimerritter und bekam ein Blechschild in der Riddarholmskirche. Nein, das stimmte nicht. Eins der Schilder gehörte dem Kaiser Hirohito von Japan, und dieser Typ war bestimmt nicht so blöd, seine Piepen einem schwedischen Krankenhaus zu schenken; er hatte schließlich für seine eigenen zu sorgen.
Plötzlich war Reine wie vom Blitz getroffen. Auf einem der Blechschilder stand der Name Hammarskjöld. Sein Vater? Großvater? Onkel? War er auch hier begraben, der Generalsekretär? Reine war traurig zumute. Er hätte gern etwas getan. Nur wußte er nicht recht, was. Eine Kerze anzünden? Eine Blume unter dem Schild auf

den Boden legen? Ein Gebet sprechen? Schon lange war ihm nicht mehr so feierlich zumute gewesen, es war genau wie wenn die Wachtparade vorbeizog; man fühlte sich stolz und traurig zugleich. Jetzt konnte er wirklich den Flügelschlag der Geschichte in der Brust spüren. Er wollte hingehen und das Blechschild berühren, wagte es jedoch Helenes wegen nicht, es wäre ihr sofort aufgefallen. Statt dessen blieb er hinter dem Rollstuhl stehen und machte das Kreuzzeichen.

»Und da drüben liegt Karl XII.«, sagte Helene. »Ich finde, das ist der schönste Sarkophag von allen. Du hast doch in der Schule von Karl XII. gehört?«

Man müßte sie natürlich in diesem Sarg begraben, dachte Reine. Sie sagt es ja selbst: Den finde ich den schönsten Sarg von allen. Man sollte sie in einer dunklen Nacht hierher locken, sie erschlagen, bevor sie überhaupt etwas merkte, und sie dann in den Sarg von Karl XII. stecken. Wenn es einen Himmel gäbe und sie sich dort irgendwann einmal begegneten, würde sie ihm um den Hals fallen und ihm danken. Würde über die Wolken angelaufen kommen und ihm um den Hals fallen. Ihm war richtig zum Weinen zumute. Es würde wohl nicht gehen. Das Eisengitter vor dem Chor wirkte zwar nicht besonders stabil und würde sich schon bezwingen lassen. Der Deckel des Sarkophags ließe sich sicher mit einem gewöhnlichen Wagenheber aufstemmen. Platz genug würde es im Sarg bestimmt für sie geben, denn von Karl XII. konnte inzwischen nicht mehr viel übrig sein. Notfalls könnte man einen gewöhnlichen Müllsack aus schwarzem Plastik nehmen und ihn hineinstekken. Aber es gab ein Hindernis, das absolut unüberwindlich war: Nie im Leben würde Reine sich nach Einbruch der Dunkelheit in die Riddarholmskirche hineintrauen.

Helene redete munter drauflos: Dort lag Magnus Ladulås und dort Gustav II. Adolf, und dort unter dem Bo-

den lag Karl X. Gustav, der über den Großen Belt gezogen war, und da lagen die Bernadottes, bis auf den zuletzt gestorbenen, Gustav VI. Adolf. Er hatte nicht hier begraben werden wollen, sondern ruhte statt dessen in der Königlichen Grabstätte im Schloß von Haga, denn er war ein wahrhaft demokratischer König.
Sie absolvierten das zweite Längsschiff, und Reine begann sich schrecklich erschöpft zu fühlen. Sie waren an der Treppe zum Ausgang angekommen, als ihn ein Gedanke durchfuhr, bei dem er sofort den Rollstuhl losließ: Was würde am Jüngsten Tag geschehen? Was würde nach der Schlacht von Armageddon geschehen, von der die Großmama so anschaulich erzählt hatte. Wenn der Engel hier einträte und in seine Posaune bliese? Wie sollten all die armen Könige, Königinnen und kleinen Prinzen, die hier in ihren steinernen Sarkophagen lagen, eine faire Chance bekommen? Am Tag der Auferstehung müßten sie übermenschliche Kräfte entwickeln, Deckel aufstemmen, Gitter und Türen einschlagen. Reine würde nicht im Weg stehen wollen, wenn alle Könige hinausstürmten. Zuerst würde es ein riesiges Durcheinander wegen der Knochenstücke und Locken geben. Einige würden sich in der Eile irren, andere bestimmt einige Skelettstücke zuviel aufsammeln. Würde es eine Schlägerei geben, oder würden sich die Konflikte durch ein Gespräch lösen lassen? Schnell mußte es jedenfalls gehen. Und wenn dann die ganze Schar versammelt war, mit ihren mottenzerfressenen Mänteln und schwarz angelaufenen Silberkronen, den Arm voller Rippen – wer würde als erster gehen? Magnus Ladulås, der Älteste, oder Gustav V., der Drahtigste? Oder würden Gustav II. Adolf und Karl XII. zuerst gehen, weil sie am besten gewesen waren?
Reine rannte zum Ausgang und schaute auf den sonnenüberfluteten Birger-Jarls-Platz hinaus. Im Geist sah er die meisten schwedischen Könige mühsam vorbei-

schlurfen, mit klappernden Zähnen, quengelnd, gereizt. Karl XII. verlor seine Lorbeerblätter, und Oscar II. ließ auf der Treppe einen Ring fallen. Zum Jüngsten Gericht durfte man nicht zu spät kommen. Die Eifrigsten hatten schon die halbe Treppe zum Hofgericht geschafft.

Danach lud Helene ihn bei sich zu Hause zum Mittagessen ein, sie wohnte in der Nähe des Norra Bantorget. Der Tisch war schon gedeckt und alles vorbereitet, als sie endlich in der Wohnung ankamen. Reine aß alles, was ihm vorgesetzt wurde, während Helene vor allem redete und redete, über die schwedische Geschichte und all die Könige. Reine nickte und schluckte.

»Und das alles will man uns wegnehmen«, sagte Helene, »die Monarchie, die Traditionen, unsere ganze Geschichte. Aber warte nur ab, bis es in der Welt draußen wieder bedrohlich wird. Du erinnerst dich natürlich nicht an die Zeit der Alarmbereitschaft? Ich kann dir nur sagen, da war die Riddarholmskirche proppevoll, obwohl fast alles mit Sandsäcken verkleidet war.«

Um fünf nach zwei bedankte Reine sich und ging zum Winterpalast, wo der Film »Eine total, total verrückte Welt« lief. Er bekam nur die ersten Minuten mit, bevor er fest einschlief. Der Film begann damit, daß ein alter Mann in seinem Auto einen Abhang hinunterfuhr, herausfiel und starb. Reine rümpfte verächtlich die Nase und gähnte. Das war schlecht gemacht. So starb man nicht. Im Fernsehen hatte er mehrmals Menschen richtig sterben sehen, er wußte also genau, wie es ging. Meistens natürlich durch Hinrichtungen, da konnte man nicht soviel erkennen. Ein Mann an einem Pfahl mit einem schwarzen Sack über dem Kopf, eine Salve von Schüssen, ein Ruck. Er hatte sich auch eine Sendung über die japanische Besetzung Chinas angeschaut. Die Japaner hatten einen ganzen Haufen Chinesen lebendig begraben. Davon hatte er Nahaufnahmen gesehen, er war also recht kritisch, was den Tod betraf. Ob man Helene ein rasch wirkendes Gift einflößen sollte?

19

Später an diesem Tag lag Reine bäuchlings auf dem Dach und betrachtete die untergehende Sonne. Sie war jetzt nicht mehr rund, klein und intensiv. Je mehr sie sich dem Waldrand im Nordwesten näherte, um so größer, röter und unförmiger wurde sie. In der einen Sekunde sah sie aus wie ein Lampion, in der nächsten wie eine zerquetschte Tomate. Die letzte Etappe des Sonnenuntergangs ging sehr schnell, als hätte jemand die Sonne aufgesogen. Schlürf!

Das Dach war mit Teerpappe gedeckt, die mit feinkörnigen Steinsplittern verstärkt war. Es war, wie wenn man über grobes Sandpapier kroch. Die Steinchen bohrten sich in Reines gerötete Handflächen, wenn er sie abstreifte, hinterließen sie schwarze Vertiefungen in der Haut. Auch die Füße taten ihm weh. Sie fühlten sich schon längst nicht mehr abgestorben an, sondern es pochte jetzt in ihnen. Sobald er unten war, würde er direkt ins Badezimmer gehen, die eingeweichte Wäsche ins Waschbecken legen, lauwarmes Wasser einlaufen lassen, sich auf den Badewannenrand setzen, die Füße ins Wasser tauchen und die Augen zumachen.

Er erreichte den Dachrand und sah auf den Hof hinunter. Wie hoch oben war er? Drei Stockwerke, je zweieinhalb Meter hoch, die Zwischenböden, das Hausdach – insgesamt mußten es wohl zehn Meter sein. Von hier oben sah es aus wie fünfzig. Warum schien der Höhenunterschied immer viel größer zu sein, wenn man von einem Dach aus hinunterschaute, als wenn man von unten hinaufschaute?

Er mußte seine Kräfte für das anstrengendste Stück

sammeln, bei dem er über den Dachrand gleiten und die Stehleiter mit den Füßen ertasten mußte. Er legte sich auf den Rücken und sah nach oben. Das war nicht gut, es wurde ihm sofort schwindlig. Der Himmel war ganz klar, nicht das kleinste Wölkchen, an dem der Blick hängenblieb, keine Sterne, nichts. Er merkte, daß er direkt ins All hinausstarrte, in die UNENDLICHKEIT. Wenn die Schwerkraft der Erde plötzlich nachließe, würde er direkt in den Himmel geschleudert werden. Da konnte einem schon schwindlig werden. Er kratzte mit den Fingern im feinen Kies des Daches, es gab nirgends einen Halt. Rasch drehte er sich auf den Bauch und spähte am Dach entlang. Wie lang war das Haus, vierzig Meter? Dreißig? Könnte ein auf einem Flugzeugträger stationiertes Flugzeug hier landen und starten? Ein Hubschrauber vielleicht, aber kein gewöhnliches Flugzeug, dazu gab es zu viele Hindernisse: Luftschächte, Dachluken, Blechkanten und die Hausantenne.

Er fixierte die Spitze der Hausantenne, sie glühte im Licht einer Sonne, die er nicht mehr sehen konnte. Ein Glück, daß es kein Sender ist, sondern ein Empfänger, dachte er. Wie konnte irgendein lebendes Wesen unbeeinflußt von all den Rundfunk- und Fernsehsendungen auf der Erde herumlaufen? In diesem Augenblick durchquerten eine Menge Sendungen seinen Körper, nicht nur von schwedischen, sondern auch von vielen starken ausländischen Sendern. All die Piepser und schnatternden Stimmen, die man empfangen konnte, wenn man an den Knöpfen eines gewöhnlichen Radios drehte, all diese Wellen durchquerten in diesem Augenblick seinen Körper. Aber das merkte man gar nicht! Vielleicht kam das daher, weil man sich daran gewöhnt hatte, weil jemand, dem schon als Embryo Tag und Nacht hundert Rundfunk- und Fernsehsendungen durch den Körper schepperten, nichts mehr davon

merkte. Wie hieß das – abschirmen? Wie man es mit seinem eigenen Puls und seinem eigenen Atem machte; darauf horchte man doch auch nicht ständig.
Plötzlich empfand er sich selbst ganz anders: Statt allein auf der Welt zu sein, was bedeuten würde, daß er selbst die ganze Welt wäre, hatte er jetzt das Gefühl, als gebe es überhaupt kein Ich. Aus allen Richtungen bohrten sich Langwellen, Kurzwellen und Mittelwellen durch Haut, Blut und Muskeln, um in sein Inneres vorzudringen. Aber es gab kein Inneres, nur ein luftleeres Loch inmitten des Gehirns, wo alle Radiowellen sich aneinander brachen, so daß Stimmen und Bilder wie Wunderkerzen sprühten. Er war nur ein ferngesteuerter Hampelmann, den man nach Belieben lenken konnte. Alle lenkten ihn zugleich, zogen und zerrten ihn in verschiedene Richtungen. Also nein . . . Er hämmerte mit der Stirn auf das Dach. Warum mußte er bloß an solche Sachen denken, von denen ihm schwindlig und übel wurde!
Er drehte sich um hundertachtzig Grad und näherte sich dem Dachrand, die Füße voran. Es war gut, daß die Füße schmerzten, daß die Empfindung zurückgekehrt war – mit eingeschlafenen Beinen hätte er sich nie an dieses Kunststück gewagt. Er ließ sich über den Rand gleiten, das schwarze Blech schnitt ihm in den Bauch. Die Tasche hatte er sich um den Hals gehängt, sie baumelte auf seinem Hintern und war schwer wie ein Fallschirm. Würde der Schirm sich bei einem Fall von nur zehn Metern entfalten können? Er kniff die Augen zusammen und begann hinabzugleiten. In dem Moment, als die Ellbogen vom Dach rutschten, spürte er die Leiter unter den Zehenspitzen. Daheim!
Wie gewöhnlich blieb er einige Minuten in einer Ecke des Balkons hocken, verschnaufte sich, horchte nach aufgeregten Reaktionen der Nachbarn und beobachtete das angrenzende Haus. Eines Tages mußte er entdeckt

werden! Vielleicht wurde es Zeit, sich eine andere Möglichkeit auszudenken, wie man die verschlossene Wohnung betreten und verlassen könnte. Wenn er die Tür offenstehen ließe? Oder, wie war das doch, hatte die Großmama nicht einen Schlüssel? Wenn einem ein guter Anlaß einfiele, könnte man ihr schreiben und sie bitten, ihn zu schicken. Vielleicht hatte der Schlüssel eine Nummer, einen Code. Wenn er den herausbekäme und zu einem Schlüsseldienst ginge. Was würde das kosten? Zur Zeit verfügte er über zweiundvierzig Kronen, einschließlich der Ausgehkasse seiner Mutter.

Draußen war es jetzt so dämmrig, daß man den Schein der Lampe in der Wohnung sehen konnte. Sie brannte ständig, damit Diebe und Kindermörder begriffen, daß die Bewohner zu Hause waren. Reine schlich sich durch die halboffene Balkontür. Es war irrsinnig heiß in der Wohnung, die Sonne hatte den ganzen Tag durch das große Fenster des Salons geschienen, dessen Jalousien nicht heruntergezogen waren, weil ja die Einbrecher sonst nicht sehen würden, daß die Lampe brannte.

Es war jemand im Zimmer! Reine konnte niemanden hören, nichts sehen, nichts riechen. Aber es war trotzdem jemand im Zimmer. Er ließ sich auf die Knie nieder und spähte über den Boden. Zwei nackte Füße schauten auf der anderen Seite des großen Ohrensessels hervor, der mit der Rückenlehne zum Fenster stand. Reine stand auf, nahm eine leere Bierflasche aus dem Bewässerungssystem der Blumen, zog die grünen Plastikschläuche heraus und ging um den Sessel herum, die Flasche hoch erhoben.

Es war Stig. Er schlief splitternackt in dem Sessel, still und leise. Den Kopf an eine der Ohrenklappen gelehnt, die halblangen Haare naß und verfilzt, das Gesicht von der Sonne gerötet, Lippen und Augenlider geschwollen, so unrasiert, daß man kaum erkennen konnte, wo der Backenbart aufhörte und wo der Schnurrbart anfing. Der Mund war halb geöffnet, und die Zunge hing heraus wie bei einem Erhängten. Die Hände lagen schlaff wie weggeworfene Handschuhe auf den Schenkeln. Zwischen die Beine hatte er eine Bierdose geklemmt.

»Was machst du hier?« fragte Reine und ließ die Bierflasche sinken.

Stigs Augen bewegten sich hinter den geschlossenen Lidern, dann öffnete er ein Auge und sah Reine schläfrig an.

»Was machst du hier, zum Teufel?!«

»Ruh' mich aus«, sagte Stig.

»Wie bist du hier reingekommen, verdammt?«

»Das wüßtest du wohl gern?«

Er hob den Kopf und hustete. Die Fettpolster auf Brust und Bauch zuckten. Stig war dick und athletisch zugleich, seine kurzen Waden waren sehr muskulös. Er hustete noch einmal.

»Harriet raucht zuviel. Lüftet ihr denn nie?«

Reine hatte keine Lust, über die Rauchgewohnheiten seiner Mutter zu diskutieren, da sie keine hatte.

»Du hast kein Recht, in unserer Wohnung zu sein.«

»Ist das eine Art, einen Gast zu behandeln?« erwiderte Stig, zog die Bierdose zwischen den Schenkeln hervor und leerte sie; es war kaum noch etwas drin, höchstens drei, vier Tropfen.

»Hast du das Bier aus dem Kühlschrank geklaut?«

Stig schmiß die Bierdose auf die Bettcouch und kratzte sich mit beiden Händen den behaarten Bauch. Reine musterte seinen Schwanz, er hatte kaum Platz zwischen den dicken Schenkeln, nur die Eichel schaute hervor.

»Harriet ist heute auch nicht da.«

»Hab gehört, daß sie in Uddevalla arbeitet«, antwortete Stig und stemmte sich aus dem Sessel hoch.

Reine musterte ihn. Er war sicher nicht sehr betrunken, seine Bewegungen hatten nichts Unbeholfenes, und das

Gesicht zeigte nicht diesen stummen, starren Ausdruck, diesen unerbittlichen Ausdruck, den es auf der Ålandsfähre gehabt hatte.
»Harriet kommt heute abend vielleicht nach Hause. Auf einen kurzen Besuch«, sagte Reine, bedauerte es aber sofort.
»Um wieviel Uhr?«
»Irgendwann gegen Abend. Wenn überhaupt.«
»Wie spät ist es jetzt?«
»Fünf vor halb zehn.«
»Dann kann ich noch eine kalte Dusche nehmen. Die Wäsche habe ich ins Waschbecken gelegt.«
Stig reckte sich noch einmal, hob einen Fuß etwas an, ließ einen krachenden Furz los und ging ins Badezimmer.
Wie konnte man nur so schrecklich blöd sein? Es war doch klar, daß Stig zurückkommen würde. Hätte Reine etwas anderes als Luft im Kopf gehabt, dann hätte er das Schlüsselloch mit Kaugummi oder mit abgebrochenen Streichhölzern verstopft, damit kein Schwein aufschließen konnte. Aber dann wäre er ja selbst nicht mehr herausgekommen. Der einzige Weg *hinaus* führte durch die Tür. Sollte er sagen, die Mutter hätte einen neuen Kerl? Sie ginge jetzt mit Ricky Bruch? Gegen den hätte Stig keine Chance. Ricky würde Stig zu einer Kugel zusammenrollen, auf ihm herumhüpfen, bis er flach wie ein Diskus war, und ihn dann zur Balkontür hinausschmettern, daß er bis in die nächste Woche hineinsauste. Aber was wäre danach, was sollten Reine und die Mutter mit Ricky anfangen?
Moment! Stig stand splitternackt im Bad unter der Dusche. Reine ging in den Flur und lauschte an der Badezimmertür; das Wasser rauschte. Rasch kehrte er in den Salon zurück, wo er Stigs Sachen in einem Haufen neben der Bettcouch hatte liegen sehen. Die Jacke: nichts, die Brusttasche leer, die Hosentaschen leer – aber in der

Gesäßtasche lag Stigs Schlüsselbund, der mit einer Kette am Gürtel befestigt war. Am Schlüsselring war auch Reines Türschlüssel befestigt. Er horchte noch einmal, bevor er versuchte, den Schlüssel von dem Ring mit dem großen VW-Markenzeichen aus Leder und Emaille abzuziehen. Er schaffte es! Stig blieb noch mindestens zehn Minuten im Badezimmer, nachdem Reine sich den Schlüssel zurückgeholt und ihn in einer Dose mit schwarzem Pfeffer auf dem Entlüfter in der Küche versteckt hatte.

»Harriet noch nicht da?« fragte Stig, als er mit einem Badetuch um die Hüften herauskam.

»Sie kommt vielleicht mit dem Nachtzug. Es hat keinen Zweck, daß du wartest.«

»Mit dem Schlafwagen?«

Reine ging in sein Zimmer und legte sich aufs Bett. Kaum hatte er den Kopf auf den Kissenhaufen gelegt – er hatte alle vorhandenen Kissen aufeinandergestapelt –, als er den Hunger kommen spürte. Er überflutete den Magen wie eine heiße Welle, die Speiseröhre begann zu schmerzen. Der Mund wurde ihm wässrig. Was war noch da, eine große Dose Bohnen in Tomatensoße? Bei dem Gedanken an Bohnen in Tomatensoße zog der Magen sich zusammen, alle Eingeweide sausten los und warfen sich auf die Dose mit den Bohnen, die Därme umwanden sie wie Tentakel, die Magensäfte brodelten und zischten wie ätzende Säure . . .

»Auf, auf«, sagte Stig. »Ich bin hungrig.«

Reine antwortete nicht, er packte das verknäulte Bettzeug und drehte sich zur Wand. Er dachte nicht daran, seine Bohnen mit diesem Fettsack zu teilen. Fahr zur Hölle, dachte Reine. Fahr nur direkt ins Höllenfeuer. Speck brennt.

Stig haute Reine auf den Hintern, daß er aufschrie und das Bettzeug losließ.

»Steh auf, Reine. Wir gehen in der Stadt was essen, bis Harriet kommt.«

»So spät darf ich nicht mehr draußen sein«, sagte Reine.
»Dann verhungere eben, du kleine Kröte. Ich werde jedenfalls ein großes Turnedo essen, groß wie eine Heringsdose.«
»Was ist ein Turnedo?«
»Turnedo? Schattobriang? Angtrekot?«
»Fleisch??«
»Riesensteaks, mein Lieber. Mit Beanäs, gegrillten Tomaten. Massenhaft Fritten. Ein bißchen Spargel sollte auch dabei sein. Ein riesiges Steak und Eis mit Schokoladensoße. Du kannst Fleischklößchen von der Kinderspeisekarte kriegen.«
»Ich habe nichts gegen Steaks.«
Reine ging ins Badezimmer und verpflasterte einige wundgescheuerte Stellen. Die Füße waren rot und schmerzten. Er schaute auf den nassen Kleiderhaufen im Waschbecken, er hatte gar nichts Sauberes mehr anzuziehen. Morgen war eine große Wäsche fällig. Er setzte sich auf den Klodeckel und versuchte, die Handballschuhe anzuziehen; sie waren naßgeschwitzt und viel zu eng. Im Schuhregal im Flur standen seine blauen Stiefel mit weißen Kanten und weißen Sohlen. Er zog sie an, möglicherweise war es nicht ganz passend, mitten im Hochsommer in Stiefeln ins Restaurant zu gehen – aber immerhin besser als barfuß. Um sein schlechtes Gewissen ein wenig zu beschwichtigen, ging er noch einmal ins Badezimmer und putzte sich zum zweitenmal seit der Abreise der Mutter die Zähne.
»Das Taxi ist da«, rief Stig vom Balkon her.
Als sie hinausgingen und die Tür ins Schloß werfen wollten, sagte Stig:
»Verdammt, ich muß checken, ob ich den Schlüssel habe . . .«
Er zog den schweren Schlüsselbund heraus, sortierte die Schlüssel und schaute Reine grinsend an. Dieser ver-

suchte sich nicht zu verteidigen, sondern sauste in die Küche und holte den Schlüssel, den er in der Pfefferdose versteckt hatte.

20

Zehn Minuten später hielt das Taxi vor dem Restaurant Stallmästargården, wo die Gasflammen durch den Sommerabend leuchteten. Reine stieg gähnend aus, steckte fröstelnd die Hände in die Gesäßtaschen. Er war jetzt eher müde als hungrig. Stig marschierte hinein, Reine hinkte hinterher. Drinnen war es still und kühl, still wie in einer Bibliothek, kühl wie in einer Kirche.

»Wir kommen direkt vom Flughafen und konnten deshalb keinen Tisch bestellen«, sagte Stig zum Oberkellner. »Aber vielleicht kann man trotzdem noch was gegen den Hunger kriegen?«

Sie folgten dem Oberkellner ins Restaurant, das fast leer war, und bekamen eine Nische links neben dem Eingang zugewiesen. Am Nachbartisch saßen zwei Japaner, jeder in eine Speisekarte vertieft. Ein paar Tische weiter weg saßen einige Rentner in Ausgehkluft, die Männer in schwarzen Anzügen, die Tanten in langen Kleidern. Sie waren offenbar im Aufbruch, da sie einen Teller mit einem Zettel herumreichten – die Rechnung? Sie redeten kein Wort, schienen vielmehr völlig mit Kopfrechnen beschäftigt zu sein. Aus dem Innenraum des Restaurants war Gemurmel und Geklirr zu hören.

Reine bekam seine eigene Speisekarte, schaffte es jedoch nicht mehr, sie zu lesen. Stig sollte entscheiden, schließlich bezahlte er ja auch. Oder etwa nicht? Sollte Reine sein Essen selbst bezahlen, oder rechnete Stig damit, daß er für beide zahlen würde? Nein.

»Magst du einen Krabbencocktail?« fragte Stig. »Davor, meine ich.«

»Ja, danke.«

»Dann bekommen wir zweimal Krabben, zwei Turnedo Rossini, ein Bier, Pripps Blå, einen Schnaps, einen kleinen schwarzen Johannisbeersaft und eine Cola. Danke! Moment . . . einmal blutig und einmal medium.«

Butter und Brot bekamen sie sofort. Französisches Weißbrot! Reine bediente sich, er hatte in letzter Zeit fast überhaupt kein frischgebackenes Brot gegessen; er hatte sich meist an Chips gehalten. Er nahm sich drei ordentliche Stücke Brot und schmierte sie sich. Bevor er fertig war, kamen die Cola und das Bier.

»Diese verdammte Harriet in ihrem ratternden Schlafwagen, die müßte uns jetzt sehen!« sagte Stig und trank das Bier fast auf einen Zug aus.

Scheiße, daß ich so müde bin, dachte Reine. Aber wenn ich die ganze Cola trinke, bevor ich was esse, werde ich vielleicht wieder wach. Es war keine Kunst, sie auszutrinken, es war die kleinste Flasche. Wieviel war drin, 0,25 oder 0,28? Er selbst kaufte nie kleinere als Dreiviertelflaschen. Es gab auch Literflaschen, aber bei denen mußte man Pfand zahlen. Am besten schmeckte es aus der Dose, aber das war auch am teuersten. Die schlechteste Cola kriegte man in Selbstbedienungslokalen, wo man ein Glas gegen eine Düse drückte; wenn man Pech hatte, war es fast nur braungefärbtes Wasser.

»Hast du heute keinen Krankenhausdienst?« fragte Reine.

»Offenbar«, antwortete Stig. »Manchmal hat man eine halbe Woche hintereinander frei. Ich arbeite auch in einer Imbißstube, aber nicht an diesem Wochenende. Man muß ja schließlich auch mal frei haben, verdammt, damit man seine alte Harriet treffen kann.«

»Ich dachte, ihr seid nicht mehr zusammen«, sagte Reine.

Stig hatte keine Zeit zu antworten, denn in diesem Moment kam die Kellnerin mit den Krabbencocktails und dem Schnaps für Stig. Außerdem gab es Toast, köstlich!
»Noch ein Bier und eine Cola«, sagte Stig.
Reine befreite den Cocktail von der Zitronenscheibe und den Dillstengeln. Leider waren die Krabbenschwänze mit einer rosa Soße vollgeschmiert, aber daran war nicht viel zu ändern. Das Glas ruhte in einem Eisbett. Es war beschlagen, und Reine setzte ein paar Fingerabdrücke darauf.
»Ob man den Japsen mal zuprosten sollte?« sagte Stig und machte ihren Tischnachbarn eine versteckte Grimasse.
Reine erschrak sich zu Tode. Zwar war Stig bestimmt stärker und schwerer als die beiden zierlichen Japaner, aber wenn es nun Samurais waren? Oder wenn sie den schwarzen Karategürtel hatten? Ein Japaner würde niemals eine Beleidigung dulden. Wenn Stig einen der Japaner auf die falsche Art angrinste, war er ein toter Mann . . .
»Jetzt stoßen wir auf Harriet an«, sagte Stig feierlich und hob das blaurote Schnapsglas an die Schläfe.
Reine machte eine kleine Verbeugung und wandte sich wieder den soßenverschmierten Krabbenschwänzen zu. Oder waren es gar keine Krabben? Einige davon waren sehr groß. Stig stocherte nur ein wenig in seinem Krabbenglas, schob es dann zur Seite und leerte sein zweites Bier.
»Magst du es?«
Reine übernahm Stigs Vorspeise und aß auch die auf. Die Soße war gar nicht schlecht. Sie hatten wahrscheinlich etwas Ketchup mit saurer Sahne verrührt. Aber McDonald's konnte doch bessere Soßen machen, zu ihrem Big Mac gehörte eine Salatsoße, die phantastisch war. Bloß schade, daß soviel von der Soße verlorenging,

wenn man den Salat herauspulte. Plötzlich merkte Reine, daß er dringend aufs Klo mußte. Das letztemal war wohl vor ein paar Tagen gewesen. Jetzt spürte er, daß der ganze Bauch voller Krabbensoße war.
»Wo ist das Klo?«
»Geh raus und frag den Mann in der Garderobe.«
Reine flitzte hinaus, mit glühendem Hintern. Es war kein Mann in der Garderobe, aber welch ein phantastischer Glücksfall: Einer der Japaner kam gerade aus einer Tür, die als Herrentoilette gekennzeichnet war. Reine sauste hinein, riß die Tür zu einer der Zellen auf, zog Jeans und Unterhosen herunter, spuckte in die Kloschüssel – das tat er immer – und setzte sich. O Gott, wie gut das Scheißen tat. Dann schlief er ein.
Reine wachte erst auf, als Stig ihn zu Hause die Treppen hinauftrug.
»Bin ich eingeschlafen?«
»Das kann man wohl sagen, du Grünschnabel. Du bist auf dem Klo abgeschnarcht wie ein Schwein. Ich dachte schon, du wärst über alle Berge!«
»Das waren die Krabben«, sagte Reine.
Stig fischte nach dem Schlüssel, allmählich kriegte er ihn zu fassen und zielte schwankend auf das Schlüsselloch. Wieviel hatte er getrunken, während Reine schlief? Was würde Stig jetzt anfangen? Würde er in der Wohnung Bambule machen oder ihn nur hereinlassen und dann zu sich nach Hause gehen?
»Man kann nie wissen, wann meine Mutter kommt«, sagte Reine.
Stig riß die Tür auf und stieß Reine hinein. Würde er ihn töten? Aber Stig rührte ihn nicht an, sondern ging direkt ins Badezimmer und pinkelte ins Waschbecken, ohne sich um die schmutzige Wäsche zu kümmern, die darin lag.
»Geh ins Bett, du Balg«, sagte Stig. »Ich setze mich auf den Balkon und warte auf Harriet.«

21

Reine saß ganz vorn im Bug des Segelbootes, wo das Stahlgeländer einen Sitz bildete, den sogenannten Bugkorb. Die Sonne schien, aber es blies eine ziemlich steife Brise, und das Boot neigte sich nach Steuerbord. Der ganze Björkfjärden war voller Segel, die meisten weiß, manche hellblau, einige – die sogenannten Spinnaker – farbenprächtig wie Bonbonpapiere. Ein großes Motorboot aus Mahagoni kreuzte fünfzig Meter vor Reine vorbei. Er zählte bis vierunddreißig, bis die Bugwelle das Segelboot erreichte. Das Boot begann auf und ab zu hüpfen, die Segel knallten, Mast und Stagen knirschten, und Reine kreischte, als sei er auf der Achterbahn. Er war noch nie gesegelt, es war toll.

Stig hatte Reine brutal gegen acht am Sonntagmorgen geweckt. Er wollte mit einem Kumpel namens Esbjörn segeln gehen. Um neun Uhr sollte das Boot in Hässelby starten.

»Komm doch mit auf eine Segeltour, Reine«, hatte Stig gesagt. »Deine Mutter hat das Aussteigen verpaßt und ist inzwischen wohl in Lappland gelandet.«

Reine hatte zuerst sehr abweisend reagiert, aber dann war ihm eingefallen, daß er für den Sonntag nichts zu essen eingekauft hatte und daß es verdammt trist sein würde, einen ganzen Sommersonntag halbverhungert hinter herabgelassenen Jalousien zu verbringen.

»Aber nur, wenn wir heute abend zurück sind«, hatte er schließlich geantwortet. »Denn morgen früh . . .«

»Was ist morgen früh?«

Stig von Tante Olgas Atelier zu erzählen, wäre die reine Katastrophe gewesen, und so ließ er das Gespräch versanden. Sie waren aufgestanden, hatten Kaffee gekocht und die letzte Packung Spaghetti zum Frühstück verzehrt. Stig hatte seine Spaghetti mit geschmolzener Butter übergossen und sie so gierig heruntergeschlungen,

daß er dabei den halben Balkon vollspritzte. Reine war dabei der Appetit vergangen, und er hatte den größten Teil seiner Portion auf den Hof fallen lassen. Dann waren sie zu Stigs altem VW gerannt und zur Brücke von Hässelby gebraust.
Der Typ, dem das Boot gehörte, hieß Esbjörn. Das war der blödeste Name, den Reine seit langem gehört hatte.
»Wo hast du die Puppe?« hatte Esbjörn gefragt, als sie an Bord kletterten.
»Sie ist im Zug klebengeblieben«, antwortete Stig. »Das ist ihr Sprößling, Reine.«
Esbjörn hatte auch eine Tante dabei, sie hieß Nora und war nach Reines Schätzung eher zwanzig als vierzig. Nora lag fast die ganze Zeit bäuchlings auf dem Deck, nur mit Unterhöschen und einem Kopftuch bekleidet. Man konnte nicht sehen, ob sie wach war oder schlief. Esbjörn saß im Cockpit und hielt die Ruderpinne. Stig half ihm, an Tauenden und Fallen zu ziehen – wenn er nicht gerade pinkeln war. Sowohl er als auch Esbjörn tranken ständig Dosenbier und mußten immerzu pinkeln. Beim Pinkeln stellten sie sich breitbeinig über Nora, hielten sich mit der linken Hand an einem Stag fest und spritzten einen großen Tropfenbogen, der wie Limonade in der Sonne glitzerte.
Das Segelboot war mittelgroß und aus Plastik, ein IF-Boot. Esbjörn hatte es gemietet. Der Rumpf war orangefarben, das Deck weiß. In der Kajüte waren vier Pritschen. Im Hellegatt gab es Luken, die man öffnen konnte, wenn man mehr Bier haben wollte. Reine war wahnsinnig durstig, aber er rechnete damit, daß die Typen bald so voll sein würden, daß es ihnen egal wäre, wenn er ihnen ein Bier klaute. Aber Nora?
Die Schwimmweste war viel zu groß und scheuerte im Nacken, außerdem war sie heiß und klebte am Rücken. Aber sonst war es herrlich, das Beste, was in diesem

Sommer passiert war. Das Schönste war, daß keine kniffligen Fragen oder Antworten mehr wichtig waren. Hätte er sein kleines Codebuch dabeigehabt, er hätte es leichten Herzens den Möwen geopfert.
Reine blinzelte in die Sonne und den Wind und formulierte in Gedanken einen Brief an seine Mutter: *Die haben hier ein Segelboot. Es ist wahnsinnig schnell, aber wir haben immer unsere Schwimmwesten an. Wenn wir in die Masten klettern, haben wir auch einen Sturzhelm auf . . .* Er drehte den Kopf und versuchte, den Mast zu sehen, aber das Focksegel war im Weg; erst als er sich nach der anderen Seite drehte, sah er ihn. Er war golden lasiert, ein gleichmäßig starkes, schmales Aluminiumrohr. An einem solchen Mast konnten nur Affen hinaufklettern. Das war eine Idee: Wenn man mittelgroße, dressierte Affen einsetzte, würde man natürlich jede beliebige Segelregatta gewinnen. Er hatte gesehen, wie unbeholfen Esbjörn und Stig sich im Boot bewegten, aber mit drei oder vier halbmetergroßen Affen? Und noch etwas: Affen konnten sowohl mit den Händen als auch mit den Füßen halten und ziehen. Außerdem konnte man Gift drauf nehmen, daß in den Wettbewerbsregeln für Segelboote nichts von Affen stand, nichts davon, daß man keine Affen einsetzen durfte.
»Essen!!« brüllte Esbjörn ganz hinten im Boot; er war aufgestanden und hatte das Steuerruder zwischen die Beine geklemmt.
Beim Wort Essen vergaß Reine die Affen, verließ den Bugkorb und kroch auf allen Vieren nach hinten. Als er im Cockpit ankam, war jedoch kein Essen zu sehen. Falscher Alarm?
»Los, du blöde Ziege!« schrie Esbjörn Nora an.
»Wo ist denn die Köchin?« sagte Stig und riß eine neue Bierdose auf; den Ring warf er über Bord.
Sofort tauchte eine Möwe danach und kam mit dem Aluminiumstück im Schnabel wieder hoch. Andere

Möwen warfen sich auf sie und drückten sie ins Kielwasser des Bootes. Von der Last der Möwen befreit, kam das Segelboot besser in Fahrt, neigte sich nach Steuerbord und kreuzte am Wind.
Nora rührte sich nicht, bis Stig auf eine stumme Aufforderung von Esbjörn hin einen halben Schritt vorwärts machte und ihr ein bißchen kaltes Bier aufs Kreuz schüttete. Nora drehte sich langsam um, ohne ihre Brüste zu bedecken. Reine musterte sie interessiert; sie sahen ganz anders aus als die seiner Mutter. Noras Brüste saßen viel höher.
Warum konnte Nora denn nicht schnell was zu essen machen? Die Typen segelten schließlich – und irgendwas konnte sie doch tun. Reine kroch wieder zu seinem Platz im Bugkorb und beschloß, sich nicht umzusehen, bevor das Essen nicht garantiert fertig war.
Einer von den Leitern hier hat ein Seidenäffchen, das den Mast hochklettert. Jetzt begab er sich wohl aufs Glatteis? Nein, verdammt, man konnte doch nicht ständig mit gegrillten Würstchen im Freien kommen. *Das Äffchen mag Erdnüsse sehr gern, wenn du also ein bißchen . . .* Quatsch, von Geld sollte man erst am Schluß des Briefes sprechen, in einem P. S. Sonst wirkte es zu aufdringlich. Man sollte es ganz beiläufig erwähnen, als hätte man es fast vergessen. *Das Äffchen hat auch steuern gelernt und trägt eine kleine Seglermütze . . .* Nein.
Im nächsten Moment wurde das Boot von der kräftigen Bugwelle eines Tankschiffs erfaßt, das Reine nicht bemerkt hatte, weil er beobachtet hatte, wie der Steven des Bootes das Wasser durchquerte. Alles geriet ins Schwanken, in letzter Sekunde kriegte er das Stahlgeländer zu fassen und klammerte sich fest. Ein Glück, daß er eine Schwimmweste anhatte, falls er über Bord gehen würde. Die Wellen legten sich, und ein roter Punkt schwamm einige Meter an Steuerbord vorbei; es sah aus, als kreiselte er im Wasser.

Endlich gab es was zu essen. Reine wurde nach hinten gerufen; es gab drei verschiedene Sillsorten, Sardellen, Sardinen, Kräuterkäse, geräuchertes Rentierfleisch und Knäckebrot. Das Rentierfleisch schmeckte widerlich, und zudem geriet ihm eine dünne Plastikfolie, die zwischen den Fleischscheiben gelegen hatte, in den Mund. Er aß eine Dose Sardinen und Knäckebrot mit Butter. Die Erwachsenen tranken noch mehr Bier und kippten ein paar Schnäpse. Hervorragend, dann könnte man in die Kajüte schleichen und eine Dose Bier klauen.

Nach dem Essen mußte Nora pinkeln, was große Heiterkeit erregte. Stig bot ihr eine leere Bierdose an, während Esbjörn fand, sie solle warten, bis sie an Land gingen.

»Frauen haben eine viel größere Blase als unsereins«, sagte Esbjörn und spuckte nach Lee.

Nora wurde jedoch wütend, und zu Reines Erstaunen ließen Esbjörn und Stig sich das gefallen. Auf Noras Kommando krochen sie in die Kajüte. Reine durfte die Ruderpinne halten, während Nora sich im Heck über das Geländer hockte und pinkelte. Reine hoffte von Herzen, daß Noras Blase groß wie ein Wasserball wäre, damit er möglichst lange steuern konnte. Es war wunderbar zu spüren, wie das Wasser gegen das Ruder drückte, wenn der Wind zunahm. Es war dasselbe Triumphgefühl, wie wenn ein Fisch anbiß. Nora hatte jedoch leider eine Blase von normaler Größe, und Reine mußte Stig die Ruderpinne bereits nach zwei Minuten und fünfundzwanzig Sekunden überlassen.

Esbjörn und Stig hatten sich in der Kajüte umgezogen, Stig hatte Badehosen an und Esbjörn lief in scheußlichen, großgeblümten Unterhosen herum, die sich so eng um Schwanz und Sack spannten, daß es aussah, als hätte er sich in die Hosen geschissen. Männer in Unterhosen waren wirklich widerlich.

Bald nach dem Essen wurde Reine sehr müde. Er ging in

die Kajüte und legte sich auf das dreieckige Bett ganz vorn am Heck. Die Schwimmweste wagte er nicht auszuziehen, sondern schlief darin ein, als wäre sie ein abgeschnittener Schlafsack. Als er wieder aufwachte, stand die Sonne schon tief und schien durch die Fenster. Er war völlig naßgeschwitzt, überall roch es nach Plastik, und das Bier brannte im Magen. Benommen tastete er sich durch die Luke vor dem Mast. Es war früher Abend, der Wind hatte sich gelegt, das Großsegel baumelte träge von Steuerbord nach Backbord und zurück. Stig und Esbjörn schliefen wie die Murmeltiere, während Nora an der Ruderpinne saß, in Unterhosen und Esbjörns Hemd.

Es war Sonntag abend, und morgen mußte er wie gewöhnlich bei der Arbeit sein!

»Wann kommen wir nach Hässelby zurück?« fragte Reine.

»Esbjörn muß das Boot bis morgen um sechs Uhr zurückgebracht haben«, antwortete Nora. »Hast du Heimweh?«

Reine wußte nicht, was er machen sollte. Hier saß er mitten auf dem Wasser in einem Boot, und es gab kein Telefon. Was würden die Tanten morgen denken? Daß er krank wäre? Tot wäre? Für immer abgehauen? Würde Tante Olga bei allen Krankenhäusern von Stockholm herumtelefonieren und fragen, ob jemand namens Reine Larsson mit einer Darmverschlingung eingeliefert worden sei? Sie würden traurig sein, würden miteinander reden, weinen, die Gardinen zuziehen, Tante Olga würde das schönste Band aussuchen, Helene würde es beschriften, weil sie das am besten konnte. Was würden sie schreiben?

Es war einmal ein kleiner Aff', der war zum Rülpsen viel zu schlaff . . . Genau, man durfte den Kopf nicht hängen lassen. Steh auf und hau dir selbst auf den Hintern! Lach . . . Reine kitzelte sich probeweise unter dem

Arm, hatte aber nicht die geringste Lust zu lachen. Statt dessen starrte er Nora an; was die für tolle Haare hatte! Vorher hatte Nora ein Tuch um den Kopf gehabt, so daß man die Haare nicht sah, aber das hatte sie jetzt abgenommen. Ihre Haare waren dunkelrot – ziegelrot? – und zu Hunderten von kleinen Würstchen gedreht, die nach allen Seiten abstanden; die frechste Afrofrisur der Welt. Reine mochte Nora. Sie schien in Ordnung zu sein, obwohl sie meist schlief.
»Weck doch diese Schweine mal«, sagte sie und nickte zur Kajüte hin. »Ich habe keinen blassen Schimmer, wo wir sind. Stell dir vor, wenn wir auf Grund laufen.«
Reine steckte den Kopf in die Kajüte, wo die beiden Typen schliefen. Sie schienen nicht aufwachen zu wollen. Stig konnte man natürlich am Schnurrbart ziehen, aber Esbjörn hatte keinen. Warum nicht Esbjörn wecken, wie sie Nora geweckt hatten – ein bißchen Bier auf seinen Bauch schütten.
»Laß sie schlafen!« entschied Nora. »Das ist sicher besser für uns.«
»Bist du mit Esbjörn verheiratet?« fragte Reine.
»Mit Esbjörn? Nein, wir sind nur Kameraden. Was meinst du, was so ein Typ will? Ficken und sich bedienen lassen. Was meinst du, was Stig will? Ficken und sich bedienen lassen.«
Waren alle Männer so? Daß sie bloß bumsen wollten und dann die Pantoffeln gebracht kriegen? Falls Reine irgendwann mal heiraten sollte, dann nur ein Mädchen, das so fein und rein wäre, daß er lieber sterben würde, als irgendwelche Schweinereien mit ihr zu machen. Er würde einen Engel ohne Flügel heiraten. Eine, die er kaum anzufassen wagte. Zum Teufel, er würde überhaupt nicht heiraten. Er wollte nicht in die Pubertät kommen! Er wollte kein fetter alter Mann werden, der mit Soße in der Unterhose herumlief.
Nach einer Weile weckten sie Esbjörn trotzdem, denn

es gab überhaupt keinen Wind mehr, und das Boot ließ sich nicht mehr steuern, es trieb vielmehr mit der Breitseite auf einige Männer zu, die in einem Ruderboot saßen und fischten. Esbjörn stand auf und klopfte sich auf den Bauch wie ein Seelöwe. Sein Gesicht war von Bier und Sonne rotbraun und aufgedunsen. Ohne Vorwarnung sprang er kopfüber ins Wasser und schwamm ein paar Runden um das Boot, ehe er sich unter Ächzen und Stöhnen ganz hinten am Heck hinaufziehen ließ.
Allmählich kam das Boot wieder auf Touren. Esbjörn reffte die Segel und ließ den Außenbordmotor an. Es klapperte und knirschte in der Takelage, als sie an einigen kleineren Inseln vorbeizischten. Überall lagen Boote, in jeder Bucht, hinter jeder Klippe. Der Mälarsee war proppevoll wie ein Parkhaus.
Reine hatte seit acht Stunden nichts zu essen bekommen, und ihm wurde langsam übel. Obwohl das Boot jetzt viel weniger schaukelte, spürte er jede kleine Schwankung direkt im Magen, als hätte er einen gut geölten Gyroskopkompaß verschluckt, einen Stahlklumpen, der in seinem Magen arbeitete und das Gleichgewicht zu wahren suchte. Sobald er die Augen zumachte, wurde es schlimmer. Nora sah, daß ihm der kalte Schweiß ausbrach.
»Geh runter und leg dich hin«, sagte sie. »Es ist besser, wenn man liegt.«
Jammervoll torkelte Reine in die Kajüte, die nach Plastik roch, und sank auf der Pritsche zusammen. Nora hatte recht. Wenn man ganz still auf der Seite lag und die Augen zumachte, wurde es besser. Nach einer Weile ging es ihm so gut, daß er einschlief.
»Komm herauf und schau dir die Fischadler an!«
Nora stand neben ihm, in einer Hand einen Topf und in der anderen einen Feldstecher. Wie lange hatte er geschlafen? Er krabbelte hinauf und rückte die Schwimmweste zurecht. Sein Kopf schmerzte, in der

Kajüte stank es nach Petroleum. Er schnappte sich den Feldstecher und kletterte ins Cockpit. Sie lagen an einer steilen Klippe vor Anker. Das Boot war an einer kleinen Kiefer vertäut, die aus einer Felsspalte ragte. Neben dem Boot türmten sich einige große Steinbrocken auf, und auf einem davon hockte Stig und putzte sich die Zähne.

Vor ihnen lag eine seichte Bucht. Ein vorgelagerter Bergrücken verdeckte die Sicht, aber dahinter ragten dreißig bis vierzig schwarze oder silbern und golden lasierte Masten auf. Die Bucht war gerammelt voll mit Segelbooten. Die meisten Masten waren etwa gleich hoch, einige waren jedoch sehr viel höher und dicker. An diesen waren sonderbare metallene Wetterfahnen befestigt, wie Jagdflugzeuge geformt, mit pfeilförmiger Schnauze und stark nach hinten gebogenen Tragflächen. Andere Masten trugen rote Windsäcke oder Wimpel an der Spitze. Ein starker Geruch nach brennender Grillkohle quoll aus der Bucht.

»Der Fischadler, schau!« sagte Nora und zeigte mit dem Kartoffeltopf.

Reine drehte sich zum offenen Wasser hin. Einige hundert Meter weiter weg lag eine winzige Insel mit steinigem, spärlich mit Schilf bewachsenem Strand. Die eigentliche Insel ragte nur wenige Meter über dem Schilf auf. Die Vegetation bestand aus einem Dschungel von Sträuchern und Büschen, aber auf einer Landzunge stand eine Gruppe von niedrigen, kräftigen Kiefern mit orangefarbenen Stämmen. In einer der Kiefern waren graue, flatternde Flügel über einem großen Reisighaufen zu sehen. Ein Vogelnest?

Plötzlich kam ein weiterer Fischadler vom Björkfjärden her angeflogen. Er sah wie eine große, weißgraue Möwe aus, hatte denselben Knick in den Flügeln wie Möwen, aber er flog ganz anders, majestätischer und gleitender. Hatte er einen Fisch in den Klauen? Es sah aus, als flöge

er direkt in die Kiefer hinein. Reine nahm den Feldstecher von den Augen und formulierte: *Heute haben wir Seeadler gesehen. Sie wohnen in einer riesigen Kiefer. Immerzu kommen sie mit Eiderenten in den Klauen angeflogen und füttern ihre Jungen.*
Stig kam an Bord und übernahm den Feldstecher. Er richtete ihn auf die Bucht.
»Jemand, der nackt badet?«
Was dann geschah, würde Reine so schnell nicht vergessen: Er spürte einen festen Griff am Kragen der Schwimmweste und einen anderen am Hosenboden. Jemand hob ihn über die Reling und ließ ihn fallen. Dann war es, als schwebe er mehrere Minuten über dem Wasser in der Luft, bis er endlich hineinklatschte. Vorher konnte er noch an eine Menge Sachen denken: Wer in Uddevalla anrufen würde, ob das Polizeiboot, das dann kommen würde, ein oder zwei Außenbordmotoren hätte, wer seinen Platz in der Klasse einnehmen würde . . . Der Aufenthalt im Wasser war dagegen nur kurz. Es knackte in den Ohren, er kriegte Wasser in die Nase und machte ein paar Schwimmzüge, bevor ihn jemand brutal auf den Rücken drehte und ihn zu den großen Steinbrocken auf der anderen Seite des Bootes bugsierte.
Es war Nora, die hinterhergesprungen war und ihn herauszog. Jetzt saßen sie auf einem Felsbrocken und umarmten sich. Das Wasser prickelte in der Nase, und Reine mußte niesen. Sie strich ihm über das nasse Haar. Stig und Esbjörn standen im Boot. Esbjörn sah sehr zornig aus, aber Stig hatte ein blödes Grinsen im Gesicht.
»Ich fand, daß er nach Scheiße riecht«, sagte Stig und zeigte zögernd auf Reine.
Reine sah zu Nora auf. Sie hatte keine Haare, sie war kahl wie eine Schaufensterpuppe! Eben noch hatte sie einen roten, im Afrolook frisierten Haarschopf gehabt.

Nora feixte ihn an und zeigte auf das Wasser hinaus. Dort trieb die rote Perücke schaukelnd am Bootsrumpf.
Esbjörn holte einen Bootshaken aus Aluminium und fischte nach der Perücke. Aber sie wollte nicht am Haken hängenbleiben, sondern verschwand immer wieder unter der Wasseroberfläche.
»Verdammter Tanghaufen!« fluchte Esbjörn.
»Ich hole sie selbst«, sagte Nora und ging ins Wasser. »Hol du lieber den Kartoffeltopf!«
Stig und Esbjörn suchten fast eine Stunde lang nach dem Topf, der irgendwo auf dem Grund lag. Sie brachten drei große Kartoffeln herauf, das war alles. Unterdessen saß Reine in eine Decke gehüllt an Bord, schaute zu und trank heißen Tee mit viel Zucker. Esbjörn war sehr sauer auf Stig, und einige Male sah es so aus, als wolle er auf ihn losgehen. Aber leider – Reine wartete vergebens darauf, daß Stig verdroschen oder kielgeholt würde. Seine einzige Strafe war schließlich, daß er keine Kartoffeln zum Dosenschinken bekam.

22

Am Dienstag war Reine bei Olga wieder voll in Fahrt. Seine Erklärung, er habe am Montag seine kranke Mutter pflegen müssen, wurde mit Bedauern und ohne weitere Fragen akzeptiert.
Beim Nachmittagskaffee bekam er den Auftrag, mit drei Bändern zum Waldfriedhof in Enskede zu fahren. Dem Boten, der die Bänder hatte holen sollen, war das Moped gestohlen worden. Reine hörte gar nicht so genau auf die Erklärungen. Er hatte es viel zu eilig, endlich aufzubrechen. Auf die Dauer war es stinklangweilig, den lieben langen Tag hier oben unter dem kochend heißen Dach zu sitzen und immer die gleichen phanta-

sielosen Abschiedstexte zu schreiben. Von Tante Olga bekam er Fahrkarten für die U-Bahn und verließ das Atelier, die drei Bänder – alle weiß – über einen gewöhnlichen Kleiderbügel gehängt. Sie waren noch nicht ganz trocken.

In der U-Bahn war es widerlich heiß und wackelig. Jedesmal, wenn die Bahn hielt, stank es verbrannt von den Bremsen. Reine mochte die Vorortzüge nicht besonders, aber die U-Bahn war noch schlimmer, enger, schmutziger – und wackeliger. Er fühlte die Übelkeit kommen, die Spucke lief ihm im Mund zusammen, der Magen mahlte im Leerlauf. Aber diesmal gab es keine Kajüte, in der man sich hinlegen konnte. Er hielt den Kleiderbügel mit den weißen und goldfarbenen Bändern mit gestrecktem Arm von sich weg. Die sollten jedenfalls nicht vollgekotzt werden.

Es wurde besser, als die Bahn aus den Tunneln herauskam und sein Blick einen Halt fand. Die Aussicht von der Brücke am Skanstull war enorm, tief unten drängelten sich massenhaft Motor- und Segelboote auf dem Weg in die Hammarbyschleuse. Es war, als führe man durch eine fremde Stadt. Reine war nur wenige Male in seinem Leben in den südlichen Vororten gewesen. Zuletzt im vergangenen Frühjahr, als er mit einem Klassenkameraden und dessen Vater zum Hunderennen in Skarpnäck fahren durfte. Wo lang Skarpnäck – in der Nähe des Waldfriedhofs? Gab es in Skarpnäck einen Hundefriedhof?

Er stieg an der Haltestelle Waldfriedhof aus. Mehrere schwarzgekleidete Leute kamen in kleinen Gruppen aus den anderen Wagen der Bahn. Auf dem Bahnsteig warteten Leute in Trauerkleidung auf Bahnen in Richtung Stadt. Das Blumengeschäft lag direkt neben der Haltestelle, Reine ging hinein und stieß auf eine Frau in einem hellblauen Kittel. Sie nahm die Bänder entgegen und gab ihm den Bügel zurück.

»Soll ich den Bügel wieder mitnehmen?« fragte Reine.
»Uns gehört er jedenfalls nicht«, antwortete die Tante und ging weg, um einen Kunden zu bedienen.
Er stand ein Weilchen verdutzt da und sah den Kleiderbügel an; damit hatte er nicht gerechnet. Sein Arbeitstag war jetzt zu Ende, er würde erst morgen wieder zu Tante Olga gehen. Verdammter Scheißbügel! Er klemmte ihn unter den Arm und ging hinaus. Es war noch zu früh, um heim nach Sollentuna zu fahren. Er konnte sich genauso gut hier wie in der Stockholmer Innenstadt die Zeit vertreiben. Die Gefahr, erkannt zu werden, war hier bestimmt geringer. In der U-Bahn-Station hing eine Karte des Friedhofs. Die Kapelle des Heiligen Kreuzes, die Kapelle des Glaubens, die Kapelle der Hoffnung, die Kapelle der Auferstehung – hatte es irgendeine Bedeutung, in welcher davon das Begräbnis stattfand? In diesem Fall würde natürlich vor der Kapelle der Auferstehung eine riesige Schlange stehen. Dann gab es noch die Waldkapelle und das Waldkrematorium. Er hielt plötzlich den Atem an; es mußte doch verbrannt riechen?
Ach was, es war einmal ein kleiner Aff', der war zum Rülpsen viel zu schlaff. Bangemachen gilt nicht . . . Auf, auf! Er nahm die Querstrebe des Kleiderbügels in die Hand, als wäre es eine Handtasche, und betrat den Friedhof. Die Pumatasche hatte er heute nicht dabei, es war zu heiß. Auf welche Frage folgte die Antwort TOD?
Auf dem Waldfriedhof war es schön und schrecklich zugleich. Grüne Hügel, weite Rasenflächen, Bäume, Büsche. Direkt vor ihm ragte ein großes Kreuz auf. Es wurde einem kotzübel, wenn man es nur ansah! Warum? Solange er sich zurückerinnern konnte, hatten Kreuze bei ihm Brechreiz ausgelöst. An einem Kreuz war doch nichts Besonderes, wenn man es umkippte,

wurde ein X daraus, und das war ein völlig harmloses Zeichen. Er peilte die Sonne an, bevor er an dem Kreuz vorbeiging, es wäre doch zu blöd, sich an diesem Ort zu verirren.
Er war darauf bedacht, vom Krematorium wegzukommen, und wählte einen Weg in südwestlicher Richtung. Es duftete nach Blumen, Erde, nassem Gras, heißen Baumstämmen und Tannenadeln. Wie viele Tote lagen hier? Trat man immer auf Skelette oder Mumien, wo man auch ging? Jedes Jahr starben etwa achtzigtausend Schweden, hatte Lotte erzählt. Wie viele davon landeten hier? Massen, Tausende. Plötzlich hatte er einen Einfall: Er würde ein kosmisches Begräbnisinstitut eröffnen, das die Toten mit Raketen in den Weltraum hinausschoß. Es würde lustig sein mit all den Kränzen und Bändern, die die Raketenspitze umflatterten . . . Der Gedanke beschäftigte ihn so sehr, daß er fast mit hoch erhobenem Kleiderbügel in einen Begräbniszug gerannt wäre. Beschämt schlug er einen Seitenweg ein.
Wie viele Kinder lagen hier? Es waren nur wenige. Auf einigen Grabsteinen stand etwas von Säuglingen zu lesen, die schon am Tag oder in der Woche ihrer Geburt gestorben waren. Aber die zählten sozusagen nicht, sie hatten nur kurz ins Leben hineingeschaut. Er wurde müde und setzte sich auf eine Bank.
Hier, direkt vor ihm, zwei Meter tief in der Erde, lagen die Särge dicht an dicht wie Kartons in einem Lager. Aber man konnte es gar nicht glauben; von außen oder von oben, oder wie man nun sagen sollte, war nichts zu sehen. Tief unter dem Rasen lagen die Toten in ihren Kisten. Wie waren sie angezogen? Hatten sie Anzüge und Kleider an oder Nachthemden? Es gab etwas, das Leichentuch hieß, er wußte nicht genau, was es bedeutete: Wurden die Leichen in Bettlaken eingewickelt? Das erschien plausibel, sie lagen da in Tücher eingewickelt wie ein Haufen schlampiger Mumien. Und was ging im Sarg

vor? Es war natürlich dunkel, man sagte ja auch »Grabesdunkel«. Und feucht, es mußte so feucht sein wie in einem alten Keller oder im Inneren eines Plastikboots. Als er zusammen mit den anderen in dem Boot schlief, das Esbjörn gemietet hatte, war die Decke mit Wassertropfen überzogen gewesen, als er aufwachte. Irgendwann würde er sich übrigens eine angemessene Strafe für Stig einfallen lassen, ihn vielleicht lebendig begraben? In einem Plastiksarg.

Wenn man gestorben ist, wird man in einen Sarg gesteckt, in eine Grube hinabgelassen und mit Erde bedeckt. Wenn man im Winter begraben wurde, war man wohl zuerst tiefgefroren und lag steif und hart dort unten, ungefähr wie die gefrorenen Lachshälften in der Tiefkühltruhe. Aber wenn der Frühling kam, begann man zu gären. Und wenn der Sommer kam, begann man zu trocknen. Und wenn der Herbst kam – nein, pfui Teufel, weiße Würmer. Das meiste, was man von Leichen in der Erde gehört hatte, war vermutlich erlogen. Hatte etwa irgend jemand die Verwesung schon mal mit eigenen Augen gesehen? War je irgendeiner in einem Aquarium begraben worden, so daß man von einer Seite durch die Glaswand in das Grab hineinschauen konnte? Davon hatte er noch nie etwas gehört. Das ganze Gerede darüber, was mit den Leichen passierte, war nicht wissenschaftlich begründet. Es war ebensogut möglich, daß die Leichen wie große Schmetterlingspuppen in ihren Laken ruhten – und wenn der Frühling kam, entwickelten sich nach und nach die Flügel, und die Leichen verwandelten sich in große Schmetterlinge mit Engelsgesichtern.

Wie ein Mensch entstand und wie ein Mensch zerfiel. Das erste, das Hervorkeimen des Embryos aus dem Samen, war etwas Schönes und Fesselndes, etwas, worüber schöne große Bildbände gemacht wurden, die man verschenkte. In seiner Schule hatte die Klasse ein Exem-

plar von einem großen Buch mit Fotos von Embryos; der Fotograf war damit weltberühmt geworden. Warum konnte dieser Fotograf nicht im Waldfriedhof ein Loch graben, einen Sarg anbohren, seine Lampen und Objektive hineinstecken und den Zerfall des Menschen beobachten. Yes, das wäre doch mal was.
Und wenn die Entwicklung nun rückwärts ging? Das wäre natürlich am schönsten: Der tote Mensch wurde nach und nach kleiner, verjüngte sich, wurde halbwüchsig, verlor seine Behaarung, wurde zum Kind. Und dann kam das Tollste: Die Leiche wurde klein und bläulich-rot wie ein Embryo. Irgend etwas mußte zur Nabelschnur werden, etwas anderes zum Mutterkuchen. Wie lange würde es dauern, das ganze Leben in der Erde rückwärts zu leben? Ein Jahr durfte dabei nicht einem Jahr entsprechen, denn dann würde ein alter Mensch dort unten siebzig, achtzig Jahre für seine Verwandlung brauchen. Und so war es nicht. Hundejahre? Sieben Hundejahre gehen auf ein normales Jahr. In zehn, zwölf Jahren würde sich der Mensch dann in Nichts verwandelt haben – das konnte hinkommen.
Der Embryo drehte sich, kam mit dem Kopf zum Fußende des Sarges zu liegen, dann würde er schnell kleiner und kleiner werden. Die Augen glitten in die Backen hinüber, die Nase wurde platt, allmählich bildete sich ein Schwanz, und der Embryo sah aus wie ein rundliches Spielzeugkrokodil . . . nein, wie ein Wal mit vier Beinen. Schließlich war er nur noch ein kleiner Schleimklumpen. Eine Samenzelle zog sich aus dem Schleimklumpen zurück, der zu einem Ei wurde. So hatte sich der ganze Mensch in ein Ei verwandelt, das so groß wie ein Sandkorn war, und in eine Samenzelle, die so klein war, daß man sie gar nicht sehen konnte.
Aber woher kamen dann die ganzen Skelette? Denn Skelette gab es wirklich. Das in der Schule war aus Plastik, aber im Historischen Museum in Stockholm gab es

richtige Skelette aus Knochen. Aber waren das wirkliche Überreste von Menschen? Oder war das nur eine Art Spielzeug oder Schmuck, die unsere Vorfahren aus Seehundknochen und Wolfszähnen hergestellt hatten?

Reine fuhr von der Bank auf – Bangemachen gilt nicht. Das konnte er gut, sich selbst kalte Schauer über den Rücken jagen. Aber eines Tages würde man mächtig sein und anderen Leuten kalte Schauer über den Rücken jagen. Das würde Spaß machen. Alle würden machen müssen, was er wollte. Reine der Schreckliche.

In einem großen Bogen ging er wieder auf den Ausgang zu. Ein frisches Grab lag links neben dem Weg; Kränze, Blumen und Bänder waren noch da. Er blieb stehen. Ob ich mal nachgucken sollte, ob ich eins von diesen Bändern beschriftet habe? Er ging zu dem Grab hin. Blüten und Blätter waren verwelkt, Blumendraht ragte aus den Nelken hervor. Es roch nach Kompost. Er traute sich nicht, die Bänder anzufassen, sondern stocherte mit dem Kleiderbügel herum. Die Kranzschleifen waren nicht mehr bunt, es war, als sei ein Regenschauer auf ein Aquarell gefallen, alles war verblichen, ineinandergelaufen. Aber das konnte nicht vom Regen kommen. In diesem Sommer gab es keinen Regen. Er entdeckte einen Plastikschlauch, der sich zwischen den Stämmen durchwand; Rasensprenger, natürlich. Die Bänder ließen sich nicht identifizieren. Manche hatten die gleichen Fransen, die Olga benutzte, andere hatten Fransen, die er nicht kannte, wieder andere hatten gar keine Fransen. Man war ja ganz schön blöd, man sollte natürlich seine Initialen aufs Band schreiben. Ganz unten rechts, sehr klein: R. L. '75.

Er wollte nicht den kürzesten Weg zurückgehen und an dem schrecklichen großen Kreuz vorbeikommen. Sollten sie doch ihr altes Golgatha für sich behalten. Er kam auf ein Gelände, das noch nicht benutzt wurde. Es war ein gutes Gefühl, erst jetzt traute man sich, wieder normal auf dem Boden aufzutreten. Er schlug sich mit dem Bügel auf die Schenkel und summte: »Es war einmal eine verrückte Melone, die lud ihre Kanone mit einer Zitrone und erschoß eine doofe Drohne . . .« Die Melodie war frei nach »Hänschen klein«, aber es stimmte hinten und vorne nicht. Deshalb ging er zum Original über und sang: »Hänschen klein, ging allein und schiß in den Wald hinein.«

Reine schlüpfte durch eine Lücke in einer hohen Hecke und kam auf einen großen, erdigen Platz hinaus. Der Boden war von einem großen Bulldozer aufgerissen und zerfurcht, der jetzt abgestellt war; seine Schaufel ruhte auf einem riesigen Müllhaufen. Es sah aus, als hätte man die Vikingergräber von Uppsala aus verwelkten Kränzen, Blumensträußen, Seidenpapier, entnadeltem Tannenreisig und anderem Krempel nachgebaut. Wer ruhte hier? Der alte König – Gustaf III? –, der vor einigen Jahren gestorben war? Nein, verflixt, der lag ja draußen im Schloß von Haga, wie Helene erzählt hatte.

Hier landeten also schließlich alle Kranzschleifen. An einer Ecke schien der Müllhaufen abgetragen zu sein, da stand auch ein Blechcontainer von Rangsells. Das konnte nur bedeuten, daß dies eine Zwischenstation war, daß die Müllautos während der Arbeitszeit im Pendelverkehr dieses Zeug abholten. Einen Moment lang war er in Versuchung, die Haufen zu erklettern, um nach eigenen Bändern zu suchen, aber er hatte Angst, im Abfall steckenzubleiben, unterzugehen, zu Boden zu sinken und dann irgendwann von der Baggerschaufel ausgegraben, auf ein Müllauto geladen und weggefahren zu werden.

Er folgte dem Weg der Müllautos zum Ausgang und ging zur U-Bahn-Station zurück. Bevor er die Fahrkartenkontrolle passierte, suchte er die Herrentoilette auf, um die augenblickliche Lage zu kontrollieren. Nein, er war auch heute nicht reif geworden.

23

Schon lange war er nicht mehr so fröhlich gewesen wie an diesem Morgen. Er war eine ganze Stunde früher als gewöhnlich aufgewacht, war im Bett liegengeblieben und hatte die Postanweisung bewundert. Hatte sie um und um gedreht, sie Jocke und Snoopy zu lesen gegeben, hatte die beiden darum kämpfen und sie zum Schein voreinander verstecken lassen. Auf der Postanweisung, die an Harriet Larsson adressiert war, stand »Kostenerstattung Kr. 190«. Die Zahlkarte hatte im Flur auf dem Boden gelegen, als er vom Waldfriedhof nach Hause gekommen war. Absender war der Stockholmer Zentralverband für die Ferienunterbringung von Kindern.

Reine stand auf und räumte den Schreibtisch ab, bevor er sich hinsetzte. Zuerst übte er die Unterschrift der Mutter auf der Rückseite einer alten *Welt der Technik,* dann kritzelte er ein außerordentlich flottes und schwungvolles »Harriet Larsson« hin. Während er schrieb, bewegte sich die Zungenspitze wie ein Taktstock zwischen seinen Lippen. Komischerweise machte es ihm mehr Mühe, seine eigene Unterschrift in die Zeile »Unterschrift des Abholers« zu setzen. Mit der seiner Mutter hatte er mehr Übung.

Bevor er zum Bahnhof von Sollentuna ging, holte er das kleine schwarze Buch hervor, in dem er »Die wichtigsten Fragen und Antworten der Welt« sammelte. Was hatte er bisher zusammengekriegt? Mit einiger Mühe entzifferte er seinen eigenen Geheimcode:

1. Nicht mehr drüber nachdenken, wer dein Vater ist.
2. Gibt es etwas außer mir?
3. Du wirst ein Engel werden.
4. Zehn Antworten finden. Stig reinlegen.
5. Spreng die ganze Scheiße in die Luft!

Das war alles, was er in fast vier Wochen zusammengekriegt hatte! Bald war der ganze Sommer vorbei. Wenn er in diesem Tempo weitermachte, würde er nicht mehr als vielleicht zehn, zwölf Fragen oder Antworten schaffen. Antworten? Er hatte sich ja für Antworten entschieden. Was war an den Antworten auszusetzen, die er bisher gefunden hatte? Sie waren negativ. Genau, man hätte schon wegen weniger traurigen Sachen blutige Tränen weinen können. Trostlose, negative, traurige Antworten. Das war der Fehler. Man sollte statt dessen vorwärts schauen. Wie weit vorwärts konnte man schauen? Bis ins Jahr zweitausend? Das schien einleuchtend, und er schrieb:

6. Schau vorwärts! (Bis 2000).

Zufrieden packte er seine Pumatasche mit den üblichen Sachen, machte den Knopf seiner frisch gewaschenen und idiotisch engen Jeans zu, packte den Kleiderbügel mit der linken Hand und verließ die Wohnung. Als er im Trab zum Bahnhof von Sollentuna lief, kitzelte und kratzte ihn der Umschlag immerzu am Bauch, der Umschlag, in den er die Postanweisung gelegt und den er dann unter sein Hemd gesteckt hatte.

Dieser Tag war nicht wie die anderen bei Tante Olga. Sie hatten kaum etwas zu tun. Schon um zehn Uhr hatten sie die Bestellungen des Tages erledigt. Ein bißchen lustlos schrieben sie dann auf Vorrat, aber das Lager war fast schon voll.

»Sterben denn im Juli keine Leute?« fragte Reine.

»O doch«, antwortete Olga. »Natürlich stirbt man auch im Juli. Besonders wenn es so unerträglich heiß ist wie in diesem Jahr.«

»Wird denn im Juli niemand begraben?«

»Doch, natürlich.«

»Ich meine, läßt man sie im Kühlhaus liegen?«

»Reine!« sagte Kristina erschreckt; sie gab fast nie einen Ton von sich, aber jetzt war sie erregt und zerrte an ihren Zöpfen.

»Entschuldigung.«
»Durch die Ferien kann es natürlich einige Komplikationen geben«, sagte Olga.
»Meine Schwiegermutter ist letztes Jahr am einundzwanzigsten Juli gestorben«, sagte Lotte und schnüffelte ein bißchen. »Es war schrecklich mühsam.«
Warum schniefte und schnüffelte Lotte immerzu? War sie wirklich traurig? Reine hatte beobachtet, daß ihre Augen fast ständig wässrig waren und daß sie rote Backen hatte, als hätte sie den ganzen Morgen in ihr Kissen geweint. Oder war sie nur chronisch erkältet? Oder allergisch. Allergisch gegen Kranzbänder oder gegen Worte? Konnte man allergisch gegen Worte sein? Davon ein Ekzem im Ohr bekommen? Wenn jemand »tot« sagte, begannen dann Lottes Ohren zu jucken, ihre Augen zu tränen und die Nase zu schniefen?
»Ja«, erwiderte Olga auf Lottes Behauptung: »Man darf nicht krank werden oder sterben, wenn ganz Schweden gerade Ferien macht. Alle machen ja zu, genau wie wir.«
»Wie gehen die Geschäfte eigentlich?« fragte Reine ins Blaue hinein.
Daraufhin wurde es ganz still, niemand schien gehört zu haben, was er sagte, obwohl er laut und deutlich gesprochen hatte. Reine fühlte sich, als hätte er auf den Boden gekotzt, und niemand hätte Lust, es aufzuwischen. Er nahm die Frage aber nicht zurück, er ließ sie verdunsten. Eins war ihm jetzt klargeworden: Es wurde nicht gern darüber diskutiert, wie die Geschäfte von Olgas Atelier eigentlich liefen. Was konnte das bedeuten? Daß Olga mit ihren Bändern Millionen verdiente, ihr Personal aber mit Fünfundzwanzig-Öre-Stücken bezahlte? Nun ja. In Wahrheit verhielt es sich wohl eher so, daß Olga an ihren Bändern Fünfundzwanzig-Öre-Stücke verdiente.
»Ich habe mir etwas überlegt«, sagte Reine. »Man muß

doch nicht nur Bänder für Begräbniskränze schreiben.«
»Das machen wir doch auch nicht«, sagte Helene etwas beleidigt und zeigte mit ihrem unnatürlich langen Arm auf die Standarte an der Wand, die mit dem Goldkreuz und den tausend Strahlen.
»Weißt du, Reine«, sagte Olga und sah von ihren zerfledderten Geschäftsbüchern auf, »wir bekommen manchmal sehr ehrenvolle Aufträge. Die Tischfahne für Odd Fellows, die Bänder für die Siegerkränze des Schwedischen Vereins für Geländelauf und . . . ja.«
»Man müßte doch viel mehr Bänder für Feste und sowas schreiben können«, sagte Reine. »Damit man was zu arbeiten hat, wenn die Begräbnisse auf Eis gelegt . . . ich meine, aufgeschoben werden.«
»Aber was?«
»Man könnte doch eine farbige Anzeige in *Dagens Nyheter* bringen.«
Tante Olga brach in ein großes Gelächter aus, und Reine begriff, daß dieser Vorschlag vielleicht eine ganze Menge kosten würde.
»Man könnte herumgehen und kleine Zettel in die Briefkästen stecken.«
»Wer sollte das machen?« fragte Helene schroff. »Wir vielleicht?«
»Ich«, sagte Reine. »Ich könnte nachmittags rumlaufen und Zettel verteilen.«
»Feste und sowas? Was meinst du damit?« fragte Helene.
»Wir sind bei unserer gesamten Tätigkeit auf die Zusammenarbeit mit den Blumenläden angewiesen«, sagte Tante Olga.
»Feste und sowas, was meinst du damit, Reine?«
Er fuhr sich mit dem Stiel des Pinsels durch die Haare. Was hatte er sich vorgestellt, fünfzigste Geburtstage? Konnte man da Seidenbänder gebrauchen? Vielleicht zu

Weihnachten, als Christbaumschmuck? Er hatte noch nie etwas davon gehört. Aber vielleicht für den Maibaum.
»Habt ihr schon mal daran gedacht, daß es nur noch fünfundzwanzig Jahre dauert, bis die Welt ihren zweitausendsten Geburtstag hat?« sagte er schließlich.
Wieder wurde es still. Dann sagte Kristina mit ihrer gläsernen Stimme:
»Dann sind wir alle tot.«
»Aber nein!« erwiderte Olga streng.
»Aber wenn wir alle tot sind . . .«, begann Reine, verschluckte aber schnell den Rest; er hatte sagen wollen: Wenn die ganze Menschheit vor dem Jahr zweitausend stirbt, dann würde es doch, wie sagt man, eine Hochkonjunktur in dieser Branche geben. Statt dessen sagte er:
»Wenn die Erde zweitausend Jahre alt wird, muß es das größte Fest aller Zeiten geben.«
»Aber fünfundzwanzig Jahre!« sagte Helene.
»Das ist doch nicht so viel. Fünfundzwanzig Jahre Vorbereitungen für jemand, der zweitausend Jahre alt wird. Da muß man rechtzeitig anfangen. Wir könnten uns doch jetzt schon mal überlegen, wie viele Bänder und Banderolen, und wie das alles heißt, dann gebraucht werden. Nicht nur hier in Schweden. In der ganzen Welt!«
Wieder wurde es still. Kristina schluchzte leise. Aber niemand kümmerte sich darum. Kristina schluchzte oft ohne ersichtlichen Grund; manchmal kicherte sie auch oder sah zur Decke und bekam einen Lachanfall.
»Was sollten wir auf die Banderolen schreiben?« fragte Lotte und lächelte Reine anerkennend zu.
»Ganz einfach: Zweitausend. Wir könnten massenhaft Bänder schreiben, auf denen zweitausend steht. In Zahlen. Zahlen sehen im Ausland genauso aus.«
»Sollen wir für den Export schreiben?« lachte Lotte.

Die Diskussion verebbte wieder. Diejenigen, die etwas dazu zu sagen hatten, nämlich Tante Olga und Helene, schienen sich nicht dafür zu interessieren.
»Ganz gewöhnliche Geburtstagsgrüße . . .«, versuchte Reine lahm, aber es war viel zu spät; Olga hatte bereits den Hörer genommen, um zu telefonieren.
Er war enttäuscht darüber, daß niemand darauf eingehen wollte. Vielleicht irrte er sich mit dem zweitausendsten Jubiläum, aber man hätte doch wenigstens darüber reden können. Das Jahr zweitausend würde nicht unbemerkt vorbeigehen. Nicht einmal auf der Insel der Kinder. Wenn jetzt das Jahr zweitausend wäre: Wie leicht könnte man dann Briefe von der Insel der Kinder schreiben. Über all die Feste, Feuerwerke, Königsbesuche, die täglichen Hamburger . . . Nur ein Idiot würde sich in dem feierlichen und ereignisreichen Sommer des Jahres zweitausend vor der Insel der Kinder drücken.
Da es so wenig zu tun gab, bekam Reine nach der Mittagspause frei. Zuerst war er enttäuscht. Die Tage wurden viel zu lang, wenn er während der Arbeitszeit frei hatte, aber dann fiel ihm ein, daß er die Postanweisung unter dem Hemd hatte. Er verabschiedete sich rasch und lief die Treppen hinunter. Zwischen dem dritten und vierten Stock blieb er an einem Fenster im Treppenhaus stehen und betastete das linke Schulterblatt, um sich zu vergewissern: Ihm war so froh zumute, daß ihm Flügel hätten wachsen können. Aber er fühlte nichts als den gewöhnlichen, leicht schmerzenden Knochenrand. Er ging vom Fenster weg; es war sicherer, die Treppe zu nehmen.
Es hätte fast Komplikationen gegeben, als er die einhundertneunzig Kronen auf dem Postamt abholen wollte. Er legte die Zahlungsanweisung zusammen mit seiner Sammelkarte für den Nahverkehr vor, aber die Karte galt nicht als Ausweis, wie er erfuhr. Die Tante an der Kasse hatte jedoch ein Einsehen und sagte: »Ja, du

siehst ehrlich aus«, und blätterte ihm einen Hunderter und neun Zehner hin.
Dann ging Reine im The Great American Disaster essen, einem extravaganten Hamburgerrestaurant gegenüber von McDonald's auf der Kungsgatan. Im The Great American Disaster wurde man am Tisch bedient, und die Hamburger kosteten fast dreimal soviel wie bei McDonald's. Aber dafür wurde man auch fast satt.

24

Reine stand in einer Telefonzelle am Stureplan und telefonierte mit Sonesson & Rilke, einem großen Sportgeschäft in der Ecke Tunnelgatan-Birger Jarlsgatan.
»Mein Name ist Frau Hammarskjöld«, sagte er in die Sprechmuschel und hoffte, daß seine Jungensstimme wie die einer alten Frau klingen würde. »Also, wir wollen nämlich ein kleines Fest machen, und dazu brauchen wir ein Feuerwerk. Wenn man bei Ihnen telefonisch bestellen kann, schicke ich nachher meinen Sohn vorbei. Vielleicht gegen fünf?«
Mit der telefonischen Bestellung ging alles klar, und Reine wählte nach einer Preisliste aus, die er sich vor fünf Minuten dort geholt hatte. Er bestellte ausschließlich Artikel, die man erst ab achtzehn kaufen durfte.
»Wieviel macht das jetzt zusammen?«
»Genau einhundertsechsunddreißig Kronen.«
»Dann nehmen wir noch drei ›Dicke Bertas‹.«
Zufrieden legte Reine auf und sah auf seine Uhr: Zwölf Minuten nach eins, man konnte sich also ein paar Stunden Zeit lassen. Aber wo? Der nächste Park war Humlegården, dorthin ging er. Der Besucherverkehr in der Königlichen Bibliothek war keineswegs mehr so lebhaft wie noch vor drei Wochen. Er kaufte sich ein Eis und setzte sich auf die Treppe, wo er praktisch allein war.

Warum war er nicht zur Insel der Kinder gefahren? Nichts hinderte einen eigentlich daran, über das Leben nachzudenken, während man auf der Insel der Kinder war – oder doch? O ja. Man konnte nicht richtig denken, wenn man massenhaft andere Typen um sich herum hatte. Man konnte sich nicht in einem Zimmer konzentrieren, in dem noch viele andere schliefen. Selbst wenn die anderen schliefen, wäre es unmöglich. Man konnte nicht frei denken. Wenn man beispielsweise den Faden weiterspinnen wollte, man selbst sei auf der ganzen Welt allein, die anderen seien nur Staubkörner im eigenen Auge – diesen Gedanken konnte man unmöglich weiterverfolgen, wenn zehn schwitzende, furzende, stöhnende Kameraden im selben Zimmer schliefen. Oder hatte man ein eigenes Zimmer? Wenn man nun auf der Insel der Kinder ein eigenes Zimmer hatte! Ein eigenes Zimmer mit Türschloß und Jalousien, in das man sich verkriechen konnte, wenn etwas Wichtiges zu klären war.

Selbst wenn jeder auf der Insel der Kinder ein eigenes Zimmer hatte, würde es nicht klappen. Es würde verdächtig wirken, wenn man sich zurückzog. Wenn man nicht mit den anderen Fußball spielen oder fischen gehen wollte. Weigerte man sich eines Morgens, aufzustehen, weil man ein bißchen Ruhe zum Nachdenken brauchte – dann würde man sofort zum Arzt geschickt. Müßte eine Urinprobe abgeben. War die Pisse erstmal untersucht, würde man aufstehen müssen. Falls sie nicht eine unheilbare Krankheit fanden! Manchmal sehnte er sich danach, sehr schwer krank zu werden. So krank, daß er ein eigenes Zimmer in einem modernen und bequemen Krankenhaus bekäme . . . nein, sie würden zu Hause umbauen. Er würde eine unheilbare, sehr langwierige Krankheit bekommen. Die Mutter würde den Salon räumen, und dort würde man ein komplettes Krankenzimmer für Reine einrichten, mit einem verstellbaren Bett, einem speziellen Zeichentisch, einer Klingel, einem japanischen Mini-Fernseher am Fußende und getönten Fensterscheiben zum Balkon hin.

Zwischen den Schmerzanfällen würde er in einem glücklichen Dämmerzustand daliegen und über das nachdenken, was wirklich wichtig war. Wenn man todkrank war, dachte man selbstverständlich nur an das Wesentliche, an den Tod. Wenn er nachdachte, würde er auf einen Extraknopf drücken, und dann würde vor der Zimmertür ein rotes Licht aufleuchten. Wenn er mit dem Nachdenken fertig war, würde er grünes Licht geben. Dann könnte die Mutter hereinkommen und ihm Erfrischungen servieren, Eistee mit Toast. Er würde auch viele Briefe von nah und fern bekommen. Alle würden ihn unwahrscheinlich bedauern, es aber nicht direkt schreiben; es würde zwischen den Zeilen zu lesen sein.

Das Erste und das Zweite Fernsehprogramm würden eine Sendung über den kleinen krebskranken Elfjährigen machen, der seine letzten Wochen damit verbrachte, die großen Probleme zu lösen. Weise alte Männer würden zitternd in sein Zimmer kommen und fragen: Wie ist es eigentlich zu sterben? Wir haben einen schrecklichen Bammel davor. Und wenn es ihm dann schlechter ginge, würden sich eine Menge Leute auf dem Hof vor Bagarbyvägen 44 C versammeln. Mami und einige Ärzte würden ihn auf einen goldenen Stuhl setzen und ihn vorsichtig auf den Balkon hinaustragen, damit er den Leuten dort unten zuwinken könnte . . .

Reine schluchzte auf und zerdrückte eine Träne. Nein, verdammt nochmal, man durfte nicht hier sitzen und sich in seinen Kummer vergraben.

Wie auch immer – es mußte die Hölle sein, mit Massen von anderen Kindern in einer Ferienkolonie zusammenzuleben. Herumgeschubst, gezwickt und verhört zu werden. Lachen müssen, wenn die anderen lachten, einen Kopfsprung ins Wasser machen, weil andere es taten. Luft schlucken müssen und rülpsen, weil das dazugehörte; einen neuen Namen bekommen; wenn man Reine getauft war, mußte man damit rechnen. Was würden diese verdammten Bälger sich ausdenken – Regen, Rentier oder Solo, weil er aus Sollentuna kam? Wenn einem ein neuer Name aufgezwungen wurde, empfand man sich selbst als anders, man war nicht mehr »ich«. Darauf waren diese Scheißrangen aus, sein Ich zu durchlöchern. Einer von den Typen seiner Mutter hatte Reine immer Heine genannt: Grüß dich, Sonja Heine! Sonja Heine war irgendein Weib aus Norwegen, Weltmeisterin im Schlittschuhlaufen. Reine hatte sich wie ein Norweger gefühlt, es war schrecklich.

Er sprang von der Treppe auf und lief um die Königliche Bibliothek herum bis zur anderen Seite. Er legte sich mächtig ins Zeug, spurtete, daß ihm die Knie fast ans Kinn schlugen und der Tragriemen der Tasche ihn würgte. Wenn man ganz schnell rannte, konnte man manchmal unangenehme Gedanken loswerden. Nach dem Spurt mußte er pinkeln, und so lief er weiter zur Toilette an dem kleinen Sportplatz. Auf der Insel der Kinder konnte man bestimmt nicht mal pissen, ohne daß einem dabei jemand zuschaute. Ein KZ für Kinder.

Als er wieder in die Sonne hinauskam, sah er, daß ein paar Leute gerade auf der großen Rasenfläche neben dem Spielplatz ein Freilufttheater aufbauten. Er ging hin. Es schien dasselbe Theater zu sein, das er vor einiger Zeit halbfertig im Vasapark gesehen hatte. Die Bühne selbst war fertig, sie arbeiteten jetzt an den Seitenwänden und an der Beleuchtung. Auf einem Plakat stand: HEUTE ABEND UM 20 UHR SPIELT DAS BUSCHTHEATER »DIE DREI WEISEN«.

Im Gras vor der Bühne fand gerade eine Probe statt. Ein

Mädchen, das ein Brautkleid trug, saß mit einer Puppe im Schoß da, neben ihr standen drei Männer in langen Mänteln. Einer von ihnen trug eine Bambusstange mit einem goldenen Stern an der Spitze. Einige Meter weiter weg lagen ein paar Jugendliche im Kreis und ließen eine Maiskolbenpfeife herumgehen. Reine näherte sich zögernd und hockte sich an den Rand der Zuschauerrunde.

»Nochmal von vorn!« sagte das Mädchen in Weiß, das natürlich die Jungfrau Maria sein mußte.

Der Mann mit dem Stern auf dem Stab streckte seine Hand zur Jungfrau Maria aus und deklamierte:

»Zwölf Jahre lang sind wir gewandert, wir Heiligen Drei Könige aus dem Morgenland. Wir folgten dem strahlenden Stern. Dem Stern, der von der Levante im Osten nach Kalifornien im Westen irrte, von Svalbard im Norden zum Feuerland im Süden. Durch hohe Steppen sind wir gewandert. Auf Schilfflößen haben wir uns durch die bodenlosen Sümpfe gestakt. Wir haben den Euphrat überquert. Wir sind über den Tigris geschwommen. Flach auf dem Boden sind wir durch Wüstenstürme gekrochen. Der Stern kannte kein Erbarmen. Aber jetzt ist er stehengeblieben: hier!«

Der Mann stampfte mit seinem Sternstab auf, die Jungfrau Maria betrachtete den Stern und sagte mit einem frommen Augenaufschlag:

»Seid gegrüßt, ihr Weisen! Willkommen, ihr Herren aus der Ferne! Joseph . . .?«

Ein gebückter kleiner Kerl in einem zerschlissenen Theaterkostüm kam hinter der Bühne hervorgestürmt; er hatte sich offenbar verspätet:

»Wo habt ihr die Geschenke?!« rief Joseph den drei Weisen zu.

Der zweite in der Reihe der Weisen, ein Schauspieler in einem blauen Mantel, trat jetzt vor und stellte sich vor den Weisen mit dem Sternstab; er zählte an seinen erhobenen Fingern ab:

»Madagaskar, Kenia, Tansania, Ruanda-Burundi! Gabun, Kamerun, Liberia! Ghana, Sierra Leone, Guinea! Gambia, Senegal, Uganda!«
Die Jungfrau Maria hob den drei Weisen die Puppe entgegen. Jetzt sah man, daß das Gesicht der Puppe schwarz wie bei einem Neger war. Reine war sehr schockiert – sollte das Jesuskind ein Neger sein? Das ging doch wirklich zu weit. Da die Jungfrau Maria weiß war, mußte das ja bedeuten, daß der liebe Gott, der Vater von Jesus, selbst ein Neger war. Das konnte er sich einfach nicht vorstellen.
»Stop!« sagte einer von den Typen, die im Gras lagen und gemeinsam aus einer Maiskolbenpfeife rauchten. »Joseph darf nicht wie ein verdammter Kettenhund angeschossen kommen! Er muß viel serviler sein, auf den Knien kriechen, die Hände ringen wie ein alter Jude, ein Ausbeuter! Nochmal von vorn.«
Joseph hockte sich wieder hinter die Bühne, der Mann mit dem Stab stampfte auf, daß der goldene Stern nur so zitterte, Maria schaute frömmelnd auf den Stern:
»Seid gegrüßt, ihr Weisen! Willkommen, ihr Herren aus der Ferne! Joseph??«
Joseph lief schon auf die Männer zu, geduckt und buckelnd. Jiddelnd sagte er:
»Wo habt ihr die Geschenke?«
»Madagaskar, Kenia, Tansania, Ruanda-Burundi! Gabun, Kamerun, Liberia! Ghana, Sierra Leone, Guinea! Gambia, Senegal, Uganda!
Reine schaute weg, als Maria das schwarze Jesusbalg hob und sagte:
»Schau, kleiner König, die ganze Welt liegt dir zu Füßen! Alle Länder der Erde führen sie deinem Reich zu! Schau!!«
Reine hielt sich die Hand vor die Augen und linste zwischen den Fingern durch. Er wollte erst hinsehen, wenn Maria das Jesuskind wieder in ihren Schoß gelegt hatte.

Jetzt passierte etwas Unglaubliches, das Jesuskind begann zu sprechen! Mit einer eigentümlichen, halberstickten Stimme sagte es piepsend:
»Ich bin Gottes Sohn. Mein Reich ist nicht von dieser Welt. Hinweg mit euch, ihr Materialisten!«
Wie zum Teufel war das möglich? Klar! Einer von den Leuten da vorn war Bauchredner. Ganz einfach! Es war derselbe Trick, den man manchmal im Fernsehen sah. Ein Mann hatte eine blöde Puppe auf dem Schoß und fragte sie komische Sachen – und dann gab die Puppe immerzu unpassende Antworten, und der Mann tat so, als sei ihm das peinlich. So machten sie das, und Joseph war der Bauchredner. Der Typ, der im Gras lag und das Ganze leitete, sagte:
»Joseph, du mußt direkt hinter Maria stehen. Stell dich ganz nah ran, als wolltest du sie am Hintern packen, und dann beugst du dich über ihre Schulter und sagst: ›Ich bin Gottes Sohn und so weiter.‹«
»Ich bin Gottes Sohn. Mein Reich ist nicht von dieser Welt. Hinweg mit euch, ihr Materialisten!« piepste Jesus.
Daraufhin wichen die drei Weisen erschrocken zurück und fielen auf die Knie. Der Anführer hatte gewisse Schwierigkeiten, den Stern dabei immer so zu halten, daß er über Maria und dem Jesuskind schwebte. Im Chor sagten sie:
»Vor deinem Angesicht zerfallen alle Häuser, vor deinem Angesicht schmilzt aller Stahl, vor deinem Angesicht verbrennen alle Karten, vor deinem Angesicht werden alle Grenzen gesprengt!«
Dann machten sie mit den Händen Bewegungen, wie wenn etwas in die Luft fliegt, und riefen abwechselnd:
»Amerika! Peng! Sowjetunion! Peng! Frankreich! Peng! Großbritannien! Peng! Kanada! Peng . . .«
»Das reicht, das reicht . . .« Der Regisseur stand auf,

ging zu Maria hin und küßte sie auf die Wange; dann war die Probe offenbar zu Ende, denn alle setzten sich ins Gras und rauchten die Maiskolbenpfeife.
Reine wartete, er wollte gern auch noch den Rest des Stücks ehen. Wie würde es weitergehen? Würde die Jesuspuppe heranwachsen, zwölf Jahre alt werden und die Händler und Wechsler aus dem Tempel treiben? Als die Lehrerin in der ersten Klasse davon erzählte, hatte fast die ganze Klasse verstanden, Jesus treibe die Händler und Hexer aus dem Tempel. Aber niemand hatte protestiert. Warum sollte er nicht auch die Hexer aus dem Tempel treiben?
Aber apropos Jesus: Würde die Theatergruppe seine ganze Lebensgeschichte schaffen? Woher wollten sie den Esel nehmen, auf dem er ritt? Aber das war noch gar nichts gegen das Wasser, auf dem er gehen sollte – wie war das zu lösen? Wie konnte man das Publikum davon überzeugen, daß Jesus auf der Wasserfläche herumlatschte? Der Schluß mußte blutig sein, Reine stützte sich mit den Händen auf und spähte umher, aber nirgends waren drei große Kreuze zu sehen. Vielleicht hatte man die Schächer gestrichen. Es schien Spaß zu machen, Schauspieler zu sein. Wenn er nur nicht so schüchtern gewesen wäre, hätte er gern als zwölfjähriger Jesus mitgemacht. Damals waren die Leute ja sowieso kleiner, da wäre es keine Katastrophe, daß man noch nicht ganz elf war.
Aber es gab keine Probe mehr, obwohl Reine noch den ganzen Nachmittag wartete. Die Mitglieder der Truppe verschwanden nach und nach, schließlich waren nur noch der Regisseur und ein älterer Mann in einer blauen Latzhose übrig. Sie probierten die Scheinwerfer und die Lautsprecheranlage aus.
Punkt fünf Uhr betrat Reine das Sportgeschäft Sonesson & Rilke. Die Feuerwerksabteilung lag im Keller; es war etwas unheimlich, die Treppe hinunterzulaufen.

An mehreren Stellen waren Warnschilder angebracht: »Explosives Material!«
Ein älterer Mann in einer grauen Jacke kam an. Er sah etwas spöttisch aus und schien immerzu eine Tablette zu lutschen, während er redete; abwechselnd sog er die Backen ein und schob die Oberlippe vor – gleich darauf lispelte er:
»Was soll's denn sein?«
Reine trug sein Anliegen vor und dachte: Wenn es geht, dann geht es; schlimmstenfalls klappt es eben nicht. Aber der Alte machte mit seinem trockenen Schmatzen weiter und holte einige große braune Tüten aus einem Hinterzimmer mit einer Stahltür, auf der »Explosives Material!« stand.
»Hammarskjöld, das ist ein bekannter Name«, murmelte der Alte, die Nase noch halbwegs in die Tüte gesteckt.
Reine mußte zu einer Extrakasse gehen und bei einer uralten Tante mit leuchtend weizenblonden Haaren bezahlen. Einhundertachtundsechzig neunzig kostete es. Der Alte mit der nicht vorhandenen Tablette stand mit den Tüten hinter ihm. Zuerst paßte nicht alles in Reines Pumatasche hinein, aber als er damit einverstanden war, daß die Holzstäbe herausragten, ging es in Ordnung. Der Alte wickelte ein bißchen braunes Papier um die Raketenstäbe. Reine kontrollierte das Ergebnis in einem Stahlspiegel, der am Ausgang hing: Es sah nicht gefährlicher aus, als wenn er die Pumatasche mit Tennisschlägern vollgestopft hätte. Was herausragte, konnte ebenso gut der Griff eines Schlägers sein.
Obwohl Reine sich im McDonald's viel Zeit ließ, kam er viel zu früh in Sollentuna an. Um nicht diesen ganzen Sprengstoff herumschleppen zu müssen, beschloß er, in den Keller des Hauses zu gehen, in dem er wohnte. Den Kellerschlüssel hatte Stig wenigstens nicht geklaut. Im Keller hatte jede Familie einen kleinen, mit Maschen-

draht eingezäunten Verschlag. Im Verschlag der Familie Larsson stand ein altes Gitterbettchen und in dem Bett Reines Dreirad. Am anderen Ende standen einige alte Koffer, mit Kissen und Decken vollgepackt. Außerdem befand sich Reines fast neues Fahrrad in dem Verschlag. Er traute sich nicht, es zu benutzen, aus Angst, es könnte geklaut werden.

Er betrat den Kellerverschlag und zog die Maschendrahttür hinter sich zu. Wo konnte man die Feuerwerkskörper am sichersten unterbringen? Die Antwort lag auf der Hand: In den Koffern mit den Kissen und Decken. Falls das ganze Zeug wider Erwarten in die Luft gehen würde, gab es keine besseren Schalldämpfer als Decken und Kissen. Er hatte mit eigenen Augen gesehen, wie die Sprenger ihre Dynamitstäbchen in alte Decken einpackten, als sie letztes Frühjahr im neuen Zentrum von Sollentuna sprengten. Nachdem er die Raketen, Bomben und das Bengalische Feuer in das Bettzeug eingewickelt hatte, setzte er sich auf den Boden, den Rücken an das alte Gitterbett gelehnt, und schlief ein wenig in Erwartung der Dämmerung. Wie mochte es dem Jesus im Humlegården gehen – ob er wohl schon vor Pontius Pilatus stand?

25

»Was ist der Unterschied zwischen einem Polizisten und einem Zebra? Der Polizist fährt im Streifenwagen, das Zebra muß die Streifen tragen.« »Jemand erzählt, daß er auf eine Meise geschossen hat – Auf welche Weise? fragt ein anderer. – Nein, nicht auf eine Weise, auf eine Meise.« »Ein Kind spielt mit einem Kreisel. Das Ding will nicht im Kreis laufen, sondern wackelt hin und her. Fragt das Kind: Mami, hat der Kreislaufstörungen?« »Zwei zerstreute Professoren: – Kennst du Lundberg? – Wie war der Name? – Welcher?«

Reine saß auf dem Klo, schlug das Witzbuch zu; er pulte an seinem lockeren Zahn herum. Es schien so, als würde er wieder festwachsen. Prima, wenn man Schauspieler werden wollte, konnte man nicht auf der Bühne stehen und mit einer großen schwarzen Lücke im Maul lächeln.
Reine liebte Witze über alles. Er konnte wieder und wieder dieselben zerfledderten Witzbücher lesen, tagelang dieselbe »Lustige halbe Stunde«. Die Witze in »Das Beste« waren auch nicht schlecht, aber oft ein bißchen zu lang. Witze sollten kurz sein. Kurz und – wie die Erwachsenen sagten – richtig blöde Witze. Gute Witze durften auch keine Schweinereien enthalten. Schmutzige Witze konnten zwar auch ganz lustig sein, aber sie gehörten zu einer bestimmten Kategorie. Ein Edelwitz war niemals schmutzig.
Reine ließ den Zahn los und wischte sich zum viertenmal den Hintern ab. Wenn die Mutter zu Hause gewesen wäre, hätte es einen Riesenkrach wegen des Papierverbrauchs gegeben. Sie hätte bestimmt auch irgendwas von der Gefahr einer Rohrverstopfung gezetert. Die Mutter hatte einen Knall; einerseits sollte man sich nach jeder Mahlzeit die Zähne putzen, andererseits durfte man sich nicht mal den Arsch abwischen. Er stand auf, spuckte auf den Papierhaufen und betätigte den Abzugsknopf. Es sah wirklich ein bißchen brenzlig aus, die Kloschüssel füllte sich bis zum Rand mit Wasser, bevor die Papierstücke langsam zu rotieren begannen, um dann immer schneller ins Abflußrohr hineingesogen zu werden und mit einem lauten Schmatzer in der Biegung zu verschwinden.
Reine klemmte das Witzbuch zwischen die Zähne und wusch sich die Hände. Als er fertig war, zog er die Hose hoch, zog die Strümpfe aus und warf sie in die volle Badewanne. Er tappte in die Küche hinaus, holte ein Päckchen Haferkekse aus der Speisekammer, lief durch den

Flur und prüfte, ob die Sicherheitskette auch richtig eingehängt war, bevor er in sein Zimmer ging und den Fernseher einschaltete. Er zog den Helligkeitsregler hoch, bis das Bild verschwand und die Mattscheibe ein grelles Hellgrau zeigte. Den Ton ließ er an. Es war gemütlich, jemand im Fernsehapparat reden zu hören. Dem Gequatsche konnte man mit halbem Ohr lauschen, aber die Bilder waren gefährlich. Man konnte nie wissen, was für Horrorszenen plötzlich auf dem Bildschirm erschienen. Er würde niemals jenen Abend vor mehreren Jahren vergessen, als die Mutter auf Nachtschicht gewesen war und er zu Hause allein auf dem Wohnzimmerteppich vor dem Fernseher gelegen hatte. Plötzlich hatte der Polizeichef von Saigon direkt vor der Kamera einem Offizier der FNL mit einem kurzläufigen Revolver in die Schläfe geschossen. Sowas sah man sich besser nicht an, wenn man allein schlafen wollte.
Er machte die Deckenlampe aus und musterte den Bildschirm. Es war wie beim Fliegen; der Schirm hatte dieselbe Form wie ein Flugzeugfenster. Er schaute nach links: keine Tragfläche, keine Motoren. Er schaute nach rechts, die Nase an den Fernseher gepreßt; kein Höhen- und Seitenruder. Wie schlecht die Sicht doch sein konnte, wenn man durch die Wolken flog.
In diesem Moment begann der späte Wetterbericht. Reine setzte sich auf den Bettrand und hörte, sah aber nicht, wie der Meteorologe redete und zeigte. Endlich würde es schlechtes Wetter geben, endlich würde dieser verdammte Sonnenschein, der einen am Denken hinderte, ein Ende haben. Alles würde grau und undurchsichtig werden.
Tante Olga konnte einem wirklich leid tun. Man stelle sich vor, aus seinem eigenen Vaterland fliehen zu müssen, nur weil diese verdammten Russen und Deutschen sich nicht einigen konnten. Tante Olga war zusammen mit ihrem alten Vater Hals über Kopf geflohen. Ihr Va-

ter war der erste litauische U-Boot-Kapitän gewesen. Er war aber in keinem der vielen Kriege gefallen, er war 1962 im Pflegeheim Rosenlund gestorben.
Reine hätte so gern irgendwas für Tante Olga getan, aber was konnte er tun, um ihr wirklich eine Freude zu machen? Das einzige, was sie wirklich freuen würde, wäre ja das Ende der Bolschewikenherrschaft in Litauen. Tante Olga hoffte auf die Amerikaner. Jetzt, wo diese ganze Sache in Indochina zu Ende war, jetzt, wo die Vereinigten Staaten und China sich offenbar anfreundeten, hätten – wie Tante Olga sagte, als sie zusammen die Treppe hinuntergingen – die Vereinigten Staaten noch Zeit, sich mit den baltischen Staaten zu beschäftigen. Die Vereinigten Staaten hatten die größte Invasionsflotte der Welt.
Aber wenn die Vereinigten Staaten auf Rußland losgingen, würde es einen Atomkrieg geben. Die ganze Scheiße in die Luft sprengen – das wäre die Folge, wenn Tante Olgas Träume Wirklichkeit würden. Und abgesehen davon glaubte er nicht, daß viele von ihren früheren Freundinnen in Litauen noch am Leben waren; Tante Olga war ja schon über siebzig.
Halt!! Genau, er würde Tante Olga mit einem großartigen Feuerwerk eine Freude machen können. Als er diese ganzen Raketen und Bomben gekauft hatte, war ihm noch nicht ganz klargewesen, was er damit anfangen sollte. Es war eher so gewesen, daß er sich einen alten Traum erfüllt hatte: Wenn ich einmal genug Moos habe, werde ich mir einen tollen Feuerwerksatz kaufen. Und da war diese Rückzahlung von einhundertneunzig Piepen genau im rechten Moment gekommen. Aber was man mit dem Pulver anfangen sollte . . . Vielleicht hatte er es vor allem gekauft, um damit angeben zu können, um irgendeinen Kameraden – oder jemand, den man zum Freund haben wollte – in den Keller zu führen und es ihm zu zeigen. Es gab bestimmt nicht viele Elfjährige,

die so ein Arsenal in ihren Kellerverschlägen hatten. Aber warum nicht Tante Olga mit einem mordsmäßigen Feuerwerk erfreuen?
Wo? Man könnte sie natürlich nach Hause einladen. Nein. Tante Olga würde es nie schaffen, über das Dach zu kriechen und sich dann auf den Balkon zu hangeln. Quatsch! Er könnte selbst über das Dach hineinkommen und dann von innen aufschließen und Tante Olga hereinlassen. Dann würden sie was Gutes essen – Krabben? – und nach Einbruch der Dunkelheit auf den Balkon hinausgehen und das ganze Zeug in die Luft jagen.
Es gab jedoch ein Aber. Wäre das nicht ein bißchen gemein gegen die anderen im Atelier? Helene ging es auch nicht so rosig, obwohl sie nicht aus Litauen kam. Und die empfindliche Kristina, die ein bißchen behämmert war oder geistig zurückgeblieben, wie die anderen sagten. Was war mit ihr? Wovor war sie geflohen? Wohin sehnte sie sich? In was für einem unsichtbaren Rollstuhl saß sie? Und dann die weinerliche Lotte. Sie hatte zwar einen Mann, war aber trotzdem ständig deprimiert. Vielleicht war er ihr keine rechte Stütze. Die einzige, die einem nicht leid zu tun brauchte, war Frau Bergman-Ritz, aber die war seit einigen Wochen nicht mehr erschienen. Hatte sie aufgehört?
Man würde Helene niemals die Treppe hochkriegen, selbst wenn er über das Dach ging und von innen aufmachte. Das Feuerwerk mußte woanders stattfinden. Vielleicht zu Hause bei Helene? Aber sie schien so pingelig zu sein, so ängstlich auf ihr Eigentum bedacht. Vielleicht durfte man keine »Dicken Bertas« in einer kleinen Parterrewohnung mitten in der Stadt abschießen? Und draußen in Kristinas Krankenhaus, auf der Tagesstation oder wie es hieß? Oder auf der Nachtstation? Sie war ja nur zum Schlafen dort. Reine war noch nie im Krankenhaus von Beckomberga gewesen, aber es

schien nicht besonders geeignet zu sein. Es könnte andere Kranke stören. Zu Hause bei Lotte? Nein, da könnte sich ihr Mann einmischen. Das war bestimmt so ein Geizhals, der sich auf Feuerwerkerei spezialisiert hatte. Der ewig sortieren und herumrechnen – und Reine schließlich wegschubsen würde, weil es angeblich »gefährlich« war, nur um selbst anzünden zu können.

Das Fest müßte natürlich im Atelier stattfinden. Da stank es sowieso schon wie die Pest nach all den Farben und Lösungsmitteln, so daß es nichts machte, wenn man es noch mit Pulver vollstänkerte. Man müßte natürlich die Fenster aufmachen und aufpassen, daß die Flaschen mit den Verdünnungsmitteln nicht in der Nähe standen. Oder wenn man das Ganze auf dem Dach veranstalten würde? Was für ein Dach hatte das Palladiumhaus? Von der Straße aus sah es jedenfalls flach aus. Helene könnten sie bestimmt mit einem Flaschenzug hochhieven. Kristina könnte aus Beckomberga Blumen mitbringen; dort wuchsen massenhaft Tulpen, wie sie mehrmals erzählt hatte. Das war fast das einzige, worüber sie redete: Blumen. Na, und dann noch das Fressen. Das konnte Lotte machen. Lotte war Hausfrau, das sah man ihr von weitem an; sie sah immer aus, als hätte sie den ganzen Tag am Herd gestanden. Und Tante Olga selbst? Die würde nichts zu machen brauchen, alles würde schon fertig sein, wenn sie kam. Fix und fertig, und sie würde nur noch auf das Dach klettern müssen, wo ein gedeckter Tisch stand, von den großen Neonreklamen in der Nähe erleuchtet. Wenn sie im Nachbarhaus einige Dachluken öffneten, würden sie bestimmt auch Musik bekommen. Einen Wiener Walzer vom hundertköpfigen Orchester des Oscarstheaters.

Nach dem Essen würde Reine um Ruhe bitten und zu seinem aufgebauten Feuerwerk gehen. Die Tanten würden den Sonnen und Bengalischen Feuern applaudieren. Kristina würde bei den »Dicken Bertas« sicher ein bißchen Angst kriegen, aber jemand könnte sie an der Hand halten. Zum Abschluß würde Reine alle Leuchtspur- und Sternschnuppenraketen über dem Stockholmer Hauptbahnhof hochgehen lassen, so daß die Leute in ganz Stockholm glauben würden, die Schwedische Eisenbahn feiere ein tolles Stillegungsfest.

26

Es war Freitag, der achtzehnte Juli, und Reine schrieb IN STILLER TRAUER FAMILIE ZIOLEK. Er dachte: Erwachsene müssen den ganzen Tag arbeiten, deshalb können sie nie richtig nachdenken. Das traf ja auch auf ihn selbst zu! Je härter man schuftete, desto weniger Gedanken kamen einem. Wenn man zum Beispiel einen so tollen Namen wie ZIOLEK schrieb, mußte man schon einen klaren Kopf behalten. Dabei konnte kein Mensch darüber nachdenken, was nach dem Tod passierte.
Heute hatte Reine sich Butterbrote für die Mittagspause mitgebracht. Er hatte entdeckt, daß alles Wichtige besprochen wurde, während die Tanten zu Mittag aßen. Aber bisher hatte er noch nicht auf die Hamburger verzichten können. Bald war es Herbst, und dann würde es wieder Schulspeisung geben – warum konnte denn nicht McDonald's oder Carrols die Schulküche übernehmen? Das wäre garantiert ein Erfolg. Heute würde es jedoch nach einem ungeheuren Maß an Selbstüberwindung Stullen geben; zwei Knäckebrote mit Käse und eine kleine aufgeschnittene Weißbrotstange mit Apfelsinenmarmelade. Plus Birnensaft mit Sprudel.
Es gab nicht viel zu tun, und Reine malte einen goldenen Sheriffstern auf sein T-Shirt. Er hatte die Erlaubnis dazu

bekommen. Es machte viel mehr Spaß, seine T-Shirts selbst zu dekorieren, als ins Kaufhaus Åhléns zu laufen und für zwanzig Kronen sein Sternbild draufgestempelt zu bekommen. Er hatte noch zwei andere Hemden dekoriert, eins mit KAWASAKI und eins mit JAP, der Speedwaymarke. Vor kurzem hatte er sich ausgedacht, er müsse etwas Verbotenes tun, und VON EINER TRAUERNDEN MUTTER auf ein Hemd geschrieben; aber das hatte er heimlich draußen im Lager getan.
»Ich kann dir nicht versprechen, daß es die Wäsche übersteht«, sagte Tante Olga und strich ihm über den Kopf. »Aber du bist offensichtlich künstlerisch begabt.«
Das Risiko einer gelegentlichen Wäsche beunruhigte Reine nicht. Man brauchte die Hemden ja nicht im Ganzen zu waschen. Es reichte, wenn man das Hemd anzog, um es zu spannen, und sich unter den Armen und vielleicht ganz unten am Bauch mit Waschmittel einseifte. Dann rieb man ein bißchen darauf herum, spülte den Schaum mit der Dusche ab, zog das Hemd aus und hängte es auf den Balkon. Ein Kinderspiel.
Reine atmete tief über der Farbdose ein. Wenn man das machte, wurde einem für mehrere Minuten schlecht. Und wenn es einem schlecht war, vergaß man, daß man hungrig war. Als Abschluß seiner selbstgewählten Arbeit vergoldete er ein Fünf-Öre-Stück. Irgendeinen dummen Teufel würde man bestimmt damit hereinlegen können.
»Und was machst du in den Ferien, Reine?« fragte Lotte in ihrer Ecke; Lotte hatte auch keine Aufträge auszuführen – aber sie verwendete die Zeit nicht für eigene Dinge, sie hätte ja beispielsweise ihre Schuhe vergolden können; sie saß einfach nur in ihrem geblümten Kleid da wie ein dickes Schwein.
»Ich mache dieses Jahr keine Ferien«, antwortete Reine.

»Ich finde, wir essen jetzt zu Mittag«, sagte Tante Olga.
Sie begannen mit den Vorbereitungen. Olga legte ein weißes Wachstuch auf einen der langen Tische. Kristina hatte Blumen dabei, die sie im Krankenhauspark gepflückt hatte, und Lotte eine große Pralinenschachtel. Reine war sehr beeindruckt, hier hatte man was verpaßt, machten die Alten es sich immer so hübsch?
»Ich habe sogar einen kleinen Kuchen gebacken«, sagte Helene und kam mit einer Kuchenform auf dem Schoß angefahren; die Form hatte einen Deckel aus Stanniol.
»Liebste Helene, wie reizend von dir«, sagte Lotte; es klang etwas überspannt, und Kristina sah sie fragend an.
»Du bist auch ganz reizend«, sagte Lotte und versuchte, Kristinas Schulter zu berühren, aber die wich ihr aus.
»Macht das Krankenhaus dieses Jahr keinen Ausflug?« fragte Helene.
Kristina kicherte und sah von einer zur anderen. Dann sagte sie zu Reine:
»Ich bin sogar schon mal im Ausland gewesen.«
»Ich auch«, erwiderte Reine.
»Aber ich nicht«, sagte Helene.
Alle sahen schuldbewußt aus, aber Reine dachte: Was hat Helene denn im Ausland zu suchen? Sie kann ja nicht baden, sie kann nicht in Geschäften herumlaufen, sie kann nicht mit in die Weinberge zum Spanferkelbraten gehen. Außerdem konnte sie leicht einen Sonnenstich kriegen, wenn sie irgendwo in ihrem Stuhl sitzenblieb. In der Riddarholmskirche war es entschieden kühler. Was würden die Spanier denken, wenn eine ganze Kolonne von Schweden im Rollstuhl angefahren käme? Sie würden glauben, wir seien ein Volk von Krüppeln, das man mit der linken Hand verprügeln kann.

»Ich habe einen Topf Fleischklößchen mitgebracht«, sagte Olga und stellte einen Tontopf auf den Tisch. »Aber wir müssen sie natürlich kalt essen.«
»Du machst so wunderbare Fleischklößchen«, sagte Helene. »Wie hießt noch die saure Sahne, die du immer hineintust? Smetana?«
»Man bekommt sie jetzt in der Markthalle am Hötorget.«
Reine war es ein bißchen peinlich, daß er nichts mitgebracht hatte; er hatte nicht mitbekommen, daß sie alle etwas zum Essen beizusteuern pflegten. Er ging auf die Toilette und zog sich sein neues Sheriffhemd an, feinmachen konnte man sich ja wenigstens, wenn man schon nichts dabei hatte. Aber morgen, nein, am Montag, würde er etwas richtig Gutes zum Mitbringen machen. Vielleicht eine Pizza backen? Darin war er König. Wie viele Pizza-Packungen würden dabei draufgehen? Drei, vier? Verdammtes Glück, daß heute Zahltag war.
Dann kam Bier auf den Tisch, und Reine fragte sich, ob die Tanten sich einen ansaufen würden. Aber es waren nur zwei Flaschen, und so schätzte er das Risiko gering ein. Sie aßen und redeten. Die Zeit verging, es wurde halb eins, es wurde eins. So lange dauerte die Mittagspause gewöhnlich nicht, aber es war ja Freitag, und in der Branche herrschte Flaute.
»Was machst du denn in den Ferien, Reine?« fragte Olga.
»Ich glaube nicht, daß ich dieses Jahr Urlaub nehme«, sagte Reine.
Die Tanten schauten einander erstaunt an und sagten dann zu Reine:
»Aber wir machen doch heute zu. Das kann dir doch nicht entgangen sein?«
Verdammte Scheiße! Jetzt kapierte er. In letzter Zeit war öfter mal von Urlaub geredet worden, aber er hatte

geglaubt, daß jede von ihnen Urlaub nahm, wenn sie Lust dazu hatte. Aber zumachen? Das war eine Katastrophe!

»Wer macht denn dann die Botengänge zum Waldfriedhof?« fragte er.

»Du hast offenbar nicht verstanden, daß wir schon heute zumachen?« sagte Olga und faßte ihn am Arm.

»Doch, doch, ich fahre zur Insel der Kinder.«

»Zur Insel der Kinder?« sagte Helene fragend. »Das klingt so nach den dreißiger Jahren.«

»Es ist bestimmt nicht mehr so, wie es damals war!« sagte Lotte.

»Nein, nein«, sagte Reine. »Heute hat jeder ein eigenes Zimmer. Es ist mehr wie eine Kinderpension, nicht so sehr wie eine Ferienkolonie. Man hat auch ein eigenes Segelboot, eine Optimistenjolle. Genauso gut könnte man sagen, man ist auf einem Segelkurs. Nur der Name ist noch der alte.«

»Aber wird das denn heute nicht mehr kommunal betrieben?« fragte Helene.

»Überhaupt nicht«, antwortete Reine. »Das macht jetzt McDonald's.«

»Die Hamburgerkette?«

»Genau. Sie haben eine Stiftung oder wie man das nennt. Die Plätze verlosen sie unter ihren Gästen . . .«

»Gratuliere!!« kreischte Lotte. »Und unser Reine hat gewonnen!«

Reine errötete und sah zu Boden, er wußte nicht, was er mit dem Lob anfangen sollte. Selbst wenn er die Wahrheit gesagt und das Lob verdient hätte, hätte er damit nichts anfangen können.

»Lotte, siehst du denn nicht, daß es ihm peinlich ist«, sagte Olga.

»Es war nichts dabei«, sagte Reine. »Sie haben Nummern auf diesen Papieren, die sie auf die Tabletts legen.

Man hebt die Nummer auf, und dann kann man in *Dagens Nyheter* lesen, wer gewonnen hat.«

»Gratuliere! Ich möchte dir trotzdem gratulieren«, sagte Lotte.

»Aber wenn nun ein Erwachsener gewinnt?« fragte Kristina.

Verdammt, daran hatte er nicht gedacht. Eine Menge Tanten und Onkels auf der Insel der Kinder, das würden sie ihm nicht abnehmen.

»Erwachsene können nach Mallorca fahren«, sagte Reine. »Ab fünfzehn Jahre.«

Er bereute es sofort, denn jetzt würden natürlich Kristina und vielleicht auch die anderen anfangen, bei McDonald's zu essen. Es war gemein, sie so reinzulegen; aber es war ihm einfach nichts anderes übriggeblieben.

Es wurde ein sehr trüber Nachmittag. Reines Pläne waren auf einmal zusammengebrochen. Wovon sollte er jetzt leben? Wie konnte er nur ein so verdammter Vollidiot sein, fast für sein ganzes Geld Feuerwerkskörper zu kaufen? Bei Olga würde es ja kein Fest mehr geben. Bei Olga würde es überhaupt nichts mehr geben.

»Es ist immer traurig, wenn man sich trennen muß«, sagte Olga. »Aber wir sehen uns am elften August wieder. Falls du dann nicht wieder in der Schule bist.«

»Nee.«

»Hier, Reine, das hast du noch zu kriegen, fünfundvierzig Kronen.«

Lasch nahm er die Scheine entgegen, es war ungefähr die Summe, die er der Ausgehkasse seiner Mutter schuldete. Wenn er die wieder aufgefüllt hatte, besaß er praktisch nur noch ein vergoldetes Fünf-Öre-Stück.

Reine machte sich fast grußlos auf den Heimweg, er konnte die erwartungsvolle Ferienstimmung der anderen kaum ertragen. Aber waren sie denn wirklich so froh? Was wurde aus Helene, was aus Kristina? Ihm wurde plötzlich klar, daß alle zeigen wollten, wie sehr sie sich auf die Ferien freuten, auf Ferien, die sie vielleicht ganz allein würden absitzen müssen. Daß es anderen vielleicht auch beschissen ging, besserte seine Laune ein bißchen. Nur nicht den Mut verlieren! Aber soweit ging es nun doch nicht, daß er sich dazu überwinden konnte, in einem Hamburgerlokal zu feiern. Statt dessen aß er in einer Imbißstube am Norra Bantorget gegrillte Würstchen. Strafe muß sein.

Sollentuna war leer wie eine evakuierte Stadt. Reine stellte sich vor, es habe gerade ein atomarer Angriff stattgefunden. Ein Angriff mit Neutronenbomben, die die Gebäude nicht zerstörten, sondern nur das Leben vernichteten. Er kickte ein bißchen im Kies herum und stellte sich vor, es sei eine Schicht von weißem, flockigem, tödlichen Niederschlag. Es war mehr als ein Spiel. Solange er sich einbildete, Sollentuna sei ganz verlassen, konnte er es wagen, übers Dach zu klettern, obwohl es erst fünf Uhr nachmittags war und die Sonne so heiß brannte, daß die Absätze im Asphalt Spuren hinterließen.

Als er sich bäuchlings rückwärts über den Dachrand hangelte, konnte er die Leiter nicht mit den Füßen ertasten. Er machte mehrere Versuche, bevor er sich ganz umdrehte und mit kribbelnden Hoden den Kopf hinunterbeugte, um zu sehen, was los war. Die Leiter auf dem Balkon war umgefallen; jetzt war es nicht mehr möglich, über den Balkon in die Wohnung zu kommen.

Es blieb ihm nichts anderes übrig, als durch die Dachluke wieder ins Treppenhaus zu kriechen, in den Keller zu gehen, den Drahtverschlag aufzuschließen und sich dort zum Nachdenken hinzusetzen. Aber wie er es auch drehte und wendete, ihm fiel keine Lösung ein. Bis auf weiteres mußte er sich im Kellerverschlag einquartieren. Er hob das Dreirad aus dem alten Gitterbett heraus, das er als kleines Kind gehabt hatte, und polsterte es mit einigen Kissen aus. Die Koffer stellte er zur Abschirmung davor, damit niemand ihn entdecken konnte. Wenn sie von der Insel der Kinder kommen, um mich zu holen, dann mache ich hier ein Feuerwerk! beschloß er. Nach einer Weile begann er krampfhaft zu schluchzen. Es würde ja doch nicht klappen. Er hatte ein tolles Sprengstofflager zu seiner Verteidigung – aber keine Streichhölzer.

27

»Hungerkünstler. Die längste Zeit, die ein Mensch überlebt hat, ohne feste Nahrung zu sich zu nehmen, sind 382 Tage. Dieser Rekord wurde von einem Schotten, Angus Barbieri, aufgestellt, der während eines Krankenhausaufenthaltes freiwillig auf jede feste Nahrung verzichtete und ausschließlich Flüssigkeit in der Form von Kaffee, Tee oder gewöhnlichem Wasser zu sich nahm. Es gelang ihm, in etwas mehr als einem Jahr 133 Kilo abzunehmen.«
Verdammt! Schon wieder wurde es stockfinster. Die Kellerbeleuchtung war so konstruiert, daß sie vier Minuten lang anblieb, wenn man auf den Schalter gedrückt hatte; dann ging sie von selbst aus. Mit dem Daumen auf Seite zweiunddreißig in »Sensationelle Weltrekorde« verließ Reine seinen Verschlag und ging die wenigen Meter zu dem orangefarbenen Lämpchen, das den Lichtschalter markierte. Er schlug mit der Handfläche auf den Schalter und rannte zum Gitterbett zurück.
»Hungerstreik. Die längste Zeit, die jemand im Hungerstreik verbracht hat, ist 94 Tage. Dieser Rekord wurde von nicht weniger als neun Personen gemeinsam aufgestellt: John und Peter Crowley, Thomas Donovan, Michael Burke, Michael O'Reilly, Christopher Upton, John Power, Seán Hennessy und Joseph Ken-

ny, und zwar im Gefängnis von Cork. Diese neun Personen konnten nur deshalb überleben, weil sie ständig unter einer hochqualifizierten Überwachung standen.«

Wieder raus und Licht anmachen. Bevor er in seinen Verschlag zurückkehrte, nahm er die Gelegenheit wahr, in den Abfluß zu pinkeln, der am Ende des Kellergangs lag.

»Isolation. Der Weltrekord beträgt 98 Stunden und wurde von Thomas Murphy aufgestellt, einem Freiwilligen, der nach einem wissenschaftlichen Bericht aus England in einer verschlossenen, total verdunkelten Zelle den Rekord brach. Die meisten Menschen bekommen bereits nach wenigen Stunden in totaler Isolation optische und akustische Halluzinationen.«

»Aufenthalt unter Wasser. Keinem Menschen ist es bisher gelungen, sich länger als 13 Minuten und . . .«

Er ließ das Buch der Weltrekorde aus der Hand gleiten; es fiel zwischen zwei Gitterstäben aus dem Bett. War es Nacht oder Tag? Da oben – im Keller war es ohnehin nie länger als vier Minuten hintereinander hell oder genauer gesagt vier Minuten und zwölf Sekunden. Er versuchte, die mattgrünen Leuchtziffern auf seiner Armbanduhr zu fixieren. Es sah aus, als bewegten sie sich langsam im Kreis herum. Wie fest er sie auch anschaute, sie wollten einfach nicht anhalten.

Ach was! Jetzt durfte man bloß nicht anfangen zu spinnen. Denn dann kommen sie dich holen und bringen dich ins Irrenhaus, und weiß der Teufel, ob nicht gerade Stig der Fahrer ist. Er legte sich hin, die Hände unter einer Backe, und versuchte zu schlafen. Es ging nicht. Selbst wenn er die Augen so fest zusammenkniff, wie er nur konnte, sah er kleine grüne Würmer im Kreis herumkriechen. Er setzte sich auf schnappte ein oder zwei Minuten lang nach Luft. Das war doch albern, die Luft hier unten konnte noch nicht verbraucht sein. So

schlampig wie heutzutage gebaut wurde, waren die Wände doch wie Siebe.
Warum ging er nicht hinauf? Nichts hinderte ihn daran, keine verschlossenen Türen, nichts. Er hatte sich mindestens einmal pro Stunde auf den Weg gemacht, seit er hier heruntergekommen war, aber er schaffte es einfach nicht. Er war nicht in der Stimmung, sich in der Öffentlichkeit sehen zu lassen. Nicht, daß er gleich niedergeschossen oder auch nur in Handschellen gelegt würde. Aber irgend jemand würde ihn sehen, zwar nicht unbedingt als Reine Larsson, der vor der Insel der Kinder davongelaufen ist – nein, ihn einfach nur *sehen*. Er würde im Gehirn von irgend jemand registriert werden. Falls andere Leute überhaupt Gehirne hatten, natürlich, aber leider deutete ja eine ganze Menge darauf hin.
Er wollte ganz einfach nicht hinaufgehen. Und das ist das stärkste Hindernis, das es gibt: nicht zu wollen. Lieber wollte er hier in seinem alten Kinderbett bleiben, mit all den Kissen und dem Affen Jocke, der aus der Pumatasche hatte herauskommen dürfen. Zusammen mit Jocke würde er in dieser totalen Finsternis liegen und vertrocknen. Wenn die Mutter im August zurückkäme und ihren leeren Koffer hier abstellen wollte – was würde sie finden? Zwei graue, vertrocknete, verstaubte und von Spinnweben überwucherte Topfpflanzen. Die eine etwas größer als die andere.
Er hätte natürlich nie von der Mutter getrennt werden sollen. Nicht in diesem Sommer und auch in keinem anderen Sommer – nie. Der Fehler lag schon viel zu weit zurück. Der Fehler war, daß man Kinder abnabelte. In der Schule hatte er einen Film über eine Geburt gesehen. Am meisten hatte Reine dabei empört, daß die Nabelschnur mit einer Schere durchgeschnitten und wie ein Wiener Würstchen zugebunden wurde. Das mußte der Punkt sein, an dem die verkorkste Entwicklung der Menschheit begann. Ursprünglich hatten die Menschen

weder Schere noch Faden. Was machten sie damals mit der Nabelschnur und dem Mutterkuchen? Machten sie es wie die Katzen, fraßen sie das ganze Zeug auf? Nein, es waren ja Menschen, und Menschen essen nicht Teile ihrer eigenen Nachkommenschaft.

Am Anfang, als der Mensch noch in den flachen Bäumen der afrikanischen Savanne lebte, mußte die Nabelschnur noch zu irgendwas benutzt worden sein. Es war ja klar, wozu: Man kann nicht mit Säuglingen in Bäumen leben, ohne sie irgendwie festzubinden. Die Mütter nahmen die Nabelschnur mit dem daranhängenden Klumpen und warfen sie über einen geeigneten Zweig, wo die Schnur und der Klumpen sich festzurrten. Ganz einfach. Das Kind hing da und schaukelte im Wind.

Wenn die Kinder älter wurden, liefen sie unter den Bäumen herum, die Nabelschnur über die Schulter geworfen, um nicht darüber zu stolpern. Der Mutterkuchen war mittlerweile hart geworden und flach wie eine Handfläche ohne Finger. Wenn man ganz schnell rennen wollte, mußte man den Mutterkuchen in der Achselhöhle festklemmen. Man konnte auch Kämpfe damit veranstalten, ungefähr wie bei einer Kissenschlacht. Wenn man jemanden ärgern wollte, stellte man ihm kein Bein, sondern zog ihn in einem unbewachten Augenblick an der Nabelschnur. Wenn man traurig oder hungrig war, konnte man den Mutterkuchen-Handflächen-Hautkloß in den Mund stecken. Das war viel besser als der Daumen. Ein eigenes Glied nur für Zärtlichkeit.

Was passierte, als die Menschheit eines Tages von den Bäumen herabglitt, den Oberkörper aufrichtete und aus dem spärlichen Wald heraustrottete? Das hätte sie vermutlich nicht tun sollen, aber – ja, jetzt war es wohl zu spät, um wieder zurückzukehren. Wenn sich die baumlosen Menschen des Steinzeitalters abends in ihrer Felsspalte zusammenkauerten, dann wickelten sie alle ihre

Nabelschnüre ineinander und nahmen gegenseitig ihre Hautklöße in den Mund. Bei Sonnenaufgang, wenn der Munterste aufwachte, reichte ein kleiner Ruck, um den ganzen Stamm auf die Beine zu bringen wie einen Mann . . . Reine gähnte, nahm Jockes schmale kleine Stoffhand zwischen die Zähne und schlief ein.

28

Ein großes Problem war, daß sich die Unterhose allmählich anfühlte wie eingeweichte und dann getrocknete Wellpappe. Er hatte zwar sein einziges Paar unter dem Wasserhahn im Keller ausgespült und dann ausgewrungen, aber nach dem Trocknen hatte sie noch schlimmer gescheuert. Er ging breitbeinig zum Fahrkartenschalter im Hauptbahnhof, aber ein Billett zum halben Preis zur Großmutter in Gävle kostete genau elf Kronen mehr, als er besaß.
Sollte er zu Stig gehen? Stig, der ohne weiteres einen ganzen Fünfzigkronenschein für eine so lächerliche Sache herausgerückt hatte, wie Reine sagen zu lassen: »Ich bin eine widerliche kleine Ratte.« Als Zugabe hatte er zwar noch das mit Urho Kekkonen bringen müssen, aber das hatte er gern gemacht. Er würde sich bedenkenlos hier mitten auf den Stockholmer Hauptbahnhof stellen und brüllen: »Urho Kekkonen ist eine große widerliche Ratte«, wenn er jedesmal fünfzig Öre dafür bekäme. Aber dafür gab es keinen Markt. Und Stig? Nein, nicht Stig, nachdem er von ihm ins Wasser geschmissen worden war. Nächstes Mal würde er es vielleicht vom Balkon aus machen.
Man könnte die Großmutter doch anrufen? Anrufen und so tun, als stehe man in einer Telefonzelle auf der Insel der Kinder. Nein, das ging nicht, Großmama hatte kein Telefon. Die Mutter hatte sie schon seit Ewigkeiten

gedrängt, sich eins anzuschaffen. Aber es hatte irgendwas mit der Maranatha-Sekte zu tun, glaubte Reine; war es nicht so, daß die Mitglieder kein Telefon haben durften? Fernsehen durften sie jedenfalls nicht haben. Wenn Großmama mal bei der Mutter zu Besuch war, hatte sie sich nur den Wetterbericht und die Talkshow mit Lennart Hyland angeschaut.

Er ging hinaus und stellte sich in den Schatten des Daches an der Bushaltestelle vor dem Bahnhof. Die Sonne hatte in diesem Sommer ununterbrochen auf Fernlicht geschaltet. Halbnackte Menschen schlurften durch die Hitze. Von den Jüngeren gingen immer mehr barfuß. Aber das wagte Reine nicht. Der Asphalt war viel zu weich, er sah aus wie geschmolzene, staubige Lava. Ein unbedachter Schritt aus dem Schatten des Bürgersteigs heraus, und man würde mit einem schmatzenden Laut versinken. Was sollte er jetzt anfangen? Er überlegte. Zuerst schaue ich beim Palladiumhaus vorbei, vielleicht gehe ich rauf und fasse Tante Olgas Tür an, nur um mich ein bißchen zu Hause zu fühlen, dann gehe ich zur Imbißstube am Norra Bantorget, nein, besser zum Corner in der Vasagatan, nein, doch lieber zu Wimpys in der . . . Nein, man durfte nicht vorausdenken.

Es wäre unerträglich, jeden Tag damit zu beginnen, daß man sich in allen Einzelheiten ausdachte, was man machen wollte. Wenn man sich jedesmal Neujahr überlegte, was passieren würde: Zuerst, wie die Penne anfing, dann die Sportferien, die Osterferien, wenn man die Murmeln wieder hervorholte und . . . Da blieb einem die Zukunft ja im Hals stecken! Oder wenn man sich im voraus ausdenken könnte, wie das Leben abläuft: Dann und dann kommt man aus der Penne, zum Militär, dann geht man arbeiten, heiratet, kriegt Kinder, und wie war das noch – war das Pensionierungsalter nicht herabgesetzt worden? Jeden Tag müßte man so tun, als sei ein neuer Tag zu Ende gegangen. Ein neuer Tag mit neuen

Möglichkeiten. Wie lange würde man diesen Selbstbetrug ertragen?
Verdammt, jetzt denk mal lieber so: Wenn du zur Kreuzung Kungsgatan-Vasagatan kommst, ist gerade ein Lastwagen in eine Kolonne von Zirkuselefanten gefahren, die bei rotem Licht über die Straße trotteten, die Rüssel in die Schwänze verhakt. Aus jedem Haus in der Nähe kommen die blutdürstigen Schweden mit ihren Zuluspeeren herausgestürzt, um sich richtig den Bauch vollzuschlagen. Die beschissene, unerträgliche, graue, unveränderbare Wirklichkeit, die immerzu in irgendwas anderes umgewandelt werden mußte. Kein Wunder, daß sich jedes Jahr zweitausend Schweden aufhängten. Oder Pillen fraßen. Oder ins Wasser gingen. Oder sich mit einem Bund Dynamitstäbchen in die Luft sprengten. Das letztere war jedenfalls eine Art, seine Meinung unmißverständlich kundzutun.
An der Kreuzung Kungsgatan-Vasagatan fand kein Elefantenschlachten statt. Aber was behinderte den Verkehr dort hinten an der Imbißstube Matbiten am Norra Bantorget? Ein Karren. Reine beschattete die Augen mit der Hand wie ein Indianer: Es war ein giftgrüner Karren mit zwei hohen Speichenrädern. Darauf saß jemand mit einem großen roten Sonnenschirm. Den Karren, der lange Deichseln hatte, zogen zwei Typen in seltsamen Clownskostümen; es waren Overalls aus großkariertem Stoff, die auf dem Kopf eine Kapuze bildeten. An der Kapuze waren zwei lange Stoffhörner mit einer Schelle an der Spitze befestigt. Das war ja fast genauso gut wie Elefanten; jetzt fehlte nur noch, daß der Lastwagen in einem Wahnsinnstempo angefahren kam.
Aber kein Lastwagen fuhr den Karren an. Statt dessen hielt er bei Rot an der Kreuzung und bog dann in die Fußgängerzone der Kungsgatan ein. Als der Karren vorbeikam, konnte Reine die Plakate an den Seiten le-

sen: DAS BUSCHTHEATER SPIELT »DIE DREI WEISEN«. HUMLEGÅRDEN, 15 UHR. Ja, jetzt erkannte er die Tante, die mit einem roten Schirm als Sonnenschutz auf einem Stuhl im Karren saß; es war ja die Jungfrau Maria! Aber das Jesuskind war nicht dabei. Und die beiden Typen im Narrenkostüm, die den Wagen zogen, schienen überhaupt nicht zum Stück zu gehören.
Reine verließ das Corner und ging im Abstand von etwa zwanzig Metern hinter dem Karren her, damit niemand auf die Idee kommen könnte, er gehöre zur Theatertruppe. Die beiden Hanswurste keuchten auf das Kaufhaus Pub zu und fuhren dann über den Hötorget. Auf dem Marktplatz gab es keine Stände, da heute Sonntag war. Einige halbnackte Leute lagen, saßen oder hockten auf der Treppe der Konzerthalle. Die Karre machte neben dem Orpheusbrunnen halt. Gerade als sie anhielt, kam ein Polizeibus die Kungsgatan entlanggefahren. Der schwarz-weiße Bus hielt auf der anderen Seite des Brunnens. Sechs bis acht Polizisten saßen darin.
Die Harlekine? Genau, so nannte man die Leute, die mit karierten Schlafanzügen und Stoffhörnern bekleidet waren. Die Harlekine holten eine Flöte und eine große Trommel aus dem Karren und spielten. Es klang komisch: bum-bum und piep-piep. Dann vertauschte der eine Harlekin seine Flöte mit einer Maultrommel, das klang noch schlimmer, und der Harlekin mit der Trommel rief über den Marktplatz:
»Bum-bum, ihr Herren und Damen, Bürger und Bauern! Bum-bum, in unserer schönen, stolzen Stadt! Bum-bum, hört, was ich euch zu sagen habe! Bum-bum, am heutigen Tag tritt das weltberühmte Buschtheater auf! Bum-bum, im Humlegården um fünfzehn Uhr! Bum-bum, freier Eintritt für alle, vom Säugling bis zum Greis! Bum-bum, das weltberühmte Buschtheater spielt ›Die drei Weisen‹! Bum-bum, ein Stück über Handel und Wandel unseres lieben Herrn und Er-

lösers! Bummeli-bummeli-bum! Bum-bum, strömt in Massen herbei, seht, staunt und wundert euch! Bum-bum, um fünfzehn Uhr im Humlegården! Bum-pappa-bum-pappa-bum! Das phantastische, ungeheure, weitgereiste, superdufte Buschtheater! Bum-bum, mit ›Die drei Weisen‹!!!«
Der Harlekin mit der Trommel verstummte, dafür stellte sich die Jungfrau Maria im Karren auf ihren Stuhl. Jetzt sah man, daß sie sich ein großes Kissen unter das Kleid gestopft hatte. Die Jungfrau Maria klopfte sich auf den Bauch und sang:

Hier in meinem Bauch ruht
Gottes eingeborener Sohn
Hier unter meinem Herzen wächst
Jesus Christus selbst
Hier in meinem weißen Körper reift
der Herr und Erlöser der Welt.

Plötzlich chwankte die Jungfrau Maria, es sah aus, als würde sie in Ohnmacht fallen und von dem Stuhl aufs Pflaster stürzen. Aber sie schwankte wieder zurück, kam ins Gleichgewicht, schrie wie ein angestochenes Schwein. Im selben Moment eilten die beiden Harlekine herbei und machten sich unter ihren Röcken zu schaffen. Alle drei kreischten wie die Irren, die Jungfrau Maria bückte sich, und plötzlich hob sie die Arme zum Himmel, das neugeborene Jesuskind in den Händen. Es war dasselbe, mit Schuhcreme geschwärzte Balg, das Reine schon im Humlegården gesehen hatte. Die Harlekine packten mit festem Griff jeweils eins von Marias Beinen und hoben sie noch höher. Freudestrahlend zeigte sie dem spärlichen Publikum auf der Konzerthallentreppe den schwarzen Jesus.
Reine merkte, daß er in die Hände klatschte, aber er hörte sofort damit auf, als er sah, daß zwei Polizisten aus dem Bus gestiegen waren. Was würde jetzt passie-

ren, würden sie mit Knüppeln und Tränengas kommen? Aber die Polizisten gingen nur zum Orpheusbrunnen, schöpften jeder eine Handvoll Wasser und befeuchteten Haare, Stirn und Nacken und die Armbeugen.
Die Theatertruppe packte ihre Sachen und zog mit dem Karren weiter. Reine folgte in angemessenem Abstand, er mußte die Geburt des Jesuskindes noch einmal sehen, sie war fabelhaft. Als der Karren an einer Ecke der Treppe vorbeikam, um wieder in die Kungsgatan einzubiegen, erhob sich ein Typ mit nacktem Oberkörper und brüllte der Jungfrau Maria zu:
»Mach, daß du so schnell wie möglich zur Städtischen Entbindungsklinik kommst, bevor sie geschlossen wird!«
Die Jungfrau Maria wurde überhaupt nicht böse, sondern warf vielmehr dem Ruhestörer eine Kußhand zu. Was würde jetzt passieren? Reine schlich hinter dem Karren her und wagte nicht, sich umzudrehen. Würden sich acht Bullen auf den Typen werfen, der gerufen hatte?
Der Karren mußte an der Ampel auf der Kreuzung Kungsgatan-Sveavägen stehenbleiben. Reine ging ganz nah hin und sah, wie die Jungfrau Maria sich die Jesuspuppe zwischen die Beine steckte und das Kissen glattstrich, offenbar war es bald wieder soweit. Aber es dauerte lange, bis es dazu kam, sie gingen den ganzen letzten Teil der Kungsgatan hinunter, an The Great American Disaster und McDonald's vorbei, bevor Reine merkte, daß sie zum Stureplan unterwegs waren. Er lief jetzt nicht mehr als einziger hinterher. Drei, vier Mädchen, die jünger waren als er, ein Busfahrer in Uniform und ein Besoffener, der ein Rad mit platten Reifen schob, hatten sich ebenfalls angeschlossen.
Gerade als die Harlekine auf dem Stureplan haltmachten und die Instrumente hervorholten, kam der Polizeibus von der Birger-Jarlsgatan her angefahren und blieb

etwas weiter vorn mit den linken Rädern auf der Verkehrsinsel stehen. Eine Sekunde lang sah es aus, als würde der Bullenwagen Schlagseite kriegen und nach rechts umkippen, aber die Polizisten verhielten sich in dem Wagen ganz still, und so passierte nichts.

Auf dem Stureplan wurde wortgetreu wiederholt, was sie auf dem Hötorget gespielt hatten. Diesmal war es gar nicht so gut, fand Reine. Die Jungfrau Maria sah nicht so aus, als würde sie gleich in Ohnmacht fallen, schwankte geziert und verlor fast das Jesuskind zwischen ihren Beinen, bevor die Harlekine ankamen und unter ihren Röcken zu wühlen begannen. Aber so war es wohl immer; eine Überraschung funktionierte nur beim erstenmal. Reine konnte nicht begreifen, wie die Schauspieler es aushielten, zu verschiedenen Plätzen in Stockholm zu fahren und immer genau dieselbe Sache zu wiederholen. Wenn man Schauspieler war, mußte man sich ja vorkommen wie eine Schallplatte mit einem Kratzer, auf der die Nadel immer in derselben Rille lief.

Nach dem Stureplan war offenbar Schluß. Die Jungfrau Maria kletterte von dem Karren herab, rollte die langen Röcke über den Hüften zusammen, warf Jesus und das Kissen zu den Instrumenten im Karren und half beim Schieben. Als sie die Straße überquerten und auf der anderen Seite über den Bordstein mußten, fiel der rote Schirm heraus und rollte fast einmal im Kreis herum. Reine stürzte herbei und hielt ihn an.

»Du kannst ihn tragen, wenn du willst«, sagte die Jungfrau Maria zu Reine, und das machte er tatsächlich.

Es war ein sehr komisches Gefühl, hinter dem grünen Karren herzulaufen und den roten Schirm zu schleppen. Er versuchte, so dicht wie möglich neben Maria zu gehen, damit es so aussah, als sei der Sonnenschirm zu ihrem Schutz da und nicht zu seinem; er war nur ein Diener oder Page, der mithalf. Besorgt hielt er nach be-

kannten Gesichtern Ausschau. Hätte jemand von der Penne ihn gesehen, und es wären keine Ferien mehr gewesen, dann wäre er morgen knallhart verdroschen worden.
»Das ist ein gutes Stück«, sagte er zu Maria, als sie bei der Königlichen Bibliothek einbogen. »Ich habe neulich bei der Probe zugeguckt.«
»Komm doch mit und schau dir die ganze Vorstellung an. Es läuft jetzt schon ganz gut. Die Premiere vorgestern war ganz beschissen. Nichts klappte. Klodde hatte sich erkältet und konnte nicht den Bauchredner machen. Ich mußte selbst die Repliken von Jesus hinter einem Fächer sprechen.«
»Klodde?«
»Claude. Der den Joseph spielt.«
Sobald sie am Freilufttheater angekommen waren, verschwanden Maria und die Harlekine in einem Wohnwagen hinter der Bühne und zogen sich um. Maria kam gleich wieder heraus, sie trug Jeansshorts und ein blaues, ärmelloses Unterhemd. Sie hatte große Brüste, die seitlich abstanden. In der Hand hielt sie eine Dose Bier, Tuborg. Tranken alle Weiber Tuborg? Reine wurde entsetzlich durstig, wagte aber nicht zu fragen.
»Was hast du mit dem Schirm gemacht?«
Reine hatte den Schirm mit dem Griff in den Souffleurkasten gesteckt, er holte ihn.
»Danke. Komm um drei Uhr wieder. Nein, um halb drei, wenn du einen guten Platz haben willst«, sagte Maria, klappte den Schirm zusammen, hängte ihn über den Arm und ging zum Wohnwagen.
Reine fühlte sich verlassen, aus irgendeinem blöden Grund hatte er sich eingebildet, er gehöre zu Maria und den Harlekinen. Aber das stimmte offenbar nicht: Tschüß dann, das war alles. Bis zur Vorstellung waren es noch eineinhalb Stunden, und er setzte sich in den Schatten des verschlossenen Wohnwagens. Die Gardi-

nen waren zugezogen, Popmusik strömte durch die Lüftungsklappe im Dach. Mehrmals waren laute Lachsalven zu hören, und dann schaukelte der Wagen.

Natürlich schlief er ein. Er saß im Schatten hinter dem Wohnwagen und schlief ganz einfach ein. Er wachte davon auf, daß ihm die Zähne in ein Knie schlugen, und legte sich statt dessen lang. Daß man von der Sonne so müde wurde. Hatte er in seinem dunklen Keller nicht lange genug geschlafen? Eigentlich dürfte kein Schlafsaft mehr im Kopf sein. Aber es waren ganze Seen. Der Schlaf begann im Kiefer, der Saft stieg in den Kopf, über die Ohren und bis an die Schädeldecke. Dann war man ganz unter der Oberfläche . . . Er wachte noch einmal mit einem Ruck auf: Wenn der Schlafsaft stieg, während man lag, kam er schließlich zu dem Ohr heraus, das man noch oben kehrte.

29

Als Reine mit einem widerlichen Völlegefühl im Bauch aufwachte, strömten schon Leute herbei. Alle guten Plätze waren besetzt. Reine ging steif und mit voller Blase ganz nach links und setzte sich in die erste Reihe. Dort würde man jedenfalls gut hören können – aber schief sehen. Das Publikum bestand vor allem aus älteren Leuten, es waren aber auch einige Ausländer darunter, die sehr erwartungsvoll aussahen. Im Publikum gab es einen Zwerg, einen kleinen Onkel, der nicht größer als ein Meter sein konnte und einen hellen Sommeranzug mit hellblauem Schlips und einen kleinen Strohhut trug. Der Zwerg sprang auf die Bank, saß dann da und starrte gleichgültig vor sich hin, die winzigen Sandalen bestimmt zehn Zentimeter über dem Boden. Reine war sehr peinlich berührt, wandte sich ab, konnte aber nicht vergessen, daß der Zwerg dort saß.

Bevor das eigentliche Stück von den drei Weisen anfing, spielten Maria und die Harlekine dieselbe Szene, die sie auf dem Hötorget und dem Stureplan gebracht hatten. Der einzige Unterschied war, daß sie jetzt nicht den Karren benutzten. Das Publikum beklatschte das Vorspiel lebhaft, aber zwei Tanten hinter Reine standen sofort auf, nachdem Jesus geboren war, und gingen weg.

Das Stück war überhaupt nicht gut. Es schien phantasievoll und anregend, als er bei der Probe einen Ausschnitt gesehen hatte, aber jetzt wirkte die ganze Geschichte langweilig. Es gab ein fürchterliches Getue, bevor Maria schwanger wurde, mit langen Dialogen zwischen Joseph und dem Verkündigungsengel. Joseph war sauer, weil er nicht der Vater sein durfte. Das war eine lustige Idee, aber sie wurde nicht weiterverfolgt, statt dessen folgte ein langes, schwerverständliches Lied über die Steuererhebung im Römischen Reich.

Nun gut, nach und nach kam die Familie in Bethlehem an, wurde in allen Hotels und Pensionen abgewiesen – das war ganz lustig – und quartierte sich schließlich nicht in einem Stall ein, sondern in etwas, das Männerasyl hieß, und wo eine Menge Säufer übernachteten. Aber sobald Maria in dieses Männerasyl kam, wurden die Säufer lammfromm, hörten zu fluchen und zu trinken auf und bedienten sie statt dessen. Die eigentliche Geburt war eine Enttäuschung, man bekam sie von der falschen Seite zu sehen. Maria lag auf dem Rücken, mit dem Kopf zum Publikum und dem Unterleib zu den Säufern und Joseph. Jesus wurde sofort in einen alten Sack gewickelt.

Endlich waren die drei Weisen an der Reihe. Sie kamen aus dem Humlegården angetrabt und drängelten sich eifrig durch das Publikum zur Bühne vor. Viele lachten und fanden es lustig, wie die Schauspieler schubsten und traten. Reine wollte sich aber nicht umdrehen, denn

dann hätte er den Zwerg wieder anschauen müssen. Trotzdem konnte er einen flüchtigen Blick auf den hellgekleideten kleinen Onkel nicht vermeiden, der sich auf seinem Platz reckte und versuchte, über die Dahinterstehenden hinwegzugucken. Er schien einen steifen Nacken zu haben und mußte den ganzen Körper drehen. Kein Wunder; der Zwerg hatte ja keinen Hals.
Die Ankunft der drei Weisen im Männerstall hatte Reine ja schon gesehen, und so fühlte er statt dessen in der Tasche nach, ob er möglicherweise einen Ständer hatte. Aber er hatte keinen; er mußte wohl nur pinkeln. Manchmal war es schwer zu unterscheiden, was es nun war.
»Amerika! Peng! Sowjetunion! Peng! Frankreich! Peng! Großbritannien! Peng! Kanada! Peng! Japan! Peng! Israel! Peng! Norwegen! Peng!« riefen die drei Weisen und warfen dann einige Handvoll Schokoladengeld ins Publikum.
Reine erwischte eine Münze, pulte das gelbe Stanniolpapier ab: Was für ein Betrug! In dem Geldstück war Lehm statt Schokolade. Aber vielleicht sollte man sich etwas dabei denken.
Geld? Wie zum Teufel sollte er zu Geld kommen, nachdem Olga dichtgemacht hatte? Falls er keinen neuen Job fand, mußte er anfangen, Sachen zu verkaufen. Was für Sachen? In der Wohnung gab es immerhin Kleider, den Pelz der Mutter, ein paar Bücher, Comic-Hefte!, einige LP's, die Topfpflanzen. Es wäre eine gute Tat, die Topfblumen zu verkaufen, bevor sie eingingen. Pflanzen? Warum nicht selbst etwas anbauen, zum Beispiel Haschisch. Ein paar ältere Typen aus der Penne hatten ja im letzten Frühjahr in ihrem Heizungskeller Haschisch angepflanzt. In diesem Jahr, wo es einen Jahrhundertsommer gab, würde es genauso gut im Blumenkasten auf dem Balkon gehen. Dann könnte man es im Kungsträdgården verkaufen und in Null Komma nichts

reich werden. Man mußte sich nur ein paar Samen beschaffen. Was für eine Idee! An die anderen Sachen in der Wohnung kam er nicht mehr heran, aber wenn man sich aufs Dach legte und die Samen in den Blumenkasten streute, brauchte man nur ein Weilchen zu warten. Die Haschischpflanzen wurden ja so groß wie Mais – oder? – und würden mit der Zeit so hoch aus dem Blumenkasten herauswachsen, daß man die Spitzen vom Dach aus pflücken könnte. Einfach Klasse!
Aber leider würde es zu lange dauern; er wäre verhungert, bevor das Haschisch bis zum Dach hinaufgewachsen war. Und dann müßte man wahrscheinlich das Harz nehmen . . . oder, nein, die Blätter reichten: Haschischblätter konnte man als »Grass« für Zigaretten verkaufen. Das hatte dieser – dieser Drogenberater in einem Vortrag in der Penne erzählt.
Mit dem Haschisch mußte man wohl bis zum Winter warten und es dann im Heizkeller anpflanzen. Jetzt im Sommer ging es bestimmt schneller, Maiskörner direkt in den Blumenkasten zu streuen und dann den restlichen Sommer von Mais zu leben. Falls man nicht irgendwas aus dem Keller verkaufte, das Gitterbett – oder das fast neue Fahrrad! Natürlich. Es hatte vierhundertneunundsiebzig Kronen im Kaufhaus OBS! gekostet. Wieviel war es wert? In einem so warmen und schönen Sommer wie diesem mußte es in Stockholm einen ungeheuren Mangel an Fahrrädern geben. Alle wollten natürlich radeln. Ob man das Doppelte kriegen könnte? Es hatte ja immerhin drei Gänge. Eigentlich sollte ein Fahrrad heutzutage zehn Gänge haben oder notfalls fünf. Aber wenn man der Sohn einer alleinstehenden Mutter war, mußte man sich anpassen. Das würde er nie vergessen. Daran waren die Politiker schuld: daß die Kinder von Alleinstehenden bloß Räder mit drei Gängen kriegten. Das würde nicht vergessen werden. Wenn er älter wäre, würde er einige von diesen Politikern aus-

findig machen, die mittlerweile gebrechlich im Rollstuhl saßen. Dann würde er es mit ihnen genauso machen wie Richard Widmark mit der Alten im Fernsehen. Tschüß, die Treppe runter, danke für alle Räder mit drei Gängen!

Das Fahrrad zu verkaufen wäre Wahnsinn. Schierer Wahnsinn. Diese Politiker wollten ja die Sammelkarten für den Vorortzug erhöhen. Siebzig Eier für Erwachsene! Entsprechend auch für Kinder, wie anzunehmen war. Unter diesen Umständen wäre es idiotisch, das Rad zu verkaufen. Selbst wenn die Fahrradpreise wegen der Hitze und der erhöhten Fahrtkosten irrsinnig stiegen, wäre es Wahnsinn. Es wäre cleverer, das Fahrrad selbst zu benutzen. Hier kommt der nette Mike auf seinem schicken, dreigängigen Bike.

Natürlich würde er vom ersten August an das Fahrrad benutzen, um die Fahrkarte zu sparen. Es blieb natürlich die Gefahr, daß es ihm gestohlen wurde, aber kaum in Sollentuna, da er jede Nacht nur einige Dezimeter vom Rad entfernt schlief. Im Herbst würde es schwieriger werden. Kälter, nässer. Aber wenn man sich nun dick anzog? Um diese Zeit hätte Tante Olga ihr Atelier wieder aufgemacht, und die Leute würden sicher wie die Fliegen begraben. Leider würde es dann nach und nach Schnee und Eis geben. Im Schnee konnte man ja radeln, aber mit dem Eis konnte es gefährlich sein, besonders wenn es zu tauen anfing und sich mit einer Wasserschicht überzog. Spikesreifen? Zu teuer. Aber wenn man nun folgendes machte und einige Bogen grobes Sandpapier kaufte. Wenn man dann die Bogen in passende Stücke schnitt und sie mit dem Sand nach außen auf die Reifen klebte? Genial. Wie auf Schleifsteinen herumfahren; sicher wie die Bahn. Der Leim? Man nahm Solution, dieses Zeug, mit dem man das Gummi auflöste, wenn man einen Platten reparierte. Japp, das Problem wäre erledigt.

»König Herodes der Große hat am heutigen Tage beschlossen und befohlen: Jeder Knabe unter zwei Jahren, der sich in Galiläa, Judäa oder Samaria befindet, soll auf meinen höchsten Befehl unverzüglich und ohne Ausnahme im Interesse des Staatswohls *umgebracht werden*!«
Die beiden Soldaten stapften auf der Bühne herum und ritschten und ratschten mit ihren Holzschwertern, als versuchten sie, sich durch die Lianen und das Unterholz des Dschungels einen Weg zu bahnen. Reine blickte zum nächsten Baum hoch, um zu sehen, ob nicht Tarzan und Cheeta dort oben säßen und sich schieflachten, aber sie hatten es offenbar vorgezogen, schon vor einer ganzen Weile zu fliehen. Ebenso Jesus, wie sich zeigte; er befand sich schon in Ägypten in Sicherheit. War das dort, wo er in einem Korb auf dem Nil segelte und von Pharaos Tochter gefunden wurde? Nein, verflixt, das war doch Moses.
Die Blähung kam ganz ohne Vorwarnung. Darmgrippe? Es mußte Darmgrippe sein, denn er hatte nur das übliche gegessen: Hamburgers, Fritten, Coca-Cola und Schokoladenshake. Ob man es mit einem Furz versuchen sollte? Er traute sich nicht, es war keine gewöhnliche Blähung, sondern Durchfall. Und jeden Moment würde er auch anfangen müssen zu kotzen. Reine glitt von der Bank herunter, die Knie fest zusammengedrückt. Er warf einen letzten Blick auf den Zwerg und verzog sich hinter den Wohnwagen der Theatertruppe. Dort müßten sie doch ein Klo haben. Aber kein Klo weit und breit. Er wagte nicht, an die Wohnwagentür zu klopfen. Übrigens schienen jetzt alle Schauspieler auf der Bühne zu sein. Von der Seite sah es so aus, als versammelten sie sich zu einer riesigen, lebendigen Weihnachtskrippe: Maria mit Jesus in der Mitte, Joseph in der Kulisse, die drei Weisen, Hirten und Tiere: Einer hatte sich einen Eselskopf aufgesetzt, ein anderer einen

Löwenkopf. Reine rannte zum Hügel der Flora hinüber.
Der Hügel war mit Tausenden von aufgeblühten Tulpen und niedrigen, teilweise ziemlich dichten Büschen bepflanzt. Reine duckte sich und schlich hinein. Hier und da lagen Scheißhaufen und benutztes Papier. Er zog die Jeans herunter und konnte sich kaum hinhocken, bevor es schon losspritzte. Es rumorte und schmerzte im Bauch. War es vielleicht doch etwas Schlimmes mit dem Blinddarm? Morgen früh würde der Parkwächter ihn finden, gestorben an einem Blinddarmdurchbruch . . . Nein, vom Blinddarm kriegte man Verstopfung, nicht Durchfall. Es kam immer mehr. Er hockte seufzend da, würde es denn nie ein Ende nehmen? Die Magenschmerzen fingen wieder an; es kam noch mehr. Zum Schluß nur Wasser. Aber er hatte das Gefühl, Salzsäure zu scheißen, der ganze Po brannte.
Endlich schienen die Därme im Bauch zur Ruhe gekommen zu sein. Reine stellte sich den Bauch wie eine Schlangengrube vor, in der die Därme herumglitten und sich umeinander wanden wie Boas, Nattern, Anakondas und grüne Mambas. Na schön, jetzt hatten die Schlangen offenbar Frieden geschlossen und sich beruhigt. Nun mußte man ans Abwischen denken. Die Blätter der Büsche waren viel zu klein, er las mißtrauisch ein Eispapier auf, ließ es aber sofort wieder fallen. Was hatte er denn in der Tasche? Ach ja! In der Tasche hatte er einen Trinkhalm von Carolls, und dieser Trinkhalm war in eine Papierserviette eingewickelt. Genau, spare in der Zeit, so hast du in der Not.
Reine zog sich wieder an und kroch aus dem Gebüsch. Er traute sich nicht, weiter weg zu gehen, als bis zum nächsten Papierkorb. Dort setzte er sich auf das niedrige Eisengeländer, das die Anlagen einfaßte, und stocherte vorsichtig im Papierkorb herum. Vor allem Bierdosen und Abfall, aber zum Glück auch eine ganze, zu-

sammengerollte Abendzeitung und das Seidenpapier einer Apfelsine, Marke Ritter. Er lachte. Es war schon lange her, daß man Apfelsinenpapiere gesammelt hatte.

Nach etwa einer Stunde fühlte er sich so sicher im Bauch, daß er langsam zu dem kleinen Spielplatz mit Schaukeln und einem Klettergerüst ging. Ein etwa dreijähriges Kind saß auf einer Bank und starrte träge seine Eltern an, die nach Herzenslust schaukelten. Reine fand eine leere Bank, setzte sich auf die äußerste Kante und las Kieselsteine auf, mit denen er dann nach Spatzen zu werfen versuchte. Aber sie waren zu schnell, und er ging dazu über, auf einen Papierkorb zu zielen. Es war nicht der Korb, den er durchsucht hatte, sondern ein anderer. Aber er hatte keine Lust, in diesen Korb zu schauen. Mit einer ganzen Abendzeitung konnte man jeden beliebigen Paratyphus durchstehen.

Nach einer Weile fühlte er sich steif und matt, die Bauchschmerzen kehrten zurück, und die Übelkeit stieg in Wellen bis in den Hals. Es blieb ihm nichts anderes übrig, als zu versuchen, wieder langsam zum Hügel der Flora hinaufzugehen. Im Lauf des Nachmittags und Abends hatte er noch mehrere Anfälle von Blähungen, und er traute sich nicht, den Hügel zu verlassen. Als der Bauch sich schließlich ein wenig zu beruhigen schien, legte er sich bei den Büschen ins Gras. Es war warm. Früher am Nachmittag waren es über fünfunddreißig Grad in der Innenstadt gewesen, hörte er jemand sagen, der am Gebüsch vorbeiging, in dem er saß wie Moses im Schilf.

30

Er erwachte, als ein Vogel so dicht an seinem Gesicht vorbeiflog, daß er den Flügel über die Backe streifen fühlte. Oder hatte er das nur geträumt? Er setzte sich

auf, die Armbanduhr zeigte zehn nach vier. Was für ein Morgen! Die Vögel sangen in Bäumen und Büschen, die Sonne brannte auf das Gras und brachte den Tau zum Dampfen. Es war so warm wie an einem gewöhnlichen Sommertag.
Reine betastete behutsam seinen Bauch. Es tat weh, verdammt weh, aber sonst fühlte er sich ganz gesund. Aber er war durstig, wahnsinnig durstig. Und hungrig. Irrsinnig! Er hätte einen ganzen Ochsen aufessen können. Das Dumme war nur, daß wohl kaum genügend große Hamburgerbrötchen gebacken wurden, um einen kompletten, am Spieß gebratenen Ochsen mit geschmolzenem Käse und Dressing zwischen die Hälften zu legen. Auf den Salat konnte er gern verzichten.
Er erhob sich aus dem Gras und pinkelte ins Blumenbeet; hier war es ja leer wie im Paradies. Auf einem der Plätze linkerhand gab es einen Springbrunnen. Er trank und wusch sich Gesicht und Hände. Dann wischte er die Hände an den Hosen ab und hielt sich die Finger unter die Nase. Rochen sie nach Scheiße? Schwer zu sagen, aber Bazillen konnten sich natürlich festbeißen. Er nahm eine Handvoll Kies vom Weg und wusch sich noch einmal die Hände. Dann kämmte er sich den ganzen Haarschopf ins Gesicht und machte auch ihn naß. Es war ein herrliches Gefühl. Selten war es so herrlich gewesen, sich zu waschen. Er sehnte sich sogar nach einer Zahnbürste. Er pflückte ein paar Blätter von einem Busch, befeuchtete sie und rieb sich die Vorderzähne. Es schmeckte bitter und scharf. Er nahm den ganzen Mund voll Wasser, ging ein paar Schritte durchs Gras und klopfte sich fest und schnell auf beide Backen, so daß das Wasser über ihn selbst und übers Gras hinspritzte. Es war herrlich zu leben! Es würde in alle Ewigkeit herrlich sein!
Obwohl es erst halb fünf Uhr morgens war, wurde drüben am Buschtheater gearbeitet. Was war denn da los?

Reine ging über den glitzernden, dampfenden Grashang zu der grünen Holzbühne hinüber. Vier Männer schraubten Planken auseinander. Reine glaubte Joseph zu erkennen, aber er war nicht sicher.
»Hallo!« rief er. »Baut ihr das Theater ab?«
Zuerst antworteten sie nicht. Dann drehte sich einer der Männer um, es mußte Herodes' Herold sein, und sah Reine verschlafen an:
»Servus. Yes, jetzt geht's weiter. Weg mit dem Zeug. Die Bullen haben gesagt, wir müssen vor sieben Uhr null weg sein. Komm rauf und hilf uns, verdammt nochmal!«
Reine stellte die Pumatasche ab und kletterte auf die Bühne. Man konnte ja genauso gut arbeiten, um seine übrigen Sorgen zu vergessen, den Hunger, der bald mit neuer Kraft zuschlagen würde. Der Magen würde sich nicht mit reinem Glück begnügen – selbst wenn es in alle Ewigkeit anhielt. Wenn man nun von Glück lebte, was würde dann beim Scheißen am anderen Ende herauskommen? Unglück?
Die Bretter waren schwer. Sie standen auf der halb demolierten Bühne und warfen die Planken ins Gras. Es donnerte und krachte wie bei einem langen Gewitter. Es war herrlich, zu arbeiten, es war herrlich, anzupacken, die Muskeln zu spannen, die Glieder zu strecken, tief einzuatmen, die Brust zu dehnen, sich mit den Gummischuhen abzustemmen und ein Brett über die Rampe zu wuchten. Anpacken! Losbrechen! Hochstemmen!
»Paß nur auf, daß du nicht entzweigehst, Junge«, sagte Joseph; Joseph, der eigentlich Claude oder Klodde hieß.
»Ja, Teufel nochmal«, fluchte Reine, spuckte in den Souffleurkasten und beschleunigte das Tempo noch mehr. Hier mußte geschuftet, was weggeschafft, der Widerstand einer bockigen Natur gebrochen werden. Schuften. Schuften. Schuften. Ihm wurde plötzlich

schwindlig, aber es ging vorüber, als er den Kopf zwischen die Knie beugte und sich die Ohren fest zuhielt. Hart zu arbeiten, das war das Glück. Zu spüren, was man schaffen konnte. Die Kraftanstrengung ließ einen vergessen, ließ einen die wichtigsten Fragen und die blödesten Antworten der Welt vergessen. Vergessen, wer am längsten gelebt hatte, wer am schnellsten geschwommen war, wer am höchsten gesprungen war. Pack kräftig zu, dann brauchst du nicht mehr ängstlich herumzulaufen und zu fragen, ob du was taugst. Aber der größte Nutzen harter körperlicher Arbeit war, daß man den Hunger vergaß. Als er sich eine Sekunde verschnaufte und der Magen sich wieder melden konnte, meldete er nur eine leichte Übelkeit. Dieser verdammte Schleimsack sollte ihn nicht beherrschen dürfen.

Nach etwa einer Stunde kam ein Lastwagen auf dem schmalen Kiesweg angeklappert. Er hatte einen kleinen Kran hinter der Fahrerkabine, mit dem sie Planken und Wandstücke hochhievten. Bei der ersten Ladung ging nicht alles drauf. Der Wagen fuhr weg, und sie machten eine kleine Pause. Es gab nichts zu essen oder zu trinken, aber einer der Typen namens Sören ließ die Schnupftabakdose herumgehen. Reine nahm sich eine normale Prise; schon in der ersten Klasse hatten er und einige Kameraden mit filterfein gemahlenem Kaffee trainiert, an der Technik fehlte es also nicht.

»Wie heißt du denn, Schnupf-Johan?« fragte Klodde, als er die Dose von Reine übernahm.

»Reine.«

»Klingt bekannt«, erwiderte Klodde.

»Schnupf-Johan«, grinste Sören, »der Typ, der im Akkord arbeitet.«

Viel mehr wurde nicht gesagt, bis sie wieder auf die Reste des Theaters kletterten. Niemand konnte mehr sehen, daß es ein Theater gewesen war; es sah eher aus wie ein großes, unregelmäßiges Klettergerüst. Reine fühlte sich nach dem Schnupfen munter und stark. Jetzt kam es drauf an, die neuen Freunde nicht zu enttäuschen. Er hatte ihre Botschaft genau verstanden: Wenn er arbeitete wie der Teufel und damit einverstanden war, Schnupf-Johan genannt zu werden, durfte er bleiben. Sonst nicht.

Nach einer Weile durfte Reine einem von ihnen, einem dicken Typen mit krausem, rotbraunem Vollbart namens Leif, beim Aufrollen der elektrischen Kabel helfen. Sie stiefelten zwischen Bäumen und Holzpfählen herum, Leif stieg auf einen wackeligen Küchenstuhl und schraubte ab, während Reine die Kabel auflas und sie um seinen Ellbogen und die Hand wickelte. Sie wurden schon bald so schwer, daß er den Arm entlasten mußte, indem er die Kabel über die linke Schulter schob – wenn es nur nicht dem Flügelansatz schadete! Es war wirklich ein phantastischer Morgen. Er fühlte sich leicht wie ein Engel. Ein Engel, der sich auf der Erde wohlfühlte und keine Flügel brauchte, um wegzufliegen und das Glück über den Wolken zu suchen, oder wo zum Teufel es sich nun aufhielt.

»Soso, Schnupf-Johan, du hast mich gestern gesehen. Hast du mich erkannt? Ich war der Verkündigungsengel.«

»Du warst gut verkleidet«, antwortete Reine.

»Kostüm und Maske sind unheimlich wichtig. Du hast es erfaßt. Theater muß ein Fest sein, Theater muß Verkleidung, Kostümierung sein. Sich aufdonnern und sich anpinseln. Aber verdammt viele Gruppen haben das nicht kapiert. Die spielen so, als würden sie im Büro arbeiten.«

»Bist du schon lange Schauspieler?« fragte Reine.

»Mein ganzes Leben lang. Mein ganzes Leben lang.«

»Hast du nie Schiß? Wenn du da oben auf der Bühne stehst. Schiß, daß du was vergißt oder dich blamierst.«

»Nie. Nur das Publikum hat Angst. Jawohl. Ich stehe da in meinem Purpurmantel mit der goldenen Krone auf dem Kopf und einem langen Zepter in der Faust. Ich stehe da mit dem ganzen Welttheater im Gepäck. Was soll ich rausholen? Shakespeare. Molière. Ibsen. Aristophanes. Strindberg. H. C. Andersen. Tschechow. Na? Was hat das Publikum dagegenzusetzen? Was hat es sich vorgestellt? Was hat es formuliert? Nicht die Bohne. Es hat nicht die geringste Chance. Ich habe die Macht, ich stehe da oben wie der Kaiser auf seinem Kampfwagen. Mit dem Souffleur als meinem Sklaven. Ich stehe da und halte die Zügel in der Hand, kann das Publikum nach rechts oder links lenken. Da stehe ich mit meiner langen Peitsche. Ich beherrsche sie. Wenn ich will, daß sie lachen, dann lachen sie. Wenn ich will, daß sie weinen, dann weinen sie. Wirf den Schweinen eine Replik hin. Faß! Sie schmeißen sich auf das erste beste Hamlet-Zitat wie ein Haufen geiler Hunde. Theater ist kurz gesagt Macht.«
Reine fühlte sich ein wenig benommen und hätte fast das Kabel fallenlassen. Dann war ja das Theater etwas für ihn, für König Reine den Ersten. Leider war er verflixt schüchtern und litt furchtbar, wenn er vor der Klasse etwas sagen mußte. Aber da war man ja auch nicht verkleidet. Oder geschminkt. Man stand grau und klein da wie irgendein verdammter x-beliebiger Schüler. Na warte, wenn er erst in einer römischen Toga, mit Engelsflügeln und einer neunschwänzigen Lederpeitsche das Katheder betrat!
»Schnupf-Johan! Paß auf, wenn du annimmst!« brüllte Leif von seinem Stuhl herunter.
Reine riß sich zusammen. Mindestens zweimal am Tag pflegte er darüber nachzudenken, was er als Erwachsener werden würde. Motorradkonstrukteur hatte viel für sich. Aber auch Forscher, natürlich, da er der krebserregenden Wirkung der Radiowellen auf die Spur ge-

kommen war. Erfinder. Flugkapitän bei der SAS. Krankenwagenfahrer, nein, dieser Plan hatte ein rasches Ende gefunden, als die Mutter sich mit Stig einließ. Aber es gab also einen Beruf, der alle Träume in sich vereinigte: der des Schauspielers. Da konnte man an einem Abend der Kaiser von Rom sein, am nächsten ein Erfinder in New York und in der Matinévorstellung der beste Hubschrauberpilot der Mordkommission.

»Hör mal, Leif, meinst du nicht, daß es eine kleine Rolle beim Buschtheater gibt, die man mal probieren könnte?«

»Für dich, Schnupf-Johan?«

»Ja?«

»Für dich, Schnupf-Johan, der keine Schauspielausbildung hat? Für dich, der noch kaum im Theater gewesen ist? Der von der Schauspielkunst keinen blassen Dunst hat? Der noch nichts gelesen hat? Der nach nichts aussieht? Der einen unmöglichen Namen hat? Was, glaubst du, wäre aus Laurence Olivier geworden, wenn er mit Vornamen Schnupf-Johan geheißen hätte?«

»Entschuldige bitte. Aber irgendwo muß man ja anfangen.«

»Zum Beispiel in einer Schauspielschule. Oder als Privatschüler bei einem berühmten und wirklich guten Schauspieler. Man muß studieren, Schnupf-Johan. Kurz und gut: studieren.«

»Aber vielleicht könnte ich bei dir Privatschüler werden?«

»Mit so wichtigen Vorschlägen kann man nicht ohne weiteres ankommen, Schnupf-Johan. Man muß erst das Terrain erkunden. Sondieren. Fühlung nehmen. Auf Zeichen warten. Kapiert?«

»Ja«, antwortete Reine; die Art, wie Leif mit ihm redete, unterschied sich in nichts von der anderer Erwachsener. Es war genau das, was Kinder immer machen mußten: warten, eine günstige Gelegenheit abpassen, bereit sein, schnell einen Rückzieher zu machen, vor allem nicht den Gedankengang eines Erwachsenen stören oder unterbrechen. Wie alt wurde man, bis man endlich lernte, daß man nicht mehr wert war als ein Hund? Zwei Jahre? Drei Jahre? Bis man lernte, daß Übergriffe von oben etwas Natürliches waren. Nicht verständlich, aber natürlich. Daß jemand einen plötzlich vom Boden aufhob, ohne daß man sich dagegen wehren konnte. Daß jemand einen in ein heißes Bad stecken konnte, ohne daß man eine Chance hatte. Daß jemand einem einen Löffel Brei ins Maul schieben konnte, nachdem einem zuerst die Arme festgehalten wurden. Die Mutter quatschte soviel von der Frauenbewegung. Vielleicht ging es den Frauen wirklich dreckig, aber sie riskierten keine Ohrfeige, wenn sie in die Hosen machten.

Leif machte eine Runde zwischen all den Böcken, auf denen die Bänke gelegen hatten. Reine trottete hinterher, beladen mit einem Hundertmeterlasso. Wenn man die Klappe hielt, jedem Wink gehorchte, vor allem fröhlich aussah, dann würde man vielleicht . . . Leif zerrte an seinem Ende des Kabels und zog Reine zu sich her.

»Jetzt haben wir's geschafft. Nimm das Kabel und leg das ganze Zeug auf den Tisch im Wohnwagen.«

Reine stieg schwankend die Treppe zum Wohnwagen hinauf und stemmte die Tür auf. Auf einer Pritsche lag die Jungfrau Maria und schlief. Es war heiß und muffig wie in einem Zelt. Maria lag auf dem Bauch, mit ihrem blauen, ärmellosen Unterhemd bekleidet. Das Laken hatte sie weggeschoben, sie lag mit nacktem Hintern da. Reine blieb stehen und sah verwundert, wie sich ihre Rückenlinie in einem scharfen Bogen nach oben schwang und ein Hintern wurde. Ein weißer, glatter Hintern. Es war unwahrscheinlich schön. Im nächsten Moment schmiß er das schwere Kabelknäuel auf den Boden, riß die Tür auf und rannte hinaus. Er pfiff auf Leif und das ganze, praktisch demolierte Theater. Statt dessen flitzte er zu dem Spielplatz mit den Ping-Pong-Tischen und verkroch sich zwischen zwei niedrigen Schuppen. Keuchend fummelte er den Hosenschlitz auf und holte seine Geschlechtsorgane heraus. Er war doch wohl nicht?!

31

Er mußte seiner Mutter schreiben, sonst könnte sie Lunte riechen, und alles würde in die Binsen gehen. Wann hatte er zuletzt wirklich einen Brief abgeschickt? Vor Wochen! Ausgedacht hatte er sich schon welche, aber keinen geschrieben. Und wie viele Briefe von der Mutter mit Zehnkronenscheinen drin lagen auf dem Fußboden des Flurs?

Reine setzte sich in den Jeep, während Klodde und ein anderer Typ den Anhänger ankuppelten. Auf den Anhänger hatten sie den grünen Theaterkarren mit den großen Speichenrädern gestellt. Es sah komisch aus, Wagen auf Wagen, als würden sie miteinander ficken. Reine versuchte, sich zu konzentrieren: *Liebe Mami,* nein, *Liebe Mami Harriet,* da es schon so ewig her war. *Einer von den Leitern hier hat einen alten Jeep. Wir dürfen manchmal auf dem Rücksitz mitfahren. Es ist ein richtiger amerikanischer Jeep, er ist uralt. Kein Land Rover.* War das zuviel über Jeeps? Aber die Mutter konnte ruhig was über Autos lernen. Wenn es aber auf der Insel der Kinder keine Straßen gab! Wenn die Insel nur aus Klippen, Kiefernwäldchen, Sümpfen und Schilf bestand? Immer mit der Ruhe, der Jeep war ein Wagen mit Vierradantrieb, für Geländefahrten bestimmt. *Er ist giftgrün. Wenn man Glück hat, darf man auch mal lenken, aber nur im ersten Gang. Aber jetzt wirst du staunen, wir haben hier ein Theater.*

Klodde sprang in den Jeep und ließ den Motor an.

»Schau mal nach dem Anhänger!« rief er Reine über die Schulter zu.
Das war wirklich nötig, denn die Wege im Humlegården waren eigentlich viel zu schmal. Mehrmals blieben beide Wagen in Büschen und Sträuchern hängen, die über das Eisengeländer ragten. Aber Klodde war das wurscht, er trat nur fester aufs Gas. Als sie in den breiten Kiesweg einbogen, der in nördlicher Richtung von der Bibliothek wegführte, sah der Anhänger wie ein schlampig mit Laub geschmückter Erntewagen aus.
Sie fuhren um den halben Humlegården herum, dann über den Stureplan und am Norrmalmstorg vorbei. Den nächsten Park, Kungsträdgården, kannte Reine noch und auch das Schloß jenseits des Wassers, aber dann verlor er die Orientierung. Doch, das Rathaus hatte er zumindest auf einem Plakat gesehen. Sie kamen auf eine breite, gerade Durchgangsstraße, die am Wasser entlangführte. Klodde gab Gas, Laub und Zweige wirbelten hinter ihnen her. Es war irrsinnig dufte. Das war das Leben! An einem frühen Sommermorgen in einem grünen Jeep durch Stockholm rasen!
Klodde bremste ziemlich plötzlich ab und wechselte auf die linke Spur. Ein gelbes Taxi hupte wütend hinter den Wagen, überholte auf der falschen Seite, drosselte in der Höhe von Reine das Tempo. Der Fahrer beugte sich heraus und brüllte:
»Verdammte Bauern! Fahrt zur Hölle mit eurem Heuwagen!«
Reine wurde ungeheuer wütend, wagte aber nicht, es zu zeigen. Das Taxi verschwand, und Klodde bog nach links in eine schmale Asphaltstraße ein. Natürlich hätte Reine zurückschimpfen können! Er hätte diesem Taxischwein ins Gesicht spucken können. Er hätte die Hand ausstrecken und ihm die Nase umdrehen können. Oder den Vorschlaghammer nehmen, der im Jeep lag, und ihn auf das Verdeck des Taxis schmettern. Der Taxifah-

rer konnte ihm ja nichts tun. Um Reine zu erwischen, hätte er ja anhalten und aussteigen müssen – und dann wäre der Jeep schon weit weg. Reine saß zitternd da; es gab nichts Schlimmeres, als der Wut der anderen ausgeliefert zu sein, ob sie nun berechtigt war oder nicht.
Sie fuhren durch einen Park. Rechts ein breiter Grashang, links Wasser mit Brücken und Booten. *Wir haben ein eigenes Kindertheater, das Jesus Christ Superstar spielt. Mir hat man die Rolle des . . .* Nein, die Mutter wußte, daß er nicht singen konnte. *Ich bin der Souffleur.* Genau. Der Souffleur war der, der flüsterte, wenn die Schauspieler nicht mehr weiterwußten. Der Souffleur hatte das Schicksal der anderen in der Hand. Er konnte was Falsches flüstern, er konnte genau das flüstern, was er sie sagen lassen wollte. *Ich habe die Zeichensprache eingeführt.* Reine Larsson, der berühmte Souffleur, der die Taubstummensprache im Theater eingeführt hat. Einfach und genial. Jahrtausendelang haben die Schauspieler schwitzend dagestanden und nach dem Souffleur geschielt, der flüsterte und flüsterte. Das mußte besonders für ältere Schauspieler schwierig gewesen sein. Dieser Laurence Olivier zum Beispiel war bestimmt uralt und stocktaub. Aber jetzt würde Laurence Olivier einen neuen Frühling erleben, zusammen mit dem elfjährigen Starsouffleur Reine Larsson. Olivier müßte nur ein kleines Zeichen machen, vielleicht mit dem kleinen Finger, und dann würde Reine ihm sofort ganze Seiten aus dem vergessenen Stück in der Zeichensprache übermitteln. Still, schnell, unbemerkt. Das Publikum würde gar nichts davon mitkriegen. Und: Taubstumme könnten in Zukunft Souffleure werden. Für diese armen Teufel war es bestimmt nicht leicht, eine Arbeit zu finden.
»Hör auf zu träumen, Schnupf-Johan!«
Der Jeep war auf einem kleinen, geschotterten Platz zum Stehen gekommen, hinter etwas, das wie ein Frei-

lichttheater aussah. Ein fertiges Theater mit Sitzreihen an einem steilen Abhang.
»Wo sind wir?«
»In Rålambshov.«
Sie stiegen aus und pinkelten. Reine fiel es ein wenig schwer, in Gang zu kommen, während jemand so dicht neben ihm stand. Er schielte zu Klodde hin. Der schaute beim Pissen in den Himmel hinauf. Erst als er ein paarmal gewedelt und die Tropfen abgeschüttelt hatte, senkte er den Blick.
»Schön, daß man nicht wieder das ganze Theater aufbauen muß.«
»Meinst du, Schnupf-Johan. Da hast du sicher recht.«
Sie gingen zu den Bänken und setzten sich in halber Höhe des Abhangs. Ringsherum Laubschatten und Stille, aber von fern war ein gleichmäßiges Brummen von starkem Verkehr zu hören. Klodde holte eine Pfeife aus seinem Schreineranzug und zündete sie an. Er zog ein paarmal daran, dann steckte er sie wieder in die Tasche, ohne sie auszuklopfen oder zu löschen.
»Ich kann vielleicht bei Leif Privatunterricht nehmen«, sagte Reine.
»Bei Leif?«
»Ja.«
»Wozu denn?«
»Wenn es geht. Wenn er Zeit hat. Man darf nicht direkt darum bitten.«
»Leif? Der ist doch Bühnenarbeiter.«
»Bühnenarbeiter?«
»Bühnenarbeiter.«
Reine blickte überhaupt nicht mehr durch. Leif hatte doch wahnsinnig viel Ahnung vom Theater und kannte diesen Laurence Olivier, von dem er geredet hatte. Leif hatte den Verkündigungsengel gespielt, das stimmte wirklich.

»Es gibt Leute, die vom Theater besessen sind, ohne auf der Bühne zu stehen«, sagte Klodde. »Vielleicht kann Leif guten Schauspielunterricht geben, wer weiß.«

»Spielst du heute abend den Joseph?«

»Den Joseph? Nein. Wir spielen heute abend nicht. Erst am Mittwoch wieder. Dann haben wir Generalprobe von »Björn Ball«, unserem neuen Kinder- und Jugendstück.«

Der Lastwagen mit einem Teil der Holzkulissen kam auf den Kiesplatz gerollt. Es war komisch; wenn Lastwagen ganz langsam fuhren, konnten sie fast völlig lautlos sein. Leif und einer der anderen waren mit dem Lastwagen gefahren. Reine wollte nicht mehr mit Leif reden. Nicht, daß er was gegen Bühnenarbeiter hatte, aber irgendwie fühlte er sich hereingelegt. Aber vielleicht war Leif eigentlich ein Mensch, der ihm selbst ähnlich war, der in seinen Phantasien lebte, um mit dem Ganzen klarzukommen. Aber Erwachsene durften nicht in ihren Phantasien leben, wo zum Teufel kämen wir denn dann hin! Kinder konnten nichts dafür. Das gehörte zu den Dingen, die am schwersten zu verstehen waren: daß nicht alle Erwachsenen perfekt waren. Es war irgendwie widernatürlich. Ein Erwachsener mußte klug sein, mußte Verantwortung übernehmen können, mußte vor allem wissen, wozu das alles gut war.

32

»Geradeaus schauen, lächeln!« sagte der Regisseur. »Paß auf: Rune Ball, der Vater von Björn Ball, hat gerade ein Ping-pong-Turnier gewonnen. Als ersten Preis hat Rune Ball die Wahl zwischen einer Spinnangel und einem Tennisschläger. Den Tennisschläger gibt er seinem kleinen Sohn Björn. Björn Ball beginnt sofort zu Hause an der Garagentür zu trainieren. Er läßt nicht

locker. Aber er ist noch so verdammt klein, daß er den Griff mit beiden Händen halten muß. Schlag eine beidhändige Vorhand!«
Reine schaute verbissen auf seine Hände und drehte den Körper und den Schläger nach rechts. Smash!!
»Man muß den Ball sehen. Man muß den Ball fühlen, auch wenn er gar nicht da ist!«
Reine drehte den Körper wieder nach rechts, biß die Zähne zusammen und schlug zu. Smash!!!
»Entspann dich. Zieh die Schultern nicht so hoch. Das Publikum könnte ja glauben, es sei der Glöckner von Notre Dame, der da trainiert.«
Reine atmete tief ein, drehte sich nach rechts und . . . Smash!!!
»Jaaa. Vielleicht kriegen wir's hin, wenn du die Augen zumachst. Dann bist du ihm auch ähnlicher. Dieser Typ hat die Augen ja so nahe beieinander, daß es aussieht, als ob er schielt. Mach es nochmal: die Augen schließen und das Kinn vorschieben. Ja, verdammt. Schieb den Kaugummi rein, und nach dem Schmetterball lächelst du und singst: ›Zahnbelag, den jeder kennt, wird weggefegt mit Pepsodent.‹ Richtig doof. Es muß verdammt doof klingen. Er singt ganz dämlich.«
Reine kaute, drehte sich nach rechts, machte die Augen zu, schmetterte mit beiden Händen und sang:
»Zahnbelag, den jeder kennt, wird weggefegt mit Pepsodent.«
»Zu leise! Von Flüstern habe ich nichts gesagt. Dämlich genug war es. Aber zu leise! Wie zum Teufel sollen die Leute das verstehen, kannst du mir das sagen?«
»Ich bin heute ein bißchen heiser«, sagte Reine.
»Ich frage mich, ob wir nicht deine Matte schneiden sollen? Er hatte bestimmt kurze Haare, als er anfing.«
»Meine Haare abschneiden?«
»Damit du ihm ähnlicher wirst. Wo die Augen schon nicht stimmen.«

»Das mit dem ›Zahnbelag‹ stimmt auch nicht. Er hat doch verdammt nochmal nicht in einem Werbefilm gesungen, als er zehn war!«
»Kann schon sein. Aber darüber mußt du mit dem Autor reden. Nimm die Haare mal nach hinten. Nein, mit beiden Händen. Zeig mal!«
»Mir die Haare kurzschneiden?«
»Zeig nochmal. Sehr ähnlich. Man sieht schon von weitem, daß du aus Södertälje kommst.«
»Kann ich denn keine Perücke kriegen?«
»Wenn du diese beidhändige Vorhand gemacht hast, gehst du zur Rückhand über, immer noch mit beiden Händen. Dann singst du dasselbe nochmal nach der Rückhand.«
Reine konzentrierte sich, drehte sich nach links und schlug zu. Aber als er singen wollte, hatte er den Vers total vergessen.
»Halt, halt . . . Nicht singen. Ich hole einen Ball. Man muß spüren, daß du einen Ball schlägst. Jetzt stehst du da, als ob du einen Ski in der Hand hättest.«
Der Regisseur kletterte in den Wohnwagen. Reine ging in die Hocke. Er würde es nie schaffen! Es schien so einfach zu sein, man mußte nur ein paar Tennisschläge machen und einen Vers singen. Das war alles. In dem Stück selbst würde er nicht mitspielen, dazu hatten sie einen richtigen Kinderschauspieler. Reine hatte die Aufgabe, auf dem grünen Karren mitzufahren und Reklame für die Vorstellung zu machen. Es müßte eigentlich ganz einfach sein, aber das war es nun wirklich nicht. Der Regisseur kam mit einem gelben Tennisball in der Hand wieder heraus.
»Ich habe mit Laijla gesprochen. Sie schneidet dir nachher die Haare. Stell dich dahinten hin, ich werfe dir den Ball zu.«
»Aber der Junge, der den Björn auf der Bühne spielt. Muß er sich auch die Haare schneiden?«

»Da war er ja schon älter. Damals trug er schon ein Stirnband. Hier. Paß auf!«
Reine nahm alle Kraft zusammen und brachte einen scharfen Schmetterball zustande. Er hatte Glück, der Ball kam mitten auf dem Schläger auf. Der gelbe Tennisball flog in einem hohen, langen Bogen weit an Büschen und Bäumen vorbei.
»Was soll denn das nun wieder? Geh den Ball holen!«
Reine packte den Schläger und lief damit auf die Bäume zu, als trüge er ein Gewehr. Ein Schuß? Er klemmte die Rundung des Schlägers in die Achselhöhle und preßte mit der linken Hand den Lauf herunter: Ein schwarzer Panther? Der müßte aus einem Zirkus entlaufen sein. Aber Luchse gab es. Luchse gab es jetzt häufig in bewohnten Gebieten. Jeden Winter sah man ihre Spuren. Wo lebten sie im Sommer? Natürlich in Parks und offenen Anlagen, wo sie auf einem Zweig lagen und Katzen oder entlaufenen Dackeln auflauerten. Was sollte er tun, wenn er einen Luchs auf seinen Rücken fallen fühlte? Bestimmt wurde man zu Boden gedrückt. Dann mußte man blitzschnell auf die Füße kommen und den Hals schützen, damit der Luchs nicht zubeißen konnte. Er blieb stehen und preßte die Nylonbespannung des Schlägers an seinen Hals. Prima Schutz.
Er kam auf der anderen Seite des Laubwäldchens heraus, ohne den Tennisball gefunden zu haben. Der weite Grashang breitete sich bis zum Wasser aus. Hier und da lagen Leute auf Decken oder direkt im Gras. Manche aßen, andere lasen oder schliefen. Ein Mädchen lag auf einem Jungen und küßte ihn. Der Typ lag stocksteif da, schien nicht mal zu atmen. An der Anlegebrücke lagen mehrere Optimistenjollen, die bunten, gestreiften Segel gehißt. Drei Jollen schaukelten draußen auf dem Wasser und versuchten, eine hellrote Plastikboje zu umsegeln. *Heute war Finale der Optimistenjollen. Ich habe gewonnen, und ein Typ, der Max heißt, wurde zweiter.*

Der erste Preis ist eine Optimistenjolle. Können wir sie im Winter auf den Balkon stellen? Aber wie sollten sie sie zum Wasser kriegen? Sie hatten ja kein Auto. Die Mutter hatte noch nicht mal einen Führerschein; es war wirklich ein Jammer. Wenn die Kameraden fragten, warum sie denn kein Auto hätten, sagte er meistens nichts vom Führerschein. Meine Mutter hat Angst vor Autos, sagte er statt dessen. Sie kann keine Autos vertragen, weil sie mal mit meinem Onkel gefahren und in seinem handgefertigten Sbarro BMW Replica verunglückt ist. Bei jüngeren Typen kam er damit durch; bei älteren konnte es mit einer Abreibung enden.
Reine machte pflichtschuldigst eine Runde durchs Gras und stocherte nach dem Ball. Dann rannte er durchs Land der Luchse zum Freilichttheater zurück.
»Der Ball ist weg«, sagte er zum Regisseur.
»Welcher Ball?«
»Der Ball eben.«
»Ach ja, verdammt. Ich dachte, du meinst den, der den Björn Ball spielt. Da drüben gibt es Schnitten. Ich muß eine Weile auf der Bühne Regie führen.«
Schnitten! Auf der Treppe des Wohnwagens stand ein Tablett, das mit einer dünnen Plastikfolie bedeckt war. Unter der Folie sah man Krabben, Mayonnaise, Käse, Eier und Anchovis, Leberpastete mit Gurke, gekochten Schinken mit Mandarinenscheiben. O je, war er hungrig. Der Schweiß lief ihm herunter – wo? In seinem Bauch lief ihm der Schweiß herunter. Konnte man das sagen? Klar. Wenn man richtig wahnsinnig hungrig war, stimmte das genau: Der Schweiß strömte in einem heißen, rotglühenden Bauch herunter. Reine nahm sich einen Stapel Schnitten und ein Bier und setzte sich auf die vorderste Bank vor der Bühne.
Auf der Bühne stand der ältere Björn Ball. Er wurde von einem richtigen Schauspieler gespielt, der vielleicht siebzehn, achtzehn Jahre alt war und Ellert Tidblad

hieß. Ellert, was für ein blöder Name! Aber dieser Scheißkerl würde natürlich berühmt werden. Ellert Tidblad hatten sie von einem anderen Theater geborgt, das TUR-Theater hieß. Dieses Theater, hatte Reine zu verstehen geglaubt, war einen Grad besser als das Buschtheater, denn das TUR-Theater hatte eine eigene, feste Bühne in der Altstadt.

Ellert Tidblad war ganz in Weiß gekleidet und trug ein Indianerband um die Stirn, damit ihm die Haare nicht in die Augen fielen. Der weiße Anzug war mit Markenzeichen übersät: Auf dem Ärmel stand SAS, auf dem Stirnband Custer Custer, auf der Brust Volvo, auf dem Bauch Saab, vorn auf der Hose Dagens Nyheter und direkt über dem Schwanz eine Reklame des Reichsverbands für Sexualaufklärung. Auch auf den Strümpfen und Schuhen waren Markenzeichen; der ganze Björn Ball war von Kopf bis Fuß eine einzige Werbefläche. Es war nur eine Frage der Zeit, wann sie ihn auch noch tätowieren würden.

Ellert trainierte gerade eine Spezialbewegung, während der Regisseur einen halben Meter von ihm entfernt stand und nur zuschaute. Björn Ball warf den Tennisschläger von einer Hand in die andere, aber zwischen jedem Wechsel führte er die freie Hand zum Mund und blies sich auf die Fingerspitzen.

»Gut. Prima«, sagte der Regisseur. »Befühl auch mal die Saiten des Schlägers, laß sie gegen die Hand federn.«

Ellert baute die Geste weisungsgemäß aus. Der Regisseur war sehr zufrieden und zog ihn anerkennend am Ohr. Reine dagegen fand es schlecht. Beschissen. Skandalös. Ellert Tidblad sah ja überhaupt nicht aus wie Björn Ball. Höchstens die blonden Haare. Im übrigen hatte er weit auseinanderliegende Augen, eine breite, ziemlich kurze Nase und war auch noch sommersprossig. Sah ganz einfach bescheuert aus. Dürfte überhaupt nicht frei herumlaufen.

»Eigentlich sollten wir jetzt ein Netz quer über der Bühne haben, aber es ist noch nicht angekommen«, sagte der Regisseur. »Du stehst rechts und spielst gegen einen Südamerikaner. Viel Platz habt ihr ja nicht, ihr müßt also ein bißchen trainieren, wenn er kommt, damit ihr die Bälle nicht zu weit schlagt. Drei Bälle müßt ihr ins Publikum schlagen. Drei, nicht vier, das wird sonst zu teuer. Du kannst übrigens schon mal mit Schnupf-Johan trainieren, der sitzt ja da rum. Spielt euch ein paar Bälle zu.«
Reine war schon auf der Bühne und in Aufschlagposition, bevor der Regisseur die letzten Worte gesagt hatte.
»Ich verzichte«, sagte Ellert beleidigt. »Ich verzichte, bis ich einen richtigen Gegenspieler habe.«
Ellert verließ die Bühne und verschwand im Wohnwagen. Der Regisseur setzte sich auf die Rampe, das Manuskript auf den Knien, und strich einige Dialoge mit einem roten Filzschreiber.
»Wovon handelt das Stück eigentlich?« fragte Reine und stellte sich hinter dem Regisseur.
»Wovon es handelt? Von Sport und Politik.«
»Wieso?«
»Wieso? Es handelt von dem kleinen Björn Ball, der von seinem Vater einen Tennisschläger kriegt und in die große weite Welt hinausgeht, um Gold zu raffen. Um jeden Preis. Eigentlich handelt es vom kapitalistischen System, verkörpert durch den Sport. Der Sport als System der Aussonderung und elitären Auslese. Der Sport als Muster der Ausbeutung. Der Sport zur Unterstützung des Konkurrenzkampfes. Der Sport als praktizierter Faschismus. Falls du weißt, was Faschismus bedeutet?«
»Ja, wenn man Juden vergast.«
»Faschismus bedeutet, nicht anzuerkennen, daß alle Menschen gleichwertig und gleichberechtigt sind. Die

Judenverbrennung ist nur eine Folge davon. Wir werden noch andere Folgen erleben.«
»Sind denn alle Menschen gleich gut?«
»Alle haben die gleiche Menschenwürde.«
»Aber sind sie gleich gut? Gleich – na also, tüchtig. In Ordnung. Cool? Gescheit?«
»Das habe ich nicht behauptet. Jeder muß das Recht haben, sich seinen Voraussetzungen entsprechend zu entwickeln«, sagte der Regisseur und strich noch eine halbe Seite im Manuskript.
Reine setzte sich neben ihn und versuchte zu verstehen. Das war ein gewaltiger Schritt. Eben noch zu glauben, daß er, Reine, auf der ganzen Welt allein sei und alle anderen nur ein Staubkorn auf der Hornhaut – bis zu dem Gedanken, daß alle Menschen ohne Ausnahme gleich wichtig, gleich viel wert seien.
»Sollen denn dann auch alle Menschen genausoviel bezahlt kriegen?«
»Wie bitte? Ja, grundsätzlich schon.«
»Und alle sollen machen dürfen, was sie wollen? Arbeiten, was sie wollen?«
»Selbstverständlich.«
»Aber wenn sie nicht das machen können, was sie wollen?«
»Dann müssen alle mithelfen, daß es trotzdem gutgeht. Genau das wollen wir ja mit ›Björn Ball‹ sagen. Verstehst du? Statt Konkurrenz wollen wir Solidarität. Statt Wettkampf Zusammenarbeit. Dabei ist es nicht so wichtig, ob man perfekt ist. Was zählt, ist nicht nur Erfolg, genauso Freude an der Arbeit, und was es einem bringt, zusammenzusein und gemeinsam zu arbeiten.
»Wie zum Beispiel das Theaterspielen?«
»Genau. Das ist ein ausgezeichnetes Beispiel. Dies ist kein Elitetheater. Dies ist nicht das Stadttheater. Hier arbeiten wir alle zusammen. Hier wird niemand auf Kosten der anderen ein Star.«

Das klang ja richtig dufte. Reine hatte das Gefühl, als fülle sich die ganze Brust mit klarer, kühler Luft. Es war nicht so schlimm, daß er verkrampft war, wenn er diesen blöden Vers vom Zahnbelag mit Pepsodent sang. Die anderen würden ihm helfen, würden hinter ihm stehen und ihn unterstützen.

»Hör mal, Schnupf-Johan«, sagte der Regisseur«, du hast doch wohl nichts dagegen, daß man dich so nennt?«

»Schnupf-Johan ist schon in Ordnung.«

»Na also. Ja, ich glaube, Laijla hat jetzt Zeit.«

»Laijla?«

»Die dir die Haare schneiden soll. Und schick doch bitte Ellert her.«

»Jetzt gleich schneiden?«

»Und hör mal, sag doch Ellert, daß er die Bälle mitbringen soll. Auf dem Hutregal liegt eine Sechserpakkung.«

Sich die Haare scheren lassen? Sollte er sich wirklich darauf einlassen? Kapierte denn der Regisseur nicht, was es für einen Jungen bedeutete, sich die Haare scheren zu lassen? Wo alle anderen sie doch lang oder halblang trugen. Verprügelt, ausgelacht, ausgefragt, gehänselt, gemieden, umgebracht werden. Und was sollte er der Mutter schreiben. *Heute haben sie uns alle kurzgeschoren. Einer hatte Läuse. Er hat uns nicht angesteckt. Aber jetzt sehen wir aus wie Scheuerbürsten. Ganz gut bei dieser Hitze, muß man sagen.*

Reine ging zögernd auf den Wohnwagen zu. Er konnte sich jetzt nicht drücken. Und wenn die Rolle verlangte, daß man kurzgeschoren war, dann mußte es eben sein. Da war weiter nichts dabei. In anderen Stücken trug man Perücken oder falsche Bärte. Obwohl man die ja wieder abnehmen konnte. Kurze Haare konnte man nicht abnehmen, das war der große Unterschied. Aber man durfte sich nicht drücken. Die Kameraden vom

Buschtheater nicht im Stich lassen. Wenn sie sich so stark für ihn einsetzten, dann mußte er sich auch einsetzen.

Ellert war nicht zu sprechen, weil er auf dem Klo saß; im Wohnwagen war ein winziges Trockenklo. Aber Leijla erwartete ihn schon. Sie war ein kleines, dralles Mädchen, das zwei Schuhlöffel benutzt haben mußte, um ihre Hinterbacken in die Jeans zu quetschen. Aber sie sah lieb aus. Auch was sie sagte, klang lieb, obwohl sie halb Finnisch sprach. Sie lackierte sich gerade die Nägel, als Reine hereinkam.

»Ja also, ich sollte mich schneiden lassen«, sagte Reine.

»Ach ja. Ich habe hier ein paar Fotos.«

Sie hatte einige Fotografien von Björn aus der Mitte der sechziger Jahre ausgebreitet. Er sah völlig bescheuert aus. Aber damals hatten die anderen genauso bescheuert ausgesehen; das war der entscheidende Unterschied.

»Ich habe hier auch ein paar Bilder aus ›Buster‹«, sagte Laijla. »Auf den Zeichnungen kann man es fast noch besser sehen.«

Reine hatte schon vor langer Zeit die Serie in »Buster« gesehen. Jetzt hatte er keine Lust dazu. Er schob auch die Fotos weg. Wenn man vier, fünf Monate lang einen Bogen um alle Spiegel machte, brauchte man vielleicht nicht zu sehen, wie beknackt man aussah. Vier, fünf Monate? Dann würden die Haare wieder gewachsen sein. Und dann hätte man auch schon längst Sandpapier auf die Fahrradreifen geklebt.

Laijla nahm einige Fotos und Zeichnungen von Björn und befestigte sie mit einem Haarklebeband am Spiegel. Dann mußte Reine sich hinsetzen und sich mit einem Laken drapieren lassen. Er machte die Augen zu und hielt die Nackenhaare hoch. Wie war es, wenn die Klinge aus dem Gerüst der Guillotine herunterkrachte? Was konnte man noch fühlen? Was konnte man noch sehen, während der Kopf in den Korb plumpste?

Er hielt die Augen ungefähr eine Viertelstunde lang geschlossen, bis sie zu schmerzen begannen. Laijla blies einige abgeschnittene Strähnen von seinen Ohren. Ihn schauderte.
»Guck mal«, sagte Laijla. »Ziemlich ähnlich, wie? Besser kriege ich es nicht hin. Ihr habt nicht die gleichen Haare. Mit einer Perücke wäre es vielleicht doch besser gewesen.«
»Perücke?!«
»Vergiß es. Das können wir uns nicht leisten. Da müßte man erst deine langen Haare mit irgendwas festpappen und dann die kurze Frisur draufpressen. Schrecklich mühsam, wenn man nicht die richtigen Sachen dafür hat.«
»Aber es wäre schon gegangen mit einer Perücke?«
»Vielleicht in der Oper. Aber dies ist das Buschtheater.«
»Ich hätte doch bei der Perücke selbst was dazuzahlen können.«
Sie packte seinen Kopf und drückte ihn gegen ihren Bauch. Sie lachte und sagte wahrscheinlich irgendwas Tröstendes. Aber er konnte es nicht verstehen. Das eine Ohr lag an ihrem Bauch, das andere an ihrem Unterarm.
». . . doch gar nicht so schlimm, oder? Schau doch mal. In einem Jahr sind alle Jungens kurzgeschoren.«
Reine blinzelte in den Spiegel, grinste und summte zwischen den Zähnen: »Zahnbelag, den jeder kennt, wird weggefegt mit Pepsodent.«

33

»Platz da, verdammt nochmal, hier kommt der weltberühmte Radrennfahrer Schnupf-Johan!!«
Niemand hörte ihn, als er über die St. Eriksbrücke ra-

delte und nach rechts und links protzte. Es waren nur Autos um ihn herum. Er stellte sich auf die Pedale, beugte den Kopf zurück und rotzte direkt in die Luft.
Es machte irrsinnig Spaß zu radeln. Man brauchte auch nicht sehr lang. Achtundzwanzig Minuten hatte es von Sollentuna bis zum St. Eriksplan gedauert. Noch zehn Minuten dazu, und er würde da sein. Er hatte keinen Querstab hinten am Rad, aber dafür einen Glasfiberstock, der fast zwei Meter hoch schräg in die Luft ragte. An der Spitze hing ein kleiner, dreieckiger roter Wimpel. Einige Male hatten die Autos ihn wütend angehupt, und da hatte er genauso wütend mit der Fahrradklingel zurückgeklingelt. Aber im großen und ganzen schienen die Autos Angst zu haben und wichen ihm aus. Nur die Busse nicht, denn die waren so breit, daß sie nicht ausweichen konnten, ohne die Fahrspur zu wechseln.
Reine wußte den Weg nicht genau und fuhr an der Kreuzung Fleminggatan-St. Eriksgatan auf den Bürgersteig. Es war kurz nach zwölf, die Sonne mußte genau im Süden stehen. Fast genau in südlicher Richtung lag auch der Rålambshovspark, das hatte er auf der Karte am St. Eriksplan festgestellt. Eigentlich brauchte er jetzt noch nicht mit dem Fahrrad in die Stadt zu fahren; das würde erst ab 1. August nötig sein. Aber es machte Spaß zu radeln. Man fühlte sich fast wie ein Cowboy.
Warum sah man keine Unfälle? Es starben doch unheimlich viele Leute im Verkehr. Fünfundzwanzig Millionen Menschen hatten dran glauben müssen seit Erfindung des Autos. Das konnte man sich gar nicht vorstellen, wenn man am Fridhemsplan über einen Fußgängerstreifen radelte. Ob es nur Bluff war? Nein, in Wirklichkeit war es sicher so, daß man es geschickt zu verstecken versuchte. Ähnlich wie bei Behinderten, denen man es unmöglich machte, in der Stadt herumzufahren – sie blieben zu Hause, und man brauchte sie nicht zu sehen. Der schlaue Reine wußte schon, wie

man die beste Verkehrsreklame der Welt machen könnte: Hört mal zu, ihr Trottel und Holzköpfe! Räumt nach den Verkehrsunfällen nicht mehr auf! Macht lieber eine Vorschrift: Im Juli haben alle Abschleppwagen Fahrverbot, und deshalb müssen alle Autowracks liegen bleiben, wo sie sind. Ganz einfach! Schon nach einer Woche würde man Schwierigkeiten haben, durch Stockholm zu fahren. Es würden mehr Motorräder verkauft werden. In der zweiten Woche würde beispielsweise der Fridhemsplan total verstopft sein. Es würde natürlich etwas mehr Unfälle geben als sonst, weil die Leute in die Autowracks hineinfuhren. Aber das mußte man eben in Kauf nehmen.

Und die Leute, die in den Autos saßen? Laßt die Leichen liegen! Sehr wirkungsvoll im Juli. Vielleicht würden dann sogar Geier nach Schweden einwandern; für die Vogelwelt mußte auch was getan werden. Sehr wirkungsvoll. Die Leute würden anfangen, nachzudenken. Fahrt langsamer, oder ihr kriegt einen Geier in die Scheibenwischer!

Und die Verletzten? Wenn man Fahrer wie Stig zu einer verlassenen Insel schicken würde, auf die Gotska Sandön? Dort könnten alle Krankenwagenfahrer umgeschult werden und lernen, sich zu benehmen. Abends würden sie frei haben und dürften baden gehen. Warum gab es nur die Insel der *Kinder*? Naja, es gab natürlich auch die Teufelsinsel, aber die lag ja im Ausland. Nein, die Gotska Sandön war genau richtig. Laßt alle Verletzten auf der Straße liegen und . . . Nein, verdammt, irgendwo mußte auch der Verkehrsunterricht seine Grenzen haben.

Reine navigierte nach der Sonne und schlug sich durch, am Fridhemsplan vorbei. Sehr richtig, da lag der Rålambshovspark. Auf dem Wasser draußen schaukelten die Optimistenjollen. Nein, es regte sich kein Lüftchen. Die Jollen schaukelten und kreisten im Kielwasser all der Motorboote, die auf dem Mälarsee kreuzten.

Als er ankam, hatten sie das Stück noch nicht einmal zur Hälfte durch. Um ein Uhr, hatte es geheißen, sollte Reine zur Probe kommen. Wenn es drei Uhr war, konnte man so froh sein, daß man aufsprang und sich selbst auf die Schulter klopfte. Er schloß das Fahrrad ab, setzte sich hin und schaute zu. Sie arbeiteten gerade an der achten Szene, wo Ball und sein Tennispartner Filas in einem verschlossenen Hotelzimmer sitzen und Mikkymaus-Hefte lesen.
»Jetzt müßt ihr lesen und kauen«, sagte der Regisseur. »Bei der Generalprobe schlürft ihr auch Cola, aber jetzt reicht es, wenn wir nur so tun. Steckt ab und zu den Daumen in den Mund und tut so, als wäre es der Trinkhalm. Die Mädchen? Wo sind die Mädchen?«
Die Jungfrau Maria, Laijla und ein Mädchen, das Reine noch nie gesehen hatte, stellten sich an die Bühnenrampe und versuchten, hochzuklettern. Es sollte so aussehen, als versuchten die Mädchen, durch das Fenster des Hotelzimmers einzusteigen.
»Björn – Björn – Björn – Björn – Björn – Björn . . .«, kreischten die Mädchen und hüpften mit hochgestreckten Händen auf und nieder.
»Björn, sollen wir ein paar Puppen reinlassen und uns ein bißchen Spaß machen?« fragte Filas.
»Keine Puppen für mich«, antwortete Ball.
»Ich bin ziemlich scharf«, sagte Filas. »Es ist schon wieder ein paar Stunden her.«
»Heute nachmittag ist ein Match«, sagte Ball. »Ich werde gegen Filliol spielen.«
»Diese Rothaarige, die ganz rechts am Balkon hängt. Bist du nicht scharf auf sie?« sagte Filas und ging ans »Fenster«.
»Björn – Björn – Björn – Björn –Björn – Björn . . .«, kreischten die Mädchen.
»Halt! Ihr müßt mehr im Diskant schreien«, sagte der Regisseur. »Denkt daran, daß es kleine Mädchen sind.

Zwölf, dreizehn Jahre. Vielleicht erst elf. Wir wollen doch nicht das Brunstgeschrei reifer Frauen.«
»Björn – Björn – Björn – Björn –Björn . . .«, piepsten die Mädchen und hüpften lahm auf und nieder; sie wurden langsam müde.
Reine fand es auch öde. Er nahm das Fahrrad, drehte eine Runde um das Mariebergs-Bad herum und fuhr wieder zurück. Länger als eine halbe Stunde wagte er nicht wegzubleiben. Man konnte ja nie wissen. Er parkte das Rad, schloß es ab und setzte sich auf denselben Platz wie zuvor.
Björn Ball stand jetzt mitten auf der Bühne und redete mit Klodde, der einen dunklen Nadelstreifenanzug trug.
»Wenn mitten auf dem Schläger TOY steht, hat er nicht mehr die richtige Spannung«, sagte Ball.
»Zwanzigtausend«, sagte der Mann in dem dunklen Anzug.
»Ich könnte zu weit schlagen«, sagte Ball.
»Fünfundzwanzigtausend.«
»Ich könnte Doppelfehler machen.«
»Dreißigtausend«, sagte der Mann in dem dunklen Anzug.
»Ich könnte das Spiel verlieren!«
»Das Spiel verlieren?«
»Ich könnte das Spiel verlieren«, sagte Ball, »wenn ihr mich mit so verdammt viel Reklame vollhängt, daß ich nicht mehr geradestehen kann!«
»Wenn du das Spiel verlierst, verliere ich mein Geld«, sagte der Mann. »Dann bist du weg vom Fenster. Wir setzen nur auf Gewinner. Kapiert? Wir machen auch unser Spiel, und das heißt internationale Konkurrenz. Denk an Schweden!«
Auf einen Wink des Regisseurs hin gingen die Schauspieler ab. Jetzt war es soweit, daß ein Netz quer über die Bühne gespannt werden mußte.

»Beeilt euch«, rief der Regisseur, der eine Stoppuhr in der Hand hielt. »Die Umbauten müssen schneller gehen. Das Tempo wird hier nicht durchgehalten. Wir müssen statt dessen beim Spielen umbauen.«
Ein etwas älterer Mann, den Reine zuvor nicht bemerkt hatte, ging jetzt zum Regisseur und redete mit ihm. Der Mann hatte einen großen Kulihut aus Stroh auf dem Kopf. Der Kuli und der Regisseur schienen sich nicht einigen zu können.
»Glaubst du, ich hätte mir das nicht überlegt?« sagte der Kuli. »Meinst du vielleicht, das ist das erste Mal, daß ich ein Stück schreibe? Wenn ihr Blei an den Sohlen habt, könnt ihr das Tempo natürlich nicht halten!«
»Und wenn wir ein bißchen Musik über den Umbau legen? Irgendwas Poppiges, was das Publikum mit dem Davis Cup verbindet?«
»Meinst du, das ist das erste Stück, das ich geschrieben habe? Was glaubst du, mit wie vielen Regisseuren ich schon zusammengearbeitet habe? Du bist der achtzehnte. Meinst du, ich hätte mir den Übergang zwischen der elften und zwölften Szene nicht überlegt?«
»Das glaub' ich dir ja. Ist doch klar, zum Teufel. Zu Hause am Schreibtisch. Aber dies ist eine Bühne, kein Schreibtisch.«
Der Kuli war jetzt sehr böse, er fuchtelte immerzu mit den Armen herum, so daß der Strohhut fast davongeflogen wäre.
»Gestern hast du sechzehn Zeilen Dialog gestrichen. Ich komme heute vorbei und weiß nichts davon. Das Stück ist genau ausgewogen, aber das hast du offenbar nicht kapiert!«
Der Regisseur ließ plötzlich das Manuskript auf die Bühne fallen und ging davon. Der Kuli hob es auf. Er blies auf die Blätter, als wären sie staubig.
Erst um Viertel nach vier kam Reine dran. Sie hatten den grünen Karren vor die Bühne gezogen. In den Karren

hatten sie einige Bierkästen als Plattform für Reine gestellt. Er stand allein dort oben und schaute auf die anderen herab. Es waren jetzt über zehn Leute: der Regisseur, der Kuli, Björn Ball als Halbwüchsiger, sein Partner Filas, die Mädchen, Leif, Klodde in seinem Nadelstreifenanzug, Carl XVI. Gustaf von Schweden sowie General Pinochet.

»Los!«

Reine spielte mit Schwung eine beidhändige Rückhand, drehte sich und schlug eine Vorhand und dann einen Halbvolley mit der Rückhand.

»Zahnbelag, den jeder kennt, wird weggefegt mit Pepsodent!«

Reine blieb mit gebeugten Knien stehen, den Schläger rechts unten zwischen den Bierkästen. Nichts passierte. Alle, die da unten im Kreis um den hochrädrigen Karren herumstanden, zeigten mit keiner Miene, was sie dachten und fühlten. Hatte er es zu schnell gemacht? Er tat einen tiefen Atemzug, kniff die Augen zusammen – die ja zu weit auseinanderlagen –, ging im Zeitlupentempo die Bewegungen noch einmal durch und sang:

»Zahnbelag, den jeder kennt, wird weggefegt mit Pepsodent . . .«

Immer noch keine Reaktion, sollte er es ein drittes Mal machen, diesmal schneller?

»Du kannst jetzt runterkommen«, sagte der Regisseur.

Das Publikum zerstreute sich, und Reine stolperte von dem grünen Karren herunter. Er machte ein paar Schläge in die Luft und federte in den Knien, um nicht steif zu werden. Man mußte sich trimmen, um da oben auf dem Karren sicher zu stehen. Es war fast genauso anstrengend wie ein ganzes Spiel. Obwohl er ja noch nie Tennis gespielt hatte, nur Ping-pong. Der Unterschied war bestimmt nicht so . . .

»Reine, komm mal her«, sagte der Regisseur.

Er stand im Schatten und kippte ein Bier.
»Ja, also weißt du, wir wollen ein bißchen umdisponieren.«
»Ja?«
»Umdisponieren bedeutet, daß man es nicht mehr ganz so macht, wie man es sich zuerst gedacht hat. Es geht also um dieses Vorspiel auf dem Karren, das du geprobt hast. Du hast dein Bestes getan, das kannst du mir wirklich glauben, aber wir wollen deine Rolle doch lieber streichen. Es werden zu viele Björns, die das Publikum unterscheiden muß. Wir wollen auf der Bühne und auf dem Karren denselben Björn einsetzen. Björn als Halbwüchsiger. Den kennt das Publikum aus dem Reklamefilm.
»Ich habe doch aber . . .«
»Du brauchst das nicht als Versagen aufzufassen. Das macht man oft im Theater: probiert verschiedene Sachen aus und nimmt dann vielleicht nur einen Teil davon.«
»Ich habe mir doch die Haare geschnitten«, sagte Reine.
»An der Frisur hat niemand was auszusetzen.«
Reine hob die Hände an die Ohren. Es waren keine Haare mehr da, um sie sich vor Bestürzung zu raufen. Abgelehnt, man hatte ihn abgelehnt! Es war unbegreiflich. Hatte er nicht die halbe Nacht dort unten im Keller in seinem Gitterbett gestanden und gesungen: »Zahnbelag, den jeder kennt, wird weggefegt mit Pepsodent?« Sobald das Licht ausging, war er aus dem Verschlag geflitzt und hatte auf den Schalter gedrückt, immer wieder.
»Wie gesagt«, sagte der Regisseur. »Ich muß mal telefonieren. Du kannst natürlich trotzdem mit dem Karren gehen. Leute, die ziehen helfen, brauchen wir immer.«
Der Regisseur ging, Reine stand still da und schaute vor

sich hin. Die Tränen kamen ganz von selbst. Es war, als hätten die Tränen gar nichts mit ihm zu tun, sie kamen von selbst. Als wäre plötzlich eine Wolke über Rålambshov gezogen und hätte ihre Tropfen fallenlassen. Er wurde wütend. Nicht auf den Regisseur oder auf das Buschtheater, er wurde auf die Tränen wütend. Wütend, wie wenn man im unpassendsten Moment plötzlich eine Darmgrippe kriegt. Er ging los, seine Beine begannen zu laufen, aber der Kopf wußte nicht so recht, wohin die Beine ihn trugen. Er kletterte wieder auf den Karren, es war nicht leicht, er hievte sich unter großer Anstrengung hinauf. Aber erst als er breitbeinig auf den Bierkästen stand, entdeckte er, wo er war.

Leif, der theaterbesessene Bühnenarbeiter, schleppte einen Armvoll schwarzer Kabel an.

»Haben die Schlachtrosse den Kampfwagen des Kaisers im Stich gelassen?« fragte er. »Ich selbst habe siebzehn Jahre lang gewartet, aber ich bin noch nicht mal auf den Wagen gekommen.«

Reine verstand nicht recht. Ach ja, Leif meinte natürlich, daß er auf seine Chance wartete. Siebzehn Jahre? Er selbst hatte zwei Tage warten müssen.

»Komm runter, bevor der Wagen umkippt und die Deichseln in den Himmel streckt!«

Es war gefährlich, auf dem zweirädrigen Karren zu stehen. Reine stieg herunter. Verdammter Muskelkater!

»Tränen, Tränen sind dein Erbteil«, sagte Leif und setzte sich auf eine der Deichseln.

Reine setzte sich ihm gegenüber und wischte sich mit der Rückseite der Fäuste das Gesicht ab. Abgelehnt. Gewogen und keinen Pfifferling wert befunden. Und das in einem Stück, das von der Auslese, vom Fluch der Konkurrenz handelte. Da konnte es einem schon schwindlig im Kopf werden.

»Wenn Björn Ball am Theater gewesen wäre . . .«, begann Reine, wußte aber nicht recht, was er sich gedacht hatte und verschluckte den Rest.

»Das Theater ist ein Kollektiv, vergiß das nicht«, sagte Leif. »Björn Ball spielt meistens allein, Einzelspiele. Profitennis ist Einmanntheater. Wir sind hier kein Einmanntheater.«
»Jedenfalls fliegt man raus, wenn die anderen einen nicht mögen«, sagte Reine heiser.
»Wenn die anderen finden, daß man nicht gut genug ist.«
»Immer muß jemand gut sein. Immer muß jemand besser sein als jemand anders.«
»Damit mußt du dich abfinden. Du selbst kannst auch irgendwas besser als alle anderen.«
»Und was, wenn ich fragen darf?«
»Irgendwas. Das weißt du selbst am besten.«
Der Beste im Blödanstellen. Der Beste im Nicht-allein-klarkommen. Der Beste im Kein-Moos-haben. Der Beste im Jobverlieren. Der Beste im Nicht-am-besten-sein.
»Manche müssen sich immer mehr aufopfern als andere. Das ist gemein, aber es ist eben so. Bei manchen ist der Unterschied zwischen ihren Träumen und ihren Fähigkeiten zu groß.
»Das kann man doch nicht wissen! Nächstes Jahr bin ich vielleicht besser als er! Letzten Winter ist er vielleicht abgelehnt worden!«
»Ellert?«
»Es muß doch wechseln, manchmal ist man besser, manchmal ist man schlechter.«
»Vielleicht. Aber nach siebzehn Jahren beginnt man sich zu fragen, ob es nicht definitiv entschieden ist.«
Definitiv, was bedeutete das? Umdisponieren, was bedeutete das? Eines Tages, wenn er vielleicht die ganzen schwierigen Wörter verstand, dann würde er es ihnen schon zeigen.
»Es gibt bestimmt eine ganze Menge Leute, die in nichts gut sind. Die nichts können. Nichts wollen. Keinen

Charme haben und was schlimmer ist: nicht erkennen, daß sie keinen haben. Hast du nie bemerkt, daß es bestimmte Leute gibt, mit denen niemand was zu tun haben will? Nicht mal die Netten. Die Netten versuchen es vielleicht, aber dann geben auch sie es auf. Es gibt Leute, die sozusagen aus Schlampigkeit zustande gekommen sind. Sie waren gar nicht beabsichtigt. Alle schütteln sie ab.

»Bin ich auch so einer?«

»Nein, Schnupf-Johan, das bist du nicht. Dann würde ich nicht hier sitzen und so mit dir reden.«

»Ich möchte aber so einer sein«, sagte Reine.

»Was?«

»So einer, den alle abschütteln.«

»Das glaube ich nicht.«

»Doch, lieber so einer als so, wie ich bin, nichts Halbes und nichts Ganzes.«

Reine fing wieder an zu weinen. Er wußte nicht recht, weshalb er jetzt eigentlich weinte. Aber wenn man ein Versager war, mußte man weinen. Man mußte immerzu weinen, genau wie manche Leute immerzu Schnupfen haben. Er würde herumlaufen und ununterbrochen weinen. Alle würden wütend auf ihn sein. Zornig, gereizt, würden ihn nicht mehr sehen mögen. Was für eine irre Macht: andere Leute zum Wahnsinn heulen.

»Ein edelmütiges Opfer, das ist es, was die Gruppe von ihren Mitgliedern verlangt. Jedenfalls von einigen.«

»Wieso?«

»Einige müssen sich aufopfern, damit gutes Theater gemacht wird. Sonst wird es schlechtes Theater.«

»Und das muß sein? Gutes Theater?«

»Das ist doch sozusagen der Zweck des Ganzen.«

Zweck? Was bedeutete Zweck? Was bezweckst du – den Zweck? Bedeutete Zweck Wirkung? Oder bedeutete es Ursache? Frage: Der Zweck? Antwort: Der Zweck! Das war ja genial. Zweck war ebenso eine Frage wie eine Antwort. Wie würde der Zweck heißen, wenn man ihn in den Geheimcode übertrug: 1, 5, 27 26, 12, 5, 20, 16? 1 527 261 252 016? Eine Trillion, nein, eine Million Millionen. Billion? Eine Billion fünfhundertsiebenundzwanzigtausend zweihunderteinundsechzig Millionen zweihundertzweiundfünfzigtausend sechzehn. Bingo!

»Der Zweck hat Vorrang vor der Liebe«, sagte Leif. »Macbeth, Zweiter Akt.«

Macbeth, McDonald – wo zum Teufel war die Pumatasche mit dem schwarzen Notizbuch? Auf dem Fahrrad. Was ist der Zweck des Zwecks? Der Zweck! natürlich. Schauspieler? Was war das schon. Eine Arbeit für Puppen, eine Arbeit für Sprechblasen mit Hosen und Schuhen. Nichts für einen Typ, der die ganz harten Nüsse knacken wollte. Reine rannte zu seinem Rad. Die Tasche stand noch auf dem Gepäckträger. Er verabschiedete sich nicht mal von Leif. Theater, was war das schon? Ein Popel in meiner Nase. Er lachte. O je, wie komisch! Theater, das war ja sowas Blödes, daß es bombensicher nicht mal in »Sensationelle Weltrekorde« vorkam.

34

Spät am selben Abend lag Reine auf dem Dach des Hauses Bagarbyvägen 44 C. In der Hand hielt er eine weiße Wäscheleine aus Plastik, die er im Garten eines Einfamilienhauses geklaut hatte. Das Ende der Leine hatte er zu einer großen Lassoschlinge verknotet und diese mit einem Stock beschwert. Er versuchte die Schlinge auf den Balkon herabzulassen, damit sie an der umgefallenen Stehleiter hängenblieb. Er mußte in die Wohnung kommen. Er hatte es satt, in einem alten Gitterbett im Keller zu schlafen. Er brauchte Geld. Im Keller gab es nichts Verkäufliches außer dem Fahrrad und den Feuerwerkskörpern. Weder das eine noch das andere wollte er missen. Nicht bevor er starb. Nein, nicht einmal dann. Wenn er gestorben war, wollte er auf einem Scheiterhaufen verbrannt werden wie die alten Vikinger. In einem riesigen Walpurgisnachtfeuer verbrannt werden, auf seinem Fahrrad festgebunden. Mit dem Feuerwerk auf dem Gepäckträger.

In der Wohnung gab es aber etwas zu verkaufen: genauer gesagt die Kontaktlinsen seiner Mutter. Vor einigen Jahren hatte die Mutter sich Kontaktlinsen für über tausend Piepen gekauft. Die Linsen lagen jetzt in einer Schachtel im Badezimmerschrank. Sie hatte sich nie daran gewöhnen können, jammerte und klagte ständig darüber, daß sie juckten. Tausend Kronen würde man wohl nicht dafür kriegen. Aber immerhin waren sie kaum gebraucht. In dieser Hitze mußten Kontaktlinsen ja gefragt sein. Konnte doch keinen Spaß machen, mit einer großen Brille im Gesicht rumzulaufen, das war ja, wie wenn man hinter Glas und Rahmen lebt.

Eine Taschenlampe hätte man haben sollen. Der Balkon war unter dem Dach nach innen versetzt, und es war schwierig, auf dem Boden liegende Gegenstände zu sehen. Er holte die Leine wieder ein und erweiterte die Schlinge, die zusammengerutscht war. Sollte er es wagen, sich die Leine um den Körper zu binden und sich hinabzulassen wie ein Alpinist? Lang genug war die Leine schon, man brauchte sie nur um einen der Luftschächte zu wickeln. Man könnte ein Kleidungsstück – das Hemd? – auf die scharfe Blechkante legen, die das Dach einfaßte, damit die Leine nicht durchgescheuert wurde. Stark genug war sie bestimmt, aber dünn, dünner als ein normales Elektrokabel, und es würde sehr schwierig sein, sich mit den Händen daran festzuhalten, wenn man an der Wand entlangspazierte und sich dann auf den Balkon schwang.

Er beschloß, es noch einmal mit der Schlinge zu versuchen. Sie blieb fast sofort hängen. Glück muß man haben! Er straffte die Leine und zog. Jetzt kam der schwierige Moment, wo man die Leiter auf die Füße stellen und sie zum Stehen bringen mußte. Plötzlich gab die Leine nicht mehr nach; sie ließ sich keinen Millimeter mehr bewegen. War die Leiter denn so verdammt schwer? Er beugte sich so weit wie möglich über den Rand des Dachs und schaute auf den Balkon hinunter. Die Schlinge war am Griff der Balkontür hängengeblieben.

Zuerst gab er auf, ließ die Leine los und spürte, wie es in den Augen zu brennen begann. Weinen, weinen, weinen. Zum Teufel damit! Jeder Mißerfolg ist eine Herausforderung, jeder Fehler eine Chance. Eigentlich war es doch gut so. Die Leine war fest an der Tür verankert. Es würde viel einfacher sein, sich an einer gespannten Leine herunterzulassen, die ganz hinten am Balkon festgemacht war, viel einfacher, als sich an einer lose hängenden Leine herüberzuschwingen. Er stand auf und ging zu dem Blechschornstein, der kein richtiger Schornstein war, sondern zum Lüftungssystem gehörte. Die Leine war lang genug. Lang genug, um sie viermal um den Schornstein zu wickeln. Er verknotete sie mit drei doppelten Kreuzknoten und zwölf Altweiberknoten. Die Leine lief stramm wie ein Blitzableiter vom Schornstein übers Dach und die Wand entlang. Ein Glück, daß man gelenkig war. Ein Glück, daß man was von Johnny Weissmuller hatte, ohne so fett zu sein.

Handschuhe hätte er brauchen können, aber er hatte keine. Also zog er sich die Strümpfe aus und streifte sie über die Hände. Sie rochen nicht gerade köstlich. Reine kroch auf den Dachrand zu. Er stand auf, um zu fühlen, wie es war, Gummischuhe ohne Strümpfe anzuhaben. Es war gar nicht angenehm, die Schuhe klebten und schlappten. Und jetzt umgedreht und Halt gesucht . . .

»Einar, es ist doch jemand auf dem Dach.«
Die Stimme kam von dem Balkon direkt neben Reines Balkon. Es war die alte Enquist, die in der Schulkantine arbeitete. Reine bewegte sich nicht.
»Da hüpft bestimmt nur eine Elster rum.«
Das war Einar, der Sohn der alten Enquist. Er war dreißig und genauso dick wie sie, genauso dick wie Johnny Weissmuller, aber ohne dessen scharfen Blick. Einar hatte hervorquellende Augen mit Fettpolstern drumherum; es sah aus, als hätte er mehrere Augenlider.
Sollte er sich vorbeugen und rufen: »Ich bin's nur, Reine! Ich habe gerade Urlaub von der Insel der Kinder.« Nein, das würden sie ihm niemals abnehmen. Die alte Enquist war die aufdringlichste, neugierigste, gemeinste, klatschsüchtigste Elster im Bagarbyvägen.
Jetzt hörte man auch Einars Stimme vom Balkon her:
»Ist es der schwarze Mann?«
»Jemand hat eine Leine zu Larssons heruntergespannt.«
»Vielleicht für Kletterpflanzen«, schlug Einar vor.
»Sei nicht blöd! Hol die Taschenlampe.«
Reine ließ sich auf alle Viere nieder und kroch atemlos zur Dachluke zurück. Bevor er hineinkletterte, zog er sich das Hemd wieder an. Verkehrt herum. Jetzt pressierte es. Die alte Enquist rief immer bei jedem kleinsten Anlaß sofort die Bullen. Wenn eine leere Bierdose im Treppenhaus stand, rief sie die Bullen. Wenn irgendwelche Kinder Erbsen auf Einar geblasen hatten, rief sie die Bullen. Wenn jemand unerlaubt auf den vermieteten Parkplätzen geparkt hatte, rief sie die Bullen. Auch wenn die Bullen nicht immer gerade im Handumdrehen kamen – man konnte nie wissen. Vielleicht standen sie gerade am Bahnhof, um Würstchen zu kaufen, und hatten die Tür des Streifenwagens offengelassen. Dann konnten sie in drei Minuten hier sein.
Reine war schon zu seinem Schlupfwinkel im Keller un-

terwegs, aber er kehrte wieder um. Wenn sie das Haus durchsuchten, würden sie auch den Keller durchsuchen. Wie sollte er erklären, daß er dort unten in einem alten Kinderbett saß, von Raketen und Bomben umgeben? Da konnte man den Stier doch gleich bei den Hörnern packen und sich aufs Fahrrad schwingen. Nur gut, daß er kein Licht hatte, sonst wäre er schon von weitem zu sehen gewesen. Mit der gegen den Rahmen schlagenden Tasche flitzte Reine vom Bagarbyvägen weg. Noch waren keine Martinshörner zu hören.

Als er nach Häggvik kam, mußte er anhalten und sich verschnaufen. Es war schrecklich warm, obwohl es halb eins nachts war. Der Schweiß lief ihm in die Augen. Er hätte auch was zu trinken gebraucht. Wie weit war es bis Gävle? Die Großmutter war die einzige, zu der er fahren konnte. Sie war zwar verkorkst, aber wenn man ihr nicht widersprach, konnte man fast alles kriegen: Eis, Würstchen, neue Fußballklamotten. Bis nach Gävle waren es etwa hundertachtzig Kilometer oder etwas weniger, vor allem wenn man die Autobahn benutzte. Reine hatte keinen Tachometer am Rad, aber er war mal neben jemand gefahren, der einen hatte, und daher wußte er, daß man etwa fünfundvierzig Stundenkilometer schaffen konnte, wenn man kräftig in die Pedale trat. Diese Geschwindigkeit konnte er nicht bis Gävle durchhalten. Aber auf einen Schnitt von dreißig müßte er kommen können. Falls es keinen Gegenwind gab. Aber jetzt gab es überhaupt keinen Wind. Reine hatte noch nie eine solche Windstille erlebt. Und eine solche Hitze.

Er fand die Auffahrt zur E 4 und radelte auf die Autobahn. Ihm war richtig feierlich zumute. Die E 4 führte von Lissabon nach Helsinki. Jetzt bewegte er sich in großen Dimensionen. Einhundertachtzig durch dreißig. Das machte sechs. In sechs Stunden würde er in Gävle sein. Um halb sieben, mit anderen Worten. Da wäre Großmama noch nicht zur Arbeit gegangen. Sie würde ihm tatsächlich noch Frühstück machen können, bevor sie weg mußte. Dann würde er schlafen, schlafen, bis sie zum Mittagessen nach Hause kam. In Gävle ging man zum Mittagessen nach Hause. Oder zum Lunch, wie die Großmama sagte. Am ersten Tag würde es bombensicher Koteletts geben.

Auf der Autobahn war wenig Verkehr. Vereinzelte Lastzüge zogen vorbei, mit erleuchteten Michelinmännchen auf dem Dach und an den Seiten wie Tanzböden dekoriert. Reine fuhr ganz außen auf dem rechten Streifen. Im Norden war der Himmel gelbgrau, wie die wässrige Farbe von Rühreiern, sogar mit einem Stich ins Grüne wie ein richtig ekliges Rührei. Aber bitte, wenn ihm jemand in diesem Moment Rühreier angeboten hätte, dann hätte er nicht nein gesagt. Man war auf dem Lande unterwegs und konnte nicht erwarten, daß es an jeder Ausfahrt ein McDonald's gab.

Er trat in die Pedale und fuhr in flottem Tempo auf die Brücke bei Rotebro zu. Am Fuß der Brücke lag das Einkaufszentrum OBS! Es war flach und weitläufig, bestimmt mehrere hundert Meter lang. Leider war es zu. OBS! – die größte Würstchenbude von Schweden.

In der Autobahnsenke jenseits der Brücke lag eine dünne Schicht von weißem Nebel einen Meter hoch über dem Boden. Reine hielt den Atem an und fuhr durch den Nebel. Unheimlich schön! Wie ein kühles Bad an einem heißen, schwülen Tag. Rechts lag Norrviken mit einer Anlegebrücke für kleinere Boote. In einer solchen Nacht müßte man natürlich draußen auf dem Wasser sein und fischen. Bald würde die Sonne herauskommen. Dann wäre es Spitze, bäuchlings auf der Ruderbank zu liegen, Arme und Beine von sich zu strekken, übers Wasser zu treiben und so zu tun, als wäre man eine Wasserspinne.

Er hörte nicht, wie der Streifenwagen von hinten kam.

Er glitt an ihm vorbei und blieb mindestens fünfzig Meter weiter vorn an der Steigung nach Rotsunda stehen. Umkehren? Aber er hatte nicht die Kraft, seine Pläne zu ändern, selbst wenn er es gewollt hätte. Er trat weiter bergaufwärts in die Pedale und kam beim Streifenwagen an. Sie stiegen nicht mal aus, um ihn anzuhalten. Er hielt neben dem Fahrer, der Pfeife rauchte und das Seitenfenster heruntergekurbelt hatte.

35

Der Streifenwagen war ein Kombi, ein Volvo 145. Sie nahmen das Rad und legten es aufs Dach. Reine mußte sich auf den Rücksitz setzen. Der Kofferraum hinter ihm war mit einem feinmaschigen Drahtnetz ausgekleidet und in der Mitte geteilt. In einem Käfig des Kofferraums lag ein Schäferhund und glotzte. Er hatte freundliche helle Flecken über den Augen.

Die Bullen sagten ein paar Worte in den Polizeifunk, bevor sie losfuhren. Reine fragte sich, wie schnell ein Streifenwagen fahren konnte; er brauchte sich natürlich nicht an die Geschwindigkeitsbegrenzung von hundertzehn Stundenkilometern zu halten, sondern konnte losbrausen wie der Teufel, die blauen Blinklichter angeschaltet. Wann wären sie dann in Gävle? Ungefähr um zwei Uhr morgens. Die arme Großmama würde sich zu Tode erschrecken, wenn um diese Zeit zwei Polizisten im Treppenhaus stünden.

»Die Löwenströmschen Personalwohnungen?« fragte der Polizist, der nicht fuhr.

»Genau«, sagte Reine.

Der Wagen drosselte das Tempo und fuhr beim Verkehrsknotenpunkt Upplands Väsby ab. Aber statt in nördlicher Richtung auf der alten Straße nach Uppsala zum Löwenströmschen Krankenhaus weiterzufahren,

bog der Wagen links in eine Gulf-Tankstelle ein. Hinter der Tankstelle lag Mammas, eine Würstchen- und Hamburgerbude, die wie ein großer, roter Fliegenpilz gebaut war.
»Magst du ein Würstchen?« fragte der Polizist, der am Steuer saß.
»Ja, danke«, sagte Reine; er hätte lieber einen Hamburger gehabt, aber er mochte nicht widersprechen.
Die Polizisten stiegen aus. Reine blieb sitzen, er betrachtete sich als verhaftet und wagte nicht, das Auto zu verlassen.
»Hast du Wasser in den Knien?«
Flink stieg Reine aus dem Auto und ging mit den Polizisten zum Stand. Es gab eine riesige Auswahl; die Speisekarte war mehrere Meter lang. Ganz anders als beispielsweise bei Carrols, dort hatten sie nur vier, fünf Sachen. Die Polizisten bestellten jeweils eine gegrillte Wurst mit Brot und Gurke. Reine bedankte sich mit einem Diener. Die Wurst war schon fertig gegrillt, man mußte sie nur noch in das Brötchen stecken. Sie gingen wieder zum Auto und setzten sich hinein. Der Hund stand hinter Reines Rücken auf und schnupperte nach der Wurst.
»Platz!« sagte einer der Polizisten kurz, und der Schäferhund legte sich sofort wieder hin.
Nachdem Reine die Wurst gegessen hatte und sein Mund völlig ausgetrocknet war, weil er nichts zu trinken bekommen hatte, sagte er:
»Ich hab' ganz vergessen, daß man auf der E vier nicht Fahrrad fahren darf.«
»Stig Utter, ist das dein Vater, oder was?«
»Er ist der Freund von meiner Mutter.«
»Freund?«
»Ja, er hat einen Schlüssel zu unserer Wohnung.«
»Und deinen hast du verloren?«
»Ist in ein Gully gefallen.«

»Wie kommt es denn, daß du ganz allein zu Hause bist?«
»Also, eigentlich war das nicht so gedacht. Meine Mammi arbeitet in Uddevalla und Stig sollte ein paar Tage nach mir schauen und . . .«
»Müssen wir den Nachtdienst vom Jugendamt verständigen?« fragte ein Polizist den anderen.
»Sollen wir beim Revier anfragen?«
»Wir können den Jungen ja auch bei diesem Utter abgeben. Das ist wohl für alle Beteiligten das Einfachste.«
»Stig Utter, Löwenströmsche Personalwohnungen«, hast du gesagt?
Sie wartete die Antwort nicht ab, sondern starteten den Wagen und fuhren auf die alte Straße nach Uppsala. Der Wagen hatte eine automatische Gangschaltung, und immer, wenn die Automatik arbeitete, ruckelte er. Man mußte die Fahrt genießen, solange sie dauerte. Danach würde es ein Ende mit Schrecken nehmen: Stig finge mit den Polizisten Streit an, die Mutter käme im Eiltempo aus Uddevalla, die Großmutter käme im Eiltempo aus Gävle, ein Fürsorger vom Jugendamt käme im Eiltempo an, jemand anders käme von der Insel der Kinder angebraust. Aber zu allererst käme die alte Enquist angedampft und fragte, wo er die Wäscheleine gestohlen hätte.
Trotzdem hatte er keine richtige Angst. Wenn man schon von den Bullen geschnappt wurde, hätte es ruhig ein bißchen dramatischer zugehen können. Die chilenischen Bullen hätten einen schnappen können, dann wäre man hinten auf einem Militärjeep gefahren, die amerikanischen Bullen hätten einen schnappen können, dann hätte man sich vorgebeugt mit den Händen auf der Kühlerhaube hinstellen müssen, die spanischen Bullen hätten einen schnappen können, dann wäre man auf einen alten Holzstuhl gesetzt worden, hätte einen Holzklotz um den Hals und einen Korkenzieher in den Nakken gekriegt.

»Stig Utter, welcher Eingang?«
Das wußte Reine nicht, und ein Polizist mußte herumlaufen und ihn suchen. Stig wohnte im Haus F, und sie gingen alle drei hinauf und klingelten. Niemand machte auf. Was sollte Reine sagen, wenn Stig allmählich aufwachte und die Tür öffnete? Kein Problem, die Bullen würden reden. Wenn Stig nicht gerade rosiger Laune zu sein schien, würde Reine diese Sache mit der Segelfahrt aufs Tapet bringen, und wer da wen ins Wasser geschmissen hatte. War das die Sache wert? Dann würde man statt dessen zum Jugendamt gebracht. War es nicht besser, sich mit einem mürrischen und jähzornigen Stig herumzuschlagen, als irgendeinen Fürsorger vom Jugendamt auf den Hals zu kriegen? Wenn er sich an Stig hielt, gab es noch eine kleine Chance, die Freiheit zu behalten, den Rest des Sommers für sich zu haben, statt zur Insel der Kinder deportiert zu werden oder was zum Teufel sie sonst mit ihm machen wollten. Frei würde er jedenfalls nicht sein.
Die Polizisten klingelten noch einmal.
»Er ist meistens schwer zu wecken«, sagte Reine. »Ich kann allein hier warten.«
Aber die Polizisten dachten gar nicht daran, ihn allein warten zu lassen. Sie schauten durch den Briefkastenschlitz und klingelten noch einmal. Wenn Gott gut ist, fährt Stig jetzt gerade mit seinem alten Krankenwagen herum. Wenn Gott gut ist, lassen die Bullen mich mit einer Ermahnung hier. Wenn Gott gut ist, schwinge ich mich nachher aufs Rad und fahre weiter zur Großmama. Auf der Landstraße, nicht auf der Autobahn.
Stig riß die Tür auf und starrte die Polizisten mit offenem Mund an.
»Utter?« fragten sie.
»Utt-*ler*.«
»Wir wollten nur den Schlüssel holen«, sagte Reine.
Stig kapierte sofort und ging seinen Schlüsselbund ho-

len. Er machte den Schlüssel los und drückte ihn Reine in die Hand.
»Ja, wir nehmen an, daß Sie sich jetzt um den Jungen kümmern«, sagten die Polizisten.
»Das ist gar nicht nötig, weil ich ja jetzt den Schlüssel habe«, sagte Reine.
»Komm nur herein«, sagte Stig.
»Es scheint kein Erwachsener bei ihm zu Hause zu sein«, sagten die Polizisten.
»Vielen Dank für die Hilfe«, sagte Stig.
»Ja, dann wollen wir diesmal fünf gerade sein lassen«, sagten die Polizisten. »Wir stellen das Rad in den Fahrradständer. Und bleib ja weg von der Autobahn.«
»Danke«, sagte Stig. »Er ist ein bißchen abenteuerlustig, der kleine Reine.«
»Das kommt wohl von der Hitze«, sagten die Polizisten. »Gute Nacht.«
Stig streckte die Hand aus und zog Reine über die Schwelle. Gerade als er die Tür zumachen wollte, drehte sich der Fahrer des Streifenwagens um, strich Reine schnell über den Kopf und sagte:
»Nett, mal einen Jungen mit so ordentlich geschnittenen Haaren zu sehen!«
»Vielen Dank nochmal«, sagte Stig und zog die Tür zu; sobald sie ins Schloß gefallen war, sagte er kurz: »Den Schlüssel!«
Reine gab ihm den Schlüssel zurück. Stig steckte ihn ohne Kommentar in die Tasche des Bademantels. In die rechte Tasche. Na warte; dieser Schuft würde schon irgendwann einschlafen und dann . . .
»Wer war das?« ließ sich eine Frauenstimme aus dem Zimmer vernehmen, das das Schlafzimmer sein mußte.
»Ein Bekannter von dir.«
»Von mir?«
Stig packte Reine am Arm, zog ihn in die Wohnung hinein und sagte zurechtweisend:

»Hast du sie eigentlich noch alle? Auf der Autobahn Rad zu fahren.«
»Stig?«
Aus dem Schlafzimmer war ein Geraschel von Laken zu hören. Die halfoffene Tür zum Flur wurde aufgestoßen, eine nackte Frau kam im Schutz der Tür heraus und sah zur Wohnungstür. Nur waren Stig und Reine jetzt in der Wohnung und sahen die Frau ganz ungeschützt von hinten.
»Stig??«
Es war die Mutter. Das ist meine eigene, verdammte Mutter, dachte Reine, die hier liegt und mit dem größten Schwein der Welt bumst. Die Mutter drehte sich rasch um, sah sie, rannte ins Schlafzimmer zurück und schlug die Tür zu.
»Damals, als ich dich ins Wasser warf . . .«, sagte Stig.
»Ja?«
»Seitdem hast du offenbar nicht mehr gebadet.«
»Stig, rufst du ein Taxi?« sagte die Mutter durch den Türspalt.
»Bitte warten«, sagte Stig und ging zum Telefon.
Die verdammte eigene Mutter.
»Kommt gleich!« brüllte Stig zum Schlafzimmer hin.
Die Mutter kam nach einer Weile heraus, stellte sich vor den Spiegel im Flur und machte ihr Gesicht zurecht.
»Harriet, willst du nicht guten Tag sagen?« fragte Stig.
Aber die Mutter konnte gerade nicht antworten; sie hatte den Mund zu einem starren Ring geformt, den sie ganz nah an den Spiegel hielt. So nah, daß sie zwischen Glas und Mund kaum mehr Platz für den Lippenstift hatte. Dann kam sie endlich ins Zimmer, setzte sich mehrere Meter von Reine entfernt auf einen Stuhl und kontrollierte den Inhalt ihrer Tasche: Schlüssel, Brieftasche, ein Bündel Briefe.

»Wann sieht man dich denn mal wieder?« fragte Stig.
»Reine, schaust du bitte am Küchenfenster, ob das Taxi schon gekommen ist«, sagte die Mutter.
Reine ging in die Kochnische und starrte auf den violetten Asphalt des Hofes. Die Nacht ging jetzt tatsächlich zu Ende. Die eigene, verdammte Mutter, lag hier einfach wie eine Sau. Wenn Stig zu Hause zu Besuch war, hatte er nachts immer im Gästezimmer bleiben müssen. Es war natürlich kein Geheimnis, daß die Mutter mal reinging und nach ihrem Gast sah. Aber dies war etwas anderes. Dies war eine Schweinerei. Eine eindeutige Schweinerei. Es war kein Taxi zu sehen.
»Es ist da«, sagte Reine.
»Wann sieht man euch mal wieder?« fragte Stig.
Stig ging zur Mutter, um sie auf die Backe zu küssen, aber sie beugte sich rasch weg. Die Mutter hatte einen roten Koffer im Flur. War sie direkt aus Uddevalla gekommen?
»Reine«, sagte die Mutter. »Trödel nicht so rum!«
Sie gingen ins Treppenhaus, und die Mutter schloß die Wohnungstür. Reine lief die Treppe hinunter und in die kühle Luft hinaus; es war jetzt endlich etwas frischer geworden, kurz bevor die Sonne aufging. Die Mutter ging rückwärts mit ihrem Koffer zur Tür hinaus. Das Taxi war noch nicht gekommen, aber sie verlor kein Wort darüber. Sie stellte sich vor Stigs Haustür, die Arme gekreuzt, den Koffer zwischen den Beinen. Sie starrte den Koffer an, als wollte sie nachprüfen, ob er schief wäre oder sonst was. Reine warf mit Kieselsteinen nach einem Laternenpfahl, traf aber nicht.
Er sah das Taxi schon von weitem, wie es die alte Straße nach Uppsala hinaufkroch, wie es stehen blieb, schon nach rechts zum Krankenhaus einbiegen wollte, dann mitten auf der Kreuzung wendete und in schnellem Tempo auf sie zugefahren kam. Es war ein Opel Diesel. Die Mutter gab dem Fahrer ihren Koffer und stieg hinten ein. Reine stieg vorne ein.

»Das Fahrrad!«
Das Taxi bremste scharf, Reine sprang heraus und lief zum Fahrradständer, wo die Polizisten das Rad abgestellt hatten. Jemand hatte den Glasfiberstab mit dem Wimpel geklaut. Es war ein Wunder, daß niemand das ganze Rad geklaut hatte, denn es war nicht abgeschlossen. Der Taxifahrer war nicht gerade begeistert darüber, daß er wieder aussteigen mußte, den Kofferraum öffnen, den Koffer herausheben, den Fahrradhalter herausholen, ihn hinten befestigen, den Koffer wieder hineinstellen und das Rad hochhieven mußte. Reine stoppte die Zeit, vierzehn fünfunddreißig bis nach Sollentuna. Die Mutter schneuzte sich immerzu.

36

Reine fand, daß er schon unheimlich lange wartete. Er war nicht müde, ganz im Gegenteil. Das Herz pochte und klopfte auf vollen Touren. Gegen vier stand die Mutter auf und holte sich einen Kognak. Um fünf vor halb fünf kam die Sonne um die Ecke und brannte in Reines Zimmer. Er stieg aus dem Bett und zog die Jalousie hoch, so leise er konnte. Es war schön, wie auf offener Bühne hier liegen zu können und nicht mehr herumschleichen zu müssen. Er wartete noch eine Viertelstunde, bevor er sich anzog und an der Tür der Mutter horchte. Jetzt schlief sie endlich. Hatte natürlich die ganze Nacht gebumst und darauf dann noch den Kognak.
Im Flur stand der rote Koffer der Mutter auf einem Haufen verstreuter Post. Er rückte den Koffer weg und sah die Post durch. Zwei Briefe von der Mutter waren darunter. Sein erster Impuls war, sie im Klo herunterzuspülen, aber er überlegte es sich anders. Einerseits könnte die Mutter aufwachen, andererseits Geld in den Briefen sein. Er stopfte sie in die Gesäßtasche.

Im übrigen war in der Wohnung alles unverändert. Die Mülltüte stank nach alten Sardinendosen. Auf dem Küchentisch lagen so viele Brotkrümel, daß es aussah, als wäre er mit Sägemehl bedeckt. Neben dem Toaster stand ein altes Kastenbrot, vor Schimmel grün-weiß-blau schillernd. In der Badewanne lagen Hosen und Unterhosen im millimeterhohen Wasser, sie waren oben trocken und unten schleimig. Auf der Wäscheleine über der Badewanne hingen immerhin zwei gewaschene Unterhosen, steif und spröde wie altes Fladenbrot.
Mütze! Er brauchte unbedingt eine Mütze. Er holte sich einen Küchenstuhl und durchsuchte die Oberteile der Flurschränke: Pelzmütze, Skimütze, Zipfelmützen, massenhaft Zipfelmützen. Ja, da war schon mal was; ein hellblauer kleiner Sonnenhut mit lächerlich schmaler Krempe, die heruntergebogen war. Auf dem Hut stand OK – Verbrauchergenossenschaft. Reine stülpte sich den Hut über den Kopf und besah sich im Badezimmerspiegel. Das müßte gehen, es sah zwar so aus, als wären die Haare ein bißchen kurz, da sie nicht an den Seiten herabhingen, aber wenn die Leute wüßten . . .
Jetzt mußte er geschickt packen. Das unregelmäßige Leben hatte ihn gelehrt, was man am besten brauchen konnte: saubere Unterhosen, saubere Strümpfe, am besten auch ein sauberes T-Shirt – und ein Paar Schnürsenkel zur Reserve. Das geheime Notizbuch, Jocke? Doch, sicherheitshalber sollte man auch Jocke mitnehmen. Aber »Sensationelle Weltrekorde«? Doch, sicherheitshalber auch das, falls man um jeden Preis eine Sachinformation brauchte. Zum Beispiel: Wie lange hat ein Elfjähriger es maximal geschafft, von zu Hause wegzubleiben?
Der Chiffrenschlüssel durfte natürlich auch nicht im Wasserbehälter der Toilette bleiben. Er holte den fest zusammengefalteten Zettel heraus und steckte ihn in die Tasche. Er würde sobald wie möglich nachprüfen, ob er

die Chiffre beherrschte, und den Zettel dann herunterschlucken. Nichts durfte dem Zufall überlassen bleiben. Jetzt wurde es ernst. Früher in diesem Sommer war es mehr zum Spaß gewesen, mehr wie eine Probe. Wie spät war es? Fünf Uhr neunzehn.
Blieb noch das Wichtigste: Geld. Und ein warmer Pullover. Er zerrte seinen Islandpullover aus dem Oberteil des Schranks, eine halbe Slalomausrüstung kam hinterher. Der Pullover nahm in der Pumatasche zuviel Platz ein, daher knotete er sich die Ärmel um die Hüften. Wo hatte die Mutter ihr Bargeld? Die Schultertasche stand auf dem Spülstein. Er nahm seine eigenen Briefe an sich, bevor er die Brieftasche um dreihundertfünfundsechzig Komma zehn erleichterte. Davon schuldete er der Insel der Kinder einhundertneunzig an rückerstatteten Gebühren. Aber es kostete bestimmt nicht mehr so viel, wenn man jetzt kam.
Bevor er die Wohnung verließ, horchte er noch einmal an der Tür der Mutter, dann ging er hinaus und pinkelte ins Waschbecken. Er hatte Schwierigkeiten, hinaufzureichen, und so wurde die Blase wohl nicht ganz leer. Voller Mißtrauen musterte er Sack und Schwanz. Das wäre ja noch schöner, wenn jetzt etwas passierte. Es würde alles verderben. Noch mal Glück gehabt. Gut. Kein Härchen. Den Hut über die Augen und die Pumatasche um den Nacken öffnete er die Wohnungstür, stellte das Schloß so ein, daß es nicht knacken würde, und ließ die Tür hinter sich zugleiten.
Blieb noch der Keller. Dort stand das Fahrrad. Das einzige Mal, daß die Mutter heute Nacht etwas zu ihm gesagt hatte, war, als er das Rad in den Keller stellen wollte. Sie fand, es sei zu spät dazu. Aber er hatte darauf bestanden, da er schon beschlossen hatte, so schnell wie möglich abzuhauen, und da konnte man ja nicht wie ein Idiot vor einem leeren Fahrradständer stehen und nach einem gestohlenen Rad glotzen. Im Keller war auch

noch das Feuerwerk. Es paßte nicht in die Tasche. Aber manchmal mußte man etwas opfern. Er zog die vier Sternschnuppenraketen von den langen Stöcken ab und legte die Stöcke wieder in die Kommode. Stöcke konnte man sich immer beschaffen; schlimmstenfalls würden es wohl auch gerade Zweige tun. Die Pumatasche war prall wie ein Seesack. Irgendein Regenschutz? Er hatte keinen Regenmantel. Aber in den Wetterberichten dieses Sommers kam Regen ja nicht mehr vor. Hatte wohl irgendwas mit der Vergiftung der Natur zu tun. Er konnte sich ja immer noch einen Schirm kaufen, falls es wieder Regen gab.

Er schleppte das Fahrrad hinauf und zerrte es durch die Haustür. Die Sonne brannte. In mehreren Wohnungen standen die Balkontüren offen. Andere hatten die Jalousien heruntergezogen und für die Ferien dichtgemacht. Als er auf dem Dach lag, hatte er gesehen, daß einige Leute in diesem komischen Sommer draußen auf dem Balkon schliefen. Er klemmte die Tasche auf dem Gepäckträger fest, setzte sich vorsichtig auf den Sattel, damit der Pullover, den er sich um die Hüften gebunden hatte, unter den Hintern kam, stieß sich ab und trat in die Pedale. Kaum war er in den Malmvägen eingebogen, als ihm einfiel: die Kontaktlinsen! Die Kontaktlinsen seiner Mutter, die tausend Kronen wert waren. Die konnte man nicht zurücklassen. Mit tausend Eiern konnte man sich mindestens bis Februar über Wasser halten. Ohne sich umzusehen, wendete Reine auf dem breiten Malmvägen und radelte wieder heimwärts. Er parkte das Rad, schloß es ab und ging hinauf. Ein Glück, daß die Wohnungstür unverschlossen war; sonst hätte man sich wieder aufs Dach legen und nach der Leiter angeln müssen. Er stellte sein Gepäck vor die Tür und ging hinein. Alles war unverändert. Durch den Türspalt war das tiefe Atmen der Mutter zu hören.

Schnell zum Badezimmerschrank, er war vollgestopft

mit hundert kleinen Schachteln und Flaschen. Eine flache schwarze Schachtel? Nein, das waren die falschen Wimpern. Die runde, nein, die enthielt ein ziegelfarbenes, stark riechendes Mehl – Puder? Das kleine Etui aus imitiertem Krokodilleder? Nagelschere. Eine kleine, massive Nagellackflasche, deren Verschluß zu einem weißen Federkiel geformt war, fiel heraus und direkt ins Waschbecken. Ein wahnsinniges Klirren! Vielleicht könnte man ein Fläschchen Parfüm klauen und es irgendwo zollfrei verkaufen? Da! Genau, jetzt fiel es ihm wieder ein, wie die Schachtel mit den Kontaktlinsen aussah: viereckig, flach, weiß, als würde sie etwas Unanständiges enthalten. Er fingerte sie auf und schaute hinein. Ja, da lag das ganze Zeug: die Linsen, die Saugnäpfe, mit denen man sie einsetzte, ein Fläschchen mit wasserklarem Öl . . .
»Reine?«
Verdammt, die Mutter war aufgewacht! Er klappte die Schachtel zu und steckte sie unter sein T-Shirt. Die Mutter war sogar auf, sie drückte die Türklinke zum Salon herunter. Behalt jetzt einen kühlen Kopf, mach folgendes: Schlag die Badezimmertür zu, stell den Riegel auf Rot, setz dich auf die Klobrille und stöhne.
»Reine?«
Die Klinke wurde zögernd heruntergedrückt.
»Gleich fertig.«
»Geht's dir schlecht?«
»Ein bißchen Durchfall.«
Die Mutter ließ die Klinke los und ging wieder in den Flur. Ganz langsam drehte er den Riegel herum, öffnete die Tür einen Millimeter und horchte. Sie warf sich im Bett herum, mußte wohl pinkeln. Er machte die Tür weit auf, stellte sich sprungbereit hin und zog den Knopf der Spülung hoch. Und dann in einem Nu – was ist ein Nu? – in sein Zimmer, Tür zu und unter die Dekke.

Die Mutter stand auf und ging pinkeln, zog ab, kam wieder zurück und blieb an seiner Tür stehen.

»Reine?«

Er versuchte, so natürlich wie möglich zu schnarchen.

Sie gab auf und ging in ihr Zimmer. Nur jetzt nicht einschlafen. Er ging das Einmaleins durch, mußte aber trotzdem gähnen. Statt dessen kniff er sich nun systematisch: kleiner Zeh, nächster Zeh, Mittelzeh, Zeigezeh, großer Zeh. Wade, Kniescheibe, Kniekehle. Vorderseite des Schenkels, Rückseite des Schenkels. Rechter Hoden – au! Linker Hoden. Pimmel, Vorhaut. War das schön, vielleicht sollte man . . . Nein, das könnte natürlich alles beschleunigen. Er stieg schnell aus dem Bett und schlich sich in den Flur, ständig bereit, wieder ins Bett zu flitzen oder aufs Klo zu rennen und abzuschließen, falls die Mutter Verdacht schöpfen sollte. Das tat sie aber nicht. Sie schlief wie ein Murmeltier. Drei Minuten später saß er auf dem Fahrrad und trat in die Pedale, was das Zeug hielt – welches Zeug? In welcher Richtung lag denn nun diese verdammte Insel der Kinder?

37

Um zehn Uhr aß er in einer Milchbar in Åkersberga zu Mittag: Entrecote, Pommes frites und Zingo-Limonade. Es schmeckte herrlich. Wieder aufs Rad, ersten Gang rein, Kopf runter, damit der Luftwiderstand das Tempo nicht minderte. Honda? Kawasaki? Suzuki? Yamaha? Nein, heute könnte man doch mal ein bißchen originell sein und italienisch fahren. Moto-Gussi? Montesa? Nein, Ducati. Während der nächsten Kilometer steigerte er das Tempo seines Langstreckenrennwagens Ducati 860. Asu dem Weg, Hinz und Kunz!

Die Insel der Kinder lag im Schärengebiet. Aber wo da genau? Mußte man nach Norrtälje hinauffahren oder lag die Insel der Kinder im südlichen Schärengebiet? Kommt Zeit, kommt Rat. Zunächst einmal ging es darum, ans Meer zu kommen, an den Strand der Ostsee. Ob man dann nach links oder nach rechts abbiegen mußte, konnte man immer noch erfragen. Schweden war schön, verdammt schön!
Er war noch nicht länger als eine halbe Stunde nach seiner Essenspause geradelt, als er merkte, daß er eine Erkältung bekam. Der Hals war geschwollen. Wie oft er auch schluckte, es wurde nicht besser, der Hals schwoll eher noch mehr an. Es war, als hätte sich ein Ring um die Kehle gelegt, ein Bierdosenring. Die Nase war trokken und warm. So fingen Erkältungen meistens an: Zuerst Halsweh, aber kein Schnupfen, dann fing die Nase an zu laufen und der ganze Körper wurde trocken und warm. Nach etwa einer Woche verließ die Erkältung die Nase und fing nochmal im Hals an. Bis sie schließlich mit dem Atem davonzischte.
Er hielt an, holte einen Fußballstrumpf aus der Tasche und knotete ihn sich um den Hals. Das war eine Empfehlung der Großmama, keinen Schal, sondern eben einen Strumpf um den Hals. Was für einen Unterschied machte das? Reine wußte es nicht, vermutete aber, daß es irgendwas mit Jesus zu tun hatte. Falls jemand etwas über seinen komischen Hut sagen sollte, konnte er von jetzt an husten und auf seine Erkältung verweisen.
Er radelte weiter und kam nach einer Weile an ein Straßenschild, auf dem Norra Ljusterö stand. Das klang irgendwie bekannt. Die Insel der Kinder lag vielleicht nicht dort, aber wenn er die Richtung von Norra Ljusterö nahm, mußte er jedenfalls ans Meer kommen. Gesagt, getan. Die Straße wurde jetzt schmaler, war nichts mehr für den Langstreckenrennwagen Ducati 860. Lieber auf was Robusteres umsteigen. Es wäre natürlich

dufte gewesen, mit dem großen, schweren Ducati auf der Insel der Kinder anzubrausen, aber eine gute Moto-Cross-Maschine tat es auch. Reine sattelte auf eine Kawasaki 250 Kubik um, die Maschine, die auch Thorleif Hansen fuhr. Leicht, aber stark. Ein Geländerad, aber trotzdem schnell.
Wie oft war man jedes Jahr erkältet? Oder krank? Wenn man gesund war, antwortete man: Nie. Nichts vergaß man so schnell, als wie oft man krank gewesen war. Es war natürlich, immer gesund zu sein; es sollte so sein. Aber wenn er es sich überlegte, konnte er aus dem Stegreif von den Skiferien an aufzählen: Drei ordentliche Erkältungen, zwei ordentliche Darmgrippen, davon eine, bei der er bestimmt zehnmal gekotzt hatte, einmal Ohrenschmerzen, einmal Bauchschmerzen, wobei die Mutter geglaubt hatte, es seien die Drüsen. Dazu zweimal Nasenbluten.
Streckenweise war der Verkehr sehr lebhaft, aber er merkte es kaum. Die Autos waren verpflichtet, ihm auszuweichen. Aber in einer Steigung, wo er im Stehen treten mußte, so daß das Rad kräftig hin und her schwankte, zischte ein Volkswagen vorbei und hupte ohrenbetäubend. Scheißkarre! Verdammter, zweitüriger Mistkäfer mit Hinterradantrieb! Er schloß die Augen und stellte sich vor, daß der Volkswagen hinter der Hügelkuppe an einer tiefen Schlucht von der Straße abkam, gegen scharfe Felskanten prallte und schließlich am Boden der Schlucht aufschlug, wo er in einer orangenen Feuerkugel mit schwarzen Rändern explodierte. Der reinste Samstagskrimi. Vom Fahrer würde nicht mehr übrigbleiben als eine Handvoll Ruß. Geschah ihm recht – er hätte auch den Führerschein loswerden müssen.
Als er sich zur Hügelkuppe hochgearbeitet hatte und zu seiner Enttäuschung keine Schlucht fand, aus der blauer, öliger Rauch quoll, stieg er vom Rad und ruhte sich

aus, die Stirn auf dem Lenker. Er war müde. Er war erkältet, unheimlich durstig und müde. In den letzten vierundzwanzig Stunden war ja alles Schlag auf Schlag gegangen. Es war noch keine zwölf Stunden her, daß er mit dem Rad nach Norden zur Großmutter unterwegs gewesen war. Was für ein Tag und was für eine Nacht: zuerst als Björn Ball gefeuert, dann auf dem Dach entdeckt und wie ein Dieb gejagt, dann das schmierige Schwein Stig Utter – Uttler? – dann die schmierige . . . Nein, er mochte nicht an die Mutter denken, ihm wurde übel davon.

Rechts zweigte ein kleiner Kiesweg mit einem Grasbukkel in der Mitte ab. Die Vegetation am Wegrand war mannshoch. Vor allem rostfarbener, zarter Wiesenkerbel. Reine schob das Rad auf den Kiesweg, setzte sich auf den Sattel, spreizte die Beine und rollte den Hang hinunter. Er hatte Glück, das Tälchen endete in einem kurzen Hang, der zu einem kleinen Hügel führte, wo eine rote Scheune ohne Wände zwischen zwanzig, dreißig Espen stand. Der Hügel bildete eine kleine Insel in einem unendlichen Weizenfeld. Meine eigene Insel, die Insel des einsamen Kindes. Reine stieß das Rad beim letzten Meter vorwärts, es blieb stehen und fiel um. Er stieg ab und zerrte es in die Scheune. Statt der Wände hatte sie nur einige Pfosten und Balken, die das Dach trugen. In der Scheune lagen ein paar verstreute Strohballen, ein Stapel Zaunpfähle und mehrere schwarze Stacheldrahtrollen. Er kletterte zu den Strohballen hinauf und setzte sich, einen davon als Rückenlehne benutzend. Die Aussicht war fabelhaft. Da drüben hinter dem Waldrand mußte das Meer liegen. Er schloß die Augen und ließ das Korn hinter den Lidern wogen.

Als er aufwachte, waren fast fünf Stunden vergangen. Ein leichter Wind strich durch das Espenwäldchen; es klang wie ein tröpfelnder Wasserhahn. Ihm war kein bißchen kalt, obwohl er nicht im Windschatten saß. Es waren bestimmt dreißig bis fünfunddreißig Grad. Siebzig? Das wohl nicht, aber es war ein ganz verrückter Sommer. Er konnte nicht begreifen, warum die heißen Sommer schon jetzt begannen. Die richtige Hitze würde ja erst kommen, wenn die Kernkraftwerke voll ausgebaut waren und überall heißes Wasser abließen, so daß ganz Schweden nur so dampfte.

Er pulte die Briefe der Mutter aus der Tasche. Der eine enthielt einen Zehnkronenschein, der andere ein Foto von ihr im Bikini. Sie feixte und winkte. Wer hatte es aufgenommen? Verdammte Schlampe. Erbittert zerriß er das Foto in winzige Schnipsel und streute sie wie Konfetti in den Wind. Es war nicht mehr verboten, die Asche seiner Angehörigen in den Wind zu streuen. Auf dem Waldfriedhof gab es zu diesem Zweck einen besonderen Hain. Ob er die Briefe lesen sollte? Die Neugier siegte. Aber an den Briefen war nicht viel dran. Die Mutter bedankte sich für alle netten Grüße von der Insel der Kinder und freute sich sehr, daß es ihm so gut gefiel. Und daß er so viele gute Kameraden bekommen hatte. Sie selbst arbeitete fast durchgehend, aber manchmal gab es einen freien Tag zum Baden. Was machte die Alte in den Nächten? Mit dänischen Assistenzärzten ficken? Er hatte gehört, wie die Mutter einer Freundin von einer Person erzählte, die mit dänischen Assistenzärzten fickte. Aber jetzt wußte Reine Bescheid. Er würde sich nichts mehr vormachen lassen. Eigentlich sollte man sich die Hoden mit einer Gartenschere abschneiden – ein für allemal.

Jetzt müßte doch eigentlich der Hunger kommen? Er sah auf die Armbanduhr. Er war jetzt seit vierzehn Minuten wach. Gleich nach dem Aufwachen war er selten hungrig, da war der Bauch noch voller Träume und Nebel. Aber dann verzog sich der Nebel, und der Magen fing an zu hecheln: Fleisch! Hamburger! Brot! Gurke! Ketchup!

Hoch über dem weiten Weizenfeld schwebte ein brauner Bussard. Ach, wenn man doch ein Engel wäre, wenn man den Bussard begleiten, dem großen Vogel dort oben Gesellschaft leisten und mit den warmen Luftströmungen aufwärts schweben könnte. Ein Engel mit langen, schmalen Flügeln wie ein Segelflugzeug. Sobald man mit seinem allsehenden Auge im Korn einen Braten oder eine Wurst erspäht hatte, zog man rasch die Flügel ein wie eine Möwe und schoß im Sturzflug . . .
Nein, da wäre es schon praktischer, ein schneller Falke zu sein und in einem großen Kristallüster in einem riesigen Restaurant zu hausen. Ein weißer Falke, der nicht gegen die Tischdecken abstach. Sobald man Hunger kriegte, streifte man im Tiefflug mit dreihundert Stundenkilometern über das kalte Buffet. Ein Hieb mit der Klaue, ein elegantes Looping, gefolgt von einer blitzschnellen Rolle, und man saß wieder im Kristallüster, mit einem halben gegrillten Hähnchen im Schnabel. Und einem Senfklecks auf der einen Flügelspitze.
Reine blinzelte in die Landschaft hinaus und wurde sentimental: Im November würde er vielleicht immer noch hier sitzen und in den gelben Nebel hinausstarren oder in den Rauch der Kartoffelfeuer. Um die Zeit des Luciafestes herum müßte es Schnee geben, die Landschaft würde grauweiß werden wie eine Fotografie. Der Falke würde auf starren Flügeln über die weiße Schneedecke segeln. Das kalte Buffet würde abgeräumt sein.
Nein, man konnte nicht hier sitzenbleiben, bis man die Hosen voller Eis hatte und festfror. Die Insel der Kinder wartete, sie schwamm wie ein großer Laubhaufen dort draußen im trägen Meer. Bald wäre er da – zu bald? Was sollte er tun, wenn er irgendwann heute abend dort ankam? Einen der Leiter aufsuchen und ihm erklären, daß Reine Larsson jetzt nach seiner Blinddarmentzündung aus dem Krankenhaus entlassen worden sei? Vielleicht lieber bis morgen früh warten? Nein, die

Leiter waren abends gewöhnlich freundlicher. Nicht beim Abendessen, da waren sie nur müde und kaputt. Aber später, gegen neun oder zehn, wenn sie sich entspannter fühlten und ein paar Bier oder einen Wein getrunken hatten. Vielleicht durfte er in der ersten Nacht im Haus der Leiter schlafen, damit die anderen nicht geweckt werden mußten. Wenn er nicht zeigte, daß er erkältet war.

Was würde dann passieren? Man würde ihn unterdrükken. Das wußte er. Johlende, puffende Gleichaltrige würden ihn fertigmachen. Er würde nicht die geringste Chance haben. Warum sollte er eine Chance haben? Er war ja nie ein Anführer gewesen. Und jetzt anzukommen, mehrere Wochen verspätet, wenn alles schon gelaufen war, die Hütten gebaut waren, die meisten neue Namen bekommen hatten, jeder schon den anderen kannte, niemand mehr in Frage stellte, wer die Entscheidungen traf – oder wer nie entscheiden durfte, sondern froh sein mußte, daß er nicht Dresche bekam oder man ihm die Turnhosen herunterzog, wenn die Mädchen es sehen konnten. Das erwartete ihn also: Sobald die Kinder mit ihm allein blieben, würden sie ihn ausziehen und ihn zwingen, alles vorzuzeigen, was er in der Pumatasche hatte; das Feuerwerk, das schwarze Notizbuch, die Kontaktlinsen und Jocke. Jocke würden sie wahrscheinlich anzünden. Wenn das erledigt war, würde irgendein feiger Witzbold seine Rattenschnauze vorstrecken und ihm einen neuen Namen verpassen. Einen Namen, den man genauso schwer wegwischen konnte wie ein Kaugummi aus den Haaren.

Man mußte als Eroberer kommen, sonst konnte man es gleich bleibenlassen. Am besten würde man auf einer gelben Kawasaki auf den Versammlungsplatz donnern und ein bißchen herumkurven, so daß die Leiter und die Weiber nur so davonspritzten. Aber das setzte zwei Dinge voraus: daß es eine Brücke zur Insel der Kinder gab und daß man eine Kawasaki zur Verfügung hatte.

Eine andere Methode wäre, sich zu verkleiden. Hätte man Helenes Rollstuhl borgen können, dann würde man langsam vor der Fahnenstange hereinrollen, und alle Anwesenden müßten sich in Grund und Boden schämen. Man könnte sich auch etwas unnatürliche Bewegungen zulegen und Schaum vor dem Mund haben; sie hätten keine Chance. Alle würden sie ein schlechtes Gewissen haben, die Leiter würden zuerst wie gelähmt sein, aber dann würden sie immerzu um ihn herumschwänzeln. Das heißt, nur am ersten Tag, am zweiten würden sie ihn langsam meiden. Aber es würde keinen zweiten Tag geben. Schon am Abend würde Reine Benzin auf das Wirtschaftsgebäude schütten und es in Brand stecken. Dann würde er sich im Rollstuhl hinter ein Gebüsch setzen, den dicksten Wasserschlauch griffbereit neben sich. Wenn alle in Panik zusammengeströmt wären und die lächerlichen Feuerlöscher geleert hätten, würde er wie in einem Kampfwagen aus dem Gebüsch gefahren kommen, den Schlauch hochheben und die Feuersbrunst in wenigen Minuten wegspülen. Das Feuer würde ihm einen so starken Schock versetzen, daß er sich anschließend aus dem Rollstuhl erhob und auf steifen Beinen – ungefähr wie Frankensteins Monster – aus den Ruinen stakste, um von der hysterischen Menge als Häuptling begrüßt zu werden.
Man mußte schon ein bißchen realistisch bleiben: Helenes Rollstuhl war nicht verfügbar. Statt dessen mußte er sich wohl damit begnügen, das Rad im Schilf auf dem Festland zu parken und sich dann einen geeigneten umgefallenen Baum zu suchen, auf dem er hinüberpaddeln konnte. Er würde sich, den Sonnenaufgang im Rücken, an Land schleichen . . . Die Sonne ging natürlich im Osten auf, und so mußte er um die Insel herumpaddeln und vom Meer her kommen; mühsamer, aber durchführbar. Er würde gar nicht erst versuchen, sich zu er-

kennen zu geben. Er würde sich vielmehr in einer ausgehöhlten Eiche oder in einem geeigneten Baumwipfel niederlassen. Dort würde er abwarten. Schon nach kurzer Zeit würde ein kleineres Kind vorbeikommen, am besten ein vier- bis fünfjähriges Mädchen. Das würde er sich schnappen und oben in den Zweigen festbinden. Wahrscheinlich würde am selben Tag noch ein Balg vorbeikommen, bevor das Verschwinden des ersten bemerkt worden war. Dieses Balg würde er auch kidnappen. Dann würde die große Jagd losgehen. Er würde mit seinen Geiseln von Eiche zu Eiche fliehen. Sobald jemand von der Rettungspatrouille sich auch nur das kleinste bißchen von den anderen entfernte, würde er sich den auch schnappen. Die Gefügigen konnten gefesselt und in einem hohlen Baum untergebracht werden. Die Widerspenstigen mußte man leider erwürgen. Die Leiter würden ihre Truppen zurückziehen. Sie würden einsehen, daß die Insel jetzt von einem bösen Wesen beherrscht wurde, das sie alle vernichten konnte.

Mit anderen Worten: Jetzt waren Verhandlungen fällig. Reine würde sich niemals persönlich zeigen. Er würde einen geeigneten Fünfjährigen losbinden, dem Kind einen Zettel in die Hand drücken und ihm befehlen: Lauf wie der Teufel, wenn dir das Leben lieb ist! Die Leiter der Ferienkolonie würden auch ihre Unterhändler schicken, aber die würde Reine zunächst nicht beachten. Vielleicht schickten sie auch ihren Arzt, um ihn zu überreden; den würde er verbrennen, als Vergeltung für Jocke.

Wenn er sicher war, daß er die ganze Insel der Kinder in der Hand hatte, würde er aus dem Wald treten, das kleinste und leichteste Kind an seiner Brust festgebunden. Die kleinste Bewegung seitens der Leiter, und das kleine Kind würde sofort sterben müssen. Sie würden den Pavillon der Leiter oder ein anderes passendes Haus

räumen müssen. Dort könnte er sich mit seiner Geisel einquartieren. Alle Leiter und alle Kinder würden jetzt ihre ganze Zeit darauf verwenden, Reines Befehle zu befolgen, seinen kleinsten Launen zu gehorchen. Die Telefonleitungen wären längst gekappt, der Postverkehr hätte aufgehört und der Telegraf würde von jemand Zuverlässigem bedient. Er brauchte ein paar Vertrauensleute. Das war eine Schwäche, aber es ging nicht anders. Er könnte mit Hilfe der Lagerkasse Vertrauensleute kaufen oder Privilegien erteilen. Irgendein geiler Lehrer könnte das Küchenpersonal als Harem kriegen. Es müßte Ordnung herrschen. Knallhart. Alle würden Reines Ordnung lieben. Sie würden ihn zum König ausrufen wollen, aber das würde er ablehnen. Notfalls mit Härte. Er würde sich Vorsteher nennen. Das klang zwar nicht toll, aber das war ja gerade der Witz.
Ein Haken war dabei: Wo würde die Mutter zuerst nach ihm suchen, wenn nicht auf der Insel der Kinder? Sie mußte ja den halben Sommer über geglaubt haben, daß er wirklich auf der Insel der Kinder war. Was würde er tun, nachdem es zu Hause Stunk gegeben hatte? Sie würde versuchen, die Großmama zu erreichen. Dann würde sie in der Ferienkolonie anrufen und fragen, ob Reine Larsson schon von seinem Urlaub zurück sei. Das hatte sie vielleicht schon gemacht, jedenfalls bestand große Gefahr, daß sie es tun würde, bevor die Telefonleitungen gekappt waren. Alle seine Pläne mußten – mit anderen Worten – nochmal überprüft werden. Aber nicht mit leerem Magen. Er mußte vorher wenigstens einen Kiosk finden und ein paar Tüten Erdnüsse kaufen.
Reine kletterte von seinem Strohthron herunter und schloß das Rad auf. Hatte er Fieber? Er hatte selten Fieber, wenn er erkältet war, aber er fühlte sich nicht gut: Es prickelte in Armen und Beinen, und die Augen waren heiß. Er gähnte und stieg aufs Rad. Es war jetzt

Abend, aber das war weder am Licht noch an der Temperatur zu merken.

Nachdem er noch einige Kilometer auf der asphaltierten Straße nach Norra Ljusterö gefahren war, kam er zu einem Lebensmittelladen. Es war acht Uhr, und der Laden war zu. Die Schlagzeilen der Abendzeitungen waren noch ausgehängt, aber es war nichts von einem ausgerissenen Jungen dabei. Gut, die Mutter zog es vor, sich zurückzuhalten, wollte nicht, daß die peinliche Geschichte mit Stig veröffentlicht wurde. »Der Liebhaber der Mutter«, wäre Stig genannt worden. Pfui Teufel, das geschah ihnen ganz recht. »In diesem Sommer hatte der Liebhaber der Mutter schon versucht, den Jungen brutal zu ertränken.« Die Mutter und Stig würden ganz einfach gezwungen sein, sich noch eine Weile ganz schön zurückzuhalten.

Der Laden war zu, aber es gab einen großen Automaten neben der Tür mit dem schmalen, weißen Rouleau, auf dem »Geschlossen« stand. Der Automat war jedoch kaputt, die meisten Glasscheiben eingedrückt und der Geldeinwurf aufgebrochen. In einem der offenen Fächer lag ein vertrocknetes Vögelchen. Das Scheißding mußte schon lange kaputt sein. Reine saß auf der Zementtreppe und war sauer. Dann mußte man wohl Korn essen. Der Weizen auf dem Feld bekam schon Körner, die man abstreifen und essen konnte. Wenn sie nur nicht im Magen aufquollen wie Popcorn.

Gleich neben der Treppe lag eine Tröte. Reine stand auf und holte sich die buntgemusterte Papierspirale. Er setzte sie an den Mund und blies hinein. Der Schlauch füllte und entrollte sich, und zugleich ertönte das typische Quäken. Er setzte sie ab, und die Tröte rollte sich mit einem Schlag wieder zusammen. Toll! Eine ganz heile Tröte. Sie war nicht einmal zerknittert. Er blies sie einige Male auf und kriegte gleich bessere Laune. Zum Teufel, bloß nicht den Kopf hängen lassen. Es war ein-

mal eine Tröte, die hatte keine Flöte . . . Kröte? Löte? Schnöte? Blöte? Röte?
Er ließ die Reimerei sein und setzte sich wieder aufs Rad, die Tröte zwischen den Lippen. Den Fuß aufs Pedal, Luft in die Tröte – »quäääk« – und los ging's. Als er das Tempo beschleunigte, nahm er die Tröte und steckte sie in die Tasche, der Papierschlauch konnte sonst im Fahrtwind abknicken. Er war noch keine paar Minuten gefahren, als er linkerhand auf einem Hang einen Zeltplatz entdeckte. Um die wenigen Zelte herum waren massenhaft Autos geparkt. Es waren fast lauter große Amischlitten, mit bunten, grellen Farben bemalt: metallicgrün, feuerrot, stahlblau, violett. Einige trugen Muster aus Karos oder Flammen. Reine fuhr den völlig zerfurchten Weg zu den Autos und Zelten hinauf. Das erste Auto, an dem er vorbeikam, hatte einen Aufkleber auf dem Rückfenster. Darauf stand: FÜR EIN MODERNES SCHWEDEN MIT DER MOTORISIERTEN JUGEND.

38

Der Anführer der Rocker war ein Typ namens Hester. Er war groß und dick, trug Blue Jeans, Cowboystiefel und eine schwarze Lederweste. Unter der Weste hatte er nichts an, die ganze Brust und der feiste Bauch schauten hervor. Um die Handgelenke trug er breite Lederbänder, um den Hals einen Riemen, der von einem blitzblanken Kugellager beschwert wurde. Er hatte kurze Haare – Bürstenschnitt – und grinste unentwegt. Er sagte nicht viel, grinste und feixte nur. Die anderen gehorchten ihm wie einem Präsidenten.
An seiner Seite hatte Hester eine Art Adjutanten, der Edsel hieß. Es war ein langer Typ, dem ein Vorderzahn fehlte; er sah aus wie ein halbzivilisierter Indianer: lange, fettige, blauschwarze Haare, braunes, öliges Ge-

sicht, lange, tätowierte Arme, die aus der blauen Fransenweste herausragten. Krummer Rücken, lauernder Blick. Mädchen waren auch dabei, die meisten – wie die Typen – dick und genauso angezogen: Boots, Hose und Weste. Überall baumelten eine Menge Metallsachen: Schellen um die Handgelenke, breite Ledergürtel mit Zündkerzen wie Patronen. Die Gruppe nannte sich Power Gliders.

Als Reine auf seinem Rad angerollt kam, hatten sie ihn zunächst gar nicht zur Kenntnis genommen. Die meisten hatten sich in den Zelten aufgehalten, einige hatten unter einem Auto gelegen. Andere standen vor einem fast erloschenen Feuer und wippten im Takt zur Rockmusik von einem Tonband, das auf dem Kühler des nächsten Autos stand. Reine hatte angehalten, sich breitbeinig über den Rahmen gestellt und zugeschaut.

So war er lange stehengeblieben, ohne recht zu wissen, ob er zu bleiben wagte oder ob sie sich auf ihn stürzen würden, sobald er ihnen den Rücken zukehrte, um wegzufahren. Nach einer Ewigkeit war Edsel dann aus dem Nichts aufgetaucht, hatte Reine ein paarmal umkreist, den Kopf wie ein Spastiker hin und her geworfen, plötzlich ein paar Tanzschritte gemacht, Reine einen Kaugummi zugeworfen und war wieder verschwunden. Wie sollte man das verstehen? Es war, als hätte der Häuptling den Koch ausgeschickt, um den Fremden zu begutachten, den sie zum Mittagessen kochen wollten.

Reine hatte sich mit dem Kaugummi Mut gemacht, war dann vom Rad gestiegen, um sich zwei Rockern zu nähern, die unter dem Motor eines Wagens lagen, es war ein umgebauter amerikanischer Ford mit breiten Felgen und erhöhtem Heck. Die Karosserie war silbergrau, mit schwarzen Flammen, die von den Vorderrädern aus an den Seiten entlangleckten.

»Tja!« hatte Reine gesagt.
Einer der Rocker hatte hervorgeguckt, das Gesicht von Fett und Öl geschwärzt. Er hatte mit dem Kopf auf einen Haufen Putzwolle gedeutet, der im Gras lag, und gesagt:
»Putzwolle!«
Reine hatte ein Knäuel Putzwolle losgerissen und es ihm hingeworfen. Der Rocker war sofort wieder unter den Motor gekrochen. Es war einer der heißesten Schlitten, die Reine seit langem gesehen hatte. Die Kühlerhaube, mattschwarz lackiert, war umgebaut; sie hatte zusätzlich einen tiefsitzenden, ovalen Kühlerrost bekommen. Die breiten, flachen Gummiräder waren auf Leichtmetallfelgen montiert, deren gegossene Speichen wie Stundengläser geformt waren. Die doppelten Auspuffrohre blinkten wie nagelneue Silbermünzen. Unter dem hohen Heck leuchtete das Kardangelenk rot wie der Hodensack eines Stiers.
Nach einer Weile hatte Reine genug Mut, um sich zwischen den Zelten und Autos umzusehen. Die Rocker ließen sich nicht stören. Sie beachteten ihn nicht mehr als einen herumschnüffelnden kleinen Hund, der frei, aber ungefährlich war, ungebunden, aber zugleich unter totaler Kontrolle. Später hatten sie ihn zum Essen eingeladen, und bei dieser Gelegenheit hatte er Hester und die anderen kennengelernt. Sie hatten am Feuer gehockt und Corned Beef direkt aus der Dose gegessen. Hester hatte ihm grinsend eine halbvolle Dose »Exeter« zugeworfen. Die anderen am Feuer hatten zustimmend gefeixt. Jetzt saß Reine ein Stück weiter weg und stopfte das fette Fleisch mit den Fingern in sich hinein. Er hatte schon seit Ewigkeiten nichts so Leckeres mehr gegessen.
Was würde jetzt passieren? Es war halb elf, ein Samstagabend Ende Juli. Das Feuer flackerte durch die Nacht, die Rocker waren von Corned Beef zu Wodka überge-

gangen, und irgendwas mußte passieren. Die Autos blinkten im Mondschein. Elvis Presley rockte noch immer vom Tonband, aber sie hatten jetzt die Lautstärke heruntergedreht. Offenbar warteten sie auf irgendeine Äußerung von Hester. Aber es war nicht Hester, der sprach; er schien völlig unbeteiligt zu sein und schnitt mit einem scharfen Klappmesser an seinem Stiefelschaft herum. Statt dessen war es Edsel, der aufstand – jetzt sah er wirklich wie ein Indianer aus –, die Unterarme schüttelte, sie zum Sternenhimmel hochreckte und rief:
»Auf nach Roslagskulla!«
Es war, als sei ein Fliegeralarm über das Lager hereingebrochen. Alle liefen durcheinander, warfen sich in die Autos und ließen die Motoren an. Nur Hester blieb mit einem fetten, schwarzgekleideten Mädchen an seiner Seite sitzen und schnitzte verträumt an seinem Stiefel herum. Dann stand er auf und ging zu seinem Wagen, einem roten Thunderbird. Das Mädchen und Edsel folgten ihm. Als Edsel an Reine vorbeikam, streckte er seinen langen, nackten Klauenarm aus und packte ihn am Nacken. Reine stolperte mit zu Hesters Wagen. Alle übrigen saßen schon in ihren startbereiten Autos, jagten die Motoren hoch, daß blaue Rauchfahnen aufstiegen. Reine und das Mädchen quetschten sich hinten in den Thunderbird, Edsel setzte sich ans Steuer und Hester neben ihn, den Wodka in der Faust. Edsel wartete, bis er einen Schluck genommen hatte, dann ließ er den Wagen an und holperte zur Straße hinauf. Der Rest der Rocker folgte in einer donnernden, rumpelnden Karawane, die Scheinwerferkegel irrten über die Landschaft.
Das Mädchen, das neben Reine saß, hieß Ebon. Sie schien nicht gut aufgelegt zu sein. Hin und wieder bekam sie die Wodkaflasche von Hester, nahm den Kaugummi heraus, trank, steckte den Kaugummi wieder in

den Mund. Der krumme Edsel trank nichts. Er fuhr schnell. Der weiße, glitzernde Mittelstreifen auf dem Asphalt tauchte aus der Dunkelheit auf und wurde rasch vom Auto verschlungen. Reine hatte das Gefühl, der Wagen würde bald dick werden von dem weißen Glitzerzeug, würde anschwellen und wie eine Sternrakete platzen.
Hester stellte die Stereoanlage ab, wandte Ebon sein Profil zu und fragte:
»Abgefuckt?«
Was bedeutete abgefuckt? Abgeschlafft hieß, daß man müde war, aber abgefuckt? Ebon antwortete mit einer Grimasse und ließ sich dann zurücksinken, das Kinn an den Fensterrahmen gelehnt; sie starrte lieber in die totale Dunkelheit am Straßenrand, als mit ihren Mitfahrern zu reden. Abgefuckt bedeutete also »sauer«.
Reine drehte sich um und schaute durch das niedrige Rückfenster. Eine endlose Schlange von Scheinwerfern ringelte sich hinter ihnen wie ein Drachenschwanz. Sie selbst saßen im Kopf des Drachen, in den Augen des Drachen, und lenkten das riesige Ungeheuer. Warum hatten sie ihn mitgenommen? Weil ich geopfert werden soll, dachte Reine. Er kostete diesen Gedanken aus; es wäre ein würdiges Ende. Der Drache würde sich an einem Berg inmitten einer weiten Ebene emporringeln und sich um den Gipfel legen, und seine glitzernden Schuppen würden in halb Svealand zu sehen sein. Dann würden Hester und Edsel ihn herausheben, die Kühlerhaube aufklappen und ihn in den Feuerschlund des Drachen werfen. In diesem Augenblick würden alle Autos wie verrückt zu hupen beginnen. Reine würde in dem rotglühenden, achtzylindrigen Motor zu Asche verbrennen und dann als blauer Rauch durch die silbernen Rohre verpuffen. Das war besser, als etwa im Jahr 2059 einen Schlaganfall zu kriegen.
Sie erreichten Roslagskulla und donnerten durch den

Ort, bis sie zum Rummelplatz kamen. Es war kein großer Rummelplatz. Etwa fünfzig gewöhnliche Autos parkten auf einer Wiese davor. Aber es waren keine richtigen Autos, nur Volvos, Saabs, Volkswagen, Opel, deutsche Fords und Fiats. Als der Drache vor dem Eingang abbremste, zählte Reine siebenunddreißig Rokkerautos, praktisch alles Amiwagen, bis auf den letzten, einen Opel Kapitän aus den sechziger Jahren.
Alle Rocker blieben in den Autos sitzen, während Edsel ausstieg und zur Kasse ging. Die Leute in der Nähe wichen erschrocken zurück, nur einige Jungens in Reines Alter folgten in gebührendem Abstand. Zuerst sah es so aus, als wollten der Kassierer und der Wächter am Eingang den Park schließen, aber da beugte Edsel sich zu dem Mann im Sommeranzug, der an der Kasse saß, und flüsterte ihm etwas zu. Da wurde der Kassenschalter wieder weit geöffnet und die bunten Lampen am Eingang leuchteten wieder auf.
Edsel kam im Zeitlupentempo zurück, beugte sich in den Wagen und sagte zu Hester:
»Er geht von fünfzehn auf fünf runter.«
Hester lachte. Er hatte ein überraschend helles und klingendes Lachen, fast wie ein Mädchen.
»Keine Verhandlungen mehr?« fragte Edsel.
»Nee, zum Teufel, wir wollen doch hier nicht versauern«, sagte Hester in den Flaschenhals, als wäre es ein Mikrophon, nahm einen Schluck und stieg aus.
Ebon und Reine stiegen auch aus. Hester blieb neben dem Wagen stehen, streckte die Arme in die Luft und gähnte. Edsel hing kauend über der Kühlerhaube. Erst als Hester sich die Hosen hochzog und mit wippenden Absätzen auf den Eingang zuging, stiegen die anderen Rocker aus. Schweigend bildeten sie hinter ihm eine dunkelgekleidete Kolonne. Metallplättchen, Schnallen und verchromte Kugeln blinkten im Sommernachtsdunkel.

Hester kümmerte sich weder um den Mann an der Kasse noch um den Wächter am Eingang; er ging direkt durch, dicht gefolgt von Ebon. Von hinten sahen sie einander sehr ähnlich. Zwei dicke, massige Leute mit Streichholzbeinen. Hester war jedoch einen halben Meter größer. Reine blieb Edsel auf den Fersen. Als dieser den Eingang erreichte, hielt ihm der Mann an der Kasse vier Karten hin. Aber auch Edsel dachte nicht daran, zu bezahlen, sondern ging einfach hinein. Reine folgte ihm – es blieb ihm nichts anderes übrig. Er sah sich rasch um, alle Rocker folgten ihnen. Der Mann an der Kasse hatte den Schalter schon zugemacht.

Es war ein bescheidener Rummelplatz: eine quadratische Tanzfläche, die einige ältliche Paare rasch räumten. Zwei halbwüchsige Mädchen wirbelten weiter miteinander herum. Ein Schießstand, ein Glücksrad mit riesigen Snoopy-Puppen, ein Karussell, das geschlossen war, Würstchenbude, Zuckerwatte, einige Wohnwagen, ein Schießautomat, wo man Bären jagen konnte – es waren keine richtigen Gewehre, sondern nur Lichtpunkte, die lossausten, wenn man Feuer gab –, Pokertische, ein Zelt, dessen Querwand hochgerafft war. Es war voller »einarmiger Banditen«.

Hester fing damit an, daß er sich ein Würstchen mit Kartoffelbrei nahm. Von Bezahlen keine Rede. Mehrere seiner Gefolgsleute stellten sich an der Würstchenbude an. Der Verkäufer versuchte, sie zu schließen, aber da stemmten einige von den Rockern die Schultern gegen den Stand und brachten ihn ins Schwanken. Das Orchester hörte zu spielen auf, es wurde fast totenstill. Reine war es unbegreiflich, daß mehrere hundert Menschen, die sich auf einem Rummelplatz drängten, so still sein konnten. Man hörte nur, wie auf dem Parkplatz ein Auto nach dem anderen den Motor anließ. Aber sie kamen sowieso nicht weg; die Rockerautos standen davor und blockierten den Weg.

Hester verschlang die Wurst, ließ den Kartoffelbrei auf die Erde fallen und ging in das Zelt mit den Spielautomaten. Er spielte aber nicht selbst, sondern sah nur zu, wie Ebon Ein-Kronen-Stücke in den Schlitz eines Automaten warf und an dem Hebel zog, daß das ganze Untergestell wackelte. Weitere Rocker kamen herein, Mädchen und Männer, und spielten an den Automaten.

Was dann geschah, bekam Reine nicht ganz mit. Er stand gerade hinter Hester, stellte sich auf die Zehenspitzen, pumpte den Brustkasten auf und versuchte, ihn zu imitieren, als jemand an der Tanzfläche drüben plötzlich anfing, den Rummelplatz mit einem dicken Feuerwehrschlauch abzuspritzen. Reine sah nicht, wer damit anfing: ob es ein Wächter oder vielleicht der Besitzer war, der die Rocker mit Wasser zu bespritzen versuchte – oder umgekehrt. Aber als er aus dem Spielzelt kam, hatten zwei Rocker sich des Schlauchs bemächtigt und spritzten die Tanzfläche ab, als sei sie ein Schiffsdeck. Die letzten Orchestermitglieder verzogen sich in die Dunkelheit. Dann kehrten die Rocker den kräftigen Wasserstrahl gegen den Stand mit Zuckerwatte. Die Tante warf sich hinter die Theke, als das Wasser kam. Scheiben klirrten, Stäbchen und rosa Zuckerwatte wirbelten und hüpften durch die Tür der Bude, die unter dem Druck aufgesprungen war.

Dann richteten sie den Wasserstrahl auf das Glücksrad, um es zum Kreisen zu bringen. Aber es klappte nicht, das Rad war blockiert. Statt dessen spritzten sie die Regale leer: Snoopy-Puppen, Pralinenschachteln, Porzellanfiguren, Aschenbecher, Kämme, Mini-Kartenspiele und Buchzeichen wurden in einem einzigen Wirrwar weggefegt. In dem Moment, als sie den Strahl auf die kleinen Bären des Schießstands in ihrem Glaskasten richteten, versiegte das Wasser. Irgend jemand mußte es abgestellt oder den Schlauch gekappt haben.

Das war das Signal zum großen Bambule. Die Rocker, die die ganze Zeit über fast unnatürlich still gewesen waren, begannen zu johlen und zu kreischen. Sie rissen Planken aus dem Geländer der Tanzfläche und schlugen auf alles los, was ihnen im Weg war. Der Wächter machte einen letzten Versuch, die Ordnung zu wahren, indem er einen Scheinwerfer der Tanzfläche auf Hester und Ebon richtete, aber sofort warfen sich zwei Mädchen auf ihn und traten ihn zu Boden. Reine sah, wie Ebon die Hand in ihr schwarzes Hemd steckte und eine zusammengerollte Fahrradkette hervorholte. Sie war nicht schwarz und schmutzig, sondern blank wie eine Halskette.

Reine hatte nur einen einzigen Gedanken im Kopf: zur Würstchenbude zu kommen. Endlich konnte man sich richtig satt essen! Er mußte einen langen Umweg um die Wohnwagen und Toilettenhäuschen machen. Als er es endlich geschafft hatte, war kaum mehr etwas übrig. Der Lärm ringsumher war ohrenbetäubend und wurde noch durch die Autos draußen verstärkt, die alle aus Leibeskräften hupten. Die Würstchenbude, ein großer Wagen auf niedrigen Rädern, war umgekippt. Eine Längswand war ganz aufgerissen. Ein Rocker in gelber Lederweste stand in dem Wrack und fraß Gurkensalat aus einem großen Glas. Er sprang heraus, drehte sich wie ein Hammerwerfer und schleuderte das große Glasgefäß auf das Zeltdach der Spielhalle.

Als die Würstchenbude leer war, traute Reine sich hinein. Es schien kein ganzes Würstchen mehr zu geben. Was im Gras bei der Bude herumlag, war völlig zermanscht. Das Brot war auch alle. Senf gab es, aber den Ketchup hatte jemand in die Schublade von der Kasse gespritzt, die ausgeraubt war. Reine war den Tränen nahe – würde er nichts von dem Schmaus abbekommen? Er stapfte einige Minuten lang suchend im Dreck herum. Würstchenpapiere gab es – und Pappteller, kleine

Plastikgabeln, Salz, Pfeffer, eine ungeöffnete Blechdose mit Senf und . . . ja eine Tüte mit Kartoffelbreipulver. Es war eine Fünf-Kilo-Packung, aber sie war fast leer. Höchstens noch ein Kilo drin. Gierig riß er die Pulverpackung an sich und sprang aus der umgekippten Bude.

Er lief vom Rummelplatz weg. Draußen war es jetzt ruhig und friedlich. Alle Autos bis auf die der Rocker waren verschwunden. Jemand war direkt durch eine Planke gefahren, die den Parkplatz von der Straße abtrennte, die anderen mußten ihm gefolgt sein. Sie waren in die Nacht verduftet. Auch die Kinder waren verduftet. Der Wächter und der Mann an der Kasse waren verduftet. Aber bald würden die Bullen kommen – oder die schwedische Armee. Der Staat würde hart durchgreifen. Die Luft würde sich mit Hubschraubern und Nachtjägern füllen, Panzer würden über die Kornfelder donnern . . . Reine fand Hesters Thunderbird, schlüpfte hinein und setzte sich hinters Steuer. Er stopfte sich den Mund mit dem Pulver voll und versuchte, es zu kauen. Das rote Lenkrad ruhte kühl in seinen Händen, er duckte sich und tat so, als ob er führe. Im nächsten Augenblick bekam er eine kräftige Ohrfeige, die ihn zu Boden schleuderte. Im Fallen riß er sich am automatischen Schalthebel eine lange Schramme in die Haut des Arms.

39

Reine saß zusammengekauert hinten in Hesters Wagen. Draußen ging gerade die Sonne über dem Zeltlager auf. Mitten in der Nacht war die glitzernde Karawane zu ihrem Ausgangspunkt zurückgekehrt. Es war kalt, und sein Arm tat weh. Die Schramme hatte nicht besonders stark geblutet, aber es schmerzte tief innen im Armkno-

chen, wie ein dumpfes Zahnweh. Er hatte eine Weile geschlafen, und sein Mund war völlig ausgetrocknet. Daß Kartoffelbreipulver so verdammt eklig schmecken konnte, hätte er sich nie vorgestellt.
Es gab so vieles, was eklig war. Zum Beispiel warme, gekochte Wurst mit Erdbeergelee. Oder Schokoladenpudding mit Senf. Oder Hering mit Eis. Oder gekochter Kabeljau mit Popelsoße. Oder Blutpudding. Oder Fleischklößchen mit Sägespänen. Oder Erbsen mit Plastic Padding. Oder Spaghetti mit Durchfall. Aber am schlimmsten war Kartoffelbreipulver: Danke fürs Essen, hat gut geschmeckt, neunzehn haben gekotzt, siebzehn sind verreckt.
Was war geschehen? Er hatte ein unverzeihliches Verbrechen begangen. Er hatte sich auf eigene Faust in den Wagen des Anführers gesetzt. Und zwar nicht auf den Rücksitz, sondern *ans Steuer*. Das war natürlich schrecklich blöd. Er hatte gar nicht sehen können, wer ihn schlug, aber dem Geruch nach war es Ebon gewesen. Ebons Hände rochen nach einer widerlichen Creme. Als er auf dem Boden des Autos lag, hatte er diesen Geruch sehr intensiv wahrgenommen.
Jetzt wartete er nur noch auf seine Strafe. Darauf, daß Hester aus seinem Rausch aufwachen und ein Zeichen geben würde, was mit Reine geschehen sollte. Er hoffte sehnlichst, daß es schnell gehen würde. Wenn sie ihn überfahren wollten, sollten sie die mexikanische Methode benutzen, die er in der »Filmchronik« gesehen hatte. Die Gefangenen wurden stehend in die Erde eingegraben, bis nur noch die Köpfe herausragten. Dann galoppierten Reiter so lange über die herausguckenden Köpfe, bis sie Brei waren. Man konnte natürlich genauso gut Autos dazu verwenden.
Er nickte ein, schlief ein paar Stunden, öffnete die Autotür einen Spalt, pinkelte, schlief wieder ein. Er wachte davon auf, daß es ungeheuer heiß im Auto war. Die

Sitze stanken nach Plastik, und über der roten Kühlerhaube zitterte die Luft wie Gelee. Die Rocker wachten jetzt nach und nach auf, kamen aus ihren Zelten, kochten Kaffee, tranken Bier oder lagen nur herum und ließen sich von der Sonne braten wie Seehunde. Jetzt erst merkte er, wie alt die Rocker waren, es hätten Stig und seine Mutter sein können. Aber die Mutter hätte nie im Leben Cowboystiefel angezogen. Stig dagegen brauchte sich nicht zu verkleiden. Ob er nun gut angezogen war oder nackt, stets erinnerte er stark an einen fetten, schweinchenrosa nordamerikanischen Polizisten. Nur an seiner Frisur müßte man vielleicht etwas tun; sie könnte ruhig etwas mehr nach Elvis aussehen. Mit Pomade ließe sich das leicht machen.

Das Auto stand so, daß die Sonne durchs Rückfenster schien. Reine überlegte lange, bevor er es wagte, auf den Vordersitz zu kriechen. Er hielt jedoch respektvollen Abstand vom Steuer, diesem magischen Steuer. Aber dem Handschuhfach konnte er nicht widerstehen, er drückte es auf. Da lag nichts von dem, was er erwartet hatte: keine Handbücher, keine Reservelampen, Karten oder Werkzeuge. Statt dessen ein Etui mit einer Spritze. Er zog die Spritze heraus, sie war kaputt. Das Glas war zersprungen, so daß sich der Kolben ohne Widerstand auf- und abbewegen ließ. Außer dem Etui lagen dort noch mehrere Glasfläschchen in weißen Pappschachteln. Alle Flaschen waren leer, bis auf eine, in der noch ein Bodensatz von wässriger Milch war. Die Öffnungen waren mit Gummistöpseln verschlossen. Er buchstabierte sich durch die Etiketten: »Inj. In-su-lin.« Auf dem Etikett stand auch ein Name: 420314 Staffan Rosén. War das Hester?

Jetzt passierte da draußen etwas. Reine zog den Kopf noch etwas mehr ein, stopfte die Sachen wieder ins Handschuhfach und drückte es mit dem Fuß zu. Edsel war aus dem Zelt des Anführers gekommen. Er blieb stehen, bückte sich und las etwas von der Erde auf. Es war eine leere Bierdose, die er in die Luft warf und dann mit einem eleganten Torwartsschuß zwanzig, dreißig Meter weiterbeförderte. Ein kleines, blondes Mädchen in Unterhosen und schwarzem Büstenhalter kam an und gab ihm einen Pappbecher mit – Kaffee? Edsel sagte etwas zu denen, die gerade Kaffee kochten. Sofort machten sich einige von ihnen auf und gingen zu den Wagen, die an einem ziemlich steilen Grashang rechts vom Lager standen. Die Autos wurden weggefahren und jenseits des Lagers geparkt, so daß der Hang frei wurde. Sie bereiteten etwas vor.

Der klapprigste Wagen von den insgesamt siebenunddreißig, der alte Opel Kapitän mit Panoramafenster, wurde auf die Kuppe des Hügels gefahren und mit dem Kühler nach unten geparkt. Immer mehr Rockerautos säumten jetzt die beiden Seiten des Abhangs, so daß sich zwischen ihnen eine breite, abschüssige Straße bildete. Sie wollen mich in den Wagen setzen, ihn anschieben und den Hügel hinunterrollen lassen, dachte Reine. Vom anderen Ende des Lagers her schleppten zwei Rocker in Golfmützen irgend etwas an. Er sah sie nur hin und wieder zwischen Zelten und Autos auftauchen. Mit federnden Knien schritten sie unter ihrer Bürde daher. Verdammt nochmal?! Sie trugen sein Fahrrad über ihren Köpfen!

Die Rocker trugen das Rad zum Abhang und stellten es vor den blau-grau gefleckten Opel. Sie machten irgendwas mit dem Vorderrad, etwas mit einem Brett. Jetzt sah er es: Sie zwängten ein Brett zwischen das Vorderrad und den Rahmen, damit das Fahrrad nicht zu lenken war. Dann drehten sie es wieder um und stellten es in derselben Richtung genau vor das Auto. Danach schien alles im Sande zu verlaufen. Edsel verschwand. Dafür kam Ebon heraus und ging schwankend zum Waldrand, sie war offenbar angetrunken. Was machte

Hester? War er sturzbesoffen oder schlief er nur? Reine kurbelte das Seitenfenster ganz langsam zehn Zentimeter herunter. Aber draußen war es still, fast die einzigen Geräusche waren das ferne Tuten eines Schiffs und die Musik aus den Zelten. Das Sonderbare an den Rockern war, daß sie fast immer schwiegen. Als sie den Rummelplatz auseinandernahmen, hatten sie natürlich unheimlich gegrölt, aber sonst waren sie still. Nur ihre Apparate machten Krach: die Radios, die Stereolautsprecher, die Autos.
Jetzt kam Hester zusammen mit Ebon vom Waldrand zurück. Wann hatte er sich da hingeschlichen? Reine fühlte sich hereingelegt. Hester und Ebon gingen zum Abhang, wo Hester ein paarmal gegen das Hinterrad von Reines Fahrrad trat. Ebon hielt ihn jedoch zurück. Er ging weg, setzte sich auf die Kühlerhaube eines alten, cremefarbenen Buick und zog sich die Stiefel aus. Plötzlich klopfte jemand an das Rückfenster des Autos, in dem Reine saß. Er duckte sich. Es war Edsel, der sich bäuchlings wie eine große, schwarze Spinne auf das Rückfenster des Thunderbirds legte. Es sah fast so aus, als wolle er auf das Dach des Wagens kriechen. Aber das tat er nicht. Er preßte nur seine lange Indianernase gegen die Scheibe, so daß sie weiß wurde statt braun. Dann ließ er plötzlich das Auto los und ging weg.
Er sollte nämlich den alten Opel fahren. Er stieg ein und ließ den Motor auf vollen Touren laufen, daß es durch die ganze Gegend dröhnte. Es war ein Wunder, daß das Getriebe nicht durchs Auspuffrohr flog. Die beiden, die das Fahrrad hielten, gingen einige Meter vor, dann liefen sie plötzlich den Abhang hinunter. Als sie richtig in Schwung waren, ließen sie das Rad los, das mit seinem festgeklemmten Lenker weiter geradeaus fuhr. Edsel ließ die Kupplung los, der alte Opel machte einen Satz nach vorn und beschleunigte bergabwärts.
Die ganze Aktion war in wenigen Sekunden vorbei. Der

Opel fuhr in einem wahnsinnigen Tempo über das Stoppelfeld, auf der Jagd nach dem Fahrrad. Das Rad kam auf ebener Erde an und verlor mehr und mehr an Geschwindigkeit. Kurz bevor es umfiel, holte Edsel es ein und fuhr mit Vollgas hinein. Ein Vorderrad und eine Latte flogen hoch und wirbelten durch die Luft, der Rest des Fahrrads wurde zur Seite gedrückt, so daß Reine es nicht mehr sehen konnte. Was dann geschah, konnte er nur erraten. Der Opel fuhr mehrere Minuten lang in engen Kreisen herum. Staub und Abgaswolken stiegen in einer immer höheren Säule empor. Der Gestank nach altem Gummi drang bis zu Reine.

Er wartete, bis der Opel wegfuhr und die Rocker zu ihren gewohnten Beschäftigungen zurückkehrten: Motoren, improvisiertem Tanz und Biertrinken. Er meinte, daß er nichts mehr zu verlieren hatte, und stieg aus dem Thunderbird. Es war ein gefährliches und unsicheres Gefühl. Trotz allem hatte er eine Art Sicherheit empfunden, solange er im Wagen saß. Jetzt verließ der Fisch das Aquarium und begab sich aufs trockene Land.

Niemand nahm von ihm Noitz. Er drückte sich die OK-Mütze fest auf den Kopf und trug die Pumatasche vor dem Bauch. Es war wohl doch ratsam, hinunterzugehen und sich die Reste des Fahrrads anzuschauen, ob noch etwas Heiles daran war, das er mitnehmen konnte, um es vielleicht zu verkaufen. Er kam aber gar nicht zu dem Platz, an dem er glaubte, den Fahrradkadaver zu finden. Ebon kam ihm entgegengerannt. Sie war X-beinig, die Knie rieben sich aneinander, die Stiefelspitzen zeigten nach oben, nach außen.

»Hau ab!« keuchte sie.

Reine blieb stehen und hielt die Pumatasche als Schutz hoch.

»Verpiß dich, du kleines Biest!«

Sie stieß ihn zur Seite, und er plumpste auf den Hintern. Er sah sie an, wollte sie ihn treten? Aber Ebon trat nicht.

Sie stand nur keuchend da, sah ihn nicht einmal an, sondern hielt den Blick weit über seinen Kopf gerichtet. Sie hatte etwas hervorquellende Augen, und ihre Lippen waren braunblau. Aber das war sicher Schminke. Er kroch weg und stand dann auf. Er hatte keine Angst, sondern versuchte, sie anzuspucken, hatte aber keine Munition. Der Mund knisterte immer noch vom Kartoffelbreipulver. So ging er auf die Straße zu, zuerst rückwärts, dann mit langen Schritten: Vorwärts Marsch!

40

Er war von einem Paar in mittleren Jahren in einem rotbraunen Peugeot mitgenommen worden. Der Alte fuhr, Reine durfte neben ihm sitzen. Die Tante saß allein auf dem Rücksitz, einen Zwergpudel im Schoß. Auf dem Dach hatten sie einen riesigen, gebeizten Schrank.

»Die Insel der Kinder? Ist das denn in dieser Richtung?« fragte der Alte; seinem Dialekt nach stammte er aus Schonen.

Beim Fahren saß er immer vorgebeugt, die Brust gegen das Lenkrad gepreßt. Den Sicherheitsgurt hatte er lose über die Schulter gelegt, ohne ihn jedoch im Bügel zu befestigen.

»Bei Norrtälje?« sagte die Tante.

»Wir fahren nach Åland«, sagte der Alte.

Als sie in Roslagskulla ankamen, bat Reine, aussteigen zu dürfen. Eine Weile hatte ihn die Möglichkeit gereizt, mit nach Åland zu fahren und Grüne Kugeln zu kaufen. Aber das würde nicht gehen. Das Paar könnte mißtrauisch werden. Man sagte nicht zuerst, man wolle zur Insel der Kinder trampen. Um sich zehn Minuten später für Åland zu entscheiden.

»Kommst du denn jetzt auch bestimmt zurecht?« sagte die Tante und legte Reine eine kleine, blasse Hand auf die Schulter, bevor er ausstieg.
Er beugte sich weg; der Hund stank nach Fisch.
»Ja, das geht prima«, antwortete er. »Sie holen die Post und die Milch in Roslagskulla. Ich kenne den Fahrer.«
»War nett, dich kennenzulernen«, sagte der Alte und streckte ihm die Hand hin.
»Hoffentlich wird deine Mutter bald wieder gesund«, sagte die Tante.
Er knallte die Tür hinter sich zu, beugte sich herunter und winkte. Der Mann ratterte mit seiner Alten, seinem kleinen Hund und dem viel zu großen Schrank davon.
Reine ging geradeaus zur Bushaltestelle zurück, an der sie eben vorbeigekommen waren. Er paßte genau auf, daß er nicht in die Richtung guckte, in der der Rummelplatz lag. Oder gelegen hatte.
Die Insel der Kinder war für ihn gestorben. Das hatte er sich in der kurzen Zeit, die er in dem Peugeot gesessen hatte, klargemacht: ruhig, still und selbstverständlich. Man konnte nicht einfach sechs Wochen zu spät auftauchen. Wahrscheinlich war sein Platz schon längst an jemand vergeben worden, der auf der Warteliste stand. Und welche Story er dem Lagerchef auch auftischen würde – niemand würde sie ihm abnehmen. Es war schwer zu lügen. Unheimlich schwer, die Geschichte nicht mit etwas Tollem oder Dramatischem auszuschmücken. Das würde niemals gehen. Und selbst wenn es klappte, blieben noch die anderen Kinder. Er kannte sich mit Kindern aus, sie waren nicht viel besser als die Erwachsenen. Er mußte damit rechnen, gekreuzigt zu werden.
Es wurde ein trauriger Nachmittag. Die Erkältung – die während des Aufenthalts bei den Power Gliders vor lauter Schreck den Atem angehalten hatte – öffnete jetzt

alle Schleusen, und die Nase lief und lief. Taschentücher hatte er keine in die Pumatasche gepackt. Er versuchte, sich mit den Fingern zu schneuzen, aber das ging schief; er stand da und hatte die ganze Hand voll. Er versuchte, große Blätter als Taschentuch zu benutzen, aber sie waren zu hart und rutschten am Rotz ab. Ihm blieb nichts anderes übrig, als die Reservesocken aus hellblauem Frottee zu nehmen. Es war ein herrliches Gefühl, die Nase darin zu vergraben und sich ins Frottee zu schneuzen.

Außerdem war Sonntag, wie sich herausstellte, und der einzige Bus war schon gefahren. Aber das Traurigste von allem war, daß er ein Fahrrad klaute. Wer sollte ihm das Rad ersetzen, das die Rocker kaputtgemacht hatten? Wohl kaum die Rocker selbst. Die Polizei würde sich zum Beispiel niemals trauen, so etwas von den Power Gliders zu verlangen. Die Polizei, die den ganzen Sonntagvormittag lang nichts gegen das Rockerlager unternommen hatte, obwohl es den Betroffenen völlig klar sein mußte, wer den Rummelplatz zerstört hatte und wo die Rocker sich aufhielten. Würde die Versicherung es ersetzen? Reine wußte nicht einmal, ob das Rad versichert war. Und wenn, dann bestimmt auf den Namen der Mutter.

Gab es sonst jemand? Einen reichen Menschen, der Geld oder sein Fahrrad entbehren konnte? Den gab es. Neben der Bushaltestelle lag ein Minigolfplatz. Während Reine da stand und sich durch den Busfahrplan buchstabierte, kam ein großer, kräftiger Mann in blauen Trainingshosen, roter Zipfelmütze, aber mit nacktem Oberkörper, auf einem nagelneuen, »DBS Winner« mit zehn Gängen angeradelt. Am linken Handgelenk trug der Mann eine goldene Armbanduhr. Er parkte das Rad am Minigolfplatz und ging hinein, ohne es abzuschließen. Erst als Reine die Straße etwa zehn Kilometer südwestlich von Roslagskulla entlangradelte, waren ihm

diese Gedanken über die Erstattung für sein Fahrrad gekommen. Der Diebstahl selbst ging ganz mechanisch. Es war, als hätte er daneben gestanden und zugeguckt, wie jemand anders es machte.
Würde er jetzt zu Pflegeeltern kommen? Bei der Mutter würden die Bullen ihn nicht wohnen lassen, sie hatte sich ja einen unmoralischen Lebenswandel zuschulden kommen lassen: hatte ihren minderjährigen Sohn Hals über Kopf verlassen, war heimlich nach Stockholm zurückgekehrt, um ihren Liebhaber zu treffen, und hatte dann einen Dreck darum gegeben, ihn zu suchen. Wo hielt sich die Mutter beispielsweise heute nacht auf? Nein, es müßten schon Pflegeeltern sein. Wer nahm Pflegekinder auf? Ältere Leute, die selbst keine mehr kriegen konnten. Leute, die sich ihr halbes Leben lang wie verrückt Kinder gewünscht hatten. Wahrscheinlich würde es verdammt mühsam sein, mit ihnen klarzukommen, aber ein paar Vorteile könnte man vielleicht herausschlagen. Wenn man zu Leuten käme, die ziemlich reich waren. Wenn man von Anfang an klarstellte, wer hier was zu sagen hatte. Es gab ja eine ganze Menge Druckmittel, wenn man nun beispielsweise gerade ein neues Fahrrad mit zehn Gängen haben wollte. Jeden Morgen eine kleine Pfütze ins Bett zu machen, bevor man aufstand, wäre angebracht. Sobald man seinen Willen bekommen hatte, hörte man auf, die Laken vollzupinkeln. Nach ungefähr einer Woche fing man wieder damit an. Wenn man seinen Ein-Kubik-Glühkerzenmotor bekommen hatte, hörte man wieder für eine Weile auf. Man konnte auch nachts nach seiner richtigen Mami weinen und sie damit wach halten. Gute Methode. Man konnte bei der Krankenschwester in der Schule andeuten, daß der Pflegepapa jeden Abend vor dem Einschlafen hereinkäme und seinen Pimmel zeigte. Er würde sich mit einem Filmprojektor freikaufen müssen.

Nach Mami Harriet weinen. Das Bild der Mutter traf ihn mitten ins Herz, und da drinnen fing es an zu zittern und zu beben. Verdammte Mutter, wie er sich nach ihr sehnte! Man mußte ihr vergeben. Sie war die einzige Mutter, die er hatte. Er sehnte sich so stark nach ihr, daß er Schnupfen und Hunger vergaß; der Magen ließ sich mit dem beruhigen, was er herunterschluckte, mit dem, was er nicht schaffte wegzuschneuzen. Den ganzen Sonntag lang radelte er wie ein Verrückter, hangelte sich auf dem zu hohen Fahrrad voran, durch Brevik, Österskär, Åkersberga, Hägernäs, Enebyberg, Edsberg, und kam kurz vor zehn am Sonntagabend in Sollentuna an.

Er warf das Rad auf den asphaltierten Weg und rannte zur Eingangstür. Die Schlüssel? Ja, den Hausschlüssel hatte er noch. Die Treppen rauf und zur Wohnung. Die Tür war verschlossen, er drückte mit der Faust auf die Klingel. Er klingelte eine gute Viertelstunde an seiner eigenen Tür, ohne daß etwas geschah. Die Mutter war auch durch den Briefkastenschlitz nicht zu sehen. Keiner der Nachbarn kam und fragte, was los sei. Er wollte auch keine Nachbarn sehen, er wollte sich in die Arme der Mutter werfen.

Die Dachluke kriegte er nur mit ziemlicher Anstrengung auf, sie hatte sich seit dem letztenmal verklemmt. Er kroch vor und beugte sich über den Dachrand: keine Leiter, die Balkontür war geschlossen, in der Wohnung war es dunkel, die weiße Wäscheleine war verschwunden. Er kroch wieder zurück und ging in den Keller hinunter. Aber am Verschlag war ein neues Schloß angebracht; die Mutter hatte ja nichts wissen können, sie mußte glauben, daß jemand eingebrochen war.

Plötzlich wurde ihm klar, daß die Mutter bei Stig war. Entweder war sie wieder nach Uddevalla gefahren – oder sie war bei Stig. Und zu Stig wollte Reine diesmal nicht. Soviel bedeutete ihm die Mutter nicht, daß er sich überwinden konnte, zu Stig zu gehen. Er ging in den Abfallraum und wühlte dort herum. Es stank wie die Pest, aber er fand fast ein ganzes Brot, das kaum angeschimmelt war, und eine Plastiktüte, die fünf nachlässig abgenagte Knochen von Schweinekoteletts enthielt. Die Knochen waren noch nicht alt, sie fühlten sich immer noch lauwarm an, wenn man sie an die Backe legte.

Das Rad lag noch dort, wo er es hingeworfen hatte. Er klemmte das Brot und die Tüte mit den Schweinekoteletts auf dem schmalen Gepäckträger fest und radelte los. Am See Rösjön gab es ein Freizeitgelände, und dort lag eine alte Kate, in der Geräte und Schilder verwahrt wurden. Man konnte über eine Feuerleiter und eine Dachluke in die Kate kommen. Im Frühjahr war Reine mit zwei Typen aus seiner Klasse, Benne und Lukas, hineingeklettert, und sie hatten einen halben Tag lang dort gehockt, während die anderen Sport machten.

Es wurde Mitternacht, bevor er in der Dunkelheit die Kate finden konnte. Daß es so dunkel sein konnte, trotz der Wärme! Es war, als ob er durch eine endlose, verdunkelte Sauna radelte. Jeden Moment könnte jemand Wasser auf die Glut schütten, und dann würde sich die Kehle sofort zuschnüren, und man könnte unmöglich länger dableiben. Dableiben? Es gab ja keine Tür, um hinauszurennen! Er warf das Fahrrad ins Gras, schnappte sich die Lebensmittel und rannte zur Feuerleiter, als sei hinter ihm die Sintflut ausgebrochen. Wie gut, daß es dunkel war; so konnte man den Boden nicht unter sich sehen und schwindlig werden. Die Dachluke stand offen, und er kroch zum Speicher hinunter. Es roch gar nicht gut. Jemand mußte hier geschissen haben. Er blieb einige Minuten lang stehen, um den Scheißgeruch genau zu orten. Dann kroch er vorsichtig weiter und legte sich in die entgegengesetzte Ecke. Es brannte ihm zwischen den Beinen, wo er gegen den Fahrradrahmen gescheuert war. Er konnte nur noch zwei Kotelettknochen abnagen, bevor er einschlief.

Als er in der flaumigen Wärme des nächsten Vormittags aufwachte, war alles verändert. Er fühlte sich glücklich. Und frei! Ein starker, selbständiger Mensch, der etwas Wichtiges zu erledigen hatte. Als erstes erledigte er die Kontrolle von Penis und Hoden. Alles klar. Dann legte er sich auf den Rücken und starrte eine Fliege an der Decke an, eine große, metallicfarben lackierte Fliege. Wie gut, daß man kein Fliegenvieh war! Daß man ein schlaues und intelligentes Geschöpf war, das auf zwei Beinen ging, statt herumzusummen und mit dem Kopf an Decke und Wände zu knallen. Naja, das war vielleicht auch kein besonderer Grund zur Freude. Aber er war froh. Überglücklich! Es gab keinen Anlaß dafür, aber manchmal empfand er das kurz nach dem Aufwachen: ein ruhiges, selbstverständliches, ganz unwiderstehliches Glück.

Was würde er heute tun, am Montag, dem achtundzwanzigsten Juli? Nicht, daß es besonders eilte, aber vielleicht wäre es an der Zeit, weiter nachzuforschen, was das Leben eigentlich sollte? War das wichtig? Nein. Wichtig war nur, daß man fröhlich war, dann war es im großen und ganzen egal, worum es im Leben ging. Denk an dich selbst, hör auf zu klagen, laß die andern sich doch plagen, wir müssen alle mal was wagen . . . Man müßte jemand sein, der Gedichte schrieb, der von einer Schar jubelnder Verehrer in einem goldenen Sessel herumgetragen wurde. Eine Fliege im Flug kennt keinen Lug und Trug . . . Das ist genug!

Er nahm seine Siebensachen und kletterte aufs Dach hinaus. Welch ein Tag! Die Sonne war ein hellblaues Loch, das wie ein Jojo kreiselte. Die Erde war ein Karussell, das größte und lustigste Karussell der Welt, sie drehte sich Tag und Nacht. Steig ein, pling-plong! Es kostet keinen Eintritt. Such dir was aus: Pferde, Flugzeuge, Gondeln oder Rennwagen. Er setzte sich rittlings aufs Dach und hielt sich am Schornstein fest. Jetzt

ging's aber rund, verflixt! Der Sturm zerrte an seiner Mütze.
Die Freude hielt an, als er auf seiner neuen, blitzenden Zehngang-Maschine zur Stadt fuhr. Bei Norrtull kam der Schnupfen wieder, aber er strich ihn sich mit einer überlegenen Geste von der Oberlippe. Ein bißchen Rotz würde Reine Larsson nicht bremsen! Als er an der Stockholmer Stadtbibliothek ankam, war ihm die Puste ein bißchen ausgegangen, aber er atmete mehrmals tief durch, um sich wieder aufzupumpen. Er parkte das Rad und schloß es ab. Es hatte kein Sicherheitsschloß, sondern nur ein gewöhnliches Schnappschloß. Aber was machte das schon, schließlich lebte man doch in einem freien Land!
Er rannte die breiten Treppen zur Stadtbibliothek hinauf. Da drinnen gab es sechzehn Trilliarden Bücher. Achtzigtausend davon handelten bestimmt von Dag Hammarskjöld. Es mußte so sein, denn es gab nur vier wirklich berühmte Schweden, das hatte er in einer alten Nummer der Illustrierten »Året Runt« gelesen: Selma Lagerlöf, Dag Hammarskjöld, Ingemar Johansson und Ingmar Bergman. Einer davon war sein Vater. Rat mal wer? Bestimmt nicht Selma.
Der Mut verließ ihn ein wenig, als er den Büchertempel betrat. Es roch komisch. Die Leute benahmen sich komisch, schlichen mehr oder weniger auf Zehenspitzen herum. Niemand schien richtig froh darüber zu sein, daß das Wissen der ganzen Welt an einem Platz versammelt war: Man brauchte nur zuzugreifen. Ein Regal nach dem anderen verschlingen, ein oder zwei Bücherwagen schlucken und zum Nachtisch die Ausleihe abräumen. Die Frage war nur, wo man anfangen sollte. Er fühlte Unsicherheit und Lustlosigkeit in sich aufsteigen. Nein, zum Donnerwetter nochmal – jetzt nicht aufgeben, wo man dem Ziel so nahe war!
Ein älterer Onkel saß an einem Tisch, auf dem »Infor-

mation« stand. Reine sah sich um, nahm verstohlen die OK-Mütze ab, striegelte sich mit den Fingern die Haare, so gut es ging, und marschierte hin.
»Also, ich wollte mir ein Buch über Hammarskjöld ansehen.«
»Welchen Hammarskjöld?«
»Ja, wie heißt er: Dag oder wie man sagt.«
»Dag Hammarskjöld?«
Der Onkel stand auf, ging mit Reine in ein benachbartes Zimmer und zog einen Stapel Bücher aus einem Regal. Er blätterte in dem Stapel herum und nahm eins mit Hammarskjölds Bild auf dem Umschlag heraus.
»Du könntest vielleicht mit diesem anfangen.«
Reine nahm das Buch mit dem schönen Porträt entgegen. Genau mein Mund, dachte er. Und meine Augenbrauen. Die Hängebacken und die Haare . . . Rasch knallte er sich die Mütze auf den Schädel und zog sie in die Stirn. Er ging zu einem freien Tisch, beugte sich darüber, den Hintern in die Luft gereckt, und lächelte das Porträt an. Dann schlug er das Buch auf. »Dag Hammarskjöld 1905–1961. Ein Erinnerungsbuch.« Das mußte ein Irrtum sein . . . Er selbst war ja erst im September geboren, am neunten September 1964! Wie zum Teufel war das möglich?! War man ein Kind aus der Retorte? Quatsch. Da war nicht dran zu rütteln: Dag Hjalmar Agne Carl Hammarskjöld hatte einwandfreie Papiere, kein Gericht könnte ihn zur Vaterschaft verurteilen. Das hätte im übrigen wohl sowieso kein Gericht gewagt. Diese verdammten Hammarskjölds waren viel zu mächtig. Die scherten sich bestimmt einen Dreck um Reine Agne Larsson.
Er klappte das Buch zu, ließ es liegen und ging durch den riesigen, runden Saal der Bibliothek hinaus. Es war, als wenn er durch einen Gasometer ging. Als er zum Ausgang hastete, spürte er, wie die Decke sich immer schneller herabsenkte, als befände er sich in einem riesigen Kolbenmotor. Raus, raus, bevor es knallt!

41

Hinter dem neuen Reichstagsgebäude hatte ein neues Hamburgerlokal eröffnet, das Bronto Burger Inc. hieß. Es war nicht sehr voll, Reine ging hinein. Die ganze Einrichtung war aus Leichtmetall gemacht. Es war wie in einer Flugzeugfabrik. Bronto Burger Inc.? Ink? Tinte? Bronto Burger Tinte. Aber ihre Hamburger schmeckten nicht irgendwie sonderbar. Tatsächlich wäre es unmöglich gewesen, mit verbunden Augen einen Brontoburger von einem Big Mac zu unterscheiden. Aber das kam vielleicht davon, daß man Schnupfen hatte.

Wenn man nicht Professor wurde, könnte man vielleicht Experte für Eßlokale bei einer Zeitung werden. Herumlaufen und alle Hamburgerlokale von Stockholm testen. Umsonst natürlich. Bald würde man eine bekannte Persönlichkeit sein. Die Besitzer würden einen schon an der Tür empfangen und zum Tisch geleiten, der zu Ehren des Tages mit einem Tischtuch gedeckt wäre. Natürlich würden sie ihre allerbesten Sachen servieren. Was die Besitzer aber nicht wußten: Der Hamburgerspezialist Reine Larsson trat jeden Tag auch verkleidet auf. Als alte Frau mit Krücken, als Rocker, als Säufer, als Lederstrumpf . . . Nein, das letztere vielleicht nicht. Aber sie würden sich nie sicher fühlen können! Als sie einem umherirrenden polnischen Matrosen den letzten aufgewärmten Hamburger des Abends vorsetzten, mit zerbröckeltem, trockenem Brot und Pommes frites zäh wie Gummibärchen. Da war es in Wirklichkeit der Kolumnist R. L., genannt »der meisterhafte Essensspion«.

Heute wollte er soviel essen, wie er nur konnte. Dafür gab es zwei Gründe. Er hatte gerade seinen Vater verloren, und er besaß nicht weniger als dreihundertzweiundzwanzig Kronen plus zwei Kontaktlinsen à fünfhundert. Er marschierte zur Aluminiumtheke und bestellte einen Brontosaurus, den größten in der Stadt. Es war schwierig mit diesen Riesenburgern, sie waren zu hoch, um in den Mund zu passen. Aber in Amerika hatten die Leute wahrscheinlich eine größere Fresse. Alles war ja da größer. Zum Nachtisch nahm er etwas, das Cheese-Cake hieß und scheußlich schmeckte, sowie ein Viertel gegrilltes Kentucky-Hähnchen.

Jetzt war ein Brief fällig: *Liebe Mutter! Ich bin jetzt nach Stockholm zurückgekommen. Auf einem geklauten Rad. Habe kapiert, daß sie mich auf der Insel der Kinder nicht haben wollen. Ich bin auch zu Hause vorbeigegangen. Jetzt weiß ich, daß Hammarskjöld 1961 starb, und deshalb muß ich nachdenken. Stig hat wohl nicht erzählt, daß er versucht hat, mich zu ertränken . . .* War es gemein, Stig eins auswischen zu wollen? Warum sollte man Mitleid mit den Erwachsenen haben! Es stimmte ja nicht, daß die Menschen mit den Jahren klüger wurden, jedenfalls waren nicht alle Erwachsenen klüger als Kinder. Das würde er schnellstens in sein schwarzes Buch eintragen: Entdeckung Nummer eins – Erwachsene sind nicht immer vernünftiger. Aber sie sind immer die Stärkeren.

Diese idiotische Geschichte mit Dag Hammarskjöld. Er hatte eigentlich nie daran geglaubt. Es war mehr ein Spiel gewesen. Aber je länger er mit dem Gedanken spielte, um so wirklicher wurde er. Vor einer Woche hatte er wohl wirklich an Hammarskjöld geglaubt. Damit war jetzt Schluß. Was spielte es schon für eine Rolle, wen man zum Vater hatte? Vielleicht hatte man gar keinen? Jesus hatte auch keinen Vater im herkömmlichen Sinn. Warum sollte Reine Larsson dann einen haben? Denn mit Reine Larsson verhielt es sich ja so, daß er eigentlich der einzige Mensch auf der Welt, ja überhaupt das einzige intelligente Lebewesen im Universum war. Jesus war ja nur jemand, der es mit den Menschen auf

der Erde zu tun hatte. Wenn es Gott gab und wenn es Leben auf anderen Planeten gab, dann war es wahrscheinlich, daß Jesus eine Menge Geschwister hatte, Brüder und Schwestern mit den verrücktesten Namen – Josas, Jeck, Jusus, Knesus – die Gott als Erlöser auf die anderen Planeten schickte. Vergiß das nicht.
Er ging auf die metallfarbene Toilette und versuchte zu scheißen, bevor er zum Abschluß einen Bronto Pronto aß – den schnellsten in der Stadt. Dann schneuzte er sich in seinen steifen Frotteestrumpf und dachte: Wer hat mich lieb? Lieb hat mich Stig, der Tagedieb. Achtung, laß dich nicht ein auf so einen idiotischen Reim. Leim? Lieb hat mich Tante Olga von der Wolga. Lag Litauen an der Wolga? Lieb hat mich Helene, doch die hat keine Beene. Natürlich hatte sie welche! Zwei dünne Stecken in dunkelbraunen Wollstrümpfen. Lieb hat mich Tante Lotte, und die kommt immer zu Potte. Ach was, Tante Lotte kam nie zu Potte. Lieb hat mich meine Mutter. Und wie.
Der Zweck. Genau, man durfte das stärkste Wort von allen nicht vergessen: Zweck. Komisches Wort, es klang, wie wenn man die Zähne in eine Wassermelone schlug und sie auflutschte. Zweck, schmeck, schleck . . . Einen Menschen hatte er vergessen, nämlich Nora. Nora, die er kennengelernt hatte, als er mit Stig und diesem Esbjörn segeln war. Hallo Nora, wir treffen uns in der Flora. Wie war das noch, arbeitete sie nicht in der Parfümerieabteilung des Kaufhauses NK? Nicht, daß sie näher Kontakt gehabt hätten, aber Nora hatte ihn aus dem Wasser gefischt. Nora war in Ordnung. Sie war gar nicht so alt wie die Mutter und schien auch nicht so nervös zu sein.
Reine verließ Bronto Burger Inc., beladen mit seiner dicken Tasche und einem Bauch, der sich wie ein Kartoffelsack anfühlte. Von diesem unsteten Leben kriegte man Verstopfung. Trotzdem fühlte sich sein Hintern

wund an, als hätte er die letzten Wochen an einem fürchterlichen Durchfall gelitten. Das kam von dem gestohlenen Fahrrad; es konnte ruhig vor der Stadtbibliothek stehenbleiben. Der Besitzer konnte es wieder an sich nehmen, wenn er vorbeikam. Wenn man von Roslagskulla in die Stadt kam, war es ganz selbstverständlich, daß man den Sveavägen entlangfuhr.
Reine trottete aufs Kaufhaus NK zu; die Unterhosen lagen wie ein harter Sattel in den Hosen. Die Leute schwitzten in der Wärme und hatten alle möglichen beknackten Sonnenhüte auf dem Kopf. Bis auf einen zwei Meter langen Neger, der eine dicke blaue Strickmütze trug. Vor dem Kaufhaus saß ein uraltes Mütterchen und blies auf einer Klarinette. Das hätte einem selbst einfallen müssen: Schade, daß man nie ein Instrument gelernt hatte. Aber wenn man sich nun eine Plastikflöte und ein paar Noten kaufte und sich vors NK setzte. War ein kleines Kind nicht mitleiderregender als eine alte Schachtel, die sowieso eine Altersrente kriegen mußte?
Er ging durch die Luftschleuse des Haupteingangs. Innen war es kalt wie in einem Kartoffelkeller. Er ging geradeaus und kam an eine Brüstung mit einem Geländer. Hinter dem Geländer saßen zwanzig, dreißig Frauenzimmer mit Tüten und Taschen und glotzten vor sich hin. Sie redeten nicht miteinander, schauten nur zu den Leuten hinunter, die durch die Eingangstür hereinkamen. Und sie hatten weder Klarinetten in den Händen, noch ein schwarzes Futteral mit Fünfundzwanzig-Öre-Stücken zwischen den Füßen. Schade, es hätte ein ganzes Platzkonzert geben können, wenn man an all diese Weiber Blasinstrumente ausgeteilt hätte. Warum hieß es eigentlich Platzkonzert? Sie platzten doch nicht, wenn sie spielten.
Der Informationsstand befand sich links von den Tanten, die nicht spielten. Wie wär's mit singen? Die Tan-

ten könnten doch wenigstens einen Chor bilden, wenn ihnen die Instrumente zu teuer waren. Reine konzentrierte sich auf den Informationsstand. Dort saß ein Frauenzimmer, das unendlich kühl und frisch geduscht aussah. Sie trug ziemlich viel Schmuck.

»Suche jemanden, der hier arbeitet«, sagte Reine. »Nora heißt sie.«

»In welcher Abteilung?«

»Sie ist meine Mami.«

»Wie heißt sie weiter? Mit Nachnamen, meine ich.«

»Sie arbeitet in der Parfümerie.«

»Aha . . .«, sagte das Frauenzimmer und blätterte in einem roten Buch. »Nora und wie weiter?«

»Sie hat eine Perücke.«

»Du mußt mir schon sagen, wie sie mit Nachnamen heißt, sonst kann ich sie hier nicht finden.«

»Ich kann selbst nachgucken. Wo liegt die Parfümerie?«

»Direkt hinter dir.«

Reine machte rasch kehrt und ging zwischen den Tischen durch. Hinter sich hörte er die Informationstante:

»Warte, ich bin nicht sicher, ob sie Besuch kriegen darf.«

Er duckte sich hinter einen der Tische und schlich nach rechts. Ein rascher Blick über die Theke: Nein, die Alte verfolgte ihn nicht. War bestimmt den ganzen Tag in diesem Glasschrank eingeschlossen. Außer, wenn sie zum Duschen herausgeholt wurde. Nein, verflucht. Es war nicht gut, geduckt zwischen den Tischen herumzuschleichen. Alle würden glauben, daß er etwas klauen wollte. Ihr könnt mir ruhig trauen, ich will ja gar nichts klauen! Braucht gar nicht so zu schauen.

Er beruhigte sich, stellte sich auf die Zehenspitzen und spähte umher. Das Schlimmste war, daß diese Tanten einander glichen wie ein Ei dem anderen. Sie hatten

bombensicher alle Perücken an! Sie trugen rosa Kittel, hatten aufgebauschte, gekräuselte Haare und unglaublich schicke Nägel. Nora mußte eine von ihnen sein, aber welche? Er blieb bei einer etwas älteren Tante stehen, die nett aussah; sie malte sich gerade mit verschiedenen Lippenstiften Streifen auf den Handrücken. Es sah lustig aus. Reine liebte es, sich Arme und Beine zu bemalen, wenn er in der Schule Langeweile hatte. Er pflegte seine Körperteile zu beschriften, damit er nicht vergaß, wie sie hießen: Handrücken, Handfläche, Daumen, Schnupftabakgrübchen, Zeigefinger, Kniescheibe, Bauch, Nabel. Nabel mußte man in eine Sprechblase schreiben und einen Pfeil zum Nabel selbst zeichnen. Es war mühsam, sich hinter die Bank zu hokken und es direkt zu machen. Außerdem schlug der Bauch solche Falten, daß die Linien zittrig wurden.
Die Tante, die sich mit Lippenstift bemalte, hielt ihren Handrücken einer Frau mit goldenen Hosen hin. Toll, es sah aus, als hätte man ihr ganzes Untergestell in einen von Tante Olgas Farbtiegel getaucht. Nein, da hätte sie nicht hineingepaßt. Reine stellte sich dicht neben sie und machte ein fragendes Gesicht. Die goldene Tante zuckte plötzlich die Schultern – die in eine schwarze Bluse mit Lederkragen gehüllt waren – und ging weg.
»Wolltest du etwas?«
Die Verkäuferin wischte mit einem Tuch die Lippenstiftstreifen von ihrer Hand; dann blies sie darauf, als wollte sie sie abkühlen.
»Nora? Kann ich sie mal sprechen?«
Die Verkäuferin sah sich in der großen Parfümerieabteilung um.
»Nora? Nora Nikkola?«
»Sie hat eine Perücke.«
»Sie ist wahrscheinlich zum Essen. Ich glaube, sie ist essen gegangen, aber sonst ist sie am Rasierwasserstand.«

Die Tante zeigte mit ihrer frisch geputzten Hand nach links. Reine bedankte sich und ging hin. Viele hübsche Schilder und einige große Kartons hingen von der Decke herunter: White Horse, Old Spice, Braun, Safari. Hinter der Theke stand eine Verkäuferin, die jedoch nicht Nora war. Sie machte gerade mit einem winzigen Schraubenzieher einen Rasierapparat auf.
»Nora Nikkola, ist sie zu sprechen?«
Die Tante schaute auf die Uhr und dann wieder auf den Rasierapparat; als sie sprach klang es, als sei sie schwer erkältet – jedes Wort schien in der Nase hängenzubleiben:
»Sie müßte schon hier sein. Möchte bloß wissen, wo zum Kuckuck sie steckt.«
Reine setzte sich auf die Pumatasche und wartete. Seine Beine waren so schrecklich müde, daß er es riskierte. Das Feuerwerk würde es schon aushalten. Wenn es nur nicht zu heiß wurde. Wenn ein Huhn aus einem Ei ein Küken ausbrüten konnte, wußte man ja nicht, was passieren würde, wenn sich ein Mensch mit einem wunden Hintern auf eine Plastiktasche voller Pulver hockte.
Es war zu keiner Explosion gekommen, bevor Nora nach zwei, drei Minuten auftauchte. Er hätte sie nicht erkannt, aber begriff, daß sie es sein mußte. Man sah es an der Körperform und an der Länge. Reine schnellte hoch wie ein Springteufel aus dem Kasten und sagte:
»Darf ich bei dir wohnen?!«
Nora klapperte ein bißchen mit den langen, blauen Wimpern, beugte sich über die Theke – sie roch wundervoll! – und sagte:
»Erst, wenn ich hier Feierabend habe. Komm um fünf vor fünf wieder!«

42

Reine stand ohne Mütze vor einem Spiegel. Kurzgeschnittene, helle Haare, abstehende Ohren, Hamsterbacken, braun und sommersprossig. Zum Teufel, man sah ja haargenau aus wie eine Kreuzung zwischen Dag Hammarskjöld und Alfred E. Neumann. Nora wohnte in der Norrlandsgatan, knapp fünf Minuten zu Fuß vom NK entfernt. Es war keine gewöhnliche Wohnung, sondern ein leerstehendes Büro in einem Haus, das in sechs Monaten abgerissen werden sollte oder auch nicht. Das Büro war wie ein großes L geformt. Der Eingang war am oberen Ende des L's; Nora wohnte am anderen Ende. Sie hatte dort zwei Zimmer mit einer Tür dazwischen. Beide Zimmer waren auch über den Flur zu erreichen. Durch das Fenster sah man quer über die Smålandsgatan bis zum Hotel Stockholm. Warum landete er stets in Mansardenwohnungen? War es die Sehnsucht, ein Engel zu werden, die ihn dort hinzog?

In dem größeren Zimmer hatte Nora ein riesiges Bett; es sah fast so aus wie eine kleine Bühne. In dem kleineren Zimmer hingen ihre Kleider an einem Rohrgestell, aber es gab noch genug Platz für eine Matratze, die direkt auf dem Boden lag. Eine vergessene Bürolampe, die am Fensterbrett festgeschraubt war, neigte sich über die Matratze. An der Tür zu Noras Zimmer hing der Spiegel, vor dem Reine E. Neumann einen Flunsch zog.

Reine klopfte an den Spiegel und öffnete die Tür zu Noras Zimmer. Sie lag noch immer ausgestreckt auf ihrem langen, rechteckigen Riesenbett. In den vier Ecken des Zimmers standen vier Lautsprecher und spielten Flötenmusik. Nora hatte den rosa Kittel an, aber die Perücke hatte sie abgenommen und auf einen Perückenstock gehängt, der aus der Wand über dem Bett ragte. Es gab sechs Perückenstöcke, und alle trugen Perücken in verschiedenen Formen und Farben: lange weiße Haa-

re, rote Kruselhaare, braune Kruselhaare, lange braune Haare, Afrofrisur und blonde Haare mit Zöpfen. Nora selbst hatte einen völlig kahlen, blanken Kopf. Sie sah aus wie ein Marsmensch.
»Machst du bitte das Fenster auf?«
Reine ging über den dicken Teppich, der nicht den ganzen Boden bedeckte, sondern noch einige Quadratmeter von dem alten Linoleumboden freiließ. Das Fenster war schwer aufzukriegen, aber es ging. Draußen lag das graue Blechdach mit Taubendreck und Ölstaub. Die Hitze des Blechs schlug ihm entgegen; es roch nicht gut.
»So wird es bestimmt nicht kühler.«
»Dann mach wieder zu.«
Er drückte das staubgefleckte Fenster zu und legte den Riegel vor. Nora setzte sich im Bett auf und begann, sich den dünnen Kittel auszuziehen. Sie schnitt eine Grimasse:
»He, kannst du mir nicht mal helfen? Ich hab mir den Nacken verrenkt.«
Reine ging zu ihr und zog an einem Ärmel, bis der Kittel von der Schulter glitt. Nora hatte nichts darunter an. Die Brustwarzen waren mit rosa Haarklebeband bedeckt, zwei gekreuzte Streifen mit gewelltem Rand über jeder Brustwarze. Nora zerrte an den Klebestreifen und zog wieder ein Gesicht.
»Ziehst du bitte mal? Aber schnell!«
Reine beugte sich vor und kriegte eine hochgebogene Ecke zu fassen. Nora kniff die Augen zusammen. Er zog den Streifen rasch weg, so wie man ein Pflaster abreißt.
»Das andere auch, bitte.«
Nora dreht ihm die andere Brust hin, und er machte noch einmal das gleiche. Er wußte nicht, wohin mit den losen Klebestreifen, und drückte sie schließlich unter dem Bett fest, als würde er einen Kaugummi hinkleben.

»Tut das gut!«
Nora streifte den Kittel vollends ab. Darunter trug sie einen weißen Slip, der nicht breiter als eine Mullbinde war. An der Wand hinter dem Bett hingen einige große Samtkissen in Lederschlaufen. Nora lehnte den Rücken dagegen. Die Arme kreuzte sie über ihrer Glatze. Auch in den Achselhöhlen hatte sie kein einziges Härchen.
»Wir müssen bei der Arbeit einen BH tragen. Sonst könnten die Titten zu sehen sein. Und dann dreht die Abteilungsleiterin durch. Deshalb überklebe ich sie.«
»Ist das nicht ein ekliges Gefühl?« fragte Reine.
»Nein, nach einer Weile werden sie ganz taub. Schlafen sozusagen ein. Setz dich her.«
Sie klopfte mit dem Handrücken auf das freie Kissen. Reine setzte sich mit einer Pobacke auf das Bett, ließ aber einen Fuß auf dem Boden. Sie roch wundervoll; nicht nach der ranzigen alten Nachtcreme der Mutter.
»Warum dürfen die Titten nicht zu sehen sein?«
»Es gehört sich nicht, Titten zu zeigen.«
Reine verstand nicht ganz, was sie meinte. Aber das war ja egal. Die Vorschriften im NK konnten ihm schließlich schnurz sein. Obwohl sie ja etwas hart schienen: Die weiblichen Angestellten dazu zu zwingen, sich alle Haare abzurasieren und dann Perücken zu benutzen. Aber vielleicht kriegten sie dafür eine Gehaltszulage – genau wie die Mutter, wenn sie nachts arbeitete. Er beugte den Kopf nach hinten und schaute zu den Perükken hoch. Ob man mal fragen sollte? Diese weiße zum Beispiel. Er und Nora hatten bestimmt etwa die gleiche Hutgröße. Nein, die weiße war zu langhaarig. Aber die Afrofrisur? Die könnte ein Ausreißer gut gebrauchen.
»Sind Perücken nicht sehr warm?«
»Ja, manchmal hat man das Gefühl, in einer Pelzmütze herumzulaufen. Aber ich bin daran gewöhnt. Ich trage Perücken, seit ich acht bin.«

»Schon mit acht Jahren?«

»Ich hatte eine ausgefallene Viruskrankheit, kurz bevor ich mit der Schule anfangen sollte. Jedes Härchen am Körper fiel ab. Und dann ist es nicht mehr nachgewachsen.«

Reine schauderte: Die Vorstellung, alle Haare zu verlieren, wenn man gerade mit der Penne anfangen mußte. Wie sie einen ärgern würden! Kahlkopf! Schaufensterpuppe! Glatzkopf! Zelluloidpuppe! Er sah Nora an. Sie war schön, er hatte bestimmt noch nie einen so schönen Menschen gesehen. Feingliedrig, weich und ohne ein Härchen. Sie hatte fast etwas Göttliches. Vielleicht hatte sie keine Gedärme. Er drückte die Backe an das Samtkissen und versuchte, ihr Schulterblatt zu sehen. Ein Mensch ohne Haare – würde sie ein Engel ohne Federn werden? Ein Engel mit rosa Fledermausflügeln?

»Womit kann man dich denn unterhalten?« fragte Nora und drehte sich um, ließ sich hinuntergleiten und legte sich auf die Seite, die Hand an der Wange.

»Weiß nicht . . . Hast du Comics?«

»Wir können malen.«

»Malen?«

»Uns bemalen.«

Nora warf ihre langen, schlanken Beine über den Bettrand und stand auf. Neben dem Bett hatte sie einen Nachttisch mit einer großen Klappe. Sie öffnete die Klappe und holte kleine Tabletts mit Lippenstiften, Farbcremes, Pinseln, Wimperntusche und einer Sprayflasche mit Körperfarbe heraus.

Toll. Wenn sie die Tür zu Reines Zimmer aufmachten, könnten sie nebeneinander im Bett liegen und beispielsweise das Spiegelbild auf einen großen Block malen. Man mußte nur daran denken, daß der Text spiegelverkehrt war, vorn auf seinem T-Shirt würde stehen

IƎЯB ЯHƎM TƧƧƎ

»Zieh dich aus«, sagte Nora.

Zögernd rollte er das T-Shirt über dem Bauch hoch; im Nabel steckten Strohsplitter. Er hatte gedacht, es sei die Gürtelschnalle, die so juckte.
»Hauruck!«
Sie zog ihm das Hemd aus und machte seinen breiten Gürtel auf.
»Das kann ich selbst«, sagte er wütend und streifte rasch die übrigen Kleider ab.
Nora stieg aus ihrem weißen Slip. Sie hatte auch da unten keine Haare, nur ein glattes Hautpolster. Es sah weich aus wie eine Wange.
»Du bemalst mich zuerst ein bißchen. Dann wechseln wir uns ab.«
Er nahm einen knallroten Lippenstift und betrachtete Noras Körper. Sollte er ihr eine große Wunde quer über den Skalp malen? Oder sollte er sie zu einem Indianer machen und ihr breite Querstreifen über Nase und Wangen ziehen? Er überlegte ein wenig, dann tauschte er den roten Stift gegen einen violetten aus und verpaßte ihr ein Veilchen um das rechte Auge. Nora öffnete die Tür zu Reines Zimmer, um sich im Spiegel betrachten zu können.
»Mißhandelte Ehefrau«, sagte sie. »Ein bißchen mehr Phantasie, bitte.«
Er bat sie, sich auf den Bettrand zu setzen, mit dem Rücken zu ihm, und malte zwei verstümmelte Engelsflügel, die von den Schulterblättern ausgingen. Es sah verrückt aus; wie eine Witzzeichnung. Mit diesen Stummeln würde sie sich niemals in der Luft halten können. Höchstens, wenn sie sie so hochtourig bewegte wie ein Kolibri.
Er wurde kühner und verwandelte ihre Brustwarzen in Augen, große Puppenaugen mit langen, gebogenen Wimpern. Dann setzte er einen Hitlerbart auf ihre kurze, gekrümmte Oberlippe. Nicht einmal in der Nase war Flaum – aber vielleicht guckte er nicht tief genug

hinein. Ob man nicht lieber versuchen sollte, sie zu einem Motorrad zu machen? Das konnte er trotz allem noch am besten. Abgesehen von der Kunst, Begräbnisbuchstaben zu malen. Natürlich könnte man EIN LETZTER GRUSS VON REINE auf ihren Po schreiben, aber das wäre schade; mit ein bißchen Glück ließen sich die Hinterbacken bestimmt in Zylinderköpfe verwandeln. Er zeichnete massenhaft silberne Kühlrippen auf ihren Hintern. Nein, nicht besonders gelungen. Es sah aus, als hätte sie sich versehentlich auf einen heißen Grill gesetzt. Er drehte sie wieder um. Wäre er nicht so blöd gewesen, die Brüste schon zu benutzen, hätten sie ideale Zylinderköpfe abgegeben, mit den Titten als Zündkerzen.

»Was stelle ich dar?« fragte Nora.

»Einen Engel mit Zweitaktmotor.«

Jetzt war Nora dran. Reine mußte sich bäuchlings aufs Bett legen. Nora saß rittlings auf ihm und malte den Rücken mit Buchstaben voll:

»Was schreibe ich jetzt?«

»H . . .A . .L . .Hallo?

»Stimmt. Und jetzt?«

Er konzentrierte sich. K . . . Nein, RA, RE . . Verflixt, das war aber wirklich schwierig. War der Text spiegelverkehrt? Er versuchte, über seine Schulter zu schauen. Sie drückte seinen Kopf sofort wieder auf die Bettdecke:

»Schummeln gilt nicht! Da steht REINE IST DOOF.«

Er riß sich los, hüpfte zum Spiegel und versuchte, seinen eigenen Rücken zu inspizieren. Was zum Teufel hatte sie noch geschrieben? ICH BIN EIN SCHEISSHAUFEN? WER REDET HINTER MEINEM RÜCKEN? Nein, es sah eher aus wie diese ägyptischen Buchstaben, Vögel, kleine Tortenschaufeln, aufrecht stehende Schlangen. Herioglyphen?

»Servus Tut-ench-Amun!«

Sie saß in ihrem großen Bett und lachte, daß es nur so wackelte. Er rannte hin und schnappte sich den grellroten Lippenstift, um ihr eine Abreibung zu verpassen, aber sie entwischte ihm.
»Paß bloß auf, daß ich dich nicht skalpiere!«
Sie standen sich gegenüber, jeder an einer Seite des Bettes, keuchten und starrten einander in die Augen. Reine hielt den Stift hoch erhoben wie ein Stilett. Nora legte die Hände aufs Bett, beugte sich herausfordernd vor und sagte:
»Bist du hungrig?«
Er war augenblicklich entwaffnet. Sein Magen begann zu schlürfen und wäßrig zu werden. Roch es im Zimmer nicht nach gebratenem Hackfleisch? Es war bestimmt sieben Stunden her, seit er etwas zu essen bekommen hatte. Den halben Nachmittag lang hatte er sich bis zur Kehle hinauf verstopft gefühlt. Jetzt sackte das alles plötzlich zusammen und fuhr in den Bauch. Zurück blieb eine ungeheure Leere.
»Zuerst duschen wir.«
Die Dusche lag auf der anderen Seite des Flurs. Nora zog den NK-Kittel an, und Reine durfte ihren Morgenmantel borgen. Er fühlte sich wie ein Kaiser im Hermelinmantel, als er in den Flur rauschte. Die Duschkabine war in einem Raum installiert, der früher das Sprechzimmer eines Arztes gewesen war. In einer Ecke stand noch ein sonderbarer Stahlrohrstuhl. Ein Folterinstrument? Die Füße mußte man offenbar in zwei Halter stecken, so daß man rücklings dalag, das Unterteil in die Luft gereckt. Durch ein Dachfenster schaute der Himmel herein.
Sie brachten eine ganze Weile damit zu, sich gegenseitig einzuseifen und abzuspülen. Daß es so schön sein konnte, sich zu waschen; noch nie hatte er das erlebt. Plötzlich fühlte er sich hereingelegt: Hatte Nora ihm deshalb vorgeschlagen, daß sie einander bemalen sollten?

»Hast du es gemacht, weil du mich zum Duschen kriegen wolltest?« fragte er und pulte die Strohsplitter aus dem Nabel.
»Klar. Man kann schließlich einem Gentleman nicht sagen, daß er wie ein Stinktier riecht!«
Sie griff nach seinen Armen, drückte ihn an sich und sagte:
»Nein, das stimmt nicht. Ich hab' es gemacht, weil ich dich mag.«
Als sie sich abgetrocknet hatten, kehrten sie ins Bett zurück. Reine kroch zwischen die kühlen Laken, während Nora sich die Augenbrauen malte, Wimpern anklebte und die Lippen dunkelbraun umrandete. Es war faszinierend zuzusehen, wie sie sich ein Gesicht schuf. Genau, sie sah ägyptisch aus. Wie eine der Statuen aus der Horrorserie »Die Schätze des Tut-ench-Amun«. Zum Schluß klemmte sie sich eine kleine Perle in einen Nasenflügel.
»Theo hat versprochen, uns zum Essen einzuladen«, sagte sie und zog sich ein dünnes, weißes Kleid – oder was es nun war – über den Kopf; jetzt sah sie eher indisch aus. Nein, so dunkel war sie nicht: ägyptisch.
Theo Andrén hieß ein alter Mann, der in einem anderen Teil des Büros wohnte. Er wartete an einer seiner Türen im Flur, als Reine und Nora angeschritten kamen; beide waren barfuß. Theo war mager und braungebrannt, seine Haare waren dicht und weiß. Er hatte eine riesige Adlernase. Bekleidet war er mit weißen Hosen und einem nachtblauen Jackett. Um den Hals trug er ein Schnupftuch. Fast an jedem seiner Finger steckten goldene Ringe.
»Meine Schöne«, sagte der Alte und trat in seinen weißen Schuhen vor, ergriff Noras Hand und schien daran zu schnuppern.
»Das ist Reine. Er wohnt bei mir.«
»Noch ein Rivale«, antwortete Theo und roch an Reines

Haaren. »Nichts riecht so gut wie das Haar kleiner Jungen!«
Reine fühlte sich geschmeichelt. Er bekam gewöhnlich keine Komplimente. Sonst hieß es immer, er würde ungewaschen riechen, sein ganzes Gebiß sei voller Zahnbelag, seine Haare würden sich zu Gestrüpp verfilzen, wenn er nie duschte. Theo sah aus wie ein Typ, den er mal in einem alten schwedischen Spielfilm aus den vierziger Jahren im Fernsehen gesehen hatte. Oder aus den dreißiger Jahren? Fünfziger Jahren? Scheißegal. Theo benutzte eine Zigarettenspitze, in die er eine flache, nach Kräutern duftende Zigarette schob. Als er den Flur entlangging, tänzelte er fast oder schien Tennis zu trainieren. Jetzt sah Reine, was Theo noch fehlte, um in einem Film der vierziger Jahre mitzumachen: die Seglermütze.
Sie gingen in ein Chinarestaurant, das »Der Lange Marsch« hieß und etwas weiter weg in derselben Straße, Norrlandsgatan, lag. Der Mann, der sie empfing, sie zum Tisch geleitete und einen roten Zettel aus dem Glas nahm, war vielleicht ein Chinese. Aber die übrigen waren es nicht. Die Kellnerin hatte einen Akzent, der wohl finnisch war, der Koch, den man hinter einem Perlenvorhang sehen konnte, war Inder. Und auf der Streichholzschachtel war das Markenzeichen vom Konsum: ∞.
Theo hatte ein Monokel, das er ins rechte Auge klemmte, um die Speisekarte zu lesen. Aber offenbar war es schwierig, es festzuhalten, denn er konnte nur durch den linken Mundwinkel reden, solange er das Monokel trug. Er ist bestimmt trotzdem ein Schurke, dachte Reine. Kein schwedischer Segler, sondern ein deutscher Botschafter, einer, der Greta Garbo mit indianischem Pfeilgift zu ermorden versucht. Nun ja, das war vielleicht in einem anderen Film, aber irgendwas war faul, denn Theo beschäftigte sich ewig mit der Speisekarte.

Als wäre es ein Lottoschein oder ein Kreuzworträtsel.
»Theo ist Bildhauer«, verkündete Nora laut in Reines geputztes Ohr.
»Versuche es. *Versuche es*«, sagte Theo mit einem einschmeichelnden Lächeln und richtete das Monokelauge auf Reine; es sah unheimlich aus – als läge man auf dem Rücken und starrte durch ein Riesenmikroskop direkt in das Allsehende Auge. Als wäre Theos ganzer Kopf eigentlich ein melonengroßes Auge mit weißer Perücke und Marzipanohren.
»Aber davor war er Oberingenieur«, sagte Nora.
»Vergeben und vergessen, vergeben und vergessen«, erwiderte Theo durch den Mundwinkel.
»Er war Oberingenieur bei Kinderland.«
Kinderland?! Reine klammerte sich mit beiden Händen an die Armlehnen und drückte zu, daß die Finger weiß wurden. Theo war ein schlimmer Gangster; die Spinne im Netz, der Botschafter mit dem Pfeilgift.
»Kinderlands technische Fabriken«, fügte Theo nebenbei hinzu.
Was wurde da hergestellt? Technische Fabrik? Kinder?
»Die machen Seife und sowas«, sagte Nora.
Reine prustete los. Er lachte so, daß er sich hinterher den Mund abwischen mußte. In Kinderlands technischen Fabriken auf der Insel der Kinder wird Kinderseife gekocht. Das war wohl doch etwas zu stark. Von so was träumte man in den Nächten, wenn es im Zimmer zu warm war, wenn man pinkeln mußte oder vor dem Schlafen zu viele Brötchen gegessen hatte. Aber in Wirklichkeit – wohl kaum. Es gab zu viele Überwachungskameras in Schweden, als daß es jemandem möglich wäre, über längere Zeit in den Stockholmer Schären Seife aus Kindern zu kochen.
»Frühlingsrollen?« sagte Theo und glotzte Nora mit seinem runden Riesenauge an.

»Aber jetzt ist doch Spätsommer. Suppe mit chinesischen Riesenscampis. Klingt doch gut, oder?«
Theo runzelte die Stirn und bohrte sein Zyklopenauge wieder in die Speisekarte. Paßten die Riesenscampis nicht in das Kreuzworträtsel? Reine schaute zerstreut in seine Speisekarte. Jedes Gericht hatte eine Nummer. Die letzte war 285. Bei McDonald's, das keine fünfzig Meter weit entfernt war, hatten sie sechs Gerichte. Keins davon war Suppe. Welcher verdammte Idiot würde schon Hamburgersuppe bestellen?
»An Theos fünfundsiebzigsten Geburtstag im April haben wir Pekingente gegessen«, sagte Nora.
Pekingente? Warum nicht, es gab ja auch Donald-Duck-Juice. Aber der schmeckte nicht, wie man befürchten könnte, nach gepreßter Ente. Er schmeckte wirklich nach Apfelsinen.
Nach einer Ewigkeit kam endlich das Essen auf den Tisch. Längliche Metallplatten, die auf Schüsseln standen, in denen Kerzen brannten. Richtig festlich. Aber mittlerweile war Reine ungeheuer müde; er spürte die Planken im Rücken. Die Planken der Kate am See Rösjön. Theo und Nora futterten wie die Verrückten von all den eigentümlichen Dingen. Theo benutzte Stäbchen, es sah aus, als stochere er mit einer großen Pinzette in einer Leiche herum. Reine mochte nur die Ananasstücke in der süßsauren Soße. Der Rest war Affenfraß.

43

Reine und Nora hatten in ihrem großen Bett Tee getrunken, bevor sie zur Arbeit ging. Sobald sie weg war, schloß er alle Türen ab, kroch ins Bett und setzte sich aufrecht hin. Zuerst einmal hatte er alle Perücken durchprobieren wollen, außer der langen weißen, die

Nora im NK trug. Er überlegte es sich jedoch anders. Hier oben brauchte man keine Perücke. Hier machte es nichts, daß die Haare verschnitten waren. Hier oben in dem weißen Zimmer, in dem die Sonne brannte und glitzerte, stand man über dem Irdischen. Er machte die Augen zu und versuchte sich vorzustellen, daß er nackt auf einer Wolke lag.

Reine wollte das Zimmer oder jedenfalls die Wohnung nicht vor dem Jahr zweitausend verlassen. Wie alt wäre er dann? Sechsunddreißig. Nein, fünfunddreißig, im sechsunddreißigsten. Also fast so alt, wie Theo jetzt war. Wie alt würde Theo im Jahr zweitausend sein? Fünfundsiebzig plus fünfundzwanzig. Genau hundert! Nein, neunundneunzig, da er erst im Mai Geburtstag hatte. In welchem Monat war Nora geboren? Nicht die leisteste Ahnung. Wie alt würde Nora um die Jahrhundertwende sein? Er konnte sich Nora keinen Tag älter vorstellen als sie jetzt war, das heißt zwanzig, dreißig, vierzig Jahre. Nein, jünger als die Mutter war sie todsicher. Aber im Jahr zweitausend? Da würden Nora und Reine gleichaltrig sein.

Reine hatte oft gedacht, daß es interessant wäre, wenn man irgendwie mit seinem zukünftigen Ich in Verbindung treten könnte. Wenn es zum Beispiel eine streng geheime Telefonnummer gäbe, die man wählte – und dann antwortete man selbst am anderen Ende, und war fünfzig Jahre älter. Oder fünfundzwanzig Jahre älter: Servus, servus – ich bin's. Ach ja, grüß dich. Wie ist die Lage da – vorne? Alles in Ordnung. Mache ich viel Moos? Wie viele Bälger habe ich? Was ist mit der Mami – die ist wohl jetzt schon tot, oder wie sagt man?

Wenn man nun aber in fünfundzwanzig Jahren selbst tot wäre! Verdammt. Man riefe die Geheimnummer an – und niemand antwortete. Oder es käme das Besetztzeichen. Oder vielleicht ein Telefonbeantworter, der sagte: Reine Larsson ist tot. Was würde man dann tun?

Kotzen oder in Ohnmacht fallen? Aber vielleicht würde es helfen, wenn man seinen Namen änderte. Wer Larsson heißt, darf seinen Namen ändern. Vielleicht könnte man die Zukunft auf diese Weise an der Nase herumführen. Guten Tag, hier ist Reine Larshagen. Reine MacLaren. Hallo, hier ist Reine Hammarskjöld – ach was, diese Sache war ja ein alter Hut. Tag, hier spricht Reine McDonald.

Nora hatte aber kein Telefon. Wie sehr er auch in den beiden Zimmern herumschnüffelte, es gab kein Telefon. In beiden Zimmern gab es Anschlußdosen; sie befanden sich direkt unter den Fensterbrettern. Dort hatten wahrscheinlich die Schreibtische gestanden, als hier noch ein Büro war. Was für ein Büro? Die Dusche war im Sprechzimmer eines Arztes gewesen. Aber diese Zimmer? Aktiengesellschaft Affenkontor Ex & Hopp. Oder die Seilerwarenfirma Ruck & Zuck, Verkauf von Bausätzen an Leute, die sich aufhängen wollen. Gar nicht so übel, das könnte man vielleicht beim schwedischen MAD einsenden. Mit der Signatur Alfred E. Larsson.

Wer kein Telefon hat, muß schreiben. Stand nicht so was Ähnliches auf den Plakaten der Post? Schreib mal wieder einen Brief? Sag es mit Blumen? Sag es mit etwas Sprengstoff; nicht knicken. Einen gewöhnlichen Kugelschreiber gab es nicht im Zimmer, aber einen Augenbrauenstift, der so ähnlich war wie ein gewöhnlicher Filzstift, nur daß die Schrift braun wurde. Papier und Umschläge lagen in einem kleinen Schubfach. Rosa Papier mit gewelltem Rand; längliche rosa Umschläge, die wonach rochen? Nach Mum for Men.

An Professor Reine A. Larsson. Lieber Professor! Gratuliere zu deiner bahnbrechenden Entdeckung, daß die Fernsehsendungen Krebs hervorrufen. Das ist ja toll. So einfach. Daß noch niemand darauf gekommen ist! Herzlichen Glückwunsch auch zum Nobelpreis. Scha-

de, daß man kein Geld in die Zeit zurückschicken kann. Ich könnte ein paar Tausender gebrauchen. Du hast ja dein Gehalt. Und eine Provi . . . Hieß das so? *Und eine Provision für die Entdeckung. Mir geht es gut. Aber von jetzt an werde ich Unterhosen aus Blei und ein Panzerhemd tragen. Tod dem schwedischen Rundfunk! Grüße von Dir selbst.*

Nun war es aber nicht bombensicher, daß man Professor werden würde. Irgendein Heini könnte einem mit der Entdeckung zuvorkommen. Mit anderen Worten, man mußte sich absichern:

Liebe Nora Nikkola und Reine A. Larsson. Gratuliere zu eurer tollen Entdeckung des Geheimnisses der Pyramiden. Dachte schon, die schlummernden Mumien hätten euch gesteinigt. Jetzt steht in der Zeitung, daß ihr Gold gefunden habt. Daß unter jeder Pyramide tief im Sand eine umgekehrte Pyramide liegt. Genauso groß und aus massivem Gold. Könnte man denn nicht . . .

Unmöglich! Was dachte er sich eigentlich! Wenn man versuchte, sich ein bißchen Geld aus der Zukunft zu schnappen – dann würde ja das ganze System durcheinander geraten! Es war sicher nicht mehr nötig, als ein Sandkorn um einen Millimeter zu verrücken, damit sich die gesamte Zukunft änderte. Vielleicht würde die ganze verdammte Erde in die Luft fliegen oder sich in Glas verwandeln! Oder zum Beispiel die Insel der Kinder. Wenn man in seiner Unvernunft irgendeine Kleinigkeit verpatzte, wenn man sich ungeschickt anstellte: Dann würde vielleicht die ganze verdammte Insel der Kinder zu einem Mefa, einem Luftkissenfahrzeug, das plötzlich mit den Gummiröcken flatterte, in Fahrt kam, sich über die Wellen erhob und mit einem Riesengetöse in die Ostsee hinauszischte. Um dann die Erde wie eine große fliegende Untertasse zu verlassen und mit Kurs auf die äußeren Galaxien ins All zu segeln. Man sollte besser auf dem Teppich bleiben.

Es klopfte an die Tür. Entdeckt! Es war der rächende Gott, der jetzt mit der Großmutter im Schlepptau eintreten und ihn wegen Lästerung zur Rede stellen würde. Du sollst die Zukunft deines Gottes nicht mißbrauchen. Ach Quatsch: Wenn es Gott wäre, brauchte er doch nicht an die Tür zu klopfen. Dann könnte er zum Fenster hereinbrausen wie Karlsson auf dem Dach. Aufgestanden und aufgemacht! Es war Theo.
»Störe ich?« fragte Theo.
»Nora ist nicht da«, sagte Reine.
Theo hatte heute kein Jackett an, aber dieselbe weiße Hose wie gestern. Dasselbe helle Netzhemd und dasselbe Schnupftuch um den Hals. Scheute er sich, seinen faltigen Hühnerhals zu zeigen? Der war trotzdem zu sehen. Theo war so alt, daß er allmählich vertrocknete und verfaulte. Bald würden wohl auch die Augäpfel zusammenschrumpfen. Nur das Monokel würde bleiben. Aber jetzt trug er kein Monokel. Theo lächelte mit einer unglaublich gleichmäßigen Reihe von elfenbeinfarbenen Zähnen. Wie war das nur möglich?
»Die liebe Nora ist ja so fleißig«, sagte Theo.
»Sie arbeitet in der Parfümerie vom NK«, sagte Reine.
»Darf man fragen, was der junge Herr heute vorhat?«
Reine zögerte. Sollte er antworten: In der Sonne liegen und auf das Jahr zweitausend warten. Nein, Theo könnte traurig werden, weil er dann nicht mehr dabei wäre. Zu diesem Zeitpunkt würde er sich in Staub und Knochenmehl verwandelt haben. Bestenfalls.
»Wenn ich nicht störe, möchte ich folgendes fragen: Ist dem jungen Herrn bekannt, daß Fräulein Noras Geburtstag bevorsteht?«
»Wie alt wird sie?«
»Das ist nicht bekannt. Aber wenn ich eine Vermutung wagen darf, würde ich sagen zweiundzwanzig.«
Nora war doppelt so alt wie Reine! Welch ein Zufall. Das mußte etwas zu bedeuten haben: daß sie doppelt so

groß . . . nein. Daß sie doppelt soviel wog, doppelt soviel konnte, doppelt so schnell lief und viel besser wußte, was sie mit ihrem Leben anfangen wollte.
»Heute?«
»Am kommenden Donnerstag. Nora soll gegen elf Uhr vormittags geboren sein.«
»Meinst du, man sollte irgendein Geschenk besorgen?« sagte Reine.
»Willst du nicht zu mir herüberkommen, wenn es dir paßt, um die Sache zu besprechen?«
Theo legte rasch seine knochige Greisenhand auf Reines Schulter, rüttelte daran und massierte das Schlüsselbein mit dem Daumen. Der Aufsichtslehrer in der Penne pflegte das auch zu tun, wenn er mit einem redete. Man brauchte den Daumen nur vom Schlüsselbein abrutschen zu lassen, und schon tat es verdammt weh. Viele Lehrer benutzten solche Tricks, weil sie die Schüler nicht offen schlagen durften. In der Penne gab es ein Weib, das beim Sprechen ihre Fresse immer einen Zentimeter von dem Schüler entfernt hielt, den sie gerade ausschimpfte. Sie hatte den gräßlichsten Aasatem der Welt; der reinste Gaskrieg. Und der Werklehrer war König in praktisch unsichtbaren Pferdeküssen.
Theo lächelte und schloß die Tür unendlich langsam, als schliefe jemand in dem Zimmer. Reine kroch in Noras Bett und zog sich das Laken über den Kopf, so daß ein Zelt entstand. Er legte das Kinn auf die Brust und schaute an sich hinunter. Die Brust gehörte nicht zu ihm. Der gesamte untere Teil des Körpers war nichts anderes als ein Schalldämpfer und Vergaser. Nur der Kopf war der eigentliche Reine. Und die Hände, nur die Hände, nicht die Arme. Die Hände waren zwei kampflustige Krabben, die den Kopf gegen Tintenfische, Tigerhaie, Königsgeier und anderes Getier verteidigten, das sich im Bett befinden konnte. Er ließ probeweise einen Furz. O welche herrlichen Düfte!

Aha, Nora Nikkola wurde also zweiundzwanzig. Da war sie also jünger als die Mutter, denn die war dreißig – wenn sie nicht inzwischen älter geworden war? Nein, die Mutter hatte erst im Dezember Geburtstag. Sie war Steinbock. Wann verlor ein Erwachsener die Fähigkeit, ein Kind zu verstehen? Bei der Mutter war das schon vor langem passiert; von Stig ganz zu schweigen. Nora hatte diese Fähigkeit noch nicht verloren – wo war die Grenze? – irgendwo zwischen zweiundzwanzig und dreißig. Also passierte nach zweiundzwanzig irgend etwas mit dem Menschen. Aber was? Er mußte irgendeine Verwandlung durchmachen, eine starke Veränderung: wie wenn ein Embryo zu atmen begann, wie wenn man starb oder die eingesperrte Leiche zu einem Engel wurde? Oder . . . Genau: wenn man da unten Haare bekam? Nora hatte unten keine Haare, also war sie nicht verloren. Er hob das Laken über dem Unterkörper hoch, fuhr sich mit der anderen Hand in die Unterhosen und betastete sich. Kein Stoppelhärchen.
Er sprang mit einem Indianergeheul auf und stürzte sich auf die Pumatasche. Der Reißverschluß klemmte, er mußte die Tasche glattziehen, um ihn aufzubekommen. Herrliche Zeiten stehen bevor! Da lag der ganze Feuerwerksvorrat und wartete auf Noras Geburtstag. Was für ein Glück, wenn man es sich recht überlegte, daß es kein Fest auf Olgas Dach gegeben hatte. Spare in der Zeit, so hast du in der Not, wer nicht kommt zur rechten Zeit, der muß sehn, was übrigbleibt . . . Sonnenklar: Sie würden Nora mit einem tollen Feuerwerk feiern. Es sollte donnern, bis das Blechdach zu glühen begann und in einem Stadtteil nach dem anderen der Fliegeralarm losheulte.
Er zog sich an, putzte seine Hauer mit Noras Zahnbürste, steckte die Schachtel mit den Kontaktlinsen der Mutter in die Gesäßtasche und ging zu Theo hinüber. Theo bewohnte sechs nebeneinanderliegende Zimmer

an dem langen Flur. Es gab keine Türen zwischen den einzelnen Räumen, und daher mußte man auf gut Glück anklopfen, bis man das Zimmer fand, in dem Theo sich gerade aufhielt. Alle Türen trugen das gleiche Namensschild: Theofil Andrén, Oberingenieur a. D.

Theo war gerade im ersten Zimmer, das gleich neben der Eingangstür und dem Aufzug lag.

»Nur hereinspaziert!«

Reine drückte die Klinke herunter und ging hinein: die Füße voran, den Kopf hinterher.

»Herzlich willkommen!«

Es war ein sonderbarer Raum. Wände, Boden und Decke waren in einem eigentümlich schwarzvioletten Farbton gestrichen. Im Zimmer – wo es kein einziges Möbelstück gab – schwebten eine Menge Mobiles, die aus dünnen Glasstäben und Glühbirnen zusammengebastelt waren. Reine machte die Augen zu und überlegte: Genau, hier befand man sich im Universum. Theo saß auf einem Kissen. Er trug kein Monokel, sondern hatte sich ein kurzes schwarzes Fernrohr ins rechte Auge geklemmt. Nannte man das nicht Schluppe? Fluppe? Lupe!

»Setz dich bitte auf das Kissen an der Tür«, sagte Theo.

Reine setzte sich im Schneidersitz auf ein schwarzes Kissen, das gleich neben der Tür lag. Freiwillig wäre er keinen Schritt weiter gegangen. Er fühlte sich wie eine Fliege, die sich am Rand eines riesigen Netzes befand; die Glasstäbe funkelten wie Spinnweben. Wenn du einen von diesen Fäden streifst, kommst du nie mehr los, Theo spinnt dich in einem Kokon ein und tötet dich, indem er dir den Daumen unter das Schlüsselbein drückt.

Die Jalousie war halb hochgezogen, und ein Teil des Zimmers lag in einem Lichtkegel. Die Farben des Regenbogens glitzerten in den Glasstäben und Glühbir-

nen. Milliarden von Staubkörnchen schwebten in der Schwerelosigkeit umher. Reine beschattete die Augen mit der Hand und versuchte, in den dunklen Teil des Zimmers zu schauen. Dort gab es kein Stäubchen in der Luft. Allmählich konnte er Myriaden von kleinen gelben Punkten wie Fliegendreck an den fast schwarzen Wänden erkennen.
Theo rutschte im Sitzen mit herabgebeugtem Kopf auf dem Kissen zum Fenster und zog die Jalousie ganz herunter.
»Mach die Tür zu!«
Reine drückte die Tür mit dem Rücken zu. Langsam nahm das Universum Form an, je mehr die Augen sich daran gewöhnten. Die wenigen kleinen Glühbirnen streuten ihren Lichtstrahl zwischen den spiegelnden Glasstäben aus, die Fliegenspritzer an der Wand glühten. Sie bestanden aus Leuchtfarbe. Die blaue Jalousie war mit winzigen Löchern durchstochen, die das Muster der Milchstraße bildeten. Plötzlich hörte er einen schwirrenden, sehr hohen Ton. Vielleicht hatte er ihn schon lange gehört, ohne ihn wahrzunehmen. Der Ton schwoll immer mehr an. Reine versuchte, die langsam kreisenden Sternhaufen zu fixieren, aber es war fast unmöglich; sie entglitten ihm. Nach einigen Minuten war er nicht einmal mehr sicher, ob er noch auf dem Boden saß. Es war, als glitte das Kissen sacht mit ihm durch den Raum, als gäbe es weder Oben noch Unten, weder Norden noch Osten . . .
Die Jalousie schnappte mit einem Knall hoch, und die Sonne stürzte in den Raum, als hätte man ein Schleusentor geöffnet. Es brannte in den Augen, und Reine bohrte seinen Kopf zwischen die Knie.
»Dies ist die Welt, bevor Gott erschien«, sagte Theo und rutschte mit dem Kissen unter dem Hintern zur Tür.
»Ist das ein Museum oder sowas?«

Theo kam bei Reine an und öffnete die Tür. Sie standen auf und gingen hinaus.
»Hast du das schon gesehen?« fragte Theo und zeigte auf ein kleines Guckloch in der Tür.
»Nein. Soll man von draußen reingucken?«
»Ganz recht. Das Zimmer muß geschlossen sein, damit sich die Kräfte ungestört entwickeln können. Ich bin noch nicht damit fertig. Unter anderem muß das Fenster besser abgedichtet werden.«
»Warum?«
»Weil ich die Luft aus dem Zimmer pumpen muß, damit ein Vakuum entsteht. Alles muß sein, wie es war, bevor Gott erschien. Sonst kommt Gott nicht.«
Wie bescheuert! Glaubte Theo, daß Gott in diesem alten, schwarzgestrichenen Zimmer entstehen würde, wenn man nur die Luft herauspumpte? Das war ja kindisch. Das Universum war schließlich trilliardenbillionen Mal größer.
»Wie soll Gott denn da reinpassen?« fragte Reine.
»Da alles verkleinert ist, wird auch Gott verkleinert sein. Nicht nur im Umfang, sondern auch in seiner Kraft. Die Kraft des neuen Gottes wird sich genau proportional zum Raum verhalten.«
»Wie sieht er denn aus?«
»Das weiß man nicht. Noch niemand hat Gott unter den Bedingungen eines Laboratoriums gesehen. Aber ich habe eine Kamera mit Blitzlicht an der Decke montiert. Mit automatischem Auslöser.«
»Was willst du denn mit ihm machen? Soll er hier drin bleiben?«
Theo lachte, packte Reine mit dem Schlüsselbeingriff und schüttelte ihn:
»Eins nach dem anderen. Eins nach dem anderen, junger Mann. Noch wage ich kaum zu hoffen, daß Gott überhaupt kommt. Die Glühbirnen gehen immerzu hops. Minderwertige Qualität.«

Hopsgehen, es klang idiotisch, wenn Theo das sagte. Tattergreise sollten bei ihrer eigenen Sprache bleiben und nicht versuchen, den Jüngeren die Worte wegzunehmen.

»Ich wollte vorschlagen«, fuhr Theo fort, »daß du mich begleitest, um ein Geschenk für Nora auszusuchen. Sie wird am Donnerstag um elf Uhr zweiundzwanzig Jahre alt.«

Reine holte die Schachtel mit den Kontaktlinsen hervor.

»Das wollte ich ihr schenken. Findest du es gut?«

Theo nahm die Schachtel, schnappte sich das Monokel und musterte die Kontaktlinsen, seine lange Nase wie einen Schnabel in den Samt des Etuis gesteckt.

»Sehr kleidsam! Fräulein Nora liebt Bijouterien. Ich möchte zur Wahl des Geschenks gratulieren. Muß eine Stange Geld gekostet haben.«

»Tausend Kronen.«

»Na, ich danke«, sagte Theo und gab das Etui mit einer kurzen Verbeugung zurück. »Meine verstorbene Gattin trug Halbgläser mit Perlmutterfassung. Sehr dekorativ, wenn auch ein wenig aufdringlich, möchte ich sagen.«

Reine begleitete Theo in die Stadt. Es war einer der heißesten Tage dieses Jahres. Sie entschieden sich für eine korallenrote Bademütze als Geschenk für Nora; sie war dicht mit kleinen Gummihörnern besetzt, und so sah die ganze Kreation wie ein frisch gekochter Igel aus. Waren Igel Schalentiere? Theo war mit der Wahl sehr zufrieden und lud Reine danach im Kungsträdgården zu Tee und belegten Broten ein.

44

Nora lag bäuchlings im Bett, beide Hände unter einer Wange. Reine hockte auf ihrem Hintern; die Füße hatte er links und rechts neben ihrer Taille und hielt seine eigenen Knie umarmt, auf die er auch das Kinn stützte. Die Nacht war stockfinster und kochend heiß.

»Du denkst soviel nach«, sagte Nora. »Warum sagst du nur so wenig?«

»Weiß nicht. Will vielleicht meine Sachen für mich behalten.«

»Du mußt reden!«

»Warum denn?«

»Doch, Reine. Sonst wirst du ein alter Mann, muffelst vor dich hin, redest mit dir selbst. Und hast Ei auf dem Schlips. Ich habe wirklich noch keinen Zehnjährigen getroffen, der so verdammt alt ist wie du. Manchmal könnte man meinen, daß du siebzig bist. Oder noch älter als Theo.«

»In einem Monat und drei Tagen werde ich elf.«

»Ist mir scheißegal, wie alt du auf dem Papier bist«, sagte Nora. Ich finde, du bist sehr verschieden. Manchmal bist du weiß Gott nicht älter als fünf. Quengelig und unmöglich. Dann darf man dich keine Minute allein lassen. Ich weiß nicht, was du durchgemacht hast. Aber man kann einen anderen Menschen nicht besitzen, kann nicht in einem anderen leben wie ein Bandwurm.«

»Was ist das?«

»Ein Wurm, der im Darm lebt. Ich glaube, du würdest zehn Stunden hintereinander reden, wenn du nur den Mut dazu hättest. Wenn du nicht soviel Angst hättest anzufangen.«

»Zwanzig Stunden.«

»Heb doch bitte mal deinen Hintern hoch. Wir kleben aneinander fest.«

Reine rollte sich auf die Seite und blieb in embryonaler Stellung neben Nora liegen.

»Wovor hast du Angst?«

»Daß ich nicht länger ich bin, wenn ich zuviel quatsche. Über das, was wichtig ist.«

»Was ist denn wichtig?«

»Daß ich weiß, wer ich bin. Aber daß niemand anders es weiß. Daß niemand ganz sicher sein kann. Plötzlich kann Reine ganz was anderes sein, als sie gedacht haben. Der Werwolf zum Beispiel. Ja.«

»Was würdest du machen, wenn du der Werwolf wärst. Den Leuten die Kehle durchbeißen?«

»Weiß nicht.«

»Du weißt es genau.«

»Ich würde allen Leuten die Kehle durchbeißen, die ich nicht mag. Wenn sie nicht . . .«

»Ja?«

»Ich würde mich verteidigen.«

»Wenn sie nicht einsehen, daß du der Beste, Größte und Mächtigste auf der ganzen Welt bist.«

»Nein!«

»Doch.«

»Ich bin doch erst zehn.«

»Gib zu, daß du besser sein möchtest als alle anderen! Ich möchte das nämlich. Alle möchten das.«

»Ich stelle mir das so vor: Vielleicht gibt es nur einen einzigen Menschen im ganzen Universum, und das bin ich. Alles, was es sonst noch so gibt, ist nur Betrug! Ein Traum oder . . . ja. Ich sitze in einem Verkehrskontrollturm mit Glasfenstern rundrum. Und gucke. Und entscheide, wer hochkommen soll und war runtergehen soll. Wer reinkommen darf. Wenn ich will, kann ich alles abschalten, die Mikrophone, die Lautsprecher und . . . Man kann auch die Rolläden runterlassen, die Augen zumachen.«

»Siehst du. Du kannst ja reden!«

»Manchmal möchte ich nur schlafen. Nicht richtig sterben. Aber schlafen und nicht mehr aufwachen müssen, wenn ich nicht will. Manchmal ist alles so schwierig. Man möchte auf alles scheißen, aber das geht nicht so einfach.«

Nora griff nach Reines Fuß, drehte sich um und drückte seine Fußsohle gegen ihren Nabel:

»Ist das schön, daß du so kalte Füße hast!«

»Aber es ist bestimmt noch viel schwieriger, wenn man nicht so denkt, wenn man sich nicht vorstellt, daß man der einzige Mensch im Universum ist. Das ist ganz schön. Man fühlt sich ein bißchen faul und müde. Oder wie wenn man ein Bier getrunken hat. Das Schwierigste ist, rein und raus zu gehen.

»Wie meinst du das?«

»Rein und raus gehen. Aus sich raus und in sich rein oder wie das heißt. Man kann ja nicht nur immer dasitzen und glotzen. In der Penne. Wenn man mit andern zusammen ist. Wenn man nicht seine Ruhe haben kann. Das Schlimmste ist, wenn sie einen nicht in Ruhe lassen.«

»Wie jetzt gerade?«

»Nein, nicht wie jetzt. Jetzt will ich gar nicht, daß du mich in Ruhe läßt. Wenn du weggehst, würde ich ganz traurig sein.«

»Obwohl ich dich störe?«

»Du störst mich nicht.«

»Ich versuche doch, dich zum Reden zu bringen. Obwohl du gar nicht willst.«

»Ich will aber doch.«

»Warum?«

»Es ist schön.«

»Weil du mir vertrauen kannst?«

»Ja.«

»Woher weißt du das?«

»Das spüre ich.«

»Wo?«
»Im ganzen Körper.«
»Wo am meisten?«
»Wenn du's genau wissen willst, in meinem Pimmel.«
»Dafür muß man sich doch nicht schämen. Wäre es denn besser gewesen, wenn du gesagt hättest: im Herzen? Oder im Kopf? Oder in der Brust? Oder in den Hühneraugen?«
»Es wäre reiner gewesen.«
»Wieso reiner?«
»Die Menschen sind Schweine. Ich glaube, es gibt noch was anderes, ja, was Reines. Was nicht stinkt oder eklig aussieht.«
»Sehen die Menschen denn eklig aus?«
»Innen.«
»Ich auch?«
»Nein. Du nicht. Nur wir beide sehen innen nicht eklig aus. Wir haben nicht lauter schleimiges Zeug im Bauch. Oder im Gehirn. Wir nicht.«
»Was haben wir denn dann im Bauch?«
»Nichts! Weil wir rein sind.«
»Und wo geht das Essen hin?«
»Das verbrennt zu weißer Asche. Wir sind innen so heiß, daß die ganze Scheiße verbrennt.«
»Reine«, lachte Nora und drückte seine Stirn an ihre Brust, »du bist nicht ganz gescheit!«
»Du auch nicht!«
»Wir sind die einzigen auf der ganzen Welt, die nicht ganz gescheit sind!«
»Ich möchte hierbleiben«, sagte Reine.
»Klar.«
»Wie lange darf ich bleiben?«
»Sieben Milliarden Jahre. Dann fliegst du raus.«
»Weißt du, warum ich mit niemand rede? Warum ich nie mit jemand rede?«
»Weil sie dich nicht verstehen würden?«

»Das auch. Aber sie würden mir die Kraft wegnehmen, wenn sie wüßten, wie ich denke.«

»Was für eine Kraft?«

»Die Kraft, die macht, daß ich eben ich bin. Die Kraft, die macht, daß ich weiß, und das tu ich wirklich, daß ich weiß, daß ich doch der einzige Mensch im ganzen Universum bin.«

»Und ich?«

»Du bist ein Teil von mir. Aber du bist nicht ich. Und nicht du.«

»Gibt es noch andere Menschen, die ein Teil von dir sind?«

»Jetzt nicht mehr.«

»Aber es hat welche gegeben?«

»Meine Mutter. Als ich klein war.«

»Niemand anders? Kein Mädchen?«

»Mädchen kapieren überhaupt nichts! Doch, einer ist es fast gewesen: Dag Hammarskjöld.«

»Wieso denn das?«

»Ich habe gespürt, daß wir irgendwie ähnlich sind. Ich glaube, er ist auch mit Heißluft gefüllt.«

»Hast du viel über ihn gelesen?«

»Unsere Lehrerin hat von ihm erzählt. Nein, sonst habe ich nur Bilder von ihm gesehen. Und da weiß man gleich, was los ist. Man kann sehen, wie Leute sind, wenn man sie nur anguckt. Jedenfalls bei den meisten. Man sieht es sofort. Ob sie kapieren oder ob sie nicht kapieren. Das, wovon wir gerade geredet haben.«

»Und du hast gesehen, daß ich kapiere?«

»Sofort. Als du in Esbjörns Boot am Steuer gesessen hast.«

»Es gehörte ihm gar nicht. Er hatte es nur gemietet.«

»Esbjörn würde das nie kapieren.«

»Dieser Stig auch nicht.«

»Stig hat noch nie was kapiert! Nicht den kleinsten Dreck.«

»Und Theo?«
Reine mußte überlegen. Mit Theo war es schwierig. Nora mochte ihn vielleicht wahnsinnig gern.
»Denk nicht, rede! Sag ehrlich, was du gerade gedacht hast.«
»Und wenn du dann traurig bist?«
»Ganz bestimmt nicht.«
»Nein, ich habe gedacht, daß Theo schwierig ist. Ich weiß nicht. Manche Leute sind wirklich schwierig. Und dann habe ich gedacht, daß du vielleicht traurig wirst, wenn ich sage, daß er es nicht kapiert.«
»Bestimmt nicht. So viel bedeutet er mir nicht. Wir sind Freunde, das ist alles.«
»Du und ich, sind wir auch nur Freunde?«
»Nein, wir sind ja Teile von einander. Das hast du doch gerade gesagt.«
»Wie ein Liebespaar?«
»Nein, Reine. Das ist nicht dasselbe. Bumsen ist was ganz anderes. Das kann vieles kaputtmachen.«
»Warum macht man es dann?«
»Ich weiß nicht. Es passiert einfach so. Viele Typen können nicht reden, wenn sie nicht vorher gebumst haben. Es scheint fast so zu sein wie mit dem Essen. Man muß erst essen, bevor man sich entspannen kann. Also: Theo?«
»Ich finde, er spinnt ein bißchen!«
»Das tun wir doch auch. Haben wir doch gerade festgestellt.«
»Er ist verrückt, meine ich. Ein Universum in einem Zimmer zu bauen.«
»Er ist ein Künstler. Er hat in mehreren Räumen in einer Kunstgalerie ausgestellt. Eine Zwischenwand war herausgebrochen worden. Und er hat einen Raum gemacht, der das Paradies hieß. Es war genauso, wie wenn man in ein kleines Gewächshaus schaut.
»Glaubt er denn an diese Sache mit Gott? Daß Gott in

diesem schwarzen Zimmer entsteht, wenn man die ganze Luft herauspumpt?«
»Das weiß ich nicht. Es ist mir auch vollkommen egal. Davon haben wir auch nicht geredet. Wir haben davon geredet, ob Theo ein Mensch ist, der kapiert.«
»Nein, ich weiß nicht«, sagte Reine. »Er ist schwierig.«
»Ich glaube schon, daß er Bescheid weiß. Aber er redet selbst so viel, daß man nie richtig mitkriegt, was er eigentlich meint.«
»Hast du nie mit ihm im Bett gelegen? Ich meine, so wie wir jetzt. Nur geredet.«
»Nein. Einmal, als ich scharf auf ihn war, habe ich vorgeschlagen, daß wir miteinander schlafen. Aber er wollte nicht. Und das war sicher ganz gut so. Wir hätten vielleicht Schwierigkeiten gehabt, danach wieder Freunde zu werden.«
»Es ist bestimmt besser, es nicht zu machen.«
»Man weiß es vorher nicht, das ist ja das Blöde. Ob man hinterher noch genauso denkt. Einander wirklich versteht, nicht bloß so tut, als ob.«
»Jetzt friere ich endlich«, sagte Reine und zog die Decke hoch. »Frierst du auch?«
»Willst du schlafen?«
»Vielleicht.«
»Dann sei bitte so lieb und geh in dein Zimmer. Ich kann nicht mit einem anderen Menschen im selben Bett schlafen, habe es noch nie gekonnt. Du bist doch nicht sauer?«
»Überhaupt nicht.«
»Doch, bist du wohl. Komm her, wenn du morgen früh aufwachst, und leg dich hin, bis ich auch aufwache. Aber jetzt mußt du verduften!«

45

Theos zweites Zimmer vom Treppenhaus aus gerechnet war überhaupt nicht dunkel. Es war vielmehr voller Lampen. Reine zählte acht Schreibtischlampen, die entweder an Tischen, an der Wand oder an Stuhllehnen festgeschraubt waren. Außerdem hingen Neonröhren an der Decke. Trotz des hellen Sonnenscheins brannten alle Lampen. Theo hatte einen weißen Kittel an. Um den Hals trug er das ewige Schnupftuch. Litt er an einer entsetzlichen Krankheit, so daß der Kehlkopf oder die Wirbel bloßlagen?

»Junger Freund, es ist kein bißchen gefährlich. Du kannst gehen, wann immer du willst. Es tut nur ein bißchen weh.«

Reine zögerte, bevor er sich auf den eigenartigen, schrägen Stuhl aus Stahlrohren setzte. Es war derselbe Stuhl, der in dem verlassenen Arztzimmer gestanden hatte. Gestern hatten Nora und Reine Theo dabei geholfen, ihn hierher zu schleppen. Theo mußte die ganze Nacht über gearbeitet haben, um alle Kabel und Kontakte an den alten gynäkologischen Stuhl anzuschließen. Aus der Steckdose an der Wand wurde Strom gezapft, und dieser wurde in einem blauen Kasten transformiert, auf dem Märklin stand, also einem Transformator für Modelleisenbahnen. Dieser Transformator war das größte Modell von Märklin; für seine eigene Eisenbahn hatte Reine einen viel kleineren.

Vom Transformator liefen sechs dünne, verschiedenfarbene Drähte zu dem gynäkologischen Stuhl: ein roter Draht zur rechten Armlehne, ein gelber zur linken, ein blauer zum Sitz, ein brauner zur Rückenlehne, ein weißer zum rechten Fußhalter, ein grüner zum linken und schließlich ein violetter zu einem Eisenstab, der vor dem Sitz aufragte. Rechterhand stand ein Holzstuhl mit Meßgeräten, darunter ein Amperemeter. Die einzelnen

Rohrteile des Untersuchungsstuhls waren mit weißem, klebrigen Isolierband voneinander getrennt.
»Muß ich denn nackt sein?« fragte Reine; ihn fröstelte, wenn er die Stahlrohre nur anschaute, sie waren bestimmt eiskalt.
»Wir brauchen nicht den ganzen Körper auf einmal zu nehmen«, erwiderte Theo. »Wenn du die Unterhosen anbehältst, können wir zuerst den Rücken und die Füße nehmen.«
»Aber wenn ich festbrenne?«
»Man bleibt nicht an einem Sechs-Volt-System kleben, lieber Reine. Außerdem ist an der rechten Armlehne ein Schalter. Sieh mal. An, aus. Wenn du den Strom abschalten willst, brauchst du nur so zu machen.«
Theo schaltete den Strom ein, das Amperemeter zitterte.
»Probiere es bitte mal aus.«
Reine knipste den Schalter auf der Armlehne rasch aus, aus Angst, von dem Schalthebel einen gewischt zu bekommen. Das Amperemeter sank und legte sich auf der linken Seite der Skala zur Ruhe.
»Für fünf Minuten kriege ich also einen Zehner? Kann ich ihn nicht schon vorher kriegen?«
»Fünf jetzt und fünf hinterher«, sagte Theo und zückte seine Brieftasche.
»Hast du vielleicht ein Fünf-Kronen-Stück? Die sammle ich nämlich.«
Theo hatte keinen harten Fünfer. Reine nahm den Schein entgegen und steckte ihn in seine Jeans, bevor er sie auszog. Er zog alles aus, bis auf die Unterhosen mit den kleinen Elefanten, und kletterte steifbeinig auf den Untersuchungsstuhl. Pfui Teufel, man saß darin wie in einem Zahnarztstuhl. Der senkrechte Eisenstab hätte ihn fast zwischen den Beinen getroffen.
»In die linke Hand nimmst du diesen Druckknopfschalter«, sagte Theo. »Je stärker du den Strom spürst, um so

fester drückst du. Deine Reaktion wird auf dieser Rolle registriert.«

Auf einem Schreibmaschinentisch vor dem gynäkologischen Stuhl stand eine dicke Rolle, ungefähr so groß wie eine Kilodose Kaffee. Sie war mit kleinkariertem Papier umwickelt. Ein Schreiber mit blauer Tinte ruhte auf der Rolle. Sie ließ sich aufziehen wie eine Uhr und schnurrte ganz langsam ab, wenn man einen Hebel löste.

»Können wir's mal probieren?«

Reine lag mit aufgerichtetem Oberkörper da, hielt mit der rechten Hand krampfhaft den Schalthebel fest und umklammerte mit der linken den Druckknopfschalter.

»Du mußt dich bitte entspannen und den Rücken hinten anlehnen. Sonst kommt kein Kontakt zustande.«

Reine ließ sich langsam nach hinten sinken. Die Rohre waren gar nicht eiskalt, sie fühlten sich vielmehr warm und klebrig an.

»Zuerst müssen wir eichen«, sagte Theo und ließ die Rolle mit dem Schreiber laufen; der Schreiber zog einen dünnen, blauen Strich, der ganz waagerecht verlief. »Mach jetzt bitte die Augen zu! Du sollst nicht sehen, was ich tue.«

Reine schloß die Augen und wartete auf den Schmerz. Aber nichts passierte. Doch, vielleicht war so etwas wie ein schwaches Kribbeln im Rücken zu spüren. Er drückte leicht auf den Knopf. Plötzlich gab es ihm einen unangenehmen Stoß in den Füßen, so widerlich, daß er sie von den Fußhaltern riß.

»Halt, halt«, sagte Theo. »Laß die Füße stehen! Sonst wird der Kontakt unterbrochen.

Reine schaltete den Strom ab und stellte die Füße wieder hin. Er schaute auf die Rolle: In der blauen Linie war zuerst ein kleiner Zacken, und dann war der Schreiber in die Luft gesprungen, von der Rolle gerutscht, und jetzt lag er oben drauf, und die Tinte tropfte herab.

»Kann ich solange herunterkommen?«
»Nein, nein, ich muß nur eine Sperre am Schreiber anbringen.«
Theo zurrte ein Gummiband am Schreiber fest, das ein zu starkes Ausschlagen verhindern sollte.
»Wir fangen nochmal von vorn an!«
»Naja, ich weiß nicht . . .«, sagte Reine. »Es ist wirklich ganz schön scheußlich. Kannst du nicht lieber eine Katze oder sowas nehmen?«
»Aber wir waren uns doch einig, daß wir das menschliche Leiden untersuchen wollten. Katzen sind für uns uninteressant. Die Wissenschaftler haben bestimmt schon mit einer Million von Katzen auf verschiedenen elektrischen Stühlen experimentiert. Aber du bist ein Mensch, Reine. Das ist der Unterschied.«
»Ich finde das irgendwie bescheuert. Daß du versuchst, in Grad zu messen, wieviel Leiden ein Mensch ertragen kann . . .«
»Dann fange ich nochmal von vorn an«, sagte Theo mit einem freundlichen Lächeln: »Wir gehen also davon aus, daß alle Menschen gleichviel wert sind, daß alle die gleichen Möglichkeiten haben sollen, daß keiner dem anderen vorgezogen werden soll. Das ist die Voraussetzung. Aber, ich sage aber: Wir müssen sozusagen auch am anderen Ende anfangen, müssen zu messen versuchen, welchem Maß an Leiden verschiedene Menschen ausgesetzt sind. Wir wissen, daß manche viel leiden müssen, andere weniger. Aber wie sollen wir das vergleichen können, wenn wir keinen Maßstab haben! Wie können wir sagen, daß Petterson mehr leidet als Lundström, wenn wir nicht versucht haben, es zu messen? Wir müssen eine Maßeinheit für menschliches Leiden schaffen. Zum Beispiel: leichte Zahnschmerzen: ein bis drei Einheiten; Gallenkolik: sechzehn bis zweiundzwanzig Einheiten. Ziehen eines Backenzahns ohne Betäubung: fünfundzwanzig Einheiten. Begreifst du? Du hattest es doch gerade begriffen.

»Ich glaube, daß man ganz viele Krankheiten von den Radio- und Fernsehwellen kriegt, die es überall gibt«, sagte Reine und setzte sich auf.
»Ziemlich unwahrscheinlich. Radiowellen sind nichtionisierend und daher nicht aktiv. Du meinst vermutlich radioaktive Strahlung, also eine ionisierende.«
»Ich meine das Erste Programm, das Zweite Programm und das Dritte Programm.«
»An Phantasie fehlt es dir jedenfalls nicht. Können wir weitermachen?«
»Nein, ich glaube, ich hör jetzt auf.«
»Du hörst auf?«
»Ja, das muß doch Ewigkeiten dauern, wenn man solche Maßeinheiten finden will. Den Leuten die Zähne ziehen. Oder ihnen Stromstöße in die Füße geben.«
»Meine Arbeit ist nur die Grundlage, lieber Reine. Andere werden sie weiterführen. Ich will doch nur versuchen, eine objektive Maßeinheit für den Schmerz zu schaffen, ich will nicht lange Tabellen darüber erstellen, wie weh verschiedene Dinge tun. Das war nur ein Beispiel. Begreifst du das nicht? Wenn man einen objektiven Maßstab hat, dann öffnen sich die Türen zu einer ganz neuen Welt, zu einem ganz neuen, sachlichen und objektiven Denken.«
»Was bedeutet objektiv?«
»Etwas, das beständig ist, das sich nicht durch zufällige Umstände ändert. Etwas, das man nicht bloß glaubt, sondern das man *weiß*.«
»Das hört sich aber gut an. Man weiß viel zu wenig über den Menschen. Über den Tod und so, finde ich.«
Theo rieb sich die braunvioletten Hände mit den dick hervortretenden Adern:
»Richtig, richtig! Eines schönen Tages werden wir messen können, wie es ist zu sterben! Und wenn wir das wissen, haben wir die Grundlage für eine neue Gerechtigkeit geschaffen: Der Mensch wird sich selbst aussu-

chen können, wie er sterben will. Wann und wie. Dann haben wir die Grundlage für eine objektive Beurteilung geschaffen!«
Das war bedenkenswert. Theo war zwar nicht ganz richtig im Kopf, aber gleichzeitig war er jemand, der etwas kapiert hatte, der das Wesentliche begriffen hatte. Nora hatte recht; Theo gehörte zu denen, die kapierten. Auf Theo konnte man sich verlassen. Theo war vor unheimlich langer Zeit auch schon mal elf gewesen oder fast elf. Erst jetzt, nachdem er von dieser Seifenfabrik pensioniert worden war, hatte er genug Zeit, sich mit den Dingen zu beschäftigen, die ihn wirklich interessierten. Das machte einem richtig Hoffnung. Vielleicht stimmte es gar nicht, daß das sinnvolle Leben mit der Pubertät aufhörte, für immer aufhörte. Vielleicht war es so, das man noch einmal eine Chance bekam, wenn man ganz alt war.
»Ich bin bestimmt keine richtig gute Versuchsperson«, sagte Reine. »Können wir nicht jemand anders finden? Jemand, der Piepen braucht und nicht so . . . so empfindlich ist?«
»Das habe ich schon versucht, als ich draußen in Äppelviken wohnte«, sagte Theo niedergeschlagen. »Ich habe einen alten Alkoholiker gemietet. Aber er ist nur immerzu eingeschlafen. Nichts konnte ihn aus der Ruhe bringen. Ich brauche jemanden, der jung und frisch ist. Wie du. Oder wie . . .«
Nora! Reine hatte sie nicht durch den Flur kommen hören. Plötzlich stand sie in der Tür.
»Na, was habt ihr denn heute gebaut? Eine Nähmaschine?«
»Der Mensch ist das Maß aller Dinge«, erwiderte Theo und machte eine leichte Verbeugung. »Der junge Herr Reine und ich haben uns mit Schwachstromtechnik beschäftigt. Aber ich sehe schon, daß ich jetzt auf ihn verzichten muß.«

»Das muß er selbst entscheiden«, antwortete Nora.
»Ich komm' mit dir«, sagte Reine und raffte die Kleider zusammen. »Können wir nicht duschen gehen?«

46

Früh am Donnerstagmorgen feierten sie Nora. Das Geburtstagskind saß im Bett und trank Tee, den Reine gekocht hatte. Auf dem Kopf hatte sie die rote Igelbademütze, auf dem Nachttisch stand das aufgeklappte Etui mit den Kontaktlinsen. Die Gläser glitzerten wie Diamanten. Theo saß kerzengerade in weitem Abstand vom Bett auf einem Stuhl und machte Konversation. Reine saß auf einer Ecke des Betts, ein Bein untergeschlagen und den anderen Fuß auf dem Teppich, wie ein Page, ein Wächter. Die Zeremonie durfte nicht länger als eine Viertelstunde dauern, denn dann mußte Nora zur Arbeit gehen. Das heißt, vorher mußte sie noch duschen, sich schminken und die Titten überkleben. Jedenfalls blieb ihnen noch Zeit genug, zu verabreden, daß sie am Samstag zu einem verspäteten Geburtstagsausflug zu den Ålandinseln fahren wollten. In dieser Hitze konnte kein weißer Mann an Land bleiben.
Als Nora gegangen war, schlich Reine in den Flur hinaus und wartete hinter der Ecke, bis Theo hinunterging, um sich eine Zeitung zu kaufen. Er hatte beschlossen, trotz allem einen Teil der Zeit draußen zu verbringen, während Nora bei der Arbeit war; es wurde ein bißchen langweilig, tagelang hier oben zu sitzen und auf das Jahr zweitausend zu warten. Außerdem wollte er sich nicht noch weiter in Theos Bewertungsskala verwickeln lassen.
Theo kam aus seinem Schlafzimmer, es war das sechste in der Reihe, und ging den Flur entlang. Jedesmal, wenn er an einer Tür vorbeikam, drückte er die Klinke herun-

ter, um nachzuprüfen, ob die Tür auch verschlossen war: das Zimmer mit den vielen Farnen, das das Paradies darstellte; das Zimmer, in dem jeder Quadratzentimeter mit rosa Samt bedeckt war und von dem Reine nicht wußte, wozu es diente; das Zimmer, in dem Theo alle seine Aquarienfische hatte; das Laboratorium mit dem elektrischen Untersuchungsstuhl und schließlich das Universum vor dem Erscheinen Gottes.
Die Eingangstür wurde geöffnet und wieder zugeschlagen. Reine folgte Theo auf den Fersen. Man durfte ihm keinen zu großen Vorsprung lassen, sonst könnten sie sich begegnen, wenn Theo wieder heraufkam. Auch Reine probierte alle Türklinken aus, besonders die zu dem rosa Samtzimmer. Aber alle Türen waren verschlossen. Bevor er ins Treppenhaus huschte, warf er einen Blick durch das Guckloch aufs Universum. Da drinnen war es dunkel wie in einer Kleiderkammer. Kein Gott flatterte dort wie eine gefangene Möwe herum.
Zehn Minuten darauf stand er keuchend am Fahrradständer vor der Stockholmer Stadtbibliothek. Das gestohlene Rennrad stand noch da, aber der Sattel und der Dynamo waren verschwunden. Beide Reifen waren platt; jemand hatte die Ventile geklaut. Wie blöd, daß es kein kalter und verregneter Sommer war. Jetzt bestand die Gefahr, daß überall auf dem Rad noch seine Fingerabdrücke klebten. Ein kräftiger Hagelschauer hätte seine Wirkung getan. Wenn er wenigstens ein Taschentuch gehabt hätte, um das Rad zu putzen und zu wienern – aber er hatte keins. Nachdem seine Erkältung verflogen war, gab es ja auch keinen Grund mehr, sich ein Taschentuch zu besorgen. Der Strumpf? Er setzte sich auf eine Treppenstufe, schnürte den Schuh auf, dessen Sohle sich an der Spitze zu lösen begann, und zog den Frotteesocken aus. Er paßte wie ein Handschuh auf die Hand. Als er gerade mit der Fahrradklingel anfan-

gen wollte, ah er eine Bekannte die Treppe der Bibliothek herunterkommen. Es war seine frühere Lehrerin.
Reine kniete sich rasch hin, zog mit der freien Hand die Mütze herunter und rieb an der durchsichtigen Plastikscheibe herum, die an der Hinterradnabe befestigt war. Ob die alte Hexe ihn erkennen würde? Er wagte weder hinzuschielen noch zu atmen. Die Lehrerin hieß Berit Skruf und hatte den Spitznamen »Puff« gehabt. Aber nachdem sie der Klasse stolz erzählt hatte, daß sie in einer Damenralley, die der Autoclub der Antialkoholiker veranstaltet hatte, auf den zweiten Platz gekommen war, hatten die Schüler sie in »Suff« umgetauft.
Reine wünschte sich inbrünstig, daß er durchsichtig werden könnte, durchsichtig wie eine Qualle. Würde man es überhaupt bemerken, wenn man sich in eine durchsichtige Qualle verwandelte? Aber klar: Man würde es ja schon an den Händen oder Füßen sehen. Reine schielte nach seinem bräunlich-grauen Handgelenk; das Gedankenexperiment hatte also nicht funktioniert. Übrigens war das eine blöde Idee: Selbst wenn er durchsichtig wäre wie eine Qualle oder wie Gelee, würden die Kleider noch zu sehen sein. Das meiste, was von anderen Leuten zu sehen war, waren ja die Kleider. Bis auf das Gesicht. Aber »Suff« hätte natürlich einen schrecklichen Schock bekommen, wenn sie Reine die Hand auf die Schulter gelegt und »ja, grüß dich«, gesagt hätte, und er hätte ihr ein nicht vorhandenes Gesicht zugewandt, wie eine mit Wasser gefüllte Plastiktüte, in der ein Gebiß frei herumschwamm. Zähne konnten niemals unsichtbar werden – dazu waren sie zu hart.
Auf einer Ausstellung hatte Reine wirklich schon mal einen durchsichtigen Menschen gesehen. Es war natürlich eine Puppe gewesen, aber groß wie ein Mensch. Man konnte verschiedene Lämpchen anmachen, um die Blutgefäße oder die Nerven oder was auch immer zu se-

hen. Das war was für Theo. Es wäre lustig, so ein Mensch zu sein. Man würde Aufsehen erregen. Man könnte Unmengen von Geld verdienen, wenn man nur in irgendeinem Restaurant essen ging. Die Zuschauerrunde würde jeweils fünfzig Kronen zahlen müssen, um zuzusehen, wie die einzelnen Bissen wie dunkle Flecken in den Magen hinunterrutschten. Man würde wie ein lebendes Röntgenbild herumlaufen und alle Lehrerinnen zu Tode erschrecken.

Reine ging in die Hocke und sah sich nach Berit Skruf um. Sie war verschwunden. Rasch entfernte er sich von dem Fahrrad – falls der Besitzer auf dem Rückweg von Roslagen den Sveavägen entlanggefahren käme und sein Rad entdeckte. Dann würde Reine beschuldigt werden, den Sattel und das Licht geklaut zu haben. Er hinkte mit einem schlappenden Schuh davon, am McDonald's vorbei und in den Park mit dem Teich, wo er sich hinsetzte und den Strumpf anzog. Ursprünglich hatte er im McDonald's an der Stadtbibliothek zu Mittag essen wollen, das er noch nicht ausprobiert hatte. Aber jetzt war der Vormittag verdorben, daher konnte er ebensogut wieder zum Zentrum gehen.

Was hatte Nora heute nacht gesagt? Du sollst dich nicht soviel mit dir selbst beschäftigen. Nicht jede Minute an dich selbst denken, dir um dich selbst Sorgen machen. So wichtig bist du nicht. Doch! In diesem Punkt hatte Nora unrecht, und das hatte er auch gesagt. Was am meisten für mich bedeutet, das bin nun mal ich selbst. Ja, das ist natürlich klar, hatte Nora zugegeben. Aber auf die Dauer ist es verdammt langweilig, sich nur mit sich selbst zu beschäftigen. Man laufe nicht Gefahr, sich selbst zu vergessen, wenn man hin und wieder auch mal drüber nachdächte, wie es anderen Leuten geht. Ja, ich denke gern über andere nach – wenn sie umgekehrt auch über mich nachdenken. Ich will nicht als einziger nett sein. Ich denke ja über dich nach, hatte Nora gesagt.

Deine Mutter denkt über dich nach. Das hatte Reine entschieden bestritten. Genau das tat die Mutter nicht. Die Mutter dachte nur an Stig, Scheißstig. Aber die Großmama vielleicht. Die Großmama machte sich viele Sorgen darüber, wie es Reine nach dem Tode erging, wenn er nicht erlöst würde. Kommt Zeit, kommt Rat.

Nach einem frühen Imbiß im Daily's konnte Reine es sich nicht verkneifen, in die Parfümerieabteilung vom NK zu gehen. Er hütete sich davor, dem Stand mit den Kosmetikartikeln für Männer zu nahe zu kommen. Sie sollte ihn nicht sehen. Er wollte Nora bei der Arbeit zuschauen, wollte sehen, wie angetan die Kunden waren, wie anerkennend die Kolleginnen sie behandelten. Über eine Stunde lang streifte er in Noras Nähe herum, fuhr mit der Rolltreppe, spähte hinter dem Zeitungsstand hervor, machte Kameras ausfindig oder hielt sich an der Bonbontheke auf und tat so, als suche er sich einen Kaugummi aus. Sie war so rein – und irgendwie unmenschlich. Es war ein Wunder, daß es so etwas wie Nora überhaupt geben konnte. Jemand, der so fein war, daß man sich fast scheute, ihren Namen in den Mund zu nehmen. Ich liebe Nora, dachte Reine. Nein, ich darf sie nicht lieben; erstens bin ich das gar nicht wert, ich bin ein Scheißtyp, ein richtiger Scheißtyp, der nur an sich selbst denkt. Zweitens wäre es Wahnsinn, sie zu lieben. Wenn sie nun verschwindet! Wenn irgendein verdammter Erwachsener auf einem weißen Pferd ins NK geritten kommt, Nora in den Sattel hebt und mit ihr davongaloppiert.

47

Früh am Samstagmorgen nahmen sie ein Taxi zur Ålandfähre. Reine hatte in der Nacht zuvor kaum schlafen können. Das würde ein Tag werden! Er wollte ganz

und gar vergessen, daß er schon einmal auf einer Ålandfähre gewesen war. Dies war etwas ganz anderes. Es hieß Åland – aber in Wirklichkeit fuhr man nach Amerika. Oder über Hawaii nach Westindien.
Nora war wieder genauso angezogen wie damals, als sie zusammen gesegelt waren: Shorts, weißes, unter der Brust geknotetes Herrenhemd und ein Kopftuch, das auf russische Art tief in die Stirn gebunden war. Die Perücke hatte sie wegen der Wärme zu Hause gelassen. Theo hatte keine Angst vor der Hitze; er trug einen riesigen weißen Rollkragenpullover. Mit seinem Hals stimmte irgendwas nicht! Reine selbst hatte nicht viel zum Wechseln, aber er hatte jedenfalls gestern abend sein bestes T-Shirt gewaschen, das, auf dem ESST MEHR BREI stand. Jetzt wollte er sich übrigens ein neues Hemd kaufen, auf den Fähren wurden welche verkauft. In der Penne gaben sie mit solchen Hemden an. Mit der Ålandlinie war natürlich eigentlich nicht viel Staat zu machen, es müßte die TOR-Linie oder eine echte schwedische Amerika-Linie sein. Aber das konnte ihm scheißegal sein; er wollte ja sowieso nicht in die Gesamtschule von Sollentuna zurückkehren. Da lernte man nur Mist. Und traf blöde Kameraden. Vom Schulessen ganz zu schweigen.
Auf dem Kai herrschte ein unglaubliches Gedränge, aber Theo hatte eine Kabine reservieren lassen, sie mußten also nur an Bord kommen, dann würde sich alles weitere schon ergeben. Er hatte auch einen Tisch im Restaurant bestellt, offenbar kannte er jemanden, der bei der Schiffahrtsgesellschaft arbeitete. Es waren vor allem ältere Leute, die sich drängelten, um an Bord zu kommen. Richtige Greise, zwischen fünfzig und hundert Jahre alt. Was würde passieren, wenn ein vergessenes deutsches U-Boot, das sich seit dem Hitlerkrieg in der Ostsee versteckt gehalten hatte, plötzlich auftauchte und ein paar Torpedos in den Rumpf der Fähre schoß?

Ein irres Durcheinander. Alle müßten in die Rettungsboote steigen, und diejenigen, die ins Wasser fielen und nicht sofort untergingen, würden versuchen, sich am U-Boot festzuklammern. Bevor das U-Boot wieder tauchte, würden die Matrosen übers Deck gehen und den Leuten mit den Gewehrkolben auf die Fingerknöchel hauen. Wie hieß die Serie noch: »Kapitän Albatros«??
Reine hatte seine vollgepackte Pumatasche dabei. Erst als er auf dem gemachten Bett in der Kabine saß, fiel ihm der Zoll ein. Was würden die Zollbeamten heute abend sagen, wenn sie wieder an Land gehen wollten? Wenn sie in die Tasche guckten und sie mehr oder weniger mit Pulver vollgestopft fanden? Und was würden Theo und Nora sagen? Er war sehr darauf bedacht gewesen, ihnen nicht zu zeigen, was er in der Tasche hatte. Seine innersten Gedanken hatte er Nora anvertraut – und das hatte verdammt gut getan. Aber von dem Feuerwerk erzählen? Nichtsda.
»Puh!« sagte Nora und nahm das Kopftuch ab, und ihr brauner, blanker Kopf kam zum Vorschein; der Kopf auf dem langen, schlanken Hals – der so schön war, daß es Reine ganz kalt zwischen den Hoden wurde.
Theo deckte den Tisch mit einer kleinen Flasche Sherry und einem Glas aus seiner Schweinsledertasche. Für Reine hatte er eine Tetrapackung Vic-Juice gekauft. Nüsse hatte er auch dabei und Oliven. Reine grapschte sich eine Baggerschaufel voll Nüsse und schlürfte den Saft so schnell aus, daß in der Tetrapackung Unterdruck entstand; die Seiten wurden eingesogen wie Backen.
»Bin mal eben weg, das Schiff anschauen«, sagte er und nahm sich noch eine Handvoll gesalzener Nüsse.
»Wir haben für halb zwölf einen Tisch bestellt«, sagte Theo. »Können wir uns fünf Minuten davor hier treffen? Die Kabinennummer ist zwei fünf vier, kannst du dir das merken?«

Der Vormittag war windstill und heiß. Segelboote hingen schlaff in der Fahrrinne. Die Wasserfläche sah ölig und zäh aus, als hätte sich die oberste Schicht gehäutet. Sie kamen südlich an Vaxholm vorbei und glitten in die Schären hinaus. Reine stand in einem Schornstein, der eine getarnte Aussichtsbrücke war. Das schwarze Blech war heiß wie eine Herdplatte. Der Fahrtwind war auch heiß, er gab einem das gleiche Gefühl, wie wenn man im NK in der Luftschleuse vom Haupteingang stand und das Gesicht in den Warmluftstrom hielt.
Das muß mit einer Katastrophe enden, dachte Reine. Es darf nicht so lange so heiß sein. Das muß sich rächen. Die Kälte muß ja irgendwo gespeichert sein, muß auf der Lauer liegen und auf eine günstige Gelegenheit warten, zurückzuschlagen. Wo staute sich die Kälte? Über Grönland oder über Sibirien? Bald würde ganz unverhofft der Fliegeralarm losgehen, und die Kälte würde in Form von tennisballgroßen Hagelkörnern über Schweden hereinbrechen. Oder die Kälte würde sich von unten her rächen, würde aus Brunnen und Löchern heraufgeschlichen kommen, und im Morgengrauen würden überall weiße Eispropfen liegen und in der Sonne zischen. In der nächsten Nacht würden noch mehr kommen. Immer mehr. Eines morgens würde die Sonne es nicht mehr schaffen, das Eis zu schmelzen, das aus dem Erdinneren heraufdrang. Die Eisdecke würde sich ausbreiten, bis sie das ganze Land bedeckte. Dann würde Schweden unter der Last zu sinken beginnen, das Land würde im Wasser kreiseln, würde mit Schonen voran untertauchen, und Norrland würde wie ein Heck in die Luft ragen. Plopp!
»Hast du mal 'ne Krone für mich?«
Ein Junge von etwa zwölf Jahren stand vor Reine und streckte ihm eine verrußte Handfläche hin.
»Nee.«
»Aber dann vielleicht 'ne Banane?«

»Nein.«
»Hast du heute keine Banane gekriegt?«
Reine antwortete nicht, sondern zog statt dessen die OK-Mütze noch ein bißchen tiefer, damit sie nicht im heißen Luftstrom wegflog.
»Du blöder Affe, hast du heute keine Banane gekriegt?«
Der Junge kletterte die Leiter hinunter. Die einzige Spur, die er hinterließ, war ein rosa Kaugummi, den er im Augenblick des Abschieds auf Reines Hutkrempe drückte. Dem blieb nichts anderes übrig, als zur Toilette zu gehen, sich einzuschließen, um dann die Mütze abzunehmen, wenn niemand sehen konnte, was darunter war. Er fand eine Zelle mit einem heilen Schloß und setzte sich auf die Klobrille. Der Kaugummi ließ sich nicht ablösen, nicht wegreiben, er ging überhaupt nicht weg. Er drehte die Mütze so, daß der Kaugummi nach vorn kam, und zog sie wieder an; wenn er schräg nach oben schielte, konnte er ihn wie einen grauen Fleck über die Krempe sehen.
Vor dem Souvenirstand war keine sehr lange Schlange, die Leute interessierten sich mehr für andere Waren. Es gab zwei Arten von Mützen: eine wie der OK-Hut, nur daß darauf in Blau »Finlandia« stand – und eine Baseballmütze mit langem Schirm, die das Wort Ballantine in schwarzen Buchstaben trug. Reine liebäugelte mit der Schirmmütze, sie war am schönsten. Aber sie bedeckte den Nacken nicht ganz. Und einer Sache wollte er sich nicht aussetzen: daß man ihn »du glatzköpfiger Pavianarsch« nannte. Ein Hemd kaufte er sich nicht, das hatte bis zur Heimfahrt Zeit. Ebenso die grünen Marmeladenkugeln. Sie würden ja doch nur aufgegessen werden, wenn er sie jetzt schon holte.
Die Fähre war wie eine größere Schule gebaut: lange, schmale Gänge, dazwischen plötzlich Treppen, kaputtgeschlagene Toiletten mit beschmierten Wänden und

eine Garage im Luftschutzraum darunter. Sie neigte sich auch ein wenig zur Seite. Alle Schulen, in die Reine gegangen war, hatten sich ein wenig zur Seite geneigt. Nicht sehr, aber deutlich wahrnehmbar für jemanden, der darauf achtete. Manchmal, wenn man einen Gang entlangging, wurden einem die Beine schwer wie an einer unsichtbaren Steigung. Und wenn man nach Hause gehen wollte, fiel man oft an einem leicht abschüssigen Hang beinahe auf den Hintern.

Nachdem er die OK-Mütze in einem Klo weggespült hatte, das tatsächlich dadurch verstopft wurde, zog er die neue an und setzte seine Entdeckungsreise fort. Die Möwen begleiteten das Schiff, als würden sie an unsichtbaren Fäden mitgezogen; manchmal riß ein Faden, und die betreffende Möwe kehrte den Bauch nach oben, fiel auf die Seite und trudelte hinab, als hätte jemand eine Zeitung über Bord geworfen. Vor ihnen tauchten neue Inseln auf. Sie kamen auf der blanken Wasserfläche angesegelt, mit einer dünnen Dunstschicht zwischen Fundament und Wasser. Sie schienen nicht fest verankert zu sein. Wenn erst die Kälte zuschlug und die großen Stürme begannen . . . Bestenfalls würden die Inseln im Lee davontreiben, aber einige von ihnen würden bestimmt umkippen und die Unterseite nach oben kehren, erdig, naß, voll von Regenwürmern und schwärzlichen Baumwurzeln.

Vor dem Mittagessen schaffte Reine es noch, über das obere und untere Autodeck und das Zwischendeck zu gehen, unter die Persenning der Rettungsboote zu schauen, das Spielzimmer zu inspizieren, einen Blick auf die Saune und das kleine Hallenschwimmbad zu werfen, dessen Wasserfläche ebenfalls schief war; zwei rosige alte Männer ließen sich im Becken treiben – man hätte einen Hering hineinwerfen sollen. Außerdem sah er eine Gruppe von älteren Damen Billard spielen, und wie zwei Männer aus der Besatzung einen uralten, stinkbesoffenen Typen in eine Kabine einschlossen, und schließlich machte er eine Runde durch die große Bar mit dem Salon. Dort hatte er Gelegenheit, ein Porträt von Urho Kekkonen, dem Präsidenten der Republik Finnland, zu betrachten. Was bedeutete eigentlich »lemmin makkara«?

Reine mochte das Essen nicht. Es gab ein großes Buffet, aber das einzige, was er eßbar fand, waren gekochter Schinken und Fleischklößchen. Jedesmal, wenn Nora sich in Bewegung setzte, um sich einen neuen Gang zu holen – sie hatte einen enormen Appetit –, schlich Reine in ihrem Kielwasser hinterher, um sie zu beschützen, damit keiner von den angesoffenen Mitpassagieren versuchte, sich ihr zu nähern und sie in den Hintern zu kneifen. Ständig glitt er fünf Zentimeter hinter ihren glatten Schenkeln her, einen leeren Teller in der Hand, bereit, ihn zu einem Karateschlag zu verwenden.

Als Nora sich mit einer Tasse Kaffee und einem Drambuie in den Stuhl sinken ließ, bedankte Reine sich für das Essen und ging vom Tisch. Tanz sollte es offenbar erst auf der Heimfahrt geben, und so brauchte er sich vorläufig noch keine größeren Sorgen um Nora zu machen. Aber wenn getanzt würde? Sollte er dann ständig dicht hinter ihrem Rücken bleiben, damit kein Scheißtyp an sie herankam? Er erinnerte sich daran, wie es auf dem Segelboot gewesen war, wie Stig und Esbjörn immer stehengeblieben und nicht von der Stelle gewichen waren, wenn Nora vorbei wollte; an ihr herumgemacht, gerieben, gedrückt hatten – bei jedem verdammten Mal.

Überall standen reihenweise »einarmige Banditen«, wo sie nur Platz hatten, wo im Gang eine Ausbuchtung war, in den Treppenhäusern, vor dem Speisesaal, an der Längswand der Cafeteria. Das unterschied das Innere der Fähre von einer Schule. In der Schule gab es keine Spielautomaten, nur Kleiderhaken, an denen man ziehen konnte.

»Willste 'ne Praline?«
Reine fuhr herum, es war derselbe Junge, der ihn im Schornstein um Geld angebettelt hatte. Er hielt ihm eine Praline in rosa Stanniolpapier hin. Reine zögerte – war sie im Scherzartikelladen Buttericks gekauft worden? War sie mit Sägemehl, Knoblauch oder Pulver gefüllt?
»Kannste ruhig nehmen. Die ist in Ordnung.«
Reine nahm die Praline und steckte sie in die Tasche. Der Junge war nicht größer als er selbst, aber kräftiger gebaut. Das Gesicht war bleich und die Haare lang und strähnig; sie hatten keine bestimmte Farbe. Ihm wurde plötzlich klar: Die Menschen hatten eigentlich keine bestimmten Farben. Wenn man sagte, jemand sei rothaarig, dann stimmte das nicht. Es gab keine Blauäugigen, keine rotbäckigen, keine Braunen, keine Schwarzen. Vor allem gab es keine Rothäute.
»Allein?« fragte der Junge, während er gleichzeitig in die Geldausgabe eines Spielautomaten griff, um nach vergessenen Münzen zu suchen.
»Nee, ich bin mit zwei Bekannten zusammen.«
»Schade. Man kann hier dufte Sachen machen. Wenn man unabhängig ist.«
»Ich bin unabhängig.«
»Soll'n wir mal ein bißchen Moos machen? In der Klapperkiste hier?«
Reine gab ihm ein Ein-Kronen-Stück. Der Junge warf die Münze ein und zog sanft am Hebel: Zwei Herzzehner und ein Karobube in der Mitte. Sie drückten auf den Knopf für die Zehner und warfen noch eine Krone ein, aber es glückte nicht.
»Ach was, damit kann man kein Geld machen. Da weiß ich was Besseres.«
»Wirklich??«
»Jäss. Aber jetzt gehen wir mal schnell in die Disko und trinken 'ne Cola.«

Reine folgte seinem neugefundenen Kompagnon in die unteren Regionen des Schiffs. Die Diskothek war nicht geöffnet, aber es gab eine Seitentür, die sich mit einem Dietrich öffnen ließ. Reine zögerte – aber noch hatte er kein Verbrechen begangen. War nur in gutem Glauben mitgelaufen. Sie kamen in ein Kabuff mit einem Stapel von roten Plastikstühlen und einer Hammondorgel. Auf der Erde lag ein Haufen abgerissener Teppichboden, rot und langhaarig. Sie legten sich auf den Teppich. Unter den aufgestapelten Stühlen stand eine Literflasche Coca-Cola, die noch gut halbvoll war. Der Junge drückte den Daumen auf den Flaschenhals, schüttelte sie und reichte sie Reine.
»Hier, Nisse. Nimm einen Schluck.«
»Ich heiße nicht Nisse«, sagte Reine.
»Klar heißt du Nisse, verdammt nochmal.«
»Wie heißt du denn?«
»Dick.«
Reine wischte den Flaschenhals mit der Hand ab und nahm einen tiefen Schluck. Es schmeckte gut, vielleicht ein bißchen süßer als gewöhnlich. Aber möglicherweise war die Coca-Cola in Finnland süßer. Ein richtiger Feinschmecker konnte feststellen, aus welchem Land die Cola kam.
»Bist du allein an Bord?« fragte Reine und reichte dem Jungen die Flasche zurück.
»Jäss.«
Sie dösten eine Weile vor sich hin. Hier unten war das Stampfen der Maschinen laut und deutlich zu hören. Die aufgestapelten Stühle zitterten, aber der Teppichhaufen bewirkte, daß man nichts spürte. Es war dufte; man legte die Hand auf den Boden: stampf, stampf. Dann hob man die Hand, und es war, als läge man auf einer Wolke, einer knallroten, langhaarigen Wolke.
»Bist du schon mal auf Åland gewesen?« fragte Dick.
»Yes«, sagte Reine; es klang blöd, man sollte andere

Leute nicht nachmachen – aber manchmal war es schwierig, es nicht zu tun. Als er in den letzten Tagen in der Stadt herumgelaufen war, hatte er plötzlich gemerkt, daß er mit dem Hintern wackelte wie Nora.
»Nisse?«
»Ich heiße nicht Nisse.«
Sollte er sagen, daß er Reine hieß? Wenn er es sich genau überlegte, war das bestimmt riskanter, als sich Nisse nennen zu lassen. Nisse zu heißen, galt zwar als etwas herabsetzend und lächerlich, so nannte man die Heinzelmännchen. Aber Reine? Das ließ sich so leicht verballhornen.
»Wie findest du Mariehamn?«
»Ich weiß nicht, es hat geregnet, als ich da war.«
»Jäss, Mariehamn ist Scheiße«, sagte Dick. »Ich werde auf jeden Fall nicht an Land gehen.«
»Muß man das nicht?«
»Ach Quatsch. Nimm noch einen Schluck.«
Reine trank. Dieser Dick schien ja nett zu sein. Vor allem war es gut, daß sie allein waren. Wenn Dick einen Freund dabeigehabt hätte, wäre es nicht gut gegangen. Sobald man zu dritt war, mußte einer unterdrückt werden. Besonders, wenn zwei von den dreien sich schon vorher kannten.
»Rauchst du, Nisse?«
Reine schüttelte den Kopf. Dick holte eine Schachtel Zigarillos hervor und zündete sich mit einem silbernen Feuerzeug einen an. Er schüttelte die Coca-Cola-Flasche und pustete sie dann mit weißem Rauch voll. Dann blies er scharf über die Öffnung. Der dicke Rauch wirbelte in der Flasche herum, bevor er in einem dünnen, weißen Faden herausquoll. Der Geist in der Flasche, wie komisch! Reine lachte lauthals. Verdammt, was war das dufte! Das Schiff schaukelte jetzt auch ein bißchen; sie waren wohl auf die offene See hinausgekommen. Ein Seemann liebt das blaue Meer . . .

»Der Rest ist für dich, Nisse.«
Reine trank. Eine unwahrscheinlich supertolle Cola!
»Das war's«, sagte Dick und nahm einen Lungenzug, daß der Zigarillo wie eine Zündschnur knisterte. »Wie findest du denn Cuba Libre?«
»Was?«
»Cuba Libre. Rum mit Coca-Cola. Verdammt gut, oder?«

48

Die Zeit verging – nein, sie raste. Gerade hatten sie noch zu dritt in dem kleinen Raum gelegen, und jetzt waren sie zu viert. Das ganze Zimmer war rot wie der langhaarige Teppichhaufen. Die Typen waren auch rot, als hätte man rote Glühbirnen hinter ihren Gesichtern montiert. Komisch! Urkomisch. Manchmal sah er bestimmte Dinge ganz nah vor sich: einen Nagel, ein Haar. Im nächsten Moment schienen sich alle im Zimmer weit weg zu befinden, als seien sie am falschen Ende eines Fernrohrs gelandet. Wenn er den Kopf kreisen ließ, rollten die Typen am Boden des Fernrohrs herum, als wenn . . .
»Verdammter Nisse, her mit der Buddel!«
Einer von den Neuankömmlingen riß die Flasche an sich, die wievielte war es? Scheißegal – Bier würde er nie mehr trinken, davon wurde man ja nur müde und beduselt. Rum und Coca-Cola. Rum, Jamaica-Rum und Cuca-Cula.
Die beiden Neuen kannten Dick, sie waren auch ungefähr zwölf. Der eine hieß Henry, der andere hieß der Tod. Henry, Dick und der Tod. Das klang wie aus einem blöden Jungensbuch. Der Tod war an einer Hasenscharte operiert worden, eine weiße Narbe kam aus dem Nasenloch hervor wie ein gefrorener Rotztropfen. Henry hatte einen großen Kopf.

»Grins' nicht so bescheuert, Nisse«, sagte Dick, der am wenigsten trank und sich kein bißchen verändert hatte.
Drisse. Pisse, sie konnten ihn nennen, wie sie wollten, denn er war *zufrieden.* Er hatte sich noch nie so wohl gefühlt. Ein bißchen schwerfällig vielleicht, aber alles auf der ganzen Welt schien plötzlich sonnenklar zu sein. Man war Herr der Lage. Das ganze bisherige Leben war ein Irrtum gewesen, ein Irrtum, der durch Rum und Coca-Kula berichtigt worden war.
»Du wolltest raufgehen und Bescheid sagen!«
Das war wieder Dick. War es wirklich Dick? Manchmal stimmte der Ton nicht mit dem Bild überein, wie in einer schlechten Fernsehreportage: Jemand quatschte, und der Ton kam viel später. Doch, es war Dick: Reine hatte gesagt, daß er hinaufgehen müßte, um Bescheid zu sagen, daß er nicht in Mariehamn an Land gehen wollte. Waren sie schon da? Er schaute auf die Uhr – er sah genau, wie die Zeiger standen, aber er konnte die Uhr nicht lesen. Die Zeit war abgeschafft. Herrlich. Man würde nie mehr Angst haben müssen, zu spät zu kommen.
Reine stand schwankend auf; ein Glück, daß man ein alter Seebär war. Die Wangen waren straff gespannt. Plötzlich wußte er nicht mehr, was für einen Gesichtsausdruck er hatte: Es war genau wie mit der Uhr. Die Falten und Linien waren in einer bestimmten Stellung angeordnet – aber was zum Teufel hatte es zu bedeuten?
»Sag, daß du Likörpralinen gefressen hast.«
Es war der Tod mit der Lippennarbe, der ihm diesen Rat gab. Reine hätte fast geantwortet: Schneuz dich erstmal! Aber das wäre gemein gewesen. Warum sollte man nicht gemein sein? Warum sollte man nicht allen hasenschartigen Heinis die Fresse polieren? Und alle Körperbehinderten über Bord schmeißen. Man brauchte dazu

natürlich zwei Bretter – für die Rollstühle. Die anderen mußten mit einem langen Brett vorliebnehmen. Das man aufrecht hinstellte. Sie mußten sich ganz oben am Brett festklammern, und dann bog man es nach hinten und ließ los: Zisch, plopp!
Kabine Nummer zwei fünf vier, Kabine Nummer fünf vier zwei, Kabine, Kajüte, Hütte? Hutgröße achtundvierzig. Kurz darauf saß Reine quer in einem Kabinenkorridor und sortierte seine Schnürsenkel. Vor den Augen spielte sich soviel ab. Große Kräne schwenkten im Gegenlicht, der Kamm eines Hügels mit Kiefern. Eine Fahnenstange. Ein verdammt großes Schiff ganz in der Nähe. Alles hatte Eigenleben. Die Zeit galoppierte davon, die Ereignisse fielen wie Bilder von den Wänden. Man mußte sich nur festhalten. Er drückte den Rücken gegen die Wand des Gangs und stemmte sich mit den Füßen ab; er würde sich nicht wegspülen lassen.
»Reine? Du sitzt hier?«
Es war Nora. Es war bestimmt Nora. Ein lächelndes Gesicht, ein Körper, der neben ihm stand.
»Bist du seekrank?«
Er konnte unmöglich antworten, wenn er die Lippen auch nur einen Spalt aufmachte, würde er eine Kaskade ausspeien wie eine Gießkanne. Eine Kaskade von Schokolade.
Er kniete vor einer Kloschüssel. Jemand drückte ihm ein Handtuch an die Stirn. Jetzt ließ der Brechreiz nach; noch ein einziges Mal, und der Magen würde in Stücke gehen, wie wenn man eine Zeitung zerreißt.
»Darf ich schlafen gehen?«, sagte er; er konnte sprechen, ohne daß ihm der Kopf platzte.
Sie brachten ihn in die Kabine und legten überall Handtücher um ihn.
»Geht an Land!« sagte er.
»Erst wenn du eingeschlafen bist«, sagte Nora. »Ich habe versprochen, Fleisch einzukaufen.«

Dann schlief er ein. Er wachte davon auf, daß jemand laut und hartnäckig an die Tür klopfte. In der Kabine war es dämmrig, nur ein Nachtlicht war angeschaltet. Auf dem runden weißen Kunststofftisch lag ein Zettel unter einem Glas Wasser: »Wir sind an Land. Kommen bald wieder. Nora.« Reine setzte sich auf. Er fühlte sich, als wäre er mit dem Kopf zuerst auf die Straße gefallen. Aber das Denken funktionierte so ziemlich normal, das heißt, es war einigermaßen zusammenhängend. Er langte nach seiner neuen Mütze und zog sie in die Stirn. Es war besser so, die Risse im Schädel wurden zusammengepreßt.
Vor der Kabine standen Henry, Dick und der Tod. Der Tod schwankte ein wenig, die beiden anderen hielten sich gerade. Sie sagten nichts; sobald Reine ihnen aufmachte, gingen sie hinein, schnüffelten herum und faßten alles an.
»Beschissen?«
Reine nickte; er fühlte sich beschissen. Dick hatte eine flache Likörflasche mit etwas Rotem dabei, er schraubte den Deckel ab und hielt sie ihm hin. Der Alkoholdunst explodierte in Reines Nase: Der Brechreiz kam sofort wieder.
»Zwing dich dazu, Nisse«, sagte Dick. »Du mußt dich zwingen!«
Reine trank einen großen Schluck von dem glitschigen Likör. Er schmeckte nach Himbeersirup. Er merkte, daß er maßlos hungrig war und trank noch einen Schluck. Dann saß er einige Minuten auf der Pritsche, den Kopf in die Hände gestützt. Was machten die anderen – stahlen sie alles, was nicht niet- und nagelfest war? Wo war Henry abgeblieben? Eben war er noch hier, die Tür war inzwischen nicht geöffnet worden . . . Ein langgezogenes Stöhnen aus dem Klo löste das Rätsel.
»Das Scheißschiff legt bald ab«, sagte Dick. »Keine Spuren!«

Als Henry auf dem Klo fertig war, verließen sie die Kabine. Reine nahm die Tasche mit. Bevor er ging, drehte er Noras Zettel um und schrieb: »Bin mit Freunden. Wir sehen uns in Schweden. R.« Plötzlich ging es ihm gut! Es gab keine Risse mehr in der Schädeldecke. Er hatte sich schon mehrere Minuten lang prima gefühlt. Ruhig, sicher – keine Probleme.

Die anderen hatten sich auf dem Weg durch die Salons Zeitungen mitgenommen. Sie gingen hinunter und gelangten mit dem Dietrich in das kleine rote Kabuff.

»In einer dreiviertel Stunde müssen wir weg sein«, sagte Dick. »Und keine Spuren!«

»Teufel nochmal!« sagte Henry. »Schaut euch das an!«

VIER JUNGEN VERGEWALTIGEN 13-JÄHRIGE

Ein 13-jähriges Mädchen aus Sollentuna wurde am Donnerstag von vier etwa gleichaltrigen Jungen in einem Keller in Tensta im westlichen Stockholm vergewaltigt.

Die Jungen hatten das Mädchen im Keller eingeschlossen. Ein Installateur, der dort vorbeikam, hörte ihr Weinen und fand das Mädchen, das unter einem schweren Schock stand. Die Jugendlichen wurden nicht gefunden. Das Mädchen kannte nur einen von ihnen beim Vornamen.

»Der Name war Nisse«, sagte der Tod und gab Reine einen harten Puff.

»Nein«, sagte Reine.

»Kommst du nicht aus Sollentuna?«

Der Tod hockte sich hinter Reine und drehte ihm die Arme auf den Rücken.

»Nisse aus Sollentuna. Der Mädchenschänder. Was meint ihr, was die Bullen uns für ihn bezahlen?«

»Einen Scheißdreck. Er ist zu jung.«

»Und das Jugendamt? Was zahlt das Jugendamt?«

»Dann schon lieber ›Rettet die Kinder‹.«
»Prima Idee. Wir verkaufen Nisse als Sklaven an ›Rettet die Kinder‹. Aber keine Schecks. Nur Bargeld!«
»Laß los, du blöder Hund!« Reine schaffte es, sich aus dem Griff loszuwinden. »Ich heiße nicht Nisse! Ich bin noch nie in Tensta gewesen!«
»Wie heißt du dann? Hast du einen Decknamen?«
Reine versuchte, sich die Pumatasche zu schnappen und abzuhauen, aber Henry saß auf der Tasche.
»Dein Name ist Affe. Und du hast heute deine Banane nicht gekriegt.«
»Gib meine Tasche her.«
»Magst du ein bißchen Bananenlikör?«
Dick hatte auch eine gelbe Flasche, die er ihm hinstreckte.
»Laßt Nisse zufrieden«, sagte Dick. »Nisse ist noch zu klein, um jemand mit Gewalt zu vögeln. Nisse ist noch lange nicht in der Pubertät. Schaut doch seine Nase an, sie ist nicht lang genug.«
Henry und der Tod ließen Reine los. Sie hatten es vielleicht gar nicht ernst gemeint. Sie waren wohl eher rastlos, hielten es nicht aus, hier zu sitzen und zu warten, bis die Fähre von Mariehamn ablegte.
»Ich glaube, ich geh jetzt«, sagte Reine.
»Nein, zum Teufel. Jetzt fängt doch der Spaß erst an! Jetzt, wo alle Rentner blau sind! Jetzt machen wir richtig einen drauf. Wir teilen uns den Likör, und dann gehen wir rauf. Nisse, es wird dir ewig leid tun, wenn du jetzt abhaust.«
Reine setzte sich wieder hin, diesmal auf seine Pumatasche, damit niemand an sie herankam. Sie teilten sich den Likör. Mit ein bißchen Remidemi mußte man schon rechnen. Jungens machten das immer so, das wußte man ja. Es war ihm nur ein wenig ungewohnt, weil er schon monatelang nicht mehr in der Penne war. Dort passierten solche Sachen praktisch jeden Tag. Jemand

wurde aufs Klo geschleift und kriegte den Pimmel in Tusche getaucht, jemand wurde in die Kammer mit dem Holzvorrat gedrängt und bekam eine Handvoll Sägemehl in die Unterhosen. Zur Probe. Es gab so vieles auszuprobieren. Wie verschiedene Personen auf verschiedene Dinge reagierten. Die natürliche Experimentierfreude der Jungen. Ertränke einen Goldhamster, und du lernst allemal was daraus. Aber manchmal bildete Reine sich ein, die Welt sei wirklich so idyllisch, wie die Erwachsenen sie fälschlich beschrieben – und dann geriet er leicht ein bißchen durcheinander, wenn er wieder mit der Wirklichkeit konfrontiert wurde. Diebstähle, kleinere Raubüberfälle, Betrügereien, Quälereien, falsche Zeugenaussagen, Schummeln, Schwänzen, Blitztorturen, Bettelei – so war das Leben in der Penne. Eigentlich war es nicht so schlimm, man mußte sich nur so verhalten, wie wenn man beim Murmelspiel sparsam mit seinen Klickern umging. Man entwickelte besondere Fähigkeiten dafür.

Sie saßen still und spürten, wie das Schiff schlingerte. Die Maschinen stampften unregelmäßig, die Spotlights an der Decke blinkten. Dick und der Tod rauchten, der Tod hatte seine steife Oberlippe fest um den Zigarillo geklemmt; er konnte keine Rauchringe blasen. Henry ließ ein paar saftige Furze. Die Stimmung war erwartungsvoll.

Als die Fähre ins tiefe Wasser hinausgekommen war, verließen sie ihr Versteck. Die erste Stunde verbrachten sie damit, sich umzusehen, Süßigkeiten zu kaufen, Hemden anzuprobieren, die sie nicht nahmen, oder sich in der Nähe der Spielautomaten aufzuhalten und die Gewinner um Ein-Kronen-Stücke anzubetteln. Reine war glücklich. Er fühlte sich wie ein einsamer Hund, der jahrelang nur mit Menschen verkehrt hatte und sich jetzt plötzlich in einer streunenden Hundemeute befand. Hier gehörte er hin.

Sie konnten nicht alles mit sich herumschleppen, was sie gekauft oder »eingesammelt« hatten. Da die Diskothek jetzt geöffnet war, mußten sie sich ein neues Hauptquartier suchen. Sie nahmen das einfachste, eine Toilette in einem der Kabinengänge. Einer von ihnen blieb ständig in der verschlossenen Zelle, um ihre Besitztümer zu bewachen. Der Tod übernahm die erste Wache, und Reine hängte seine Pumatasche an den Kleiderhaken, damit der Tod sie nicht als Fußbank benutzte.

Jetzt galt es, einige geeignete Rentner ausfindig zu machen, die schon blau genug waren. Den Speisesaal sparten sie aus – man konzentrierte sich besser auf die Snackbar, wo Schnaps in versiegelten Plastikbechern verkauft wurde. Hier gab es Passagiere, die es wirklich darauf anlegten, voll zu werden. Dick und Reine ließen sich mit einer gespritzten Coca-Cola nieder, während Henry vor dem größten Pissoir Posten bezog. Man wußte aus Erfahrung, daß die Männer hier hereingeschwankt kamen, die Tüten abstellten und pinkelten. Wenn es Gedränge gab, rechnete Henry damit, das eine oder andere abschleppen zu können.

»Diesmal aber nicht so verdammt viel Likör!« sagte Dick.

Während sie da auf der Lauer lagen, erfuhr Reine, daß es früher besser gewesen war; jetzt waren neue Verordnungen gekommen, die es schwieriger machten, auf einem Tagesausflug Schnaps zu kaufen. Aber die Zollbeamten waren lasch – die Passagiere, die nur für einen Tag nach Åland fuhren, mischten sich unter die anderen, die einige Tage dort verbracht hatten und jetzt heimfuhren. »Noch ist es also keine Katastrophe«, sagte Dick. Aber früher war es besser gewesen, vor ein paar Jahren. Damals hatte Dick mit ein paar älteren Typen diese Tour gemacht. Sie hatten so viel erbeutet, daß sie es später verkaufen konnten. Jetzt mußte man froh sein, wenn es für den Eigenbedarf reichte.

Eine Frau, die noch nicht steinalt war, hatte an einem der Tische gesessen und vier Flaschen Bier getrunken. Sie hatten gesehen, daß sie einnickte und für kurze Zeit schlief. Dick hatte eine weiße Plastiktüte in Reserve. Die Tüte enthielt eine mit Wasser gefüllte Flasche und einige alte Zeitungen.

»Nisse«, flüsterte Dick. »Du gehst jetzt hin und nimmst die Tüte, die sie zwischen den Füßen hat. Dann komme ich von hinten und stoße die Alte an. Und gebe ihr diese dafür.«

Reine zögerte nicht. Er stand auf, blieb ein paar Sekunden stehen, um das Gleichgewicht zu finden. Dann gingen sie zusammen zu der eben eingeschlafenen Frau. Reine bückte sich und Dick schubste sie:

»Entschuldigen Sie bitte! Aber das ist Ihre Tüte. Sie ist umgefallen und . . .«

Die Tante nahm schlaftrunken Dicks Tüte entgegen und stellte sie mühsam auf den Platz zwischen ihren Beinen, den Reine soeben geräumt hatte. Dick übernahm ihre Tüte, und sie gingen auf getrennten Wegen zu ihrer Sammelstelle. Reine ging ohne zu zögern an der Kabine Nummer zweihundertvierundfünfzig vorbei. Er würde noch rechtzeitig dort eintrudeln. Aber jetzt war er mit den anderen Jungens zusammen. Jetzt mußten alle Erwachsenen warten.

Dick stand vor dem Spiegel und kämmte sich, als Reine auf die Toilette kam. Ein Mann beugte sich über den viereckigen Blechtrichter mit dem Handgriff und würgte; man mußte warten, bis er fertig war. Reine stellte sich abwartend an die Rinne. Als der Alte sich ausgekotzt hatte, klopften sie »Drei Tannen die bannen – das Hustengespenst« an die Klotür, hinter der der Tod saß. Sie wurden eingelassen und drängten sich zusammen. Die Tüte der Alten enthielt Finlandia Vodka mit zwei Gläsern, die aus schmelzendem Eis geformt schienen, drei Schachteln »Wienernougat« von Fazer und den Brombeerlikör Mesimarja. Keine Tabakwaren.

Kurz darauf tauchte Henry mit einer Halbliterflasche Gordons Gin und einer Blechschachtel »Three Nuns« auf. Jetzt war Reine an der Reihe, das Zeug zu bewachen, und die anderen huschten hinaus, als die Luft rein war. Der Kopf wurde ihm wieder schwer, und er war entsetzlich durstig, aber er wagte nicht, die Zelle zu verlassen. Er nickte ein, wachte aber davon auf, daß jemand an der Tür rüttelte; ein älterer Mann schrie da draußen:

»Hast du dich im Klo runtergespült, du verdammter Bengel?!«

Reine stöhnte ein paarmal, und der Mann ging in eine andere Zelle. Die anderen kamen nacheinander zurück: Champagner, Cinzano bitter, Larsen Cognac, Skåne-Branntwein, Multbeerenlikör Lakka, Underberg. Das ließ sich ja gut an.

»Jetzt machen wir Schluß«, sagte Dick. »Sonst kriegen wir den Krempel nicht an Land.«

»Wie kriegen wir das Zeug denn an Land?« fragte Reine.

»Wir müssen es verteilen.«

Sie teilten. Reine bekam zwei Literflaschen Schnaps, einen Kasten Underberg und den Multbeerenlikör Lakka zugeteilt.

»Warum soll ich den größten Teil nehmen?«

»Darum, Nisse, weil du nichts anderes zu tragen hast.«

»Klar hab ich das, verdammt. Die Pumatasche!«

»Die helfe ich dir tragen«, sagte Dick.

»Nett von dir, aber das schaffe ich schon selbst.«

»Du bist wohl schwer von Begriff, Nisse. Stehst du auf der Leitung? Ich nehme die Tasche. Du kriegst sie wieder, wenn wir den Schnaps kriegen.«

»Du kriegst den Schnaps jetzt gleich!« sagte Reine; sie standen so dicht zusammengedrängt in dem Klo, daß sie sich nur anzischen konnten.

»Du kommst morgen abend um elf mit dem Schnaps ins Zentrum von Solna. Gibst uns das Zeug und kriegst deine Tasche wieder.«

»Und wenn ich den Alten hole, mit dem ich zusammen bin?«

Das war eine idiotische Bemerkung. Sie konnten ihn ohne weiteres hier festhalten, ihn zusammenschlagen oder fesseln. Oder einfach mit der Pumatasche als Pfand abhauen. Er hatte keine Chance.

Sie machten sich nicht einmal die Mühe zu antworten, lachten nur, daß der Speichel spritzte.

»Wir können ja mal ein bißchen in die Tasche gucken, wenn du willst«, sagte der Tod und zog den Reißverschluß zehn Zentimeter auf; der kleine Kopf des Affen Jocke kam zum Vorschein.

»Hast du deinen Bruder in der Tasche, Nisse? Das Brüderchen. Das Affenbrüderchen. Wenn er bloß nicht erstickt!«

Reine stopfte Jocke wieder hinein und zog den Reißverschluß zu. Wenn sie die Feuerwerkskörper fanden, würde er die Tasche wohl nicht wiedersehen. Die einzige Möglichkeit war, zu versuchen, den guten Kameraden zu spielen und sie bei Laune zu halten.

»Hab doch nur Spaß gemacht. Ist doch klar, daß jeder seinen Teil an Land bringt. Ich kann noch 'ne Buddel nehmen, wenn ihr wollt.«

»Das reicht für dich. Sonst sehen wir dich vielleicht nie mehr wieder, du verdammter Säufer.«

Sie machten die Tür auf und schoben Reine hinaus. Er stand mitten auf dem gekachelten Fußboden, in jeder Hand eine Plastiktüte, und starrte sich im Spiegel an. Es war ein verdammtes Wunder, daß er im Gedränge da drinnen die Finlandia-Mütze nicht verloren hatte.

49

Er lag neben Nora und drückte sich fest an sie. Es war Sonntagabend, und sie mußte am nächsten Morgen früh aufstehen. Er selbst war ungeheuer müde, aber er durfte nicht einschlafen.

»Warum ist es schlimmer, wenn man zehn Menschen umbringt? Warum ist das schlimmer, als einen Menschen zu töten? Wenn man sie nicht kennt, meine ich.«

»Ich verstehe nicht ganz . . .«, sagte Nora schläfrig und machte sich los; es herrschte immer noch eine Rekordhitze.

»Also, man kann doch nur seinen eigenen Tod erleben. Nicht den von anderen. Man leidet nicht, wenn andere sterben. Jedenfalls nicht, wenn man nicht dabei ist. Oder sie nicht kennt. Oder nichts davon weiß. Man kann doch nicht füreinander leiden . . .«

»Nein, vielleicht nicht.«

»Warum ist es dann schlimmer, wenn hundert sterben, als wenn fünf sterben?«

»Dann trauern doch auch viel mehr Leute.«

»Was macht das aus? Sie trauern doch nur um den, den sie gekannt haben. Nicht um die anderen neunundneunzig.«

Nora gähnte und reckte sich, daß ihre Glieder knackten:

»Kannst du nicht mit Theo darüber reden? Solche Sachen sind seine Spezialität.«

Reine beschloß, sie einschlafen zu lassen. Er schaute auf den Wecker, es wurde bald Zeit für ihn, aufzubrechen. Aber trotzdem konnte er diese Sache mit dem Tod und dem Leiden der Menschen nicht verstehen. Wenn jeder Mensch eine Welt für sich war, dann war es doch eine ebenso große Katastrophe, wenn dieser eine Mensch starb, als wenn das ganze Universum in Stücke fiel. Genau das wäre die Lösung aller Probleme: Was für ein Glück, wenn alle Kernwaffen aus Versehen gleichzeitig explodierten. Niemand hätte Gelegenheit, etwas zu merken. Alles würde sich in Sekundenschnelle in eine Wolke aus weißer Asche verwandeln. Die Toten konnten nicht unglücklich sein. Glücklich allerdings auch nicht, denn sie konnten nichts mehr empfinden. Und da sie nichts empfanden, konnten sie auch nichts bereuen, das Leben nicht zurückwünschen, sich nach niemandem sehnen: Wenn alle Bomben auf einmal losgingen, würde auch niemand mehr dasein, der trauern konnte. Das war ja genial! Die Lösung aller Fragen auf einen Schlag! Jemand müßte die Aufgabe übernehmen, die Welt in die Luft zu sprengen, im Dienste der Menschheit. Das würde ein großes Opfer bedeuten. Man würde dadurch nicht berühmt werden, niemand würde mehr übrig sein, um einen zu feiern. Man selbst wäre auch ausgelöscht. Aber was für eine selbstlose Riesenaufgabe! Man mußte nur besser in Mathematik werden, damit man später den naturwissenschaftlichen Zweig wählen konnte. Dabei wollte er doch nicht mehr in die Penne zurückgehen! Doch, vielleicht würde man dazu gezwungen sein. Um sich weiterzubilden, damit man der Menschheit später den allergrößten Dienst erweisen konnte: Zaka-zaka-bang!!!

Einige Minuten darauf stand er mit seinen beiden Tüten mit Alkohol im Flur. Es war spielend leicht gewesen, sie an Land zu bringen. Der ganze Zoll schien Ferien zu machen. Er überlegte, ob er den Lakka für sich behalten und sich damit vollaufen lassen sollte; er könnte ja sagen, die Flasche sei ihm auf die Straße gefallen. Aber das war die Sache wohl nicht wert. Er durfte kein Risiko auf Kosten der Tasche eingehen. In der Pumatasche lag unter anderem auch das kleine schwarze Codebuch mit seinen gesammelten Erfahrungen.

Von Theo war kein laut zu hören. Reine schlich geduckt

an allen Türen vorbei, die Plastiktüten gegen die Schenkel gedrückt, damit die Flaschen nicht klirrten. Weder Theo noch Nora hatten sich um die Tüten gekümmert. Theo hatte zwar gefragt, wo Reine seine Tasche gelassen hätte, als sie an Land gehen wollten. Er hatte jedoch geantwortet, sie sei zu Hause; er hätte keine Tasche auf der Ålandfähre dabeigehabt. Das war alles.
Reine konnte es sich nicht verkneifen, einen Blick durch das Guckloch an Theos Universum zu werfen. Ein Glück, daß es nicht so einfach war, ein Universum zu schaffen, wie es zu zerstören. Da könnte ja jeder kommen und jederzeit Gott spielen. Es würde ein schreckliches Durcheinander geben. Hatte der Zufall ein Ei gelegt? Die kleinen Glühbirnen glitzerten da drin, die Glasstäbe pendelten sacht hin und her. Vielleicht stimmte die Temperatur nicht. Theo redete nur davon, die Luft aus dem Zimmer zu pumpen. Aber hatte er auch die Temperatur berücksichtigt? Ein paar Radiatoren hätten bestimmt nicht geschadet.
Er stand auf der Norrlandsgatan. Die Tüten schnitten ihm schon in die Hände. Hier konnte es kein Aas wagen, spät abends mit Tüten voller Schnapsflaschen rumzuschleichen. Schon gar nicht, wenn nach einem gefahndet wurde. Nora hatte ihn gewarnt, hatte gesagt, es gäbe viel »Prostitution« in diesem Viertel. Was bedeutete das? Irgendwas Verruchtes, natürlich. Drogenhandel und Ähnliches. Die Mutter ließ ihn nicht einmal nach neun ins Zentrum von Sollentuna gehen. Lächerlich! Was war das Zentrum von Sollentuna gegen Stig?
Er hatte sich überlegt, daß er ein Taxi nehmen müßte. Das konnte er sich leisten, er hatte noch fast siebzig Kronen von dem Geld übrig, das er der Mutter geklaut hatte. Geklaut? Und sein eigenes Kindergeld? Kriegte er das jemals ausgezahlt? Nie. Es gab Jungens, die ihr Kindergeld auf ein eigenes Bankkonto eingezahlt be-

kamen. Aber seine Mutter – vonwegen; sie nahm es für den *Haushalt*. Das war gemein. Dazu kriegte sie ja einen Zuschuß – und das Wohngeld. Wenn er es sich überlegte, war er ihr einen Scheißdreck schuldig! Sie hatte ihn nur ausgenützt, solange er auf der Welt war. Hatte eine verdammte Menge Vorteile daraus geschlagen, daß sie Reine hatte. Eine Ausbildung, eine größere Wohnung. Und was hatte er gekriegt? Ein kümmerliches Leben ohne Vater. Naja, das ginge ja noch, wenn sein Vater sich als ein blöder Heini erwiesen hätte. Und das war ja anzunehmen, warum sollte sein Vater sich sonst in die Mutter verliebt haben. Das konnte nur ein Idiot tun.

Endlich kam ein freies Taxi. Es war zwar ein Diesel, aber Reine winkte trotzdem. Zu dieser späten Stunde durfte man nicht so pingelig sein. Der Wagen blieb stehen, und der Fahrer stieg aus. Es war eine Tante. Ziemlich jung, aber dick.

»Hast du denn Geld?« fragte sie.

Reine zeigte ihr sein ganzes Vermögen. Es ging in Ordnung; würde bestimmt nicht mehr als zwanzig Kronen bis Solna kosten. Er stieg ein und legte die Tüten mit den Flaschen auf den Sitz. Sie fuhren los. Er saß vorgebeugt da, den Kopf halb an der kugelsicheren Scheibe vorbeigestreckt.

»Und wie geht das Geschäft?«

Die Tante kicherte. Sie fuhr gut, ging kein unnötiges Risiko ein, ließ aber auch keinen vorbei. Oft hatte Reine sich gewünscht, daß sie ein Auto hätten wie andere Familien auch. Aber dann hatte er gedacht: Da müßte ja die Mutter fahren. Ihm wurde übel, und er schloß die Augen. Ein unvorstellbarer Gedanke.

»Hast du mein kleines weißes Kaninchen gesehen?« sagte die Tante und zeigte auf einen Karton, der zwischen den Vordersitzen auf dem Boden stand.

Reine schaute hin: Es war nicht viel zu sehen, ein Salatblatt, ein Stück von einer Tageszeitung. Vielleicht zwei rosa Ohren. Aber es hätten genausogut Endivienblätter sein können.

»Ein Schäferhund wäre doch besser gewesen, wenn dich jemand überfallen will.«

»Sie durfte mitkommen, damit sie meinem Mann nicht in den Weg läuft. Er hat eine Beinprothese. Das letzte Kaninchen hat er totgetreten, er spürt nicht, wo er langgeht. Es hat ihm so schrecklich leid getan. Er mag Kaninchen genauso gern wie ich. Sie heißt Mimmi.«

»Genau wie die Frau von Micky Maus?«

»Ja, kann sein.«

Sie fuhren den Sveavägen entlang. Reine versuchte, ganz schnell zu gucken, ob das Fahrrad noch vor der Stadtbibliothek stand. Aber die Ampel war grün, und er hatte keine Chance, was zu sehen. Sie fuhren weiter, um den Sveaplan herum, über Norrtull, am Nordfriedhof vorbei und aufs Zentrum von Solna zu. Auf den Bergen rechterhand lagen riesige Häuser und glitzerten in der Augustnacht: Adventssterne oder Lampions?

Er ließ das Taxi bis zu dem großen gelben Renault-Schild fahren. Er sah sie schon von weitem, sie standen in der Einfahrt des unterirdischen Parkhauses und rauchten.

»Willkommen, Nisse. Zehn nach elf.«

Er hielt ihnen die Tüten hin, aber sie nahmen sie nicht an. Sie hatten auch die Pumatasche nicht dabei.

»Nisse, steh nicht da wie ein verdammter Dealer. Stell dir vor, wenn die Bullen jetzt auftauchen würden.«

Sie gingen zu einer kleinen Seitentür des Parkhauses. Dick hatte einen Dietrich. Es ging wie geschmiert, und sie liefen langsam die steile Asphaltstraße hinunter – es roch nach neuen Autos; ein herrlicher Geruch! Sie kamen an einer Autowerkstatt, einigen geparkten Autos und einem Lager vorbei. Jenseits des Lagers stand eine lange Reihe von neuen Wagen, es waren Kombiwagen,

Renault 12. Sie waren alle mit einer fetten weißen Schmiere eingerieben. Dick öffnete die Hintertür von einem Wagen. Dick, Henry und der Tod drängten sich auf dem Rücksitz zusammen; Reine mußte allein vorne sitzen. Wollten sie wegfahren?
Dick kontrollierte sorgfältig die Tüten mit dem Schnaps. Es schien zu stimmen. Die Pumatasche hatten sie im Kofferraum des Autos liegen gehabt. Sie wurde hervorgeholt, geöffnet, und jede Sache wurde einzeln vorgezeigt. Jocke, das Notizbuch, die verschiedenen Feuerwerkskörper, das Buch der Weltrekorde . . .
»Es ist eine neue Auflage herausgekommen«, sagte Dick. »Du rennst mit überholten Angaben herum.«
Reine nahm die Sachen der Reihe nach entgegen, bekam auch die leere Tasche und packte seine Habseligkeiten wieder ein.
»Wir nehmen zuerst den Lakka«, sagte der Tod.
Die Likörflasche machte die Runde, bis sie zur Hälfte geleert war. Reine fand, daß es köstlich schmeckte, nach süßer, flüssiger Multbeerenmarmelade.
»Verdammtes Gesöff«, sagte Henry. »Ich kenne nur eins, das noch schlimmer ist: Eierlikör. Schmeckt wie Shampoo.«
Dick machte den Finlandia Vodka auf und goß die Likörflasche vorsichtig bis zum Rand damit voll. Er schüttelte sie lange, und dann machte die Flasche erneut die Runde. Reine verschluckte sich, der Alkoholgeschmack war jetzt viel schärfer. Er merkte, daß er wieder besoffen wurde, an dem Gefühl, daß selbstverständlich alles schon in Ordnung kommen würde. Er war unverwundbar. Er konnte es sogar riskieren, zu reden:
»Wie ist es euch ergangen, Leute, seid ihr an Land gekommen?«
»Nein, wir sind noch an Bord. Wie du siehst«, sagte Henry.
Reine lachte lauthals. Das konnte man ja wirklich sagen:

Sie waren noch an Bord, sie saßen in einem sorgfältig eingefetteten Amphibienauto, das gleich starten würde, um Kurs auf die Abwässerkanäle zu nehmen, am Ålandkai herauszukommen und in die Schären hinauszuzischen. Irrsinnig komisch!
»Und du, Nisse«, sagte der Tod. »Hast du wieder diese Nora gevögelt? Was ist denn, wenn du sie angebufft hast?«
Sie lachten alle drei ein heiseres Lachen. Woher wußten sie etwas von Nora? Hatte er auf dem Schiff von ihr geredet? Mußte er wohl getan haben, aber er konnte sich nicht mehr daran erinnern.
»Sie gehört zu deinem Harem, was?« kicherte Henry.
»Die Frau ist in Ordnung«, sagte Reine. »Hat schon allerhand mitgemacht, kann man sagen.«
»Erzähl mal, Nisse, vögelt ihr zu dritt, dieser Tattergreis, Nora und du?«
»Nisse, der Weiberheld!«
Das war Dick. Er war gewöhnlich ziemlich still, aber heute abend sah er tatsächlich recht angesäuselt aus. Womit hatten sie sich vorher angeturnt: mit Verdünnungsmittel? Hasch? Bier? Scheißegal; es war schön, unter Freunden zu sein.
»Klar, Mensch«, sagte Reine. »Wir treiben es die ganze Nacht. Aber nicht Theo, der Alte. Er geht in sein Zimmer und schläft. Und dann haben Nora und ich freie Bahn.«
»Wie macht ihr's denn, Nisse?«
»Wie wir's machen?«
»Ja.«
»Wie man das eben macht. Rein und raus.«
Sie lachten alle drei krächzend und ließen die Flasche herumgehen, diesmal war für Reine nichts mehr übrig.
»Wie sieht sie aus, wenn sie kommt?« fragte der Tod.
»Wie üblich. Sie ist genau wie alle anderen Mädchen.«

»Scheißnisse! Du machst es ihr mit einer Banane, was? Mit der Banane vom Mittagessen? Der Affe verzichtet auf seine tägliche Banane und schiebt sie seiner Affenbraut in die Möse, wumm!«
Reine wurde wütend, hielt sich aber zurück. Sie kapierten überhaupt nichts. Aber das machte nichts. Sie waren ja nicht besser als Tiere. Verdammte Klauer. Es wäre die reinste Barmherzigkeit, wenn man sie sofort erwürgte.
»Da, Nisse«, sagte Dick. »Jetzt kommt der Wodka dran!«
Jemand packte seinen Kopf – wenn bloß die Mütze nicht abging! – drückte ihn in den Nacken und goß Reine Schnaps ins Gesicht. Er schluckte einiges davon, kriegte aber das meiste in die falsche Kehle und begann heftig zu husten. Sie ließen ihn aushusten. Dick und der Tod steckten sich jeder einen Zigarillo an.
»Na, du Gartenzwerg«, sagte Henry. »Hast du noch mehr Märchen auf Lager?«
»Glaubt ihr nicht, daß ich diese verdammte Nora aufs Kreuz gelegt habe? Da könnt ihr Gift drauf nehmen.«
Jetzt lachten sie nicht mehr. Dick und der Tod bliesen Reine den Rauch direkt ins Gesicht. Henry tat so, als blicke er an die Decke. Reine kriegte ein bißchen Angst, aber der Schnaps machte die Runde und spülte alle Zweifel weg. Hier saß Reine D'Artagnan mit seinen Freunden Athos, Porthos und Aramis. Die edlen Verteidiger der Wahrheit und der Gerechtigkeit.
»Weißt du, was du bist?« sagte Dick. »Ein verdammtes Herrensöhnchen!«
»Das von nichts 'ne Ahnung hat«, fügte Henry hinzu und löste den Blick von der Decke.
Herrensöhnchen? War er, Reine Larsson, ein Herrensöhnchen? Wo er doch allein mit seiner Mutter war, die von Zuschüssen und Sozialhilfe lebte. Wo sie kein Auto hatten, nicht in einem Einfamilienhaus wohnten, nicht . . .

»Bürgerschwein«, sagte der Tod unheilschwanger und drückte den Zigarillo auf der Rückenlehne neben Reines Schulter aus.
»Ach Quatsch«, sagte Reine. »Ich bin doch abgehauen, und ich hab keinen reichen Vater, wie ihr anscheinend glaubt. Stimmt überhaupt nicht!«
»Herrensöhnchen!« sagte Dick ruhig.
»Wieso? Meint ihr denn, unsereins wäre nicht auch schon von den Bullen geschnappt worden, hätte nicht auch schon Sachen geklaut, Einbrüche gemacht . . .«
»Bist du von den Bullen geschnappt worden, Nisse? Wegen was? Falschem Parken?«
»Das Muttersöhnchen läuft von zu Hause weg«, sagte der Tod. »Wir müßten dich aus reiner Barmherzigkeit beim Jugendamt melden. Bevor du in schlechte Gesellschaft kommst.«
Dick und Henry kicherten lange, dann ging der Wodka wieder herum. Reine kriegte diesmal nichts angeboten.
»Hast du Moos, Nisse?«
»Nur ein bißchen Kies.«
»Etwas genauer, bitte?«
»Achtundfünfzig fünfundsiebzig.«
»Leg es in die Mütze und gib es her!«
Reine holte die zerknitterten Scheine heraus und reichte sie zum Rücksitz hinüber.
»In der Mütze.«
»Warum meint ihr, ich wär' ein Herrensöhnchen? Was habt ihr denn für Beweise, verdammt?«
»Die Tatsachen des Lebens, Nisse. Her mit der Mütze!«
»Wieso?«
»Man kann es sehen.«
»Und hören. Die Mütze!«
Plötzlich riß der Tod ihm die Mütze herunter und hielt sie ihm hin, damit er das Geld hineinlegte. Reine strich

sich automatisch mit der linken Hand über den Schädel.

»Die neue Frisur der Oberschicht. Entlarvt, Nisse. In diesem Herbst trägt man kurz. Messerschnitt.«

Der Tod schlug mit der rechten Hand nach ihm, und das Geld flatterte und prasselte auf den Vordersitz. Alle drei warfen sich nach vorn und sammelten es auf. Dick kriegte am meisten. Niemand wagte, ihm etwas vor der Nase wegzunehmen.

»Wann fahrt ihr wieder nach Åland?« fragte Reine.

»Nach Åland?«

»Jetzt hauen wir ab«, sagte Dick. »Bald kommt die Wach- und Schließgesellschaft.«

Sie krochen aus dem Auto. Reine stieg auch aus. Der Tod hatte sich Reines Mütze auf den Kopf mit den schulterlangen Haaren gesetzt.

»Der Schnaps, Mensch!« brüllte Henry.

Reine bekam den Befehl, die Flaschen aus dem Wagen zu holen. Im Dunkel des Wageninneren nahm er die Gelegenheit wahr, eine flache Halbliterflasche in seine Tasche zu schmuggeln. Es war Whisky; mußte also zu der Ladung gehören, die die Typen selbst an Land gebracht hatten. Er kroch rückwärts heraus und übergab ihnen den Rest.

Sie machten sich im Laufschritt davon, durch einen Durchgang mit nackten Granitwänden. Eine Brandschutztür versperrte ihnen den Weg, aber Dick hatte auch dafür einen Schlüssel.

»Türen knacken lernt man in Lövsta. In der Erziehungsanstalt«, sagte Dick beinahe freundlich. »Aber da bist du nie gewesen, Nisse. Und da wirst du auch nie landen, weil du nämlich ein Herrensöhnchen bist.«

Sie liefen eine roh gezimmerte Holztreppe hinunter, die unter ihnen schwankte. Plötzlich standen sie vor zwei Eisenbahnschienen. Wo zum Teufel waren sie?

»Na, dann tschüß, Reine Larsson«, sagte Dick. »Wenn

du da langgehst, kommst du zur neuen U-Bahn-Station vom Zentrum von Solna. Wir verduften in die Stadt. Hat keinen Zweck, daß du mitkommst.«
»Du würdest doch nur Scheiße bauen, Nisse«, sagte Henry.
»Wir wollen eine kleine Spazierfahrt machen. Weißt du, warum er der Tod genannt wird?« sagte Henry und puffte den Tod in den Rücken. »Weil er die ganze Strecke zwischen Hammarby und der U-Bahn-Zentrale *zwischen* zwei Wagen gefahren ist. Er hatte einen Freund, der ist runtergefallen. Und dabei draufgegangen.«
Reine blieb im Tunnel stehen und sah die drei davongehen, die Tüten mit den Schnapsflaschen schwenkend. Henry legte die Hand in seine nackte Achselhöhle und drückte mit dem Oberarm zu: ein prachtvoller, saftiger Furz. In der nächsten Minute waren sie in der Dunkelheit verschwunden.
Die U-Bahn war noch nicht in Betrieb. An mehreren Stellen standen hohe Holzböcke, und überall lag Werkzeug und Schutt herum. Scheinwerfer waren auf Rohrgestelle montiert und überfluteten die Szene mit intensivem Licht. Er begann in die Richtung zu gehen, die Dick ihm gewiesen hatte; er mußte sehen, daß er schnell wegkam. Schließlich konnte man ja nicht wissen, ob die Stromschiene nicht elektrisch geladen war.

50

Jetzt hieß es sterben, ohne zu kotzen. Jetzt hieß es ins Gras beißen, ohne zu . . . scheißen. Wie würde es danach sein: schwarz oder weiß? Wenn man nichts mehr empfand, wenn man mit den Augen nichts mehr sah – was sah man dann: schwarz oder weiß? Grau? Was für eine Farbe hatte »nichts«? Jetzt hieß es reimen, ohne zu

weinen. Jetzt hieß es Schluß machen, ohne zu . . . lachen.
Die fast fertiggestellte U-Bahn-Station im Zentrum von Solna war rot wie ein Schlund. Ein Glück, daß er durch eine Hintertür gekommen war. Der normale Weg war, daß man mit der Rolltreppe in den Hals hinunterfuhr und auf den Bahnsteig gespuckt wurde; endlose, knallrote Grotten, ausgebuchtete Wände, Gänge und Schlupfwinkel. Wenn man das ganze System durchlaufen hatte, wurde man am anderen Ende ausgeschissen wie Hasenkacke.
Er lag halb aufgerichtet auf einem Haufen alter Decken, die die Sprengerkommandos dort vergessen haben mußten. Ich habe Nora in den Dreck gezogen, dachte er. Ich habe sie in den Mund genommen, und sie ist schleimig und schmutzig geworden. Ich habe sie für drei Schluck Wodka verkauft. Sie wird mir nie verzeihen. Doch. Aber ich werde ihr nie verzeihen. Nie verzeihen, daß sie zuerst so rein war – kein Härchen am Körper hatte – und jetzt verdorben worden ist, durchgevögelt im Schleim von Dick, Henry und dem Tod. Alle drei auf einmal. Jetzt hieß es sterben, ohne zu kotzen.
Die Steingrotten waren nicht nur rot; als er etwas nüchterner wurde, konnte er erkennen, daß jemand unten einen Wald gemalt hatte. Einen endlosen, dunkelgrünen Tannenwald. Es schien Herbst zu sein, der Wald sah kalt und unwirtlich aus. Er schloß die Augen und sah die Wände vor sich – bemalt mit hellgrünen Eichenwäldern, mit hoppelnden Hasen und weidenden Rehen. Dann blickte er wieder auf den endlosen Tannenhorizont. Das war Schweden: Struppige Zwergtannen und eine zerfledderte Krähe. Es gab noch andere Bilder in den Lichtungen des Tannenwaldes: Ein einsamer Weg, eine verlassene Tankstelle, ein Dorfladen, ein kleiner Autofriedhof, am Kreuzweg oben ein Brotauto.

In der Ferne tauchte eine chemische Fabrik auf, die Dreck ausspie.
Er holte die flache Whiskyflasche hervor, die er von den Jungens geklaut hatte, nahm den Becherverschluß ab, drückte die Öffnung an die Backe . . . Nein, zum Teufel! Er stand auf, schwankte auf dem weichen Stoffberg und warf die Flasche mit aller Kraft quer über den Bahnsteig und die Gleise nach dem Tannenwald und einem verlassenen roten Haus:
»Ich taufe dich Insel der Kinder!« brüllte er und setzte sich hin.
Es hallte nicht wider, kein Knall, kein »Klirrrr«, kein Echo. Es war ganz still. Es mußte irgendwo einen großen Ventilator geben, der alle Echos und überflüssigen Geräusche aufsaugte und alles Leben zu weißem Pulver zermahlte. Er legte sich auf die Sprengdecken. Endlich am Ziel, dachte er und schlief ein.
Als er wieder aufwachte, war die Uhr stehengeblieben. Er spürte jedoch im Magen, daß er lange geschlafen hatte. Er setzte sich auf; er war nicht mehr allein. Auf einer hölzernen Plattform saß ein Onkel in einem Blaumann und malte ein Schild auf den Dorfladen am Waldrand. Etwas weiter weg saßen zwei Männer auf einem Brett und aßen Butterbrote. Sie stützten die Füße auf die Stromschiene. Der Strom war also nicht eingeschaltet. Reine nahm seine Siebensachen und ließ sich von dem Haufen alter Decken heruntergleiten, er war mit grauweißen Wattebäuschen übersät. Hol's der Geier, jetzt mußte er sich was zu essen besorgen.
Ohne angehalten oder auch nur angesprochen zu werden, konnte er die lange, stillstehende Rolltreppe hinaufgehen und ins Zentrum von Solna laufen. Es regnete! Er war wie gelähmt. Es regnete ihm direkt aufs Haupt. Daß es wirklich regnete! Daß es wirklich *unter* dreißig Grad war! Leute liefen zwischen den Wasserpfützen umher und lachten wie Kinder im ersten Schnee.

Glück muß man haben! Zuunterst in der Pumatasche in einem der Reservestrümpfe lagen zwei Fünf-Kronen-Stücke. Wie waren sie da hingekommen? Er selbst hatte sie dort im letzten Sommer ganz unten im Strumpffach versteckt, bevor er zur Großmutter fuhr. Um noch etwas übrig zu haben, wenn er wieder nach Hause kam. Es könnte ja sein, daß er erlöst wurde, genau wie die Großmama, hatte er gedacht. Und wenn man erlöst wird, wie war das noch: Dann streut man sich Asche aufs Haupt und verschenkt all sein Hab und Gut. Aber – sorge in der Zeit, so hast du in der Not: zum Beispiel zwei blanke Fünf-Kronen-Stücke in einem Frotteesocken.

Das Leben lachte wieder, er kaufte zwei Tüten Erdnüsse, eine Banane und eine Zingo-Limonade. Dann guckte er, wann der Bus nach Stockholm fuhr. Jetzt ging es ihm prima. Der Regen hatte aufgehört, und die Erde dampfte. Vielleicht sollte man baden fahren. Es war am schönsten, im lauen Regen zu baden oder kurz danach, wenn alles noch ganz still war. Zu dumm, daß er solche Verstopfung hatte; nicht gut für einen Magen mit unregelmäßigen Gewohnheiten. Er fuhr mit dem Bus zum St. Eriksplan. Dann brauchte er nur noch die Odengatan zur Stadtbibliothek hinunterlaufen, um das Fahrrad zu holen.

Das gestohlene Fahrrad stand noch da, war aber noch mehr geplündert worden: Jetzt fehlten Sattel, Dynamo und Lampe, Gepäckträger, Schutzblech, Katzenauge und beide Gummihandgriffe. Die Reifen waren platt und ohne Ventile. Er schloß es auf und machte eine Probefahrt. Es ging ganz gut, ohne Sattel und ohne Luft in den Reifen. Ein Glück, daß er nicht mehr als dreißig Kilo wog. Bevor er endgültig losradelte, zählte er seine Barschaft: achtzig Öre. Das reichte nicht mal für Fritten bei McDonald's.

Er trampelte den Sveavägen hinauf und kam zur Kungsgatan, wo er nach rechts abbog und am Hötorget vorbeifuhr. Es war Ewigkeiten her, seit er hier auf der Treppe der Konzerthalle gesessen und Briefe an die Insel der Kinder – und an die Mutter – geschrieben hatte. Man sollte ihr vielleicht mal eine Ansichtskarte schikken, der Mutter also. Damit sie einen nicht als Toten betrauerte.

Die Frage war jetzt nur, ob Tante Olga nach den Ferien wieder aufgemacht hatte. Am elften August wollte sie wieder anfangen. Welches Datum war heute? Er sah zum Himmel hinauf: rein und klar wie im September. Es war bestimmt schon September. Er hoffte es, denn dann hätte die Schule schon längst wieder begonnen – ohne daß er es gemerkt oder körperlich gespürt hätte. Wenn man krank war und zu Hause im Bett lag, spürte man jedes Klingeln und jede Pause im Körper – obwohl es zwei Kilometer bis zur Penne waren.

Und wenn nun heute der neunte September wäre! Dann wäre er gerade elf geworden. Gratuliere, gratuliere! Was sollte man sich selbst zum Geburtstag schenken? Ein Moped? Eine Auslandsreise? Ein Zelt? Genau, ein Zelt. Ein richtiges Bergsteigerzelt, das wasserdicht war und ein Winterfutter hatte. Jedem verfluchten Sturm standhielt. Man würde es auf dem Dach des Palladiumhauses aufschlagen. Und dann brauchte man zur Arbeit bei Tante Olga nur eine Treppe hinunterzugehen. Was war er doch für ein verdammter Trottel gewesen – kürzlich hatte er noch dreihundert Piepen besessen und nicht kapiert, daß er sich dafür ein Zelt hätte kaufen müssen. Es reichte ja nicht, einen anständigen Job zu haben; man mußte auch irgendwo wohnen. Aber wenn er ganz fleißig bei Tante Olga Buchstaben malte, könnte er sich schnell das Geld für ein Zelt verdienen – bis dahin würde er sicher im Lager schlafen dürfen.

Das Haus war unverändert, das Oscarstheater war unverändert, die Brücke und die Eisenbahnlinie darunter

sahen noch genauso aus wie vor den Ferien. Das war seltsam. Sachen, Häuser und Brücken müßten sich auch verändern. Genau wie die Menschen. Die Zeit verging, die Äpfel reiften. Nicht aber Treppen, Fenster, Bürgersteige. Das Palladiumhaus hatte eine merkwürdige, dunkelgraue Farbe. Jetzt, wo es praktisch schon Herbst war, hätte es feuerrot oder knallgelb sein müssen!
Er schleifte das Rad ins Treppenhaus, damit niemand es stehlen konnte, und fuhr mit dem Aufzug hinauf. Er erinnerte sich an seine Gedanken über Engel: Wie er sich noch vor wenigen Wochen vorzustellen pflegte, daß er ein flinker Engel war, der hier hereinkam, einen Luftsprung machte, blitzschnell die Flügel entfaltete und in einer schnellen Spirale das Treppenhaus hinaufglitt. Nur gut, daß man jetzt über solche Kindereien erhaben war. Aber er konnte es doch nicht lassen, sein eines Schulterblatt ein wenig zu betasten.
Der Aufzug ruckelte und blieb stehen. Alles war unverändert. Im Treppenhaus roch es noch genauso, die Tür des Aufzugs ging immer noch genauso schwer auf. Halt, an Tante Olgas Tür war noch ein Schild angebracht. Ein kleines, viereckiges mit schwarzen Buchstaben. Es hing gleich neben dem Türgriff. Er senkte den Blick und las:

DER GERICHTSVOLLZIEHER
VON STOCKHOLM
3. Bezirk

Der Gerichtsvollzieher? Hatte er hier ein Büro eröffnet oder war er als Untermieter bei Tante Olga eingezogen? Er rüttelte an der Tür, aber sie war verschlossen. Irgendwas stimmte hier nicht. Die Ferien waren zu Ende, denn das Schild »Geschlossen« war weg, das Schild, auf dem stand, daß sie am elften achten wieder aufmachen wollten. Und jetzt war dieser verdammte Gerichtsvollzieher hier eingezogen. Obendrein war dieser Scheiß-

kerl nicht zu Hause und konnte also auch keine Fragen beantworten. Wo war Tante Olga hin? Hatte sie das Atelier näher zum Waldfriedhof verlegt?
Reine trottete die Treppen hinunter und konnte nicht mehr denken. Sein Gehirn war einfach blockiert. Leer. Weder weiß, noch schwarz, noch grau – so mußte es sein, wenn man tot war: leer. Aber der Körper funktionierte noch, trug das Fahrrad durch die Tür, achtete auf den Verkehr, rannte mit dem Rad über die Straße und auf den Bürgersteig vor dem Pornoladen. Dort stieg der Körper auf das Rad, vergaß sich und setzte sich auf den Sattel, der nicht vorhanden war – au!! –, stellte sich aufrecht hin und trampelte los. Dann bog der Körper nach links zum Norra Bantorget ab, überquerte den Platz, fuhr auf der anderen Seite in eine Straße hinein und parkte vor Helenes Tür. Dann ging der Körper hinein und klingelte. Wenn jemand zu Hause sein mußte, dann Helene. Natürlich nur, wenn niemand anders sie aus reiner Nettigkeit ums Leben gebracht hatte. Niemand machte auf.
Reine raffte sich auf. Es gab ein Zeltgeschäft am St. Eriksplan – er könnte genauso gut hinradeln und einen Blick auf die Preise werfen. Entweder würde es ihm gelingen, Tante Olga im Telefonbuch zu finden, oder er beschaffte sich die Piepen eben auf andere Art. Das Fahrrad verkaufen? Es würde zuerst mit einem Sattel und einigem anderen Kram ausgestattet werden müssen. Aber im Dunkel der Nacht wäre das keine Kunst. Beklaust du mich, beklau ich dich – oder jemand anders. Man muß die Lasten verteilen.
Er parkte vor dem Zeltgeschäft. Es hatte Mittagspause. In der Wartezeit konnte er ebensogut zum Kiosk in der U-Bahn-Station gehen und sich für die achtzig Öre etwas kaufen. Es reichte nicht für eine Banane, aber für eine Schachtel Tabletten. Die waren bestimmt gut für den Hals. Er ging wieder hinauf: Immer noch geschlos-

sen. Er mußte etwas tun, etwas unternehmen. Es wurde langsam unerträglich, nur vor einem Schaufenster zu stehen und hineinzuglotzen, wo man vor lauter Spiegelungen kaum etwas sah. Nichts als etwas künstliches Moos, ein Bündel Spinnangeln und eine Menge Plastikenten.

Wenn er einfach aus Spaß jemandem nachgehen würde. Nur ein Weilchen, damit die Zeit verging. Das war ein Sport, mit dem er sich manchmal amüsierte: Auf gut Glück jemanden auswählen, ihm nachschleichen und ihn beschatten. Das gab dem Leben ein bißchen Spannung. Außerdem war es eine gute Übung. Reine hatte verschiedentlich daran gedacht, mit der Zeit ein Detektivbüro zu eröffnen.

Er stellte sich an einen der Zebrastreifen am St. Eriksplan. Den fünften von den Leuten, die von der anderen Seite herüberkamen, würde er verfolgen. Es wurde grün, aber nur vier Leute kamen herüber: Eine Tante mit Zwillingen in einem Kinderwagen – wie zählte man die? –, zwei alte Mütterchen und ein Flugkapitän von der SAS mit vier goldenen Streifen am Ärmel. Die Ampel sprang auf Rot.

Die Unterhosen juckten, aber er zwang sich, stillzustehen, bis es wieder grün wurde. Jetzt kam ein ganzer Schwall von Leuten, auf der anderen Seite hatte wohl ein Bus gehalten. Nummer fünf? Nummer fünf: Ein Mann von etwa zwanzig oder fünfundvierzig Jahren. Reine hängte sich an ihn. Der Mann oder vielleicht der Junge ging zu dem Zeltgeschäft, stellte sich dicht vor die Scheibe, spitzte die Lippen und nahm eine Prise Kautabak. Dann setzte er sich wieder in Bewegung – ging denselben Weg wieder *zurück*, über den Zebrastreifen zur anderen Seite, der schattigen Seite vom St. Eriksplan. Plötzlich lief der Typ eine Treppe hinunter, über der auf einem großen Schild SQUASH stand.

Reine flitzte hinterher, den Kopf noch tiefer zwischen

die Schultern gezogen als gewöhnlich. Die Treppe mündete in eine kleine Halle. Links gab es einen Stand mit Tennisschlägern und einen Automaten mit kalten Getränken. Ein langer Gang führte geradeaus nach hinten. Der Junge, den Reine beschattet hatte, tauchte hinter dem Stand auf und kitzelte ein Mädchen, das schon dort stand, von hinten. Sie verschwand, und er löste sie ab: begann, die Tennisschläger zu sortieren, zählte Ein-Kronen-Stücke in einen Karton.

Jetzt war es klar: der Mann oder Junge arbeitete hier. Aber irgendwas war rätselhaft. Warum hatte er den St. Eriksplan überquert, sich vor das Schaufenster gestellt, eine Prise eingelegt und war dann auf demselben Weg zurückgekehrt? Reine glaubte, die Antwort zu kennen: Der Mann hatte einen Mittagsspaziergang gemacht. Als Privatdetektiv durfte man nicht allzu mißtrauisch sein. Man mußte wissen, daß viele Leute sich scheinbar komisch benahmen. Jedenfalls sahen diese Räumlichkeiten wie ein geheimes Trainingslager für Agenten aus. Links im Gang gab es eine Reihe von Türen, Reine ging an ihnen vorbei und las: Dusche, Herren, Nur Personal. Rechts war keine Wand, dort lagen vielmehr sieben oder acht Squashbahnen wie weiße Kuchenschachteln ohne Deckel. Man konnte im Flur hin- und herlaufen und von oben hineinsehen.

In der ersten Box spielten zwei Männer in weißen Hosen. Sie hatten nackte, behaarte Oberkörper, typische Agenten. In der zweiten Box spielten zwei Tanten mit Kopftüchern, sie brüllten wie Schwergewichtler, wenn sie die Bälle schmetterten. Dann trat die eine der anderen aus Versehen auf den Fuß. Sie starrten einander feindselig an und keuchten. Das waren keine Agenten, sie dienten vielmehr als Deckmantel für diesen Betrieb. Aber wo waren die Chinesen? Die beiden nächsten Boxen waren leer. Nicht einmal in der letzten waren Chinesen; nur zwei Inder. Sie gehörten auch zur Tarnung –

Inder hatten sich noch nie auf Tortur oder Spionage verstanden.
Der Mann vom Stand kam auf Reine zu! Verdammt . . .
Es gab keine Möglichkeit zu fliehen. Der Mann trug einen Riesenhaufen von zusammengeknüllten Handtüchern im Arm. Als er bei Reine ankam, blieb er stehen und sagte:
»Grüß dich!«
Dann drängelte er sich vorbei und lief links eine Treppe hinunter.

51

Als er die Augen aufschlug, lag er in einem weißen Zimmer. Weiße Wände, weiße Decke. Am Fußende sah er ein Zelt, das wie ein aufgespanntes Laken aussah. Das Oberbett, das ihm auf die Kehle drückte, war ebenfalls weiß. Es gab noch eine andere Farbe: rostfrei. Blanke Knöpfe und Stangen. Das Weiße spiegelte sich im Blanken. Scheren. Er kniff die Augen zusammen. Was hatte man mit ihm gemacht? Er ließ die Hände über den Bauch gleiten. Ein Verband, Pflaster? Wie schön: Sie hatten ihm das ganze Zeug abgeschnitten. Die Chinesen hatten all das Schändliche zwischen den Beinen weggeschnippelt. Sie wollten nicht, daß er erwachsen wurde. Es gab schon einige Milliarden zuviel. Gut, dann konnte er ruhig wieder einschlafen.
Es war ein schöner Traum. Die Mutter stand an seinem Bett, genau wie in einem Krankenhaus. Sie sah frisch und munter aus, glücklich darüber, daß es endlich passiert war. Hinter der Mami kam ein Kind hervor, ein kleines Mädchen, das er noch nie gesehen hatte. Das Mädchen war vielleicht drei oder sechs Jahre alt. Sie hielt die Mutter an der Hand.
»Reine, das ist deine Schwester«, sagte die Mutter.

Das kleine Mädchen ließ die Hand der Mutter los, kletterte ins Bett hinauf, setzte sich auf Reines Bauch und hopste auf und ab – er schrie vor Schmerzen! Dann sagte sein boshaftes Schwesterchen:
»Die Antwort lautet: Worauf willst du verzichten?!«
Sie hopste weiter auf und ab, mal mit dem Hintern, mal mit den Knien oder direkt mit den Füßen, als wäre sein Bauch ein Trampolin. Bei jedem Hopser sang sie:
»Die Antwort lautet: Worauf willst du verzichten?!«
Reine wachte jammernd auf. Er drehte sich auf die Seite und spürte, daß er brechen mußte. Jemand stellte eine flache, blanke Schüssel auf das Kissen. Er richtete sich mühsam auf und würgte ein paar gelbe Fäden heraus. Eine Hand mit einer Papierserviette wischte ihm den Mund ab. Er schlug die Augen auf: Es war die Mutter. In Wirklichkeit.
»Hallo«, sagte er.
»Bist du jetzt wach?«
Im Zimmer kam alles um ihn herum wieder an seinen Platz: Das Fenster flog weg und hängte sich in den Fensterrahmen, die Neonröhre wirbelte hoch und kam an der Decke zur Ruhe. Das Deckenzelt am Fußende des Betts hörte auf, wie ein Kamel zu schaukeln; ein Kamel, das aus Versehen in ein Beduinenzelt gelaufen war.
»Ich weiß, daß sie mich operiert haben«, sagte er und nahm die Hand der Mutter.
Ihr Bauch war nur einen halben Meter von seinem Gesicht entfernt. Hatte sie was drin? Er sah verdächtig rund aus. Hatte dieser Scheißstig die Mutter angebufft?
»Wo ist Stig?«
»Du darfst nicht traurig sein, Reine. Stig ist nicht mehr hier. Er ist im Sinai. Man hat ihn gefragt, ob er nochmal eine Zeit als UNO-Soldat Dienst machen will, und da ist er gegangen. Aber er hat versprochen, eine Karte zu schicken, eine speziell an dich adressierte Karte.«

Die Mutter war nicht schwanger. Das war zu sehen, als sie sich wegdrehte, um ein Glas Apfelsinensaft zu nehmen, das auf dem Nachttisch stand. Es war immer noch derselbe, gewöhnliche, alte Bauch.
Während er den Saft durch einen dicken, gebogenen Trinkhalm aus Pappe aufsog, dachte er: Ich weiß genau, wie es ging, daß ich hierher ins Krankenhaus von Danderyd kam. Er hatte sich in dieser Squashhalle plötzlich ganz komisch gefühlt. Ihm war schwarz vor Augen geworden, er war im Gang auf dem Boden zusammengesackt. In Ohnmacht gefallen ... hatte schlappgemacht? Ein dicker Mann hatte ihn aufgelesen, dann hatten sie ihn in einen Umkleideraum getragen und ihm ein Glas Wasser gegeben. Nach einer Weile hatten sie ihn wieder auf die Füße gestellt. Da war er wieder weggesackt. Und dann hatten sie den Krankenwagen gerufen. Er war wach gewesen und hatte sich ganz gut gefühlt, während sie warteten; es hatte vielleicht ein oder zwei Stunden gedauert. Aber es war nicht Stig, der fuhr. Als er merkte, daß es zwei völlig unbekannte Sanitäter waren, hatte er endlich gewagt, sich zu entspannen. Im Krankenhaus wurde er betastet und ausgefragt, in den Finger gestochen und auf einer Bahre zwischen verschiedenen Zimmern herumgefahren. Dann hatten sie angefangen, herumzutelefonieren, um die Mutter ausfindig zu machen.
»Du bist am Blinddarm operiert worden.«
Er nickte. Er erinnerte sich, daß er sich im Krankenhaus übergeben hatte und daß ihm der Bauch wehgetan hatte; als wenn er mit Steinkugeln gefüllt gewesen sei. Mußte Wochen her sein, seit er zum letztenmal geschissen hatte.
»Aber du kannst ganz beruhigt sein. Es war nichts mit dem Blinddarm. Er war ganz gesund, wie sich herausstellte.«
Reine kapierte nicht recht. Er ließ die Hände wieder

zwischen die Beine gleiten: Hatten sie der Mutter etwas vorgelogen und doch den Pimmel weggeschnitten? Wie sah ein Blinddarm aus? Wie ein kleiner, loser und schleimiger Pimmel?
»Reine«, sagte die Mutter und setzte sich auf den Bettrand, »ich bin so schrecklich froh, daß du wieder bei uns bist.«
»Was war denn mit mir los, wenn es nicht der Blinddarm war?«
»Zerbrich dir nicht den Kopf darüber, mein tapferer kleiner Junge. Jetzt bist du bald wieder zu Hause. Die anderen Kinder kommen schon nach und nach zurück. Micke. Und dieser Harald, mit dem du immer Flugzeuge gebaut hast.«
»Hat die Schule noch nicht angefangen?«
»Die Schule? Nein. Aber damit haben wir alle gerechnet, daß du wieder auftauchen würdest, bevor die Schule anfängt. Auch wenn du durchgebrannt bist, Reine, eine Eigenschaft hast du ja: Pflichtgefühl. Du hättest doch nicht die Schule verpaßt!«
Sie strich ihm über die Stirn. Es war ein wunderbares Gefühl. Das ist die Hand meiner Mami, dachte er. Sie ist nur meine Mami – niemand anderem seine.
»Ich habe gerade mit dem Arzt gesprochen. Er sagte, der Blinddarm sei klein und blaß gewesen. Aber es ist ganz gut, daß du ihn los bist. Dann kann er sich nicht irgendwann mal plötzlich melden.«
»Habe ich was gesagt? Als ich betäubt war?«
»Nichts.«
»Keinen Pieps?«
»Warte mal . . . Doch, in der Intensivstation hast du was gesagt. Ungefähr: Nur noch fünfundzwanzig Jahre bis . . . Grüble nicht darüber nach. Du hast sicher was geträumt.«
»Und Stig? Wie lange wird er im Sinai bleiben?«
»Sechs Monate.«

Er sah der Mutter ins Gesicht. Sie sah zugleich fröhlich und traurig aus. Über eine Backe liefen Tränen, aber der Mund lächelte. Nicht angestrengt, sondern voll und offen, als würde sie im nächsten Augenblick in großes Gelächter ausbrechen. Aber sie hielt sich wohl zurück, sie arbeitete ja selbst im Krankenhaus und wußte, daß man einen frisch Operierten nicht anprusten durfte – weil man dann eine Riesenmenge Bazillen verbreitete.
Die breite, weiße Tür wurde plötzlich halb aufgestoßen, eine Tante in Weiß beugte den halben Oberkörper ins Zimmer und rief:
»Visite!«
Die Mutter lehnte sich vor und legte ihre Backe an Reines Stirn. Sie roch nach Knoblauch.
»Ich gehe ein Weilchen hinaus, weil jetzt die Visite kommt.«
»Visite? Was ist denn das, zum Teufel?«
»Du mußt nur auf das antworten, was der Arzt dich fragt, Reine. Klar und deutlich. Ich weiß, daß ich mich auf dich verlassen kann.«
»Wann kommst du zurück?«
»Ganz bald. Tschüß, bis dann.«
Er mußte lange allein da liegen, bis die Visite kam. Es war ihm zuviel, sich um sie zu kümmern, und sie fragten auch nichts. Sie betasteten ihn, blätterten in Papieren, meckerten über irgendwas. Doch, einmal wurde er angesprochen. Ein Typ in Weiß – der Arzt? – den er noch nie gesehen hatte, sagte:
»Da haben wir ja unseren kleinen Astronauten!«
Plötzlich gingen sie wieder, glitten zur Tür hinaus wie das Gefolge beim Luciafest. Was hatte der Doktor gemeint? Raumfahrer? Hatte er vielleicht doch eine Menge geplappert, als sie ihn betäubt hatten? Die Mutter kam auf Zehenspitzen mit einer Tüte Bananen hereingeschlichen. Die waren aber nicht für Reine, sondern für sie selbst. Glück gehabt! Er selbst durfte übrigens nichts essen, solange sein Bauch frisch operiert war.

»Du bekommst ein neues Fahrrad«, sagte die Mutter.
Er nickte zur Antwort, er hatte zwar keine besondere Lust zum Radfahren, aber er wollte sie nicht enttäuschen. Sie sah so müde aus. So verquollen und erschöpft, als hätte sie die ganze Nacht durchgearbeitet. War es schon der Tag danach?!
Er schloß die Augen und ließ den Kopf tiefer ins Kissen sinken. Es war unheimlich angenehm – wie wenn man sich sacht in ein heißes Bad gleiten ließ. Astronaut? Er mußte irgendwas vom Fliegen gefaselt haben. Was passierte mit Astronauten, wenn sie gestorben waren; wurden sie auch Engel? Er wollte jetzt schlafen, aber dann würde die Mutter sicher traurig sein. Nachdem er eine ganze Weile mit sich gekämpft hatte, schaffte er es endlich, die Augenlider zu heben und sie anzusehen. Sie war selbst im Besucherstuhl eingeschlafen. Saß da und schnarchte ein wenig, während die Bananentüte ihr fast vom Schoß rutschte. Das Mütterchen. Das Scheißmütterchen, das einen so bescheuerten Geschmack hatte, was die Onkel betraf.
Jetzt war es aber genug, jetzt wollte er nicht länger wach bleiben. Legt mich in ein Glasgefäß wie einen Blinddarm, übergießt mich mit Alkohol und . . . Nein, schläfert mich ein, laßt mich schlafen, solange es geht. Aber vergeßt bloß nicht, mich rechtzeitig vor dem Silvesterabend neunzehnhundertneunundneunzig zu wecken, damit ich noch die Raketen montieren kann, um das Jahr zweitausend zu begrüßen. Er schlief ein. Bunte Banderolen flatterten hinter seinen Augenlidern. Hellblaue, grüne, weinrote, violette, blau-gelbe. Vorwärts, Olga, wir treffen uns am andern Ufer der Wolga!

P. C. Jersild: Das Haus zu Babel

Roman. 370 Seiten. Gebunden.

Hauptfigur in P. C. Jersilds neuem sozialkritischen Roman ist ein Großkrankenhaus. Am Fall des Rentners Primus Svensson, der einen Herzinfarkt hatte, zeigt Jersild, wie der Patient, der nach den neuesten medizinischen Erkenntnissen behandelt wird, als Mensch immer mehr in den Hintergrund gerät.

»Jersilds hervorstechende Qualität als Schriftsteller ist seine Schärfe: bei der Beobachtung wie bei der Beschreibung. Er hat ein ungeheuer feines Gefühl für charakteristische Details und typische, entlarvende Tonfälle. In zehn Zeilen kann er eine Situation, ein Milieu oder eine Person so anschaulich festnageln, als hätte er sie mit einer Nadel aufgespießt.

Jersild ist ein mit allen Wassern gewaschener Erzähler; er weiß genau, wie der Leser zu packen ist.« *Dagens Nyheter*